रामलीला की उत्पत्ति तथा विकास

विशेषतः 'मानस' की रामलीला

रामलीला की उत्पत्ति तथा विकास

विशेषतः 'मानस' की रामलीला

मोहन राम यादव

अयोध्या शोध संस्थान
के सहयोग से

लोकभारती प्रकाशन
पहली मंजिल, दरबारी बिल्डिंग, महात्मा गाँधी मार्ग, इलाहाबाद-1

प्रस्तुत पुस्तक का प्रकाशन अयोध्या शोध संस्थान द्वारा प्रदत्त वित्तीय सहायता से किया गया है। इसमें उल्लिखित एवं अभिव्यक्त विचारों की जिम्मेदारी लेखक की है, अयोध्या शोध संस्थान की नहीं।

लोकभारती प्रकाशन
पहली मंजिल, दरबारी बिल्डिंग, महात्मा गाँधी मार्ग
इलाहाबाद-211 001
वेबसाइट : www.lokbhartiprakashan.com
ईमेल : info@lokbhartiprakashan.com
शाखाएँ : 1-बी, नेताजी सुभाष मार्ग, दरियागंज
नयी दिल्ली-110 002
अशोक राजपथ, साइंस कॉलेज के सामने
पटना-800 006 (बिहार)
36-ए, शेक्सपियर सरणी
कोलकाता-700 017

प्रथम संस्करण : 2016

जे.के. आर्ट प्रेस
इलाहाबाद द्वारा मुद्रित

RAMLILA KI UTPATTI TATHA VIKAS
by Mohan Ram Yadav

ISBN : 978-93-5221-168-5

मूल्य : ₹ 490

प्राक्कथन

रामकथा युग-युग से भारतीय सभ्यता तथा संस्कृति को अनुप्राणित करती आ रही है। राम के जीवन में भारतीय आदर्शों के चरम विकास के दर्शन होते हैं। अतः उनको मर्यादा पुरुषोत्तम कहते हैं। भक्ति-सम्प्रदाय में वे भगवान् के अवतार माने जाते हैं। अतः उनके चारित्रिक गुण एवं जीवन का ज्ञान बड़े उत्साह से प्राप्त किया जाता है। उपासना के विविध साधनों द्वारा भक्त उन तक पहुँचने का प्रयत्न करता है। रामलीला उन साधनों में प्रमुख तथा सर्वाधिक प्रभावशाली है। अतएव इसका आयोजन भारत में तो अत्यन्त प्राचीन काल से होता ही रहा है, विदेशों में भी सहस्रों वर्षों से बसे भारतीय इसे अक्षुण्ण बनाये हुए हैं। इस प्रकार रामलीला ने विदेशों में स्थापित भारतीय सांस्कृतिक सम्बन्ध को ऐसा दृढ़ बना दिया है कि सहस्रों वर्षों तक निरन्तर प्रयत्न करते रहने पर भी काल उसे नष्ट करने में समर्थ नहीं हो सका है। इसमें सांस्कृतिक जीवन की ऐसी महत्त्वपूर्ण झाँकी मिलती है जो इस युग में भी समस्त क्षेत्रों में मानव का पथ-प्रदर्शन करने में सर्वथा समर्थ है।

रामलीला का बीज वाल्मीकीय रामायण में विद्यमान है। आरम्भ में यह विविध नाटकीय रूपों में भी देश भर में प्रचलित थी और बाद में भक्ति-आन्दोलन की प्रबलता पर इसमें श्रद्धा और भक्ति के तत्त्व प्रवेश पा गये जिससे इसका स्वतन्त्र लौकिक विकास बहुत तीव्र गति से हुआ।

देश के कोने-कोने में रामलीला का आयोजन छाया नाटक, पुत्तलिका नृत्य, नाट्य नृत्य आदि अभिनय की प्रायः सभी प्रणालियों द्वारा होता रहा है। देश जब पराधीन था तब विदेशी शिक्षा-दीक्षा ने भारतीय विचारधारा को पश्चिम की ओर मोड़ने का अथक परिश्रम किया। किन्तु भारतीय धर्म एवं संस्कृति की दृढ़ आधार-शिला उनके हिलाये हिल न सकी। शिक्षित समुदाय का एक अंश भले ही उनका अनुयायी बन गया, किन्तु सारा देश रामलीला जैसे आयोजनों द्वारा अपने धर्म एवं संस्कृति की रक्षा में सदैव सजग रहा है। आज स्वतन्त्र हो जाने पर देश की शासन-व्यवस्था भी इस पुण्य कार्य में सहयोग प्रदान कर रही है जो शुभ भविष्य के अच्छे लक्षण हैं।

बहुत-से व्यक्ति रामलीला को लोक नाट्य के अन्तर्गत मानते हैं, किन्तु यह लोक नाट्य की कुरुचिपूर्ण शृंगारी प्रवृत्तियों से अत्यन्त दूर शुद्ध भक्तिमय मर्यादित अभिनय है। रामलीला में विद्यमान चारित्रिक निर्माण आदि के श्रेष्ठ गुणों ने सारे राष्ट्र का ध्यान अपनी ओर आकृष्ट कर लिया है। फलतः देश की विभिन्न राजधानियों में रामलीला का आयोजन बड़ी सज-धज से होने लगा है। देश की विभिन्न सरकारें भी उन्मुक्त हृदय से इसे प्रोत्साहित करने में संलग्न हैं।

रामलीला की चर्चा अनेक धार्मिक तथा ऐतिहासिक ग्रन्थों में हुई। किन्तु किसी में उसका सम्यक् निरूपण प्राप्त नहीं होता। रामलीला का आयोजन प्रायः भक्ति-साधना के रूप में होता रहा है। अतएव भौतिकता से दूर रहनेवाले साधु-महात्मा इसके विश्लेषणात्मक इतिहास को धर्म-विरुद्ध समझ इससे दूर ही रहे। उन्हें तो रामलीला के दर्शन मात्र से प्रयोजन था। अतः शोध की दृष्टि से रामलीला के अध्ययन का जब यह प्रयास आरम्भ हुआ तब अनेक प्रकार की कठिनाइयाँ सामने आयीं। तत्सम्बन्धी साहित्य की खोज में अयोध्या, चित्रकूट, जनकपुर आदि अनेक तीर्थों की यात्राएँ की गयीं। पर विशेष सामग्री हाथ

न लगी। जो इस कार्य में सहायक हो सकते थे, वे शोध को अनावश्यक समझते थे और इस पर नास्तिकता का आरोप करते थे और इससे विरत होने की सलाह देते थे। अनेक बार जाने पर भी वे कोई-न-कोई कारण ढूँढ़कर कोरा वापस लौटा देते थे। इस प्रकार यथेष्ट समय, धन तथा शक्ति का अपव्यय हुआ। यह तो सिद्धान्त पक्ष की बात हुई। रामलीला के व्यावहारिक पक्ष की कठिनाइयाँ भी कम नहीं थीं। वर्ष में रामलीला प्रदर्शन का समय सभी स्थानों पर एक ही रहता है। अतः विभिन्न स्थानों की लीलाओं के अवलोकन में अनेक वर्ष लग गये। जब पत्रालाप से काम नहीं चला तब पुस्तकालयों तथा पत्र-पत्रिकाओं का भरोसा करना पड़ा।

अवतार-कल्पना के साथ लीला का प्रादुर्भाव हुआ है। सारी सृष्टि भगवान् की लीला है। भगवान् ने आत्मतुष्टि के हेतु लीला का प्रसार किया है। निर्गुण रूप के अतिरिक्त उसका सगुण रूप भी है और वही भगवान् का अवतार है। अवतारी चरित्र ही उसकी लीला है। लीला पुरुषोत्तम कृष्ण तथा मर्यादा पुरुषोत्तम राम अवतारों में प्रमुख हैं। समाज को उद्‌बोधन तथा चित्त विश्रान्ति की आवश्यकता है। वह उसकी पूर्ति के लिए विभिन्न साधनों का आश्रय लेता है। विभिन्न साधनों में लीला का दृश्य रूप सर्वश्रेष्ठ है।

समाज का नाटक से घनिष्ठ सम्बन्ध है। इसलिए नाटकों का चतुर्मुखी विकास हुआ है। नाटक के विविध रूप प्राचीन लीलाओं या रामलीला में निहित हैं। भक्ति के विकास के साथ लीला का भी माहात्म्य बढ़ा। भक्ति-आन्दोलन में राम-भक्ति की विविध पद्धतियाँ विकसित हुईं। उनमें गोस्वामी तुलसीदास की राम-भक्ति का स्थान अति विशिष्ट है। गोस्वामी जी ने राम-भक्ति के प्रचार के लिए विभिन्न साधनों का प्रयोग किया। उन्होंने रामलीला, हनुमत्पूजा, अखाड़े आदि को रामभक्ति-प्रचार का प्रमुख साधन बनाया। गोस्वामी जी के समय में समाज की अवस्था धार्मिक, आर्थिक, राजनीतिक, सामाजिक आदि सभी दृष्टियों से अत्यन्त शोचनीय थी। ऐसी स्थिति में उनके रामचरितमानस ने डूबते के सहारे की भाँति समाज को उबार लिया। तुलसी के रामराज्य की कल्पना ने प्राचीन एवं तत्कालीन समाज का तुलनात्मक रूप स्पष्ट कर दिया है। रामलीला की उत्पत्ति एवं विकास आदिकवि वाल्मीकि के समय से हुआ है। उनमें लीला-मण्डलियों का भी बहुत महत्त्वपूर्ण सहयोग रहा है। कालान्तर से उनमें अनेक गुण-दोष प्रवेश करते रहे हैं। समयानुसार उनका परिष्कार, परिमार्जन भी होता रहा है। गोस्वामी तुलसीदास ने रामलीला का परिमार्जन करके उसमें ऐसी जीवनी शक्ति भर दी है कि अब वह सर्वव्यापी एवं चिरस्थायी बन गयी है। उनके प्रतिनिधि रूप में आज भी रामचरितमानस उस पर अंकुश रखे हुए है और उसमें दोषों को शीघ्र प्रवेश नहीं करने देता। प्रस्तुत शोध में मानस-संचालित रामलीला के उद्‌देश्य, स्वरूप एवं महत्त्व पर विशेष ध्यान दिया गया है। उसके साथ विश्व-व्याप्त रामलीला के स्वरूप-विकासादि का भी विचार किया गया है।

तुलसीदास की प्रतिभा अद्‌भुत थी। उन्होंने रामचरितमानस में नाट्‌यशास्त्र के वे सारे तत्त्व सन्निविष्ट कर दिये जो रामलीला के संविधानक, पात्र-योजना, वेश-विन्यास, अभिनय, संवाद-योजना, गीत-योजना आदि कि लिए परमावश्यक हैं।

टंकण-यन्त्र में ञ तथा ङ का समावेश न होने से संस्कृत की वर्तनी में उनके स्थान पर अनुस्वार का प्रयोग हुआ है।

सर्वप्रथम गुरुवर आचार्य विश्वनाथप्रसाद जी मिश्र के श्री चरणों में नतमस्तक होता हूँ जिनकी कृपा, प्रोत्साहन, निर्देश तथा स्नेह से ही प्रबन्ध पूर्ण हो सका। इनके अभाव में मुझ अकिंचन का यह प्रयास

बौने का चन्द्रमा को पकड़ना ही था। उनके प्रति आभार प्रकट करने में शब्दों की असमर्थता का अनुभव हृदय श्रद्धा संवलित होकर मौन रहने को विवश कर रहा है।

काशीनरेश महाराज डॉ. विभूतिनारायण सिंह ने उदारतापूर्वक अपने सरस्वती-भण्डार के उपयोग की आज्ञा प्रदान कर जो सहायता की वह स्तुत्य है। उनकी महती कृपा के ही कारण लीला के संवादों की प्रतिलिपि प्राप्त की जा सकी। अतः उनके प्रति मैं हार्दिक कृतज्ञता प्रकट करता हूँ।

महामहोपाध्याय गोपीनाथ कविराज ने अनेक स्थलों पर पथ-प्रदर्शन किया। इसके लिए उनका सदैव आभारी रहूँगा।

अयोध्या के स्वामी रामकुमारदास, महात्मा अंजनीनन्दन शरण, लक्ष्मण किला के महन्त श्री सियाराम शरण आदि महात्माओं ने जिस उदारता से सूचनाएँ तथा सामग्रियाँ दीं उसके लिए मैं सदैव अनुगृहीत हूँ।

अन्त में उन सभी सज्जनों के प्रति आभार प्रकट करना अपना धर्म समझता हूँ जिनसे अथवा जिनकी कृतियों से प्रत्यक्ष या परोक्ष रूप में मुझे सहायता प्राप्त हुई है।

यदि इस निबन्ध से हिन्दी साहित्य को कुछ भी लाभ पहुँचा तो मैं अपना परिश्रम सफल समझूँगा।

जुलाई, 1962

(मोहन राम यादव)

विषय-सूची

रामलीला की उत्पत्ति तथा विकास

विशेषत: 'मानस' की रामलीला

लीला का विमर्श

'लीला' शब्द की व्युत्पत्ति

'लीला' संस्कृत भाषा का शब्द है। इसकी व्युत्पत्ति इस प्रकार है। (लयनमिति, ली + सम्पदादित्वात् क्विप्। लियं लातीति, ली + ला + क)। शृंगारभावचेष्टाः, केलिः, विलास, खेला, अथाख्याहि हरेर्धीमन्नवतारः कथाः शुभाः। लीला विदधतः—'स्वैरमीश्वरस्यात्पृंमायया' इति भागवते (1 ।1 ।18) अलब्धप्रियसमागमया स्वचित्तविनोदार्थ प्रियस्य या। वेशगतिदृष्टिहसितभणितैरनुकृतिः क्रियते सा लीला।[1] (89)

लीला शब्द के अनेक अर्थ हैं। इनमें सर्वप्रधान अर्थ अवतारों के चरित्र तथा कार्य-कलापों का अभिनय ही है।[2] वैसे तो इस शब्द से क्रीड़ा, केलि, विलास, विहार, सौन्दर्य, शृंगारचेष्टा, प्रेमी का अनुकरण एवं रहस्यपूर्ण कार्य का भी आशय समझा जाता है।[3] पर इसका प्रयोग प्रायः प्रथम अर्थ में ही होता है। परम ब्रह्म परमेश्वर के कार्य-कलाप या सृष्टि का रहस्य जब व्यक्ति समझ नहीं पाता तो कह उठता है कि परमेश्वर की लीला बड़ी विचित्र है। इस प्रसंग में ऐसा कहने का तात्पर्य यही होता है कि भगवान् की सृष्टि का रहस्य समझने में वह सर्वदा असमर्थ है। इसके अतिरिक्त अन्य प्रमुख अर्थ हैं, भगवान् के कार्य-कलाप तथा चरित्र। यह अर्थ भी रहस्य के कारण ही लिया जाता है। संसार में भक्ति सम्प्रदाय ने यह कल्पना की है कि जब-जब संसार में अत्याचार, अनाचार, अधर्म, चरित्रहीनता आदि की प्रबलता होती है, धार्मिक, सहिष्णु, सज्जन तथा सात्त्विक गुण से अलंकृत मनुष्य सताये जाते हैं, तब-तब धर्म की संस्थापना तथा अधर्म का नाश करके, सज्जनों की रक्षा के लिए भगवान् इस संसार में अवतरित होते हैं।[4]

इन अवतारों के कार्य-कलाप, चरित्र, व्यवहार आदि साधारण मनुष्यों से कहीं अद्‌भुत एवं अलौकिक होते हैं। इसलिए साधारण जन उन्हें श्रद्धा की दृष्टि से देखते एवं उन्हें अवतार मानते हैं। उनके असाधारण एवं अलौकिक कार्य इतने उच्चकोटि के होते हैं कि साधारण व्यक्ति की बुद्धि के परे प्रतीत होते हैं। वे उन्हें रहस्य मान बैठते हैं। जिसको समझने में बुद्धि काम न करे, विवेक असफल रहे और हम अबोध बालक की भाँति अवाक् रह जायँ, वही रहस्य है। अतः इस परिस्थिति में अवतारों के कार्य-कलापों एवं चरित्र को हम लीला की संज्ञा देते हैं। उन अवतारों के कार्य-कलाप एवं चरित्र को लीला नाम देने का दूसरा कारण यह भी है कि लीला क्रीड़ा एवं मनोरंजन के कार्य को भी कहते हैं। भगवान् के कार्य भक्तों को आनन्द देनेवाले तथा उनके मनोरंजन के प्रधान साधन हैं। भक्त की सर्वोपरि कामना तो यही है कि वह भगवान् के दर्शन कर अपने नेत्र तथा जन्म सफल करे। इस सुख के आगे वह तीनों लोक के राज्य तथा सुख को तुच्छ समझता है। भगवान् के दर्शन तथा लीला की कौन कहे वह उनसे सम्बन्धित वस्तुओं के दर्शन पाकर भी अपने को धन्य मानता है। फिर उसे न तो ऐश्वर्य चाहिए न सुख।

यहाँ तक कि वह मोक्ष के आनन्द को भी उस आनन्द के समक्ष तुच्छ समझता है। यही भावना रसखान कवि के प्रसिद्ध सवैये में मिलती है—

'या लकुटी अरु कामरिया पर राज तिहूँ पुर को तजि डारौं।
आठहु सिद्धि नवो निधि को सुख नंद की गाय चराइ बिसारौं।
रसखान कबौं इन आँखिन सों ब्रज के बन-बाग तड़ाग निहारौं।
कोटिक हू कलधौत के धाम करीर की कुंजनि ऊपर वारौं।'

अब समझ सकते हैं कि भगवान् का चरित्र भक्त को किस कोटि का आनन्द प्रदान कर सकता है। इसलिए उस चरित्र को लीला कहना सर्वथा उपयुक्त है। कभी-कभी शब्दों का व्यंग्यात्मक प्रयोग होता है। प्रायः कह बैठते हैं कि इस मनुष्य की लीला बड़ी विचित्र है। इस स्थान पर भी तात्पर्य यही रहता है कि इसके विचार, कार्य तथा चरित्र बुद्धि के परे हैं। वहाँ भी रहस्यमय कार्य की ओर ही संकेत होता है।

अतः लीला शब्द का तात्पर्य रहस्य एवं मनोरंजन होता है। अन्य अर्थ या तो शब्दकोश की शोभा बढ़ाते हैं अथवा बहुत कम व्यवहार में आते हैं। अकेले 'लीला' शब्द सर्वदा भगवान् के चरित्र, उनके कार्य एवं रहस्य के ही रूप में प्रयुक्त होता है।

ब्रह्म की लीला—सृष्टि-रचना

सृष्टि-रचना के सम्बन्ध में अनेक मत हैं। वैदिक विचार के अनुसार वर्तमान सृष्टि से पूर्व यह जगत् प्रलय की अवस्था में था। जब प्रलय का नियत समय समाप्त हो गया तब उस सर्वशक्तिमान् की प्रेरणा से सृष्टि की रचना पुनः हुई। प्रथम आकाश बना, फिर वायु, पश्चात् अग्नि, जल, मृत्तिका, ग्रह और उपग्रह बने। बहुत समय पश्चात् जब भूलोक आदि ठीक हुए तो वनस्पति आदि सम्पूर्ण आवश्यक पदार्थ उत्पन्न हुए। सबके पीछे जीवधारी उत्पन्न हुए।[5] विकासवाद के सिद्धान्त को प्रतिपादित करनेवाले पश्चिमी दार्शनिक कहते हैं कि भूमि के ठीक हो जाने के पश्चात् प्रथम कीड़े, फिर मछली, मछली से बन्दर और बन्दर से पूँछ घिसकर मनुष्य बन गये।[6] पर वैदिक मत के अनुसार प्रारम्भ में अमैथुनी सृष्टि हुई। यह सृष्टि भारतवर्ष में प्रारम्भ हुई। सर्वप्रथम मानव इसी भूमि पर उत्पन्न हुआ। मनुस्मृति का निम्नलिखित श्लोक स्पष्टतः इसकी ओर संकेत करता है—

'एतद्देशप्रसूतस्य सकाशादग्रजन्मनः।
स्वं स्वं चरित्रं शिक्षेरन् पृथिव्यां सर्वमानवाः।।[7]

शैव मत के अनुसार उस निराकार, निर्लेप, निर्गुण ब्रह्म ने एकाकीपन का अनुभव किया। इस एकान्तवास की शून्यता उसे अरुचिकर प्रतीत हुई। उसने संकल्प किया 'एकोऽहंबहुस्याम्' अर्थात् मैं एक होकर भी अनेक हो जाऊँ। यह संकल्प करते ही उसने अनेक रूप धारण किया। उन रूपों की गणना करना सम्भव नहीं है। उसने बड़े ही विलक्षण एवं अद्भुत ढंग से महाशून्य में विस्तृत होने का उपक्रम किया।[8] उपनिषदों का भी ऐसा ही मत है कि वही एक निर्गुण ब्रह्म अपनी इच्छा से बहुरूप हो गया—

सोऽकामयत बहुस्यां प्रजायेयेति[9]

इसी प्रकार छान्दोग्योपनिषद् में भी कहा गया है कि

सर्वं खल्विदं ब्रह्म जज्जलानिति शान्त उपासीत।
नेह नानास्ति किंचन[10]

उक्त कथनों के आधार पर उपनिषदों से मानव के लिए यह उपदेश मिलता है कि हे जीव, तू ब्रह्म की उपासना कर, जिस ब्रह्म से जगत् की उत्पत्ति, स्थिति और जीवन है, जिसके बनाने और धारण करने

से यह सब जगत् विद्यमान है वा ब्रह्म से सहचरित्र है, उसको छोड़कर दूसरे की उपासना न करनी चाहिए। इस चेतन अखण्डैकरस ब्रह्म स्वरूप में नाना वस्तुओं का मेल नहीं है किन्तु ये सब पृथक्-पृथक् स्वरूप में परमेश्वर के आधार में स्थित हैं।[11]

इस सृष्टि के पहले भी अनेक बार सृष्टि का निर्माण हो चुका था। ऋग्वेद में इस आशय का मन्त्र आता है, जिसमें कहा गया है कि परमेश्वर ने जिस प्रकार पूर्व कल्प में सूर्य, चन्द्रमा, विद्युत्, पृथिवी, अन्तरिक्ष आदि को बनाया था उसी प्रकार उसने इस पृथ्वी आदि को बनाया है और आगे भी बनायेगा।

सूर्याचन्द्रमसौ धाता यथापूर्वमकल्पयत्।
दिवं च पृथिवीं चान्तरिक्षमयो स्वः।।[12]

उस परमेश्वर ने कारण रूप द्रव्यों को समेट लिया जो सर्वत्र फैले थे। इससे अवकाश या आकाश उत्पन्न प्रतीत हुआ। वास्तव में आकाश की उत्पत्ति नहीं होती, केवल उसका भान होता है। यदि आकाश न रहे तो प्रकृति एवं परमाणु की स्थिति कैसे हो सकती है?

तस्माद्वा एतस्मादात्मन आकाशः संभूतः।[13]

आकाश के पश्चात् वायु, वायु के पश्चात् अग्नि, अग्नि के पश्चात् जल, जल के पश्चात् पृथिवी, पृथिवी से ओषधि, ओषधि से अन्न, अन्न से वीर्य, वीर्य से पुरुष अर्थात् शरीर उत्पन्न होता है।

आकाशाद्वायुः। वायोरग्निः। अग्नेरापः। अद्भ्यः पृथिवी। पृथिव्या ओषधयः। ओषधीभ्योऽन्नम्। अन्नाद्रेतसः। रेतसः पुरुषः। स वा एष पुरुषोऽन्नरसमयः।।[14]

ब्रह्म ने जगत् को अपने में से ही बनाया है। उस ब्रह्म ने इच्छा की कि मैं बहुरूप हो जाऊँ अर्थात् जगदाकार हो जाऊँ। यह संकल्प करते ही वह जगद्रूप बन गया। इसके लिए बहुत ही सुन्दर उदाहरण भी दिया गया है। जिस प्रकार मकड़ी बाहर से कोई पदार्थ नहीं लेती, अपने शरीर में से पदार्थ निकालकर जाला बनाती है उस जाले में आप ही खेलती है अर्थात् क्रीड़ा करती है उसी प्रकार ब्रह्म ने अपने में से जगत् को बनाया। वह स्वयं जगदाकार बना। वह स्वयं ही क्रीड़ा कर रहा है।

'यथोर्णनाभिः सृजते गृह्णते च।[15]

इन वर्णनों से यह स्पष्ट सिद्ध होता है कि इस विश्व के निर्माण में परमेश्वर की दो वृत्तियाँ मूल रूप में कार्य कर रही हैं। एक तो उसके एकाकीपन को दूर करने की प्रवृत्ति है। दूसरी अत्यन्त महत्त्वपूर्ण है और वह है उसके क्रीड़ा करने की प्रवृत्ति। दोनों प्रवृत्तियों का उद्देश्य आनन्द ही है। ईश्वर को सच्चिदानन्द भी कहते हैं। अतः उसका आनन्द के उद्देश्य से सृष्टि-रचना करना नितान्त स्वाभाविक है।[16] ब्रह्म की क्रीड़ा अथवा लीला करने का सिद्धान्त सृष्टि के आरम्भ काल से माना जाता है। यह भावना वैदिक काल से लेकर आज तक विद्यमान है। अतः यह सृष्टि उस ब्रह्म की लीला कही गयी है। जिस प्रकार लीला के लिए स्थान, वातावरण, सामग्री तथा पात्रों का आयोजन होता है, ठीक उसी क्रम से सृष्टि के आरम्भ का विवरण मिलता है। परमेश्वर ने भी पहले स्थान, वातावरण, सामग्री की व्यवस्था कर ली तभी पात्रों का आयोजन किया। इससे सिद्ध होता है कि मानव ने लीला की भावना परमेश्वर की सृष्टि से ग्रहण की है। उसने विश्व को ब्रह्म की लीला माना और उसी का अनुकरण किया।

मानव के समक्ष भगवान् का सर्वोच्च आदर्श है। अतः उस आदर्श का अनुकरण उसका परम धर्म है। फिर भक्तों के लिए तो कहना क्या? उनका प्रत्येक कार्य भगवान् तथा तद्विषयक श्रद्धा से परिपूर्ण रहता है। भगवान् कृष्ण ने गीता में इस ओर संकेत किया है।[17] वह नटराज ब्रह्म इतना कुशल अभिनेता अथवा लीलाधारी है कि इस अस्थिर एवं नाशवान् सृष्टि को भी सत्य मान बैठते हैं। जिस प्रकार

अभिनयशाला में बैठकर रंगमंच पर अभिनय करनेवाले प्रत्येक पात्र को वास्तविक रूप देते हैं उसी प्रकार भगवान् की लीलामय सृष्टि को भी मान बैठते हैं। दशरूपक के रचयिता धनञ्जय ने ग्रन्थ के प्रारम्भ में ही विष्णुस्वरूप ब्रह्म की वन्दना करते हुए लिखा है–

दशरूपानुकारेण यस्य माद्यन्ति भावकाः।
नमः सर्वविदे तस्मै विष्णवे भरताय च।। *(दशरूपकम् 1/2)*

भगवान् के दस मुख्य अवतार माने जाते हैं। उन दसों अवतारों के चरित्र तथा कार्य-कलाप को लीला कहते हैं। उक्त वन्दना में भगवान् का जो रूप है उसकी उपयुक्तता का प्रमाण हमें प्रतिदिन मिलता है। मनुष्य भगवान् की लीला का अवलोकन प्रतिदिन करते हैं। पर कुशलता एवं चातुर्य के कारण यह भान भी नहीं होता है कि यह लीलामात्र है। अपितु उसे वास्तविक समझकर उसके प्रभाव से वीर, रौद्र, करुण आदि सभी रसों का आस्वादन करते हैं। उस परमेश्वर की लीला को देखकर अवाक् रह जाते हैं। उसे पहचान नहीं पाते और न तो उसका पार ही पा सकते हैं। इसी तथ्य की ओर गोस्वामी तुलसीदास जी ने अपनी विनयपत्रिका में संकेत किया है–

केसव कहि न जाइ का कहिये।
देखत तव रचना बिचित्र अति, समुझि मनहिं मन रहिये।
सून्य भीति पर चित्र, रंग बहु तनु बिनु लिखा चितेरे।।
धोये मिटै न मरे, भीति-दुख पाइय एहि तनु हेरे।
रबिकर-नीर बसै अति दारुन, मकर रूप तेहि माहीं।।
बदन-हीन सो ग्रसै चराचर, पान करन जे जाहीं।
कोउ कह सत्य, झूठ कह कोऊ, जुगल प्रबल करि मानै।
तुलसिदास परिहरै तीनि भ्रम, सो आपन पहिचानै।।[18]

श्रीमद्भगवद्गीता में भी भगवान् श्रीकृष्ण ने अर्जुन को बतलाया है कि इस विश्व-लीला की विचित्रता ऐसी अलौकिक है कि प्राणी इसे देखकर आश्चर्यचकित रह जाते हैं। वे उसको समझने की चेष्टा करते हैं पर उसका पार नहीं पाते। साधारण जन की तो बात ही क्या, बड़े-बड़े महर्षि, तपस्वी, मनीषी तथा तत्त्ववेत्ता भी इसका पार नहीं पा सके। उन्होंने अपना सारा जीवन इसी रहस्योद्घाटन में लगा दिया। अध्ययन, अध्यवसाय तथा मननशीलता की चरम सीमा को छूकर भी वे इस रहस्य को नहीं जान सके। अतः कोई तो इसे अचरज से देखता रह जाता है, कोई आश्चर्यचकित होकर उसका वर्णन करता है। कोई आश्चर्ययुक्त इन वर्णनों का श्रवण करता है पर आज तक कोई भी व्यक्ति ऐसा नहीं उत्पन्न हुआ जो उस परमेश्वर के सम्बन्ध में श्रवण, अध्ययन, मनन आदि सभी उपायों का अवलम्बन करके भी उसका पार पाने में समर्थ हुआ हो। जब परमेश्वर के स्वरूप को समझने का भी सामर्थ्य हममें नहीं है तो उनकी लीलाओं को समझना तो नितान्त असम्भव है।

आश्चर्यवत्पश्यति कश्चिदेनमाश्चर्यवद्वदति तथैव चान्यः।
आश्चर्यवच्चैनमन्यः शृणोति श्रुत्वाप्येनं वेद न चैव कश्चित्।।[19]

यह संसार ब्रह्म की लीलास्थली है। जिस प्रकार नाटक की रंगशाला में अनेक पात्र अपने अभिनय से दर्शकों में विभिन्न रसों का संचार करते हैं और उनका मनोरंजन होता है उसी प्रकार भगवान् भी अपनी लीलाओं से भक्तों के हृदय को आह्लादित करते रहते हैं। इस विश्व की विशाल लीलाभूमि में प्रेम, हास्य,

करुणा, भय, क्रोध, उत्साह, आश्चर्य, घृणा आदि जितने भी भाव दृष्टिगोचर होते हैं वे सब उस परमात्मा की सात्त्विक लीलाएँ हैं। जड़ एवं चेतन प्रकृति अनेक रंगों का परिधान धारण कर जो अनेक रूपों में दृग्गोचर होती है वह उस ब्रह्म की लीला का आहार्य अभिनय है, और मण्डल के विभिन्न ज्योतिपूर्ण पिण्डों की गति जड़ एवं चेतन प्राणियों की सम्पूर्ण गतियाँ तथा उनके कार्य उस ब्रह्म के आंगिक अभिनय की विभिन्न मुद्राएँ हैं और सब प्रकार की निरुक्त एवं अनिरुक्त वाणी उसी के वाचिक अभिनय की ही अनेक व्यंजनाएँ हैं। नटराज की स्तुति करते हुए अभिनय दर्पण के प्रणेता नन्दिकेश्वर ने अपने ग्रन्थ के आरम्भ में लिखा है–

आंगिकं भुवनं यस्य वाचिकं सर्व वाङ्मयम्।
आहार्यं चन्द्रतारादि तं नुमः सात्त्विकं शिवम्।।[20]

अवतारवाद की कल्पना

संसार का सबसे प्राचीन धर्म वैदिक धर्म है। इसके धर्म-ग्रन्थ वेद हैं। ऋग्वेद से प्राचीन ग्रन्थ विश्व में कोई नहीं है। वैदिक युग में ईश्वर की ही उपासना होती थी तथा यज्ञों के द्वारा उसे प्रसन्न करने की चेष्टा की जाती थी। उस समय ईश्वर के अनेक नाम प्रचलित थे। इनमें मुख्य प्रजापति, इन्द्र, मरुत्, वरुण, अग्नि, मित्र, अर्यमा, बृहस्पति आदि हैं–

ॐ शं नो मित्रः शं वरुणः। शं नो भवत्वर्यमा। शं न इन्द्रो बृहस्पतिः। शं नो विष्णुरुरुक्रमः। नमो ब्रह्मणे। नमस्ते वायो। त्वमेव प्रत्यक्षं ब्रह्मासि त्वमेव प्रत्यक्षं ब्रह्म वदिष्यामि। ऋतं वदिष्यामि। सत्यं वदिष्यामि तन्मामवतु। तद्वक्तारमवतु। अवतु वक्तारम्।[21]

ओऽम् आदि नाम सार्थक हैं (अवतीत्योम्) आकाशमिव व्यापकत्वात् खम्, सर्वेभ्यो बृहत्वाद् ब्रह्म रक्षा करने से 'ओऽम्' आकाशवत् व्यापक होने से (खम्) और सबसे बड़ा होने से ब्रह्म ईश्वर का नाम है। ओऽम् खम्ब्रह्म।।[22] ओऽम् जिसका नाम है और जो कभी नष्ट नहीं होता, उसी की उपासना करने योग्य है अन्य की नहीं।

ओमित्येतदक्षरमुद्गीथमुपासीतोमिति ह्युद्गायति तस्योपव्याख्यानम्।[23]

जो सबको शिक्षा देनेवाला, सूक्ष्म-से-सूक्ष्म, स्वप्रकाश स्वरूप समाधिस्थ बुद्धि से जानने योग्य है उसको ही परम पुरुष जानना चाहिए।[24]

इस तथ्य की सम्पुष्टि मनुस्मृति में भी होती है–

प्रशासितारं सर्वेषामणीयां समणोरपि।
रुक्माभं स्वप्नधीगम्यं विघातं पुरुषं परम्।।[25]

महाराज मनु ने अगले श्लोक में इस तथ्य का स्पष्ट समर्थन किया है कि परमेश्वर के अनेक नाम गुणों के अनुसार रखे गये हैं। वे कहते हैं कि परमेश्वर स्वयं प्रकाशस्वरूप हैं अतः उनका नाम अग्नि है, विज्ञानस्वरूप होने से उन्हें मनु कहते हैं। सबका पालन करने के कारण वे ही प्रजापति हैं। परमेश्वर अत्यन्त ऐश्वर्यवान् हैं अतः इन्द्र हैं सबका जीवनमूल होने से वे प्राण तथा निरन्तर व्यापक होने से वे ब्रह्म हैं।

एतमेके वदन्त्यग्निं मनुमन्ये प्रजापतिम्।
इन्द्रमेके परे प्राणमपरे ब्रह्म शाश्वतम्।।[26]

कैवल्य उपनिषद् में इसी आशय का मन्त्र आता है जिसमें कहा गया है कि वही ब्रह्मा है क्योंकि वह सृष्टि की रचना करनेवाला है। वह सर्वत्र व्यापक है अतः यह विष्णु है। वह सर्वत्र व्यापक है अतः

यह विष्णु है। वह दुष्टों को दण्ड देकर रुलाता है इसलिए वह रुद्र है। वह मंगलमय और सबका कल्याण करनेवाला होने से शिव, सर्वत्रव्यापी अविनाशी होने से अक्षर, स्वयं प्रकाशस्वरूप होने से स्वराट् और सबका काल और काल का भी काल है, इसलिए परमेश्वर का नाम कालाग्नि है।

स ब्रह्मा स शिवः सेन्द्रः सोऽक्षरः परमः स्वराट्।

स एव विष्णुः स प्राणः स कालोऽग्निः स चन्द्रमा।।[27]

ऋग्वेद में कहा गया है कि जो एक अद्वितीय, सत्य, ब्रह्म वस्तु है उसी के इन्द्रादि सब नाम हैं। यह दिव्य है। प्रकृति आदि दिव्य पदार्थों में व्याप्त है (सुपर्ण) जिसके उत्तम, पावन और पूर्ण कर्म हैं (गरुत्मान्) जिसकी आत्मा अर्थात् स्वरूप महान् है। (मातरिश्वा), जो वायु के समान अनन्त बलवान् है। इसलिए परमात्मा के दिव्य, सुपर्ण, गुरुत्मान् और मातरिश्वा ये नाम हैं।

इन्द्रं मित्रं वरुणमग्निमाहुरथो दिव्यः स सुपर्णो गुरुत्मान्।

एकं सद्विप्रा बहुधा वदन्त्यग्निं यमं मातरिश्वानमाहुः।।[28]

वैदिक काल के देवताओं के सम्बन्ध में श्री परशुराम चतुर्वेदी का अनुमान है कि उस काल में बहुदेववाद की परम्परा थी। पर आगे चलकर विभिन्न नाम उसी एक परमेश्वर या ब्रह्म के पर्यायवाची माने गये।[29] यह केवल अनुमान-ही-अनुमान है। जब विभिन्न वेद, उपनिषद् तथा मनुस्मृति तक में वे परम ब्रह्म परमेश्वर के नाम कहे गये हैं तो इस प्रकार का अनुमान उचित प्रतीत नहीं होता। ऋग्वेद सबसे प्राचीन एवं प्रथम वेद है। जब उसके मन्त्रों में स्पष्ट दिया है कि हे अग्निदेव तुम्हीं वरुण हो, तुम्हीं मित्र हो तथा तुम्हीं इन्द्र भी हो और तुम्हीं अर्यमा होकर सदा स्वामिवत् भी कार्य करते हो[30] तब इस प्रकार वैदिक काल में बहुदेववाद सिद्ध करने का अनुमान निराधार प्रतीत होता है। हाँ, यह सम्भव है कि कालान्तर में यह कल्पना उद्भूत हुई हो। यद्यपि वेदों में बहुदेववाद की कल्पना नहीं है पर उसके लिए अवकाश अवश्य निकाला गया है और उसका मुख्य कारण है कि वेद स्वतः प्रमाण माने जाते हैं। अतः अपने विचारों के समर्थन में वेदों का प्रमाण ढूँढ़ना स्वाभाविक रहा है। श्री चतुर्वेदी जी ने 'भक्ति का उदय और विष्णु नारायण' शीर्षक अध्याय में स्वयं माना है कि वैदिककालीन इतिहास के अध्ययन से पता चलता है कि जिस भक्तिमार्ग की अचल शिला पर इस धर्म की मूल भित्ति खड़ी है उसका अस्तित्व कम-से-कम संहिता भाग की रचना के समय तक नहीं था।[31]

वह काल वास्तव में कर्मकाण्ड का युग था जब कि आर्य लोग प्रायः प्रत्येक प्राकृतिक वस्तु वा घटना में किसी-न-किसी देवता की कल्पना कर लेते थे और उसे प्रसन्न रखने की चेष्टा में यज्ञादि कर्मों का अनुष्ठान करते रहते थे। वे प्रार्थना वा विनय भी अपने दैनिक जीवन को आनन्द के साथ व्यतीत करने की इच्छा से ही किया करते थे। उनका प्रधान उद्देश्य ऐहिक सुखों की प्राप्ति तक ही सीमित था और उनका ध्यान अन्तःकरण की साधनाओं की अपेक्षा बाह्य विधानों का अनुसरण करने की ही ओर अधिक आकृष्ट रहा करता था। उस समय तक जितना महत्त्व वे मन्त्रों के शुद्ध उच्चारण एवं विधियों के निर्वाह को देते थे उतनी चिन्ता अपने हृदय की शुद्धि अथवा मनोविकारों के परिष्कार की नहीं रखते थे। हाँ, इतना अवश्य था कि अपने उक्त कृत्यों के शुभ परिणाम वा सफलता में उनका दृढ़ विश्वास रहा करता था। इस दृष्टि से यदि चाहें तो यह भी कह सकते हैं कि उनका कर्मकाण्ड भी मूलतः उनकी श्रद्धा द्वारा ही प्रभावित हुआ करता था। कहा भी गया है कि बिना श्रद्धा के यज्ञ का कोई भी अर्थ नहीं। श्रद्धा ही वास्तव में यज्ञ की अधिष्ठात्री देवी है और श्रद्धा एवं यज्ञ में कुछ भी अन्तर नहीं है।[32]

भक्ति-भावना की दृष्टि से यदि आर्यों की उपासना-पद्धति पर विचार किया जाय तो यह भी कहेंगे कि वैदिक उपासना वास्तव में श्रद्धा भक्ति का ही एक अन्य प्रकार से विकसित रूप थी। उपर्युक्त समय तक वैष्णव धर्म के कदाचित् किसी भी अंग की रचना नहीं हो पायी थी और स्वयं भक्ति शब्द भी उस काल में श्रद्धात्मक प्रेम की अपेक्षा प्रेम मात्र के अर्थ में बहुधा प्रयुक्त हुआ करता था।[33]

भक्ति की वैष्णवानुमोदित भावना का आविर्भाव आर्यों के आध्यात्मिक एवं दार्शनिक विचारों में पीछे अधिक गम्भीरता आने पर हुआ और तभी वह प्रारम्भिक श्रद्धा वा उपासना से विकसित होती हुई क्रमशः उपास्य भगवान् के ऐश्वर्य वा तत्त्व (भज् = भाग लेना, बाँटना आदि) में व्यक्त करनेवाले अधिक व्यापक भाव में परिणत हुई।[34]

वैदिक युग के अनन्तर अवतारों की कल्पना की जाने लगी। संहिता काल में विष्णु सर्वप्रथम एक साधारण देवता के रूप में दिखायी पड़ते हैं। ऋग्वेद में कई स्थलों पर वे आदित्य मात्र समझे जाते हैं और दिन भर की यात्रा को केवल तीन पगों में ही पूरा कर देने के कारण आर्य लोग उन्हें कम महत्त्व देते तथा उनका यशोगान करते जान पड़ते हैं—

त्रीणि प[illegible] [illegible]िचक्रमे विष्णुर्गोपा अदाभ्यः।[35]

इदं विष्णुर्विचक्रमे त्रेधा निदेधे पदम्।।[36]

इसी प्रकार विष्णु का नाम कहीं ऋतस्य गर्भम् आदि के प्रसंग में यज्ञ के बीज रूप देवता अथवा ब्राह्मणों की रचना के समय तक यज्ञ के अर्थ में प्रयुक्त हुआ है। वे यज्ञों की सफलता में बहुधा सहायक समझे गये हैं।[37]

कहीं विष्णु को इन्द्र नामक अन्य प्रसिद्ध देवता का सहायक माना गय[illegible] है।

इन्द्रस्य युज्यः सखा।[38]

कभी-कभी उन्हें इन्द्र से भी बड़ा स्वीकार कर लिया गया है।[39] ब्राह्मणों की रचना के समय तक तो वे सचमुच सबसे बड़े समझे जाने लगते हैं। स्वयं अग्निदेव की प्रतिष्ठा उनसे कम की जाने लगती है।

अग्निर्वैदेवानामवमोविष्णुः परम्।[40]

शतपथ ब्राह्मण में यज्ञ के विषय में सब देवताओं से अधिक बढ़कर उनके काम करने का उल्लेख है। अन्य स्थल पर उनके वामन रूप में दिखलायी पड़कर निरन्तर बढ़ने और सारे ब्रह्माण्ड में व्याप्त हो जाने की कल्पना है।[41] विष्णु के हरि, केशव, वासुदेव, वृष्णीपति, वृषण, ऋषभ, वैकुण्ठ, वृहच्छ्वास जैसे नाम जो पहले इन्द्र के लिए प्रयुक्त होते थे अथवा इन्द्र सम्बन्धी किसी वस्तु को सूचित करते थे, वे धीरे-धीरे विष्णु के कई नामों एवं उपाधियों के आधार बन गये।[42] इतना ही नहीं परमात्मदेव के पद पर पहुँचते-पहुँचते विष्णु को कई अन्य देवताओं से भी अनेक प्रतिष्ठासूचक शब्द मिले जिसमें चक्रपाणि[43] तथा कृष्ण[44] जैसे शब्द वैदिक देवता सावितृवाले वर्णनों से किसी-न-किसी प्रकार लिये गये कहे जा सकते हैं। वामन पहले अपने त्रिविक्रम के वैदिक रूप में तीन पगों द्वारा पृथ्वी से लेकर द्युलोक तक को माप देनेवाले ही समझे जाते थे।[45]

किन्तु शतपथ ब्राह्मण की रचना के समय तक उनका नाम विष्णु के नाम का पर्यायवाची बन गया।[46] ईसा के पूर्व कम-से-कम 700-600 ई. तक उनके पदचिह्न तक की पूजा आरम्भ हो गयी जो उनकी उक्त माप क्रिया के आरम्भ में पृथ्वी तल पर बना हुआ माना गया।[47] डॉ. जायसवाल का कथन है कि उक्त पदचिह्न आज भी विष्णु-पद नाम से पूजा जाता है। उनका अनुमान है कि वामन त्रिविक्रम की

विष्णु के साथ अभिन्नता बौद्धायन सूत्रों की रचना के पहले ही पूर्ण हो चुकी थी। वामन की उपासना तमिल प्रान्त के आलवारों में बहुत काल तक चलती रही। आज भी उनके अवशेष अनेक अन्य प्रदेशों में मिलते हैं। इसी प्रकार वाराह अवतार भी है, जिसके विषय में शतपथ ब्राह्मण में कहा गया था कि प्रजापति ने वाराह का रूप धारण कर समुद्र के नीचे से पृथ्वी का उद्धार किया था।[48] वे तमिल प्रान्त के आलवारों के उपास्यदेव बन गये और काठियावाड़ प्रान्त के कडवाह नामक तीर्थ स्थान एवं कसरा में वे विष्णु के अत्यन्त महत्त्वपूर्ण अवतार की भाँति पूजे जाने लगे।[49] आरण्यक काल तक अवतारों की संख्या दस तक पहुँच चुकी थी। विष्णु के साथ वासदुेव कृष्ण की अभिन्नता 'तैत्तिरीय आरण्यक' की रचना के समय तक पूर्ण हो गयी थी।[50] नारायणीय उपाख्यान से पता चलता है कि उसकी रचना के समय तक वासुदेव उनके दस अवतारों में गिने जाने लगे थे। आचार्य हजारीप्रसाद द्विवेदी ने भी लिखा है कि दस अवतारों की कल्पना बहुत पुरानी है। दस अवतारों में बुद्ध का भी नाम आता है तथापि नारायणीयोपाख्यान में जिन दस अवतारों के नाम हैं उनमें से प्रथम हंस है तथा नवाँ और दसवाँ सात्वत और कल्कि।

हंसः कूर्मश्च, मत्स्यश्च प्रादुर्भावो द्विजोत्तम
वाराहो नरसिंहश्च वामनो राम एव च
रामो दाशरथिश्चैव सात्वतः कल्किरेव च।[51]

इस प्रकार हम देखते हैं कि अवतारों की संख्या दस होने पर भी उनके नामों में आगे चलकर विभिन्नता उत्पन्न हो जाती है। उक्त नामों में बुद्ध का नाम नहीं है। इससे अनुमान होता है कि अवतार की कल्पना बुद्ध से पूर्व की है। 'विक्रम की छठी से पन्द्रहवीं शती तक की धर्म साधना'[52] शीर्षक लेख में आचार्य द्विवेदी जी ने लिखा है कि हमारे आलोचना-काल में नृसिंह पूर्व तापनीय और नृसिंह उत्तर तापनीय नामक दो उपनिषदों का प्रचार पाया जाता है। इनमें नृसिंह मन्त्र की महिमा है। इससे यह अनुमान किया गया है कि नरसिंह मत उन दिनों प्रतिष्ठित था। पंच देवोपासकों में नृसिंह और वाराह की पूजा प्रचलित थी। बाणभट्ट की कादम्बरी (छठीं शताब्दी) में नृसिंह की वन्दना है और उस युग की अनेक वाराह मूर्तियाँ पायी गयी हैं। राम के अवतार को विशिष्ट उपास्य समझकर भी कोई सम्प्रदाय उन दिनों प्रतिष्ठित होना चाहिए। विक्रम की छठी से पन्द्रहवीं शताब्दी के पूर्वार्द्ध में 'राम पूर्व तापनीय' और 'राम उत्तर तापनीय' उपनिषदों का पता लगता है। अगस्त्य-सुतीक्ष्ण संवाद नामक इस काल की संहिता भी है, जिसमें राम का वर्णन है। 'कुब्जिका मत-तन्त्र' की एक प्राचीन प्रति गुप्तकालीन लिपि में लिखी हुई मिली है। इसका अर्थ यह हुआ कि 'कुब्जिका मत तन्त्र' उक्त काल के पूर्व वर्तमान था। संवत् 901 में लिखित 'परमेश्वर मत तन्त्र' और उसी समय का 'महा कुलांगना विनिर्णय तन्त्र' प्राप्त हुआ है। बाणभट्ट से पहले की पुस्तकों से शाक्त मत के पृथक् अस्तित्व का समर्थन होता है। शैव आगमों की ही भाँति इन शाक्त तन्त्रों में अद्वैत का स्वर ही प्रबल है। सम्मोहक तन्त्र[53] में स्पष्ट रूप से कहा गया है कि शक्ति और नारायण एक ही हैं जो आदि नारायण हैं वे ही परम शिव है, वे ही निर्गुण ब्रह्म हैं। आद्या ललिता (महाशक्ति) ने ही श्रीकृष्ण और श्रीराम का पुरुष विग्रह धारण किया था।[54] मूर्ख लोग राम और शिव में भेद देखते हैं। इस काल का दूसरा महत्त्वपूर्ण ग्रन्थ 'श्रीभाष्य' है। इन ग्रन्थों का प्रभाव उत्तरकालीन वैष्णव सम्प्रदायों पर बहुत अधिक पड़ा है। आगे चलकर 'पांचरात्र संहिताओं', 'विष्णु पुराण' और 'श्रीभाष्य' का आश्रय लेकर एक वैधमार्गी वैष्णव-साधना विकसित हुई। उत्तरकाल के वल्लभ और चैतन्य सम्प्रदाय 'भागवत' को परम प्रमाण के रूप में स्वीकार करते हैं। 'भागवत पुराण' श्रीकृष्ण के प्रेममूलक भक्ति धर्म का प्रतिपादक है। उस पुराण के अनुसार श्रीकृष्ण साक्षात् भगवान् हैं और अन्य

अवतार अंश कला मात्र हैं।[55] गोपालकृष्ण की कल्पना तथा उनकी बाललीला की कथाओं का मूल स्रोत वैदिक साहित्य के अन्तर्गत विष्णु देवता के प्रसंगों में ही वर्तमान है। ऋग्वेद में विष्णु को गोपा कहा गया है।[56]

विष्णुर्गोपा अदाभ्यः।

अन्य स्थान पर उनके परमपद वा स्थान में उत्तम-उत्तम सींगोंवाली गायों का रहना भी बतलाया गया है।[57]

यत्र गावो भूरिश्रृंगा अयासः।

वैष्णव धर्म के उपास्यदेव का एक दूसरा नाम नारायण है जो वैदिक साहित्य के अन्तर्गत अनेक स्थानों पर आया है। ऋग्वेद में कहा गया है कि आकाश, पृथ्वी और देवताओं के भी पहले वह गर्भाण्ड-रूपी वस्तु क्या थी जो सर्वप्रथम जल पर ठहरी थी और जिसमें सभी देवताओं का अस्तित्व था। जल के ऊपर वही ग़र्भाण्ड ठहरा हुआ था जिसमें सभी देवता वर्तमान थे और जो सभी कुछ का आधारस्वरूप है। वह विचित्र वस्तु अजन्मा की नाभि पर ठहरी हुई थी जिसके भीतर सभी विद्यमान थे।

परो दिवा पर एना पृथिव्या परो देवोभिरसुरैर्यदस्ति।
क स्विद् गर्भ प्रथमं दध्र आपो यत्र देवाः समपश्यन्त विश्वे।।[58]
तमिद्र गर्भ प्रथमं दध्र आपो यत्र देवाः समगच्छन्त विश्वे।
अजस्य नाभाव ध्येकमर्पितं यस्मिन्विश्वानि भुवनानि तस्थुः।।[59]

डॉ. भण्डारकर के अनुसार यह ब्रह्माण्ड की कदाचित् वह वस्तु है जिसे आगे चलकर जगत्स्रष्टा अथवा ब्रह्मदेव की पदवी दी गयी। वह अजन्मा जिसकी नाभि पर वह गर्भाण्ड था, नारायण है। इस ब्रह्माण्ड में सभी देवताओं का वर्तमान रहना कहा गया है अतएव नर से अभिप्राय यहाँ पर उन सभी देवताओं अथवा मानवों से भी है जिनके 'अयन' या अन्तिम लक्ष्य नारायण हैं और वे ही इनके आधारस्वरूप भी हैं। इस नारायण शब्द की वैदिक विष्णु शब्द से यह विशेषता है कि इस नाम से पुकारे जानेवाले देवता एक प्रकार से सृष्टि विषयक भावना के भी केन्द्र बन जाते हैं।[60] शतपथ ब्राह्मण में यह भी कहा गया है कि एक बार पुरुष नारायण ने यज्ञ स्थान पर स्वयं ठहरकर वसुओं, रुद्रों और आदित्यों को अन्यत्र भेज दिया और यज्ञ-कर्म को सम्पादित करके वे सर्वाधिकारी तथा सर्वव्यापक तक हो गये।[61] यहाँ पर तथा तैत्तिरीय आरण्यक के अन्तर्गत नारायण की विभूति का प्रायः वही वर्णन है जो ऋग्वेद के उपर्युक्त प्रसंग में दिखायी पड़ता है।[62] शतपथ ब्राह्मण के अन्य स्थलों पर भी पुरुष नारायण के सर्वश्रेष्ठ बन जाने की चर्चा की गयी है। नारायण अथवा पुरुष नारायण इस प्रकार परमदेव वा परमात्मा के समान सर्वोच्च हो जाते हैं[63] और ऋग्वेद के पुरुष सूक्त[64] के प्रणेता नारायण ऋषि को यदि अन्य कई अंशों की रचना करनेवालों की ही भाँति उक्त सूक्त का विषय पुरुष भी मान लिया जाय तो कह सकते हैं कि पुरुष और नारायण शब्द वहाँ वास्तव में एक ही देवता के लिए प्रस्तुत हुए हैं जैसा कि शतपथ ब्राह्मण के उपर्युक्त पुरुष नारायण शब्द से भी सिद्ध होता है।[65] तैत्तिरीय आरण्यक में इसी परमात्मास्वरूप नारायण को हरि भी कहा गया है जो शब्द पहले इन्द्र के लिए व्यवहृत होता रहा और आगे चलकर विष्णु का एक नाम हो गया।[66]

हरिवंश पुराण में अवतारों का जो विवरण भगवद्गीता के कुछ परिवर्तित मन्त्रों द्वारा दिया गया है उसमें अवतारों की संख्या दस दी गयी है। यह भी विशेष ध्यान देने की वस्तु है कि इस काल तक अवतारों को अवतार न कहकर प्रादुर्भाव कहा गया है।

भागवत पुराण में 22 अवतारों का उल्लेख मिलता है[67]—

(1) पुरुष, (2) वाराह, (3) नारद, (4) नर एवं नारायण, (5) कपिल, (6) दत्तात्रेय, (7) यज्ञ, (8) रसाभ, (9) पृथु, (10) मत्स्य, (11) कूर्म, (12) धन्वन्तरि, (13) मोहिनी, (14) नृसिंह, (15) वामन, (16) परशुराम, (17) वेदव्यास, (18) राम, (19) बलराम, (20) कृष्ण, (21) बुद्ध और (22) कल्कि।

श्रीमद्भागवत द्वितीय स्कन्ध प्रथम अध्याय में 24 अवतारों का उल्लेख है। इसी प्रकार महाभारत के वन पर्व में परमेश्वर के हजारों अवतारों का वर्णन आता है।[68] मत्स्य पुराण में इन अवतारों को असंख्य कह दिया गया है।[69]

अतः यह स्पष्ट सिद्ध होता है कि अवतारवाद की कल्पना ब्राह्मण एवं उपनिषद्-काल से ही प्रारम्भ हुई। वैदिक मन्त्रों के आधार को लेकर विभिन्न कल्पनाएँ की गयी हैं और अनेक देवताओं का प्रादुर्भाव माना गया है। इस प्रकार निरन्तर प्रसिद्ध पुरुषों एवं महाशक्तिशाली वीरों तथा अलौकिक विद्वानों को भी समय-समय पर अवतारों में स्थान मिलता चला गया। उदाहरण के लिए राम को ले सकते हैं। वाल्मीकि रामायण में इनका वर्णन महापुरुष के रूप में मिलता है। पर अनेक पुराणों में विष्णु का अवतार मान लिया गया है। आगे चलकर गोस्वामी तुलसीदास तो परब्रह्म परमेश्वर का अवतार मानकर पूर्ण भक्ति एवं श्रद्धा से इस तथ्य का उल्लेख स्थान-स्थान पर करते हैं।[70]

विष्णु का कार्य वैदिक काल में मनुष्यों को कष्टों से मुक्त करने का था।[71] ऐतरेय ब्राह्मण के अनुसार उन्होंने असुरों के विरुद्ध देवताओं को सहायता दी थी। शतपथ ब्राह्मण में एक स्थल पर विष्णु और मानवों में अभिन्नता प्रदर्शित की गयी है।[72]

उक्त तथ्यों से स्पष्ट है कि विष्णु का अवतार मानव रूप में इसलिए माना जाने लगा कि वे यज्ञ के रक्षक तथा दुष्टों का दलन करनेवाले थे। निराकार ब्रह्म का स्वरूप साधारण जनता के लिए समझना अत्यन्त दुष्कर था। अतः मनुष्यों से अभिन्न भगवान् विष्णु की उपासना उनके कार्य एवं कृपा की दृष्टि से अधिक आकर्षक एवं हितकर प्रतीत होने लगी।

यदा यदा हि धर्मस्य ग्लानिर्भवति भारत।
अभ्युत्थानमधर्मस्य तदात्मानं सृजाम्यहम्।
परित्राणाय साधूनां विनाशाय च दुष्कृताम्।
धर्मसंस्थापनार्थाय सम्भवामि युगे युगे।।[73]

गोस्वामी तुलसीदास जी ने भी अपने रामचरितमानस में इसी का अनुगमन किया है—

जब जब होइ धरम कै हानी। बाढ़हिं असुर अधम अभिमानी।।
तब तब प्रभु धरि बिबिध सरीरा। हरहिं कृपानिधि सज्जन पीरा।।[74]

इन अवतारों में मुख्य श्रीराम तथा श्रीकृष्ण माने जाते हैं। श्रीराम का अवतार श्रीकृष्ण से पहले त्रेता युग में हुआ। भारतीय परम्परा के अनुसार दोनों अवतारों के बीच एक युग का अन्तर है। श्रीकृष्ण द्वापर में उत्पन्न हुए। वाल्मीकि रामायण रामकथा का सर्वप्राचीन ग्रन्थ माना जाता है। सम्प्रति प्राप्त ग्रन्थ रूप के प्रथम एवं सप्तम अध्याय में राम को अवतार मानने का संकेत मिलता है।[75] महाभारत में राम का उल्लेख अनेक स्थानों पर मिलता है। श्रीमद्भागवत में तो रामोपाख्यान नामक अध्याय ही लिखा गया है। इससे भी स्पष्ट है कि कृष्ण के समय राम का नाम बड़े आदर से लिया जाता था। उनकी गणना अवतारों में होती थी। उस समय उन्हें उपास्य मानकर कोई सम्प्रदाय अवश्य प्रतिष्ठित रहा होगा।[76] पर उसका साहित्य या तो विलुप्त हो गया अथवा उसे नष्ट कर दिया गया। कालान्तर में श्रीकृष्ण का महत्त्व अधिक बढ़ गया। उन्हें ईश्वर का पूर्ण अवतार माना जाने लगा। भगवद्गीता में स्वयं कृष्ण ने अपने को विष्णु कहा है—

आदित्यानामहं विष्णुः।[77]

यद्यपि महाभारत के एक स्थल पर विष्णु को कदाचित् भगवान् नारायण या हरि का रूप समझकर ही 'धाता', 'अज', 'प्रभृत' आदि कहा गया है तथा उन्हें सबके माता-पिता एवं सारे संसार के शाश्वत गुरु की उपाधि भी दी गयी है।[78]

पिता माता च सर्वस्य जगतः शाश्वतां गुरुः।

फिर भी उस काल के प्रमुख उपास्यदेव विष्णु नहीं थे, अपितु वासुदेव थे। वैदिक साहित्य में वासुदेव का नाम किसी संहिता, ब्राह्मण वा प्राचीन उपनिषद् के अन्तर्गत नहीं आता। यह नाम केवल तैत्तरीय आरण्यक के दसवें प्रपाठक में पाया जाता है–

नारायणाय विद्महे वासुदेवाय धीमहि तन्नो विष्णुः प्रचोदयात्।

यहाँ पर यह विष्णु के नाम की ही भाँति व्यवहृत हुआ है। डॉ. कीथ ने इस आरण्यक का समय ईसा से पूर्व तीसरी शताब्दी में निश्चित किया है।[79]

उक्त मत के अनुसार उस काल तक विष्णु और वासुदेव की एकता का सम्पन्न होना सिद्ध होता है। महाभारत[80] में वर्णन मिलता है कि ब्रह्मदेव ने परमेश्वर की स्तुति की और उनसे प्रार्थना की कि आप चलकर यादव वंश की वृद्धि कीजिये और उन्हें वासुदेव नाम से सम्बोधित करते हुए यह भी कहा कि आप ही ने संकर्षण के रूप में अवतीर्ण होकर अपने पुत्र प्रद्युम्न को उत्पन्न किया। प्रद्युम्न से विष्णु स्वरूपी अनिरुद्ध की उत्पत्ति हुई जिससे मेरी रचना हुई थी और उसी के अनुसार अब एक बार फिर मनुष्य योनि में जन्म धारण कीजिये। उक्त पर्व के 66वें अध्याय के आरम्भ में यह भी कहा गया कि प्रजापति ने परमेश्वर से विनय की थी कि आप चलकर मानव-योनि में वासुदेव का अवतार धारण कीजिये। परमेश्वर के स्थान पर अध्याय भर में तदनन्तर वासुदेव नाम का ही व्यवहार किया गया है।[81] महाभारत में वासुदेव शब्द का अर्थ बतलाते हुए कहा गया है कि 'मैं वासुदेव इसलिए कहलाता हूँ कि सभी प्राणियों को अपनी माया द्वारा आच्छादित किये रहता हूँ।'

वसनात्सर्वभूतानां वसुत्वाद्देवयोनितः। वासुदेवस्ततोवेद्यः।[82]

आगे चलकर उन्होंने कहा है कि सूर्य के रूप में रहकर मैं अपनी किरणों से सारे विश्व को ढक लेता हूँ और सभी प्राणियों का अधिवास होने के कारण भी मेरा नाम वासुदेव है–

छादयामि जगद्विश्वम्भूत्वा सूर्या इवांशुभिः।
सर्वभूताधिवासश्च वासुदेवस्ततो ह्ययम्।।[83]

श्रीमद्भगवद्गीता में भगवान् श्रीकृष्ण ने स्वयं कहा है कि मैं वृष्णियों में वासुदेव हूँ–

वृष्णीनां वासुदेवोऽस्मि।[84]

इससे वासुदेव का वृष्णि कुल में उत्पन्न होना भी सिद्ध होता है। वृष्णि, सात्वत और यदुवंश वास्तव में एक ही जाति के सूचक हैं।[85] इसी प्रकार बौद्धों के घट जातक में वासुदेव को मथुरा प्रदेश के उत्तरी भाग में रहनेवाले किसी राजवंश का क्षत्रिय कहा गया है।[86]

धीरे-धीरे महत्त्वपूर्ण कार्यों एवं कुशलता के कारण वे विष्णु के पूर्णावतार माने जाने लगे। इसके लिए कारण भी दिये गये हैं। श्रीकृष्ण की पूर्णता उनके चतुर्व्यूह के मूल होने, उनमें सभी रसों के पूर्णतः दिखायी पड़ने तथा अनुपम शक्तियों का प्रमुख केन्द्र होने के कारण सिद्ध है तथा अपने तेज में सभी तेजों को आकृष्ट कर उसमें लीन कर लेने कारण वे परिपूर्णतम भी हैं।

लीला पुरुषोत्तम कृष्ण का चरित्र

भगवान् श्रीकृष्ण को लीला पुरुषोत्तम कहा गया है। इसका मुख्य कारण यही है कि बचपन से ही उनके अद्भुत गुणों का परिचय जनता को मिलता गया। उन्होंने अपने अलौकिक सौन्दर्य, विशिष्ट सद्गुणों तथा अद्भुत शक्ति के द्वारा जन-मानस को अपनी ओर आकृष्ट कर लिया था। आबाल वृद्ध, नर-नारी सभी उनके प्रति प्रगाढ़ श्रद्धा तथा प्रेम रखते थे। उनका ध्येय सर्वदा जनसाधारण की सेवा और सहायता ही था। उनके जीवन पर दृष्टिपात करने से हमें यह स्पष्ट विदित होता है।

उनके जीवन का प्रारम्भ बड़े रहस्यमय ढंग से हुआ था। जन्म के समय उनके माता-पिता कारागार में पड़े थे। वे सभी प्रकार से विवश थे। कृष्ण-जीवन-रक्षा प्रायः असम्भव थी पर बड़े ही रहस्यमय ढंग से वह पूरी हुई। उनकी बाल्यावस्था प्रकृति के क्रोड़ में व्यतीत हुई। इसीलिए उन्हें प्रकृति से अगाध प्रेम था। वनस्थली, पर्वतश्रेणी तथा कालिन्दी के बालुकामय कूल को देखकर उनका हृदय आनन्द प्रवाह में बह जाता था। सुमन-सौरभयुक्त समीर को स्पर्श कर एवं विहंगसमूह की चहक सुनकर वे आश्चर्य एवं आनन्द में मग्न हो जाते थे और कवित्वपूर्ण शब्दों में अपने उद्गारों को इस प्रकार व्यक्त करते थे—

अहोऽतिरम्यं पुलिनं वयस्याः
स्वकेलिसम्पन्मृदुलाच्छवालुकम्।
स्फुटत्सरोगन्धहृतालिपत्रिक—
ध्वनिप्रति ध्वानलसद्द्रुमाकुलम्।
अत्र भोक्तव्यमस्माभिर्दिवा रूढं क्षुधार्दितः।
वत्साः समीपेऽपः पीत्वा चरन्तु शनकैस्तृणम्।।[87]

उनका प्रेम केवल प्रकृति तक ही नहीं अपितु प्राणिमात्र से था। उनके प्रेम प्रभाव से हिंसक पशु अपनी नैसर्गिक प्रवृत्ति को भी भूल जाते थे। सारे-के-सारे भाव एक प्रेम में ही परिणत हो गये थे।

यत्र नैसर्गदुर्वैराः सहासन्नृमृगादयः।
मित्राणीवा जितावासद्रुतरुट्तर्षकादिकम्।।[88]

जिन पशु-पक्षियों में स्वाभाविक वैर देखा जाता है वे भी वैर छोड़कर एक साथ रहते हैं। भगवान् की वास-भूमि होने के कारण यहाँ काम, क्रोधादि ताप नहीं है।

कृष्णेऽभिषिक्त एतानि सत्त्वानि कुरुनन्दन।
निर्वैराण्यभवस्तात क्रूराण्यपि निसर्गतः।।[89]

श्री कृष्णाभिषेक होने पर जिनमें परस्पर स्वाभाविक वैर रहता है, वे क्रूर जीव भी निर्वैर हो गये। यही प्रेम की महिमा है।

उनका प्रेम सक्रिय था। वे प्रेमास्पद की रक्षा के लिए सदा विपत्तियों को झेलने के लिए प्रस्तुत रहते थे। इसका प्रत्यक्ष प्रमाण हमें गोपियों की पुकार में मिलता है। वे कहती हैं—

विषजलाप्ययाद्व्यालराक्षसाद्
वर्ष मारुताद् वैद्युतानलात्।
वृषमयात्मजाद्विश्वतो
भया दृषभ ते वयं रक्षिता मुहुः।।[90]

विषदूषित जल से, अनेकानेक दानवों से, काल की-सी प्रलय वर्षा से, तूफान से, दावाग्नि से तथा अगणित आपत्तियों से आपने हमारी रक्षा की है। इससे अतिरिक्त बड़े-बूढ़ों ने भी इस बात को स्वीकार किया और यह सोचकर उन्हें संकोच होता था कि ऐसे महान् पुरुष ने हमारे जैसे दीन-दुःखियों के घर जन्म लिया।

बालकस्य यदेतानि कर्माण्यत्यद्भुतानि वै।
कथमर्हत्यसौ जन्म ग्राम्येष्वात्मजुगुप्सितम्।।[91]

इसी तथ्य को भगवान् के पिता श्री वसुदेव जी ने भी उद्धव के सामने आगे चलकर स्वीकार किया।[92]

प्रायः ऐसा होता है कि श्रद्धा एवं भक्ति में व्यक्ति वास्तविकता को भूल जाते हैं। जिस प्रकार कवि भावावेश में वास्तविकता से विरत हो अत्युक्ति अथवा अतिशयोक्ति का सहारा लेते हैं उसी प्रकार जब

भक्ति का आवेश आता है तो उस आवेश में ज्ञान का अंकुश हट जाता है। ठीक यही दशा कृष्ण-भक्ति में भी हुई। श्रीकृष्ण के प्रति भक्तों का इतना आवेश उमड़ा कि वे कृष्ण-प्रेम के तथ्यों को भूल बैठे। उनके सम्बन्ध में ऐसी-ऐसी कल्पनाएँ की जाने लगीं जो मर्यादाहीनता और साधारण शिष्टाचार के विरुद्ध प्रतीत होती हैं।

श्रीकृष्ण में अद्भुत शारीरिक बल था। कंस द्वारा भेजे गये अनेक राक्षसों का नाश उन्होंने बड़ी सरलता से किया। शैशवावस्था में ही उन्होंने पूतना को मार डाला। अघासुर, बकासुर आदि दानवों के विनाश में भी वे सफल रहे। पर उनकी यह शारीरिक शक्ति कभी बर्बरता और उत्पीड़न का कारण नहीं बनी। वे सदैव न्याय तथा धर्म-पक्ष के समर्थक रहे और उन्होंने अपने बल को सर्वदा दुर्बलों की सहायता एवं रक्षा में ही प्रयुक्त किया।

बंकिम बाबू अपने कृष्णचरित्र में लिखते हैं, बचपन में श्रीकृष्ण आदर्श बलवान् थे। उस समय उन्होंने केवल शारीरिक बल से ही हिंसक जन्तुओं से वृन्दावन की रक्षा की थी। कंस और कंस के मल्लादि को भी मार गिराया था। गौ चराने के समय ग्वाल-बालों के साथ खेल-कूद और कसरत कर उन्होंने अपने शारीरिक बल की वृद्धि कर ली थी। दौड़ने में कालयवन उन्हें न पा सका। कुरुक्षेत्र में उनके रथ हाँकने की बड़ी प्रशंसा है।[93] उनके अपार पराक्रम का बड़ा ही आलंकारिक वर्णन महाभारत के उद्योग पर्व में किया गया है। जिस समय दुर्योधन ने उन्हें बन्दी बनाने का विचार किया और श्रीकृष्ण को उसका आभास मिल गया तो उन्होंने कहा कि तुम मूर्ख हो जो मुझे अकेले समझते हो।[94] हमारे सभी यदुवंशी, समस्त पाण्डव, सूर्य, रुद्र, ब्रह्मा, वसु, देवता और महर्षि आदि सब यहीं हैं। इतना कहकर वे हँसे, इतने में ही उनके समस्त अंगों में बिजली के समान चमकते हुए ब्रह्मादि देवता छोटे-छोटे आकार में दीखने लगे, उनका शरीर बड़ा विशाल हो गया। उनके ललाट से ब्रह्मा, वक्षःस्थल से रुद्र, भुजाओं से बलदेव जी तथा अर्जुन प्रकट हो गये। उनके मुख से अग्नि निकलने लगी। उनके विभिन्न अंगों से सभी प्रमुख देवताओं का प्रादुर्भाव हुआ। दुर्योधन मूढ़ की भाँति यह स्वरूप देखता रहा गया।[95]

यह वर्णन यद्यपि आलंकारिक ढंग से भक्ति की भावना से किया गया है, पर इसे देखने से स्पष्ट ज्ञात होता है कि उनमें विभिन्न देवताओं के विभिन्न गुण एवं शक्ति वर्तमान थी। दुर्योधन का साहस नहीं हुआ कि कृष्ण को बन्दी बना सके।

विपत्ति के समय व्रजवासियों को केवल एक ही आधार श्रीकृष्ण थे। उनके पास सहायता के लिए जाने का मानो उन्हें अभ्यास हो गया था।

जिस समय इन्द्र ने कुपित होकर व्रज को ध्वस्त करने के लिए मूसलधार वर्षा की, उस समय सभी कृष्ण की शरण में गये। केवल कृष्ण ही एक शक्तिशाली व्यक्ति थें जिन्होंने उनकी रक्षा की।[96]

रेंड़ के वन में आग लग जाने तथा व्रज के अग्नि द्वारा घिर जाने पर भी श्रीकृष्ण ने उन्हें बचाया।[97]

इसी प्रकार दावानल के प्रकट होने पर एवं सर्प के नन्द बाबा को पकड़ने पर भी श्रीकृष्ण को ही पुकारा गया था। उन्होंने सभी जगह शरणागतों की रक्षा की। द्रौपदी-चीर-हरण के समय जब सभी निरुपाय थे, श्रीकृष्ण ने ही उसकी लाज बचायी।

दुर्योधन द्वारा प्रेरित दुर्वासा ऋषि जिस समय द्रौपदी के पास पहुँचे और वह उन्हें अभाव के कारण भोजन कराने में सर्वथा असमर्थ थी तो उसने कृष्ण को पुकारा। कृष्ण ने उसकी सहायता पूर्ववत् की। दुर्वासा और उनके शिष्यों को अजीर्ण का अनुभव होने लगा और श्रीकृष्ण के आतंक के कारण वे सभी भाग खड़े हुए। इस प्रकार उन्होंने धर्मात्मा की सहायता की और कहा–

धर्म नित्यास्तु ये केचिन्न ते सीदन्ति कर्हिचित्।[98]

भगवान् श्रीकृष्ण में दृढ़ इच्छाशक्ति एवं आत्म-विश्वास था। द्रौपदी को आश्वासन देते हुए उन्होंने कहा था–

पतेद् द्यौर्हिमवांच्छीर्येत्पृथिवी शक्ली भवेत्।
शुष्येत्तोयनिधिः कृष्णे न मे मोघं वचो भवेत्।।[99]

चाहे आकाश फट पड़े, हिमालय विदीर्ण हो जाय, पृथिवी के टुकड़े-टुकड़े हो जायँ और सागर सूख जाय परन्तु मेरे वचन कभी व्यर्थ न होंगे।

चलेद्धि हिमवाञ्छैलो मेदिनी शतधा भवेत्।
द्यौः पतेच्च सनक्षत्रा न मे मोघं वचो भवेत्।
सत्यं ते प्रतिजानामि, कृष्णवाष्पो निगृह्यताम्।।
हत मित्राश्रियायुक्तान्न चिराद द्रक्ष्यसे पतीन्।।[100]

हे कृष्ण! हिमालय फट जाय, पृथ्वी के सौ टुकड़े हो जायँ, नक्षत्रों सहित आकाश गिर पड़े परन्तु मेरा वचन कभी झूठा नहीं हो सकता। मैं सत्य प्रतिज्ञा करता हूँ कि तू शीघ्र अपने पतियों को शत्रुओं से रहित और लक्ष्मी के सहित देखोगी।

गोवर्धन-पूजा का औचित्य बतलाते हुए उन्होंने कहा कि लोग ज्ञात और अज्ञात दो प्रकार के कर्म करते हैं। जिनका फल और तत्त्व पहले जान लिया जाय वे ज्ञात और जो बिना बिचारे किये जायँ वे अज्ञात हैं। ज्ञात कर्म सिद्ध होते हैं और अज्ञात वैसे सिद्ध नहीं होते। (अतएव इन्द्र का यज्ञ न करके गोवर्धन-यज्ञ करो) श्वान, चाण्डाल और पतितों को यथायोग्य अन्न देकर सन्तुष्ट करो। गायों को हरी घास खिलाओ और गिरिराज को भोग लगाओ।

ज्ञात्वाज्ञात्वा च कर्माणि जनोऽयमनुतिष्ठति।
विदुषः कर्मसिद्धिः स्यात्तथा न विदुषो भवेत्।।
अन्येभ्यश्चाश्व चाण्डाल पतितेभ्यो यथार्हतः
यवसं च गवां दत्वा गिरये दीयतां बलिः।।[101]

यज्ञादि कर्मों के तात्पर्य और महत्त्व को बिना समझे ही उनमें अन्धविश्वासपूर्वक लग जाना सच्ची भक्ति या प्रेम नहीं है। गोवर्धन-यज्ञ के समय श्रीकृष्ण ने इसके विरुद्ध आन्दोलन प्रारम्भ किया। उन्होंने यह सिद्धान्त स्थापित किया कि अन्धविश्वास और ऊँच-नीच के भेद को प्रधानता न देकर बुद्धि और सच्चे पूजन तथा भक्ति को ही प्रधानता देनी चाहिए।

श्रीकृष्ण भगवान् सच्चे नेता थे। उन्होंने नेता के परम पुनीत कर्त्तव्य का दृढ़ता तथा साहस से निर्वाह किया। उन्होंने गोवर्धन-पूजा का सुझाव दिया। जनता उनके उपदिष्ट मार्ग पर चली। इस मार्ग में जो कठिनाइयाँ उपस्थित हुईं उनका निराकरण भी कृष्ण ने ही किया। आधुनिक नेताओं की भाँति उन्होंने कभी भी जनता को पथ-भ्रष्ट नहीं किया और न तो विपत्ति के समय उनकी सहायता तथा पथ-प्रदर्शन से मुख मोड़ा। यही कारण था कि जनता भी उनको प्राण-प्रिय मानती थी और उनके एक इंगित पर अपने प्राण निछावर करने को प्रस्तुत रहती थी। जन-बल के आतंक से इतने शक्तिशाली कंस तथा दुर्योधन जैसे सत्ताधारी शासक उनसे प्रत्यक्ष युद्ध करने में भयभीत रहते थे।

श्रीकृष्ण ने सर्वदा न्याय का समर्थन किया। अतः महाभारत की लड़ाई में उन्होंने पाण्डवों का पक्ष ग्रहण किया। धर्म तथा न्याय के विजय के लिए वे प्राण-प्रण से संलग्न हो जाते थे। वे इसके लिए यहाँ तक प्रस्तुत रहते थे कि कभी-कभी उन्हें आचार एवं व्यवस्था का भी उल्लंघन करना पड़ता था। इसमें उन्हें तनिक भी संकोच न होता था। उन्होंने युधिष्ठिर को बाध्य किया कि वे अश्वत्थामा के मरने की

घोषणा करें। जब युधिष्ठिर इसके लिए प्रस्तुत न हुए तो उन्हें 'नरो वा कुंजरो' की पूँछ लगाकर असत्य भाषण को प्रच्छन्न रूप में कहने के लिए राजी कर लिया। जब वे कहने लगे कि अश्वत्थामा हतो नरो—अभी वाक्य पूरा भी न हो पाया था कि श्रीकृष्ण ने शंख-ध्वनि कर दी और 'कुंजरो' किसी को न सुनायी पड़ा। द्रोणाचार्य पुत्र-शोक में विह्वल हो विनष्ट हो गये। भीष्म पितामह को मारने के लिए उन्होंने शिखण्डी को अर्जुन के सामने बैठा दिया। इस पर उन्होंने उचित या अनुचित का विचार नहीं किया। ये दोनों कार्य आचार की दृष्टि से या मर्यादा के विचार से उचित नहीं माने जाते हैं। पर न्याय और धर्म के समर्थन में वे कुछ भी करना उचित समझते थे।

अपराधी को दण्ड देना उनके जीवन का लक्ष्य था भले ही वह अपना ही क्यों न हो। अपने परिवार के यदुवंशियों की बर्बरता वे सहन नहीं कर सके।[102] कुछ लोग कृष्ण पर यह दोष लगाते हैं कि उन्होंने यदुवंशियों को लड़ाकर विनष्ट कर दिया। पर विगलित अंश को विनष्ट करने से ही शरीर की रक्षा हो सकती है। यहाँ तक कि कभी-कभी अपने शरीर की रक्षा के लिए अपने ही अंगों को काट देना पड़ता है। अतः इस प्रकार के दोषारोपण निर्मूल हैं। श्रीकृष्ण की न्यायप्रियता, समदर्शिता की प्रशंसा तो उन नागपत्नियों ने स्वयं की है जिनके पति का मर्दन उन्होंने किया। नागपत्नियाँ कालिय-मर्दन के पश्चात् उनसे कहने लगीं—

> न्याय्यो हि दण्डः कृतकिल्बिषेऽस्मिस्तवावतारः खल निग्रहाय।
> रिपोः सुतानामपि तुल्य दृष्टेर्धत्से दमं फलमेवानुशंसन्।।
> अनुग्रहोऽयं भवतः कृतो हि नो, दण्डोऽसतां ते खलु कल्मषापहः
> यद्दन्द शूकत्वममुष्य देहिनः क्रोधोऽपि तेऽनुग्रह एव सम्मतः।।[103]

हे भगवान्! आपने इस अपराधी को दण्ड दिया सो बहुत ही उत्तम और उचित किया। कारण, दुष्टों को दण्ड देने के लिए ही आपका अवतार हुआ है। परन्तु इस प्रकार दण्ड देते हुए भी आप समदर्शी ही हैं। आपकी दृष्टि में शत्रु और पुत्र समान हैं। माता जैसे पुत्र की हित कामना से स्नेहपूर्ण हृदय को लेकर उसको दण्ड देती है, उसी प्रकार आप शत्रु भाव रखनेवाले को दण्ड देते हैं। आपका दण्ड देना उसके हित के लिए ही होता है। हमारी समझ से तो आपने इसे दण्ड नहीं दिया वरन् अनुग्रह ही किया है। दण्डरूपी प्रायश्चित्त से दुष्टों के पापों का नाश हो जाता है। इस नाग का पाप तो स्पष्ट ही है जिससे इसे सर्प की अधम योनि मिली (अब इसका उद्धार हो गया) आपका क्रोध इसके लिए कल्याणमय अनुग्रह ही है।

वे अपने दोषों को छिपाना पसन्द नहीं करते थे। इसका प्रमाण हमें श्रीमद्भागवत स्कन्ध 11 में मिल जाता है। वे कहते हैं कि यद्यपि ससैन्य दुष्ट राजाओं के विनाश से (महाभारत के युद्ध से) पृथ्वी का भार बहुत-कुछ हलका हो गया है तथापि मैं समझता हूँ कि अभी पूर्ण रूप से समस्त भार नहीं उतरा है क्योंकि अभी प्रबल यादव कुल तो विद्यमान ही है। यह यादव वंश मेरे आश्रित है एवं नित्य बढ़नेवाले हाथी, घोड़े, धन-सम्पत्ति आदि वैभवों से सुसम्पन्न होकर उनके अभिमान में चूर हो रहा है। वह किसी से नहीं दबता। अतएव मेरे परम धाम-गमन के पश्चात् इनका नियन्त्रण कोई भी नहीं कर सकेगा। तब यह अपने यथेच्छाचार से संसार को सतावेगा।

वे बड़े स्पष्ट और निर्भीक वक्ता थे। उन्होंने पाण्डवों के साथ सहानुभूति रखने का कारण बतलाते हुए स्पष्ट कहा है 'पाण्डवों के साथ मेरी ऐसी एकरूपता हो गयी है कि जो उनके शत्रु हैं वे मेरे शत्रु हैं और जो उनके मित्र हैं वे मेरे मित्र हैं और इस एकरूपता या तादात्म्य का कारण यह है कि पाण्डव लोग धर्माचारी हैं। श्रीकृष्ण धर्म के पक्षपाती हैं किसी व्यक्ति-विशेष के नहीं हैं। पाण्डव धर्माचारी हैं इसीलिए उन्होंने उनका पक्ष ग्रहण किया।[104]

यस्तान्द्वेष्टि समां यस्तानन्नु समामनु।
ऐक्यात्मं हि गतं विद्धि पाण्डवैर्धर्मचारिभिः।।

जब श्रीकृष्ण पाण्डवों के दूत बनकर हस्तिनापुर पहुँचे और वहाँ दुर्योधन ने उन्हें भोजन के लिए निमन्त्रण दिया, तब उसे अस्वीकार करते हुए आपने कहा–

संप्रीति भोजनान्यानि आपद् भोज्यानि या पुनः।
न च संप्रीयसे राजन् न चैवापद्गता वयम्।।

भोजन या तो प्रेम से होता है या विपत्ति पड़ने पर चाहे जहाँ मिले जैसे मिले खाकर पेट भरना पड़ता है। यहाँ विपत्ति तो हम पर पड़ी नहीं और प्रेम है नहीं। अतः भोजन का प्रश्न ही नहीं उठता।

उपनिषदों को गौ की, भगवान् श्रीकृष्ण को गोपाल की एवं गीता को दुग्धामृत की उपमा दी गयी है। इसमें सन्देह नहीं, उपनिषद् जैसे रहस्य-शास्त्र अति निगूढ़ रहस्य-शास्त्रों के मर्म को इतनी संक्षिप्त और सुन्दर रीति से कदाचित् ही किसी अन्य ग्रन्थ में वर्णित किया गया हो।

ऋषिभिर्बहुधा गीतं छन्दोभिर्विविधैः पृथक्।
ब्रह्मसूत्रपदेश्चैव हेतुमद्भिर्विनिश्चितैः।।[105]

इस एक ही श्लोक में छन्दोभिः से छन्दःशास्त्र, ब्रह्मसूत्रपदैः से वेदान्तशास्त्र, हेतुमद्भिः से न्यायशास्त्र और हेतु शास्त्रकारों को पता चलता है। षड्दर्शन के सिद्धान्त और उपनिषदों के मर्म के विचित्र सम्मिश्रण के कारण ही गीता को इतनी उपादेयता प्राप्त हो सकी है।[106]

उक्त कथन से उनकी विद्वत्ता का प्रमाण मिल जाता है। भगवद्गीता के कर्मयोग का सिद्धान्त अद्वितीय है। संसार के मनुष्य-मात्र के लिए यह ऐसा अमृत है जो उसके जीवन को नैसर्गिक बनाता है और उसे शोक, पश्चात्ताप, निराशा, हतोत्साहिता आदि दुर्गुणों से बचाता है। वे गीता में कहते हैं–

कर्मण्येवाधिकारस्ते मा फलेषु कदाचन।

संसार में आकर तुम कर्म का अधिकार प्राप्त करो। कर्म करो। उसके फल की इच्छा न करो। इस प्रकार का दार्शनिक सिद्धान्त आज तक न तो किसी धर्म में मिला और न किसी जाति ने इसका अन्वेषण किया। विश्व के अनेक भूखण्डों में आज गीता का प्रचार, अध्ययन एवं मननशीलता का बोलबाला है। इसका एकमात्र कारण है भगवान् श्रीकृष्ण की विद्वत्ता।

अत्याचार एवं अनाचार के घोर विरोधी होते हुए भी वे शान्ति के दूत थे। यद्यपि महाभारत के युद्ध के सूत्रधार भगवान् श्रीकृष्ण ही माने जाते हैं पर उन्होंने शान्ति स्थापन का प्रबल प्रयास किया था। जब श्रीकृष्ण दुर्योधन के पास पहुँचे तो विदुर ने उन्हें समझाया कि आपका आना व्यर्थ होगा। दुर्योधन अपने हठ को न छोड़ेगा। उस समय उन्होंने उत्तर दिया, 'हाथियों, घोड़ों और रथों सहित सारी विपद्ग्रस्त पृथ्वी को जो मृत्यु से बचा सकेगा, उसे बड़ा पुण्य होगा। यदि दुर्योधन मेरी हितकारी बातें सुनकर भी मुझ पर सन्देह करे, तो मेरा क्या बन-बिगड़ सकता है? प्रत्युत मुझे तो इस बात से बड़ा सन्तोष है कि मैंने उसे समझाकर अपने कर्त्तव्य का पालन किया। भाइयों के आपस के झगड़ों में जो सत्परामर्श नहीं देता वह 'अपना' कहलाने योग्य नहीं है।' आत्मीयता की भावना भी उनमें चरम सीमा पर पहुँच चुकी थी पर उसका स्थान केवल सन्मार्ग तथा धर्म की परिधि के अन्दर था। यदि रोग असाध्य प्रतीत होता था तो वे रोगी को समूल नष्ट कर देने में समाज का हित मानते थे।

श्रीकृष्णावतार दीन-दुःखी और दुर्बलों की रक्षा के लिए हुआ था। वे लोकावतार थे। यद्यपि वे बड़े-से-बड़े सम्राटों के भी अधिपति थे, तो भी वे जनता के आदमी थे। बचपन में उन्होंने समाज के प्रमुख कल्याणकारी ग्वालों के धन्धे को अपनाया। बड़े होने पर सारथी बने। राजसूययज्ञ जैसे राजनैतिक उत्सव

में जूठी पत्तलें उठाने का काम किया। कौन लोकनायक आज इतना निष्पाप जीवन बिता सकता है। उन्होंने इन्द्र और ब्रह्मा के गर्व को नष्ट कर दिया तथा नारद का मोह दूर किया पर अन्त तक गोप-बन्धु बने रहे। उन्होंने बनमाला तथा मोर-मुकुट को अपना आभूषण बनाया एवं सुदामा के तन्दुल तथा विदुर के साग को छप्पन प्रकार के भोजन से उत्तम माना। इस प्रकार वे सर्वदा लोक-संग्रह की भावना से ओत-प्रोत रहे। केवल एक बार जनता की भावना श्रीकृष्ण के प्रति परिवर्तित हुई। लोगों ने सोचा कि श्रीकृष्ण के कारण जरासन्ध उन पर बार-बार आक्रमण करता है। श्रीकृष्ण ने लोक-मत का आदर किया। वे मथुरा को छोड़कर समुद्रवलयांकित द्वारका चले गये। वे जनता से रुष्ट नहीं हुए। उस समय आयोनियन लोग हिन्दुस्तान पर चढ़ाई की तैयारी कर रहे थे। उनके प्रतिरोध के लिए पश्चिमी समुद्र-तट पर एक छावनी स्थापित करने की आवश्यकता थी। श्रीकृष्ण द्वारावती में जाकर बसे और उन्होंने आर्यावर्त्त की रक्षा की। इस प्रकार उन्होंने राष्ट्र की महती सेवा की।[107]

श्रीकृष्ण अपनी दुर्बलता को स्पष्टतः स्वीकार कर लेते थे। राजसूययज्ञ के प्रसंग में उन्होंने जरासन्ध को एक बहुत बड़ी अड़चन बतलायी थी। उन्होंने युधिष्ठिर से यह भी कहा था, 'जरासन्ध के कई बार के आक्रमण करने से हम लोगों का उत्साह भंग हो गया था। उस समय हमने मथुरा छोड़कर अन्यत्र चला जाना उचित समझा। हमने अपने पास के धन को कई भागों में विभक्त किया। तदनन्तर जरासन्ध के भय से हम लोग अपने बाल-बच्चों और बड़े-बूढ़ों को साथ ले मथुरा से भागे। रैवतक पर्वत से सुशोभित कुशस्थली (द्वारकापुरी) नाम्नी नगरी थी उसी में हम लोग जा बसे।'[108]

श्रीकृष्ण भगवान् की वाणी में अद्भुत शक्ति थी। बड़े-बड़े मनीषी विद्वान् उनकी वाणी पर मुग्ध थे। उसमें ऐसा अपूर्व आकर्षण था कि लोग उनके सम्भाषण को सुनने का अवसर खोजते रहते थे। जिस समय श्रीकृष्ण कौरवों को समझाने के लिए हस्तिनापुर जा रहे थे मार्ग में ब्रह्म-तेज से देदीप्यमान् ऋषिगण मिले। शिष्टाचार की प्रतिमूर्ति श्रीकृष्ण रथ से उतर पड़े और उन्होंने ऋषियों को प्रणाम किया। कुशल समाचार के पश्चात् उन्होंने पूछा कि आप लोग कहाँ प्रस्थान कर रहे हैं। इस पर ऋषियों ने कहा—हे महाभागे! जहाँ आप सत्य-मूर्ति पधार रहे हैं वहीं हम लोग जा रहे हैं। हमने सुना है कि कौरवों की राजसभा में आपका धर्म और अर्थ से पूर्ण व्याख्यान होगा।

तव वाक्यानि दिव्यानि तथा तेषां च माधव।
श्रोतुमिच्छामि गोविन्द सत्यानि च हितानि च।।[109]

श्रीकृष्ण बड़े ही दूरदर्शी थे। भारत जैसे कृषिप्रधान देश में वे गाँवों का महत्त्व भली-भाँति जानते थे। आज सभी विवेकशील व्यक्ति गोपालन की आवश्यकता का अनुभव करते हैं भले ही वे आर्येतर धर्मावलम्बी ही क्यों न हों। भगवान् कृष्ण ने इसका अनुभव हजारों वर्ष पूर्व किया था। इसीलिए उन्होंने इन्द्र-पूजा के स्थान पर गोवर्धन-पूजा की प्रथा चलायी। यद्यपि इस कार्य में अनेक अड़चनें पड़ीं। स्वयं जनता ने ही हो-हल्ला मचाया पर वे विचलित नहीं हुए। उन्होंने बड़ी दृढ़ता से सभी विघ्नों का दमन किया। आज सभी इस दूरदर्शिता का लोहा मानते हैं।

भगवान् श्रीकृष्ण को योगिराज कहा जाता है। वास्तव में विचार किया जाय तो इस तथ्य की वास्तविकता मूर्त रूप में हमारे समक्ष स्वयं उपस्थित हो जाती है। योग की अवस्था में मनुष्य के मुख से जो वाणी प्रस्फुटित होती है उसका पुनः निःसरित होना अत्यन्त कठिन क्या असम्भव है क्योंकि योग की अवस्था में उसकी सभी इन्द्रियाँ ब्रह्म के ध्यान में लीन रहती हैं। उस समय वह अपनत्व को पूर्णरूपेण भूल जाता है। इस भौतिक जगत् में रहते हुए भी वह अलौकिक जगत् की अनुभूतियों में मग्न होता है। इस अवस्था की प्राप्ति असाधारण और अति प्रयत्नसाध्य है। अतः ऐसी अनुभूति कभी-कभी ही होती है। मनुष्य जब चाहे इस अवस्था को प्राप्त नहीं कर सकता। इसीलिए जब अर्जुन ने श्रीकृष्ण से कहा

कि, मैं युद्ध के समय की गीता भूल गया हूँ। कृपया मुझे फिर से सुनाइये तो इसके उत्तर में श्रीकृष्ण ने कहा—हे सखे! मैंने तुम्हें निगूढ़ सनातन धर्म-तत्त्व का उपदेश किया था उसे तुम भूल गये, यह अच्छा नहीं किया, मैं अब पुनः उस उपदेश को सम्पूर्ण रूप से नहीं कह सकता। इसका कारण यह है कि मैंने योगयुक्त होकर तुम्हें उस ब्रह्म-ज्ञान का उपदेश दिया था।

न शक्यं तन्मया भूयस्तथा वक्तुमशेषतः।
परं हि ब्रह्म कथितं योग युक्तेन तन्मयाः।।[110]

श्रीकृष्ण भगवान् सफल राजनीतिज्ञ थे। आज की राजनीति स्वार्थ एवं रक्तपात पर टिकी है। वह स्वार्थ भले ही अपने देश के लिए हो। इसका परिणाम हमारे नेत्रों के समक्ष है। एक राष्ट्र दूसरे को दबोच रहा है। पर राष्ट्रसंघ जैसी विश्व-कल्याण की संस्था मुँह ताककर रह जाती है। संसार में भय का साम्राज्य है। यहाँ तक कि विश्व के सर्वशक्तिशाली राष्ट्र अभय और शान्ति से कालयापन नहीं कर रहे हैं। दो भयंकर विश्वयुद्ध हो चुके हैं। पर परिणाम अधिकाधिक भयावह होता जा रहा है। भगवान् श्रीकृष्ण ने राजनीति को स्वार्थ का साधन नहीं बनाया। वे तो विश्व-कल्याण की भावना से प्रेरित होकर कार्य करते रहे। उनको सर्वाधिक सफलता मिली। महाभारत युद्ध के पश्चात् युधिष्ठिर का राजसूय यज्ञ हुआ और चारों ओर शान्ति का साम्राज्य छा गया।

श्रीकृष्ण के बल, बुद्धि तथा नीति का लोहा केवल उनके अनुयायी या मित्र ही नहीं अपितु उनके शत्रु भी मानते थे। पाण्डवों की ओर से सन्धि का प्रस्ताव लेकर जाने पर दुर्योधन ने प्रस्ताव को अमान्य कर दिया और कर्ण, शकुनि और दुःशासन आदि से कृष्ण को कैद करने की मन्त्रणा करने लगा। उसका समाचार पाकर धृतराष्ट्र ने दुर्योधन की भर्त्सना की।[111]

श्रीकृष्ण अद्भुत कलाकार थे। उनमें वेणु-वादन का अपूर्व गुण था। गोवर्धन-पूजा के समय नाना प्रकार से सबसे हृदय तथा समस्त प्राणियों को एकता के सूत्र में बाँध देने के अनन्तर भगवान् ने वेणु बजाकर उससे ऐसे दिव्य संगीत की धारा प्रवाहित की जिसने चेतनों की हत्तन्त्री झंकृत कर दी और सबको प्रेममग्न कर दिया। गोपियों ने उसे सुना और हर्षोन्मत्त हो वे परस्पर उसकी चर्चा इस प्रकार करने लगीं—अहो! कैसा आश्चर्य है इस दिव्य संगीत को सुनकर चेतन जीवन आनन्द से निस्पन्द हो गये और जड़ पदार्थों में स्पन्दन होने लगा।[112] इसके अनन्तर भगवान् ने एक दूसरी मादकतापूर्ण तान छेड़ी जिसके भीतर उन लोगों के साथ आन्तरिक सम्बन्ध स्थापित करने की उत्कण्ठा भरी हुई थी जो प्रेम की उच्चतम अवस्था को पहुँच चुके थे।[113]

इस तान में भरी हुई मादकता ने अखिल प्रकृति का बाह्य रूप ही पलट दिया और सारे हृदयों को, जो उसके पात्र थे, विशुद्ध प्रेम की ओर बरबस खींच लिया।

श्रीकृष्ण के प्रति मोह का स्वरूप धर्मप्रधान था जैसा कि श्रीमद्भगवद्गीता में कहा गया है—

या निशा सर्वभूतानां तस्यां जागर्ति संयमी।
यस्यां जाग्रति भूतानि सा निशा पश्यतो मुनेः।।[114]

अब श्रीकृष्ण के चरित्र के सम्बन्ध में विचार करना चाहिए। श्रीकृष्ण का चरित्र अत्यन्त उज्ज्वल तथा आदर्श था। वे अपने जीवन में ही पूज्य माने जाते थे। समाज के सभी लोग उनके कथनानुसार आचरण करते थे। किसी व्यक्ति को अपने जीवन में ऐसा सौभाग्य तभी प्राप्त हो सकता है जब कि उसमें उज्ज्वल चरित्र एवं आदर्श हो। अन्यथा सारा समाज उसका अनुयायी हो ही नहीं सकता। श्रीकृष्ण पर गोपियों के साथ रासलीला तथा अन्य प्रकार की छेड़छाड़ एवं कुब्जा के अपनाने का दोषारोपण किया जाता है। सर्वप्रथम गोपियों के साथ उनके व्रज-जीवन पर ही हमें विचार कर लेना चाहिए। श्रीकृष्ण व्रज में बारह वर्ष की अवस्था तक रहे। उस युग में इस अवस्था के बालक से इस प्रकार के व्यवहार की आशा

दुराशा मात्र है। सम्भव है बाल-चापल्य के कारण कभी उन्होंने माखन आदि छीनकर खाया और बाँट दिया हो पर इसे आधार मानकर श्रीकृष्ण के चरित्र को दूषित कहना, उनके साथ अत्याचार करना है। किसी भी चरित्रहीन व्यक्ति के मुख से गीता ऐसा ज्ञान निकलना दुस्तर ही नहीं अपितु नितान्त असम्भव है। एक ओर तो हम श्रीकृष्ण को योगिराज कहते हैं पर दूसरी ओर उनकी व्रज-क्रीड़ाओं को आधार मानकर उन पर कीचड़ उछालते हैं। यह हमारी बुद्धि का दिवालियापन नहीं तो और क्या है?

कुब्जा के सम्बन्ध में हरिवंश में इस प्रकार की कथा आती है, आगे चलकर उन्हें कंस की दासी कुब्जा मिली, जिसका शरीर आठ जगह झुका हुआ था, वह कंस की सेवा करने जा रही थी। वह उबटन लगाने और केश सँवारने में कुशल थी। उसके हाथ में उबटन देखकर श्रीकृष्ण ने उससे कहा कि तुम इसे हमारे शरीर पर लगा दो। इस पर उसने मन्दस्मित हास्य के द्वारा अपनी काम-वासना प्रकट की, जिससे बलराम क्रुद्ध हो उठे। श्रीकृष्ण ने उन्हें शान्त करते हुए कहा कि यह तो कंस की दासी है न। इसलिए यदि इसने ऐसा भाव प्रदर्शित किया तो इसमें आश्चर्य ही क्या है? अरे! हमें इन बातों से क्या? हमें तो उबटन से मतलब है, बस, यह कहकर उन्होंने उसके हाथ से उबटन छीन लिया और कुब्जा को वहाँ से भगा दिया।[115] इसी चर्चा के आधार पर परवर्ती साहित्य में अनेक कपोल-कल्पित कथाएँ गढ़ ली गयीं। रास के सम्बन्ध में भी यही हुआ। हरिवंश में 'रास-क्रीड़ा' का वर्णन कहीं नहीं मिलता।[116] पर ज्ञान-शून्य भक्ति में अन्धे होकर लोगों ने विभिन्न कल्पनाएँ कर लीं।

'यदि ह्यहं न वर्तेयम्' इस श्लोक में भगवान् स्वयं कहते हैं कि इस प्रकार यदि मैं शुद्धाचरण नहीं करूँगा तो 'संकर कर्त्ता' होने की सारी जिम्मेदारी मेरे सिर पर आ जायेगी। यह विचार करने की बात है कि ऐसा कहनेवाला व्यक्ति स्वयं कुमार्ग पर पैर कैसे रख सकता है?

अब श्रीकृष्ण के 16,108 रानियों के प्रसंग पर भी विचार कर लेना चाहिए। वास्तव में घटना इस प्रकार है कि भौमासुर ने अनेक राजकुमारियों को अपने यहाँ बन्दी कर रखा था। भौमासुर के वध के पश्चात् जब नारद जी वहाँ आये तो उन कन्याओं ने अपनी आत्मकथा कह सुनायी। उन्होंने यह भी कहा कि इतने दिन के पश्चात् हमारे अभिभावक कुलीनता का ध्यान करके हमें पुनः अपने यहाँ न रखेंगे। उस समय नारी-धर्म सम्बन्धी नियम बड़े कड़े थे। नारद जी ने इनके दुःख से द्रवित होकर उन्हें एक युक्ति बतलायी। उन्होंने कहा 'जिस समय श्रीकृष्ण तुम्हारा कुशल संवाद लेने आवें उस समय तुम उनके गले में पुष्प-माला पहना देना। इससे उनका स्वागत तथा तुम्हारा मनोरथ सिद्ध हो जायेगा।'[117] उन्होंने ऐसा किया भी। बस इसी घटना को आधार मानकर उनके सम्बन्ध में यह कल्पना करना कभी भी न्यायसंगत नहीं कहा जा सकता। पर संसार में तो विभिन्न रुचि के मानव विद्यमान रहे हैं। सबकी कल्पना-शक्ति अपना पृथक् अस्तित्व रखती है। अतः अपनी बुद्धि, मान्यता तथा रुचि के अनुकूल सबने नयी-नयी कल्पनाएँ उद्भूत कीं। परिणाम अत्यन्त भयंकर हुआ। श्रीकृष्ण का स्वरूप विकृत हो गया। संस्कृत के जयदेव तथा हिन्दी के अनेक कवियों की कल्पनाओं में फँसकर कृष्ण का केवल शृंगारिक रूप ही जनता के समक्ष जीवित रहा। वैष्णव भक्त उनके उसी स्वरूप पर रीझने लगे। उनके संकीर्त्तन, लीला तथा स्मरण आदि सभी में कृष्ण का यह रूप व्यापक हो गया। आचार तथा सामाजिक नियमों के कारण मन की दबी मनोवृत्तियाँ भक्ति का माध्यम ग्रहण कर प्रकट होने लगीं। श्रीकृष्ण का चरित्र जो तत्कालीन समाज को उन्नत बना सका था, समाजोत्थान तथा लोक-मर्यादा का अतिक्रमण कर केवल व्यक्तिगत साधन का ऐकान्तिक मार्ग रह गया। इससे समाज का कल्याण तो क्या होता, हाँ हानि अवश्य हुई और ऐसी हानि हुई जिसकी पूर्ति करना अत्यन्त दुष्कर है। शिशुपाल कृष्ण का सबसे बड़ा शत्रु था। उसने कृष्ण को सौ गालियाँ दीं और भगवान् ने उसे क्षमा कर दिया। इन गालियों में कहीं कृष्ण के चरित्र पर व्यभिचार का दोष नहीं लगाया गया। इससे कृष्ण-चरित्र की उज्ज्वलता स्वयं सिद्ध है।

मर्यादा पुरुषोत्तम भगवान् राम का चरित्र

भगवान् राम को मर्यादा पुरुषोत्तम कहते हैं। इसका तात्पर्य यही है कि भगवान् राम ने सदैव मर्यादा का पालन किया। उनका चरित्र सदैव आदर्श एवं उज्ज्वल रहा। जीवन के प्रत्येक क्षेत्र में राम का चरित्र पथ-प्रदर्शन करता है। व्यक्ति उससे प्रेरणा ग्रहण कर अपने जीवन को सफल बना सकते हैं। राम ने वे दृष्टान्त रखे हैं जो अन्यत्र दुर्लभ हैं। किसी अन्य समुन्नत जाति या देश के इतिहास में भारतीय राम की टक्कर का एक भी चरित्र आना तो दूर उस प्रकार की कल्पना तक नहीं मिलती। किसी-किसी विदेशी विद्वान् को तो भ्रम भी हो गया कि श्रीराम काल्पनिक चरित्रमात्र हैं, ऐतिहासिक पुरुष नहीं। ऐसी धारणा बनाने में उन लोगों का दोष नहीं है क्योंकि जैसे वातावरण और समाज में वे उत्पन्न हुए उसके लिए राम का चरित्र उन्हें असम्भव लगने लगा। वास्तव में श्रीराम के गुण मानव स्तर से कहीं उच्च, अलौकिक तथा अपूर्व हैं। सम्भवतः इसी कारण उन्हें मर्यादा पुरुषोत्तम कहा गया। पुरुषोत्तम का अर्थ कोई-कोई परमात्मा ही लेते हैं।

उत्तमः पुरुषस्त्वन्यः परमात्मेत्युदाहृतः।।[118]

गीता में ही कहा गया है—

अतोऽस्मि लोके वेदे च प्रथितः पुरुषोत्तमः।।[119]

इसी आधार पर उन्हें भगवान् का अवतार माना गया है। भारत में अनेक अवतारों की कल्पना की गयी। उनकी संख्या 24 तक पहुँच गयी। पर उनमें दशावतार ही मुख्य माने जाते हैं। उन दशावतारों में श्रीरामचन्द्र तथा श्रीकृष्ण को जैसा सम्मान, श्रद्धा तथा महत्त्व प्राप्त है वैसा और किसी अवतार को नहीं। इसका कारण यह है कि परमात्मा के जितने अवतार हुए हैं उन सबका एक निश्चित लक्ष्य माना गया है। उस कार्य-विशेष के सम्पन्न हो जाने के पश्चात् उनका कोई विशेष महत्त्व नहीं रह गया। पर उक्त दोनों अवतारों के द्वारा जो कार्य किये गये, उनका महत्त्व मानव-जीवन में पग-पग पर प्रकट होता है। जीवन में मनुष्य किस प्रकार अपनी संसार-यात्रा सुखमय बना सकता है, इसका आदर्श अवतार द्वय के जीवन चरित्र में सहज ही प्राप्त हो जाता है। राम की प्रशंसा में यहाँ तक कहा गया है—

राम एव परं ब्रह्म राम एव परंतपः।
राम एव परं तत्त्वं श्री रामो ब्रह्मतारकम्।।[120]

परमात्मा के अनेक अवतारों में श्रीराम का चरित्र अत्यन्त सरल, नीतिबोधक, प्रेरक और आदर्श है। श्रीकृष्ण का चरित्र अत्यन्त जटिल एवं गूढ़ार्थ युक्त है। उससे बोध प्राप्त करना सामान्य बुद्धि के मनुष्य के लिए दुष्कर है। उनके चरित्र को समझने में इसी कारण अनेक भ्रान्तियाँ हो गयीं। रसिक सम्प्रदाय के भक्तों ने राम-चरित्र को भी शृंगारिक रूप देने की चेष्टा की किन्तु वे नितान्त असफल रहे। राम के प्रबल तेजोमय चरित्र की वास्तविकता ने मानो उनके मस्तिष्क को आच्छादित कर लिया। वे उनका शृंगारिक वर्णन करते हुए भी अधिकतर उनके एकपत्नी-व्रतत्व को ही प्रधानता देते हैं।

श्रीकृष्ण कर्त्तव्य-पालन में मर्यादा का ध्यान नहीं रखते थे। वे अपनी सफलता के लिए झूठ भी कहलवाने में नहीं हिचकते थे। पर राम ने मर्यादा को सर्वाधिक महत्त्व दिया। श्रीकृष्ण कभी-कभी लोकरव पर ध्यान नहीं देते थे। यदि उससे उनकी अपकीर्त्ति या अयश होता तो भी वे उसकी चिन्ता नहीं करते थे। पर राम ने एक रजक के लांछन पर सीता जैसी सती-साध्वी स्त्री का परित्याग कर दिया।

कृष्ण के निजी बल तथा पराक्रम का ही अधिक महत्त्व है। पर राम ने अपनी शक्ति और पराक्रम का प्रदर्शन करते हुए भी जन-संघटन को अधिक महत्त्व दिया। उन्होंने सुग्रीव, निषाद तथा उनके अनुयायियों को संघटित किया। ये लोग वन्य थे। इनमें सभ्यता का विकास नहीं हुआ था। इन लोगों

में श्रीराम के प्रभाव से धर्म-प्रवृत्ति जागरित हुई। श्रीराम को श्रीकृष्ण की भाँति उपदेश करने की आवश्यकता नहीं पड़ी। श्रीराम के सम्पर्क में जो एक बार आ गया उस पर उनके चरित्र एवं गुणों की ऐसी गहरी छाप पड़ी कि वह उनके साँचे में अपने-आप ढल गया। उसने राम के चरित्र को आदर्श मानकर अपने जीवन को यथाशक्ति उनके अनुरूप बनाने का प्रयत्न किया।

श्रीकृष्ण तथा श्रीराम की परिस्थिति में भी महान् अन्तर था। श्रीकृष्ण का जन्म कारावास में हुआ था। उनका लालन-पालन गोकुल में हुआ जहाँ उनको जन-सम्पर्क का अवसर अनायास ही प्राप्त होता था। श्रीराम राज-भवन में जन्मे थे। उनका लालन-पालन राजकुमार की भाँति हुआ था। उसी वातावरण में उनकी शिक्षा-दीक्षा हुई थी। पर जब उन्हें वनवास की आज्ञा हुई तो घर से महान् त्यागी की भाँति निकल पड़े। वन-वन में घूमते रहें और जहाँ कहीं गये उन्होंने अपने प्रयास से जन-शक्ति अर्जित की। यह विचारने योग्य है कि राम में कितने विलक्षण गुण थे। परिस्थिति के इतने घोर परिवर्तन का सामना उन्होंने बड़ी दृढ़ता, सहनशीलता तथा धैर्य से किया। यदि कोई दूसरा राजकुमार होता तो सम्भवतः निर्वासन की आज्ञा सुनकर मस्तिष्क का सन्तुलन खो बैठता और रोदन करने के अतिरिक्त कुछ भी न कर पाता। पर राम ने ऐसी परिस्थिति में यथायोग्य व्यवहार किया। उन्होंने माता को धैर्य बँधाया। सुश्री सीता को यथोचित उपदेश दिया और भाई लक्ष्मण का योग्य पथ-प्रदर्शन किया। श्रीराम ने परोपकार तथा धर्म की स्थापना को जीवन का लक्ष्य बनाया। उनमें स्वार्थ की प्रवृत्ति क्षणमात्र के लिए भी नहीं आयी। राग तथा द्वेष दोनों से रहित सामान्य भाव से उन्होंने अपने कर्त्तव्य का पालन किया। यदि कभी गुरुजनों एवं विद्वानों की सम्मति के विपरीत कार्य करना पड़ा तो उसको उन्होंने ऐसा रूप दिया कि किसी के गुरुत्व, सम्मान अथवा वात्सल्य को किंचिन्मात्र ठेस न लगे। उनके सम्पर्क में आनेवाले शत्रु भी उनके व्यक्तित्व से प्रभावित हुए। बालि ने स्वयं मरते समय राम की प्रशंसा की।

वे समानता तथा सद्व्यवहार की मूर्ति थे। उन्होंने शबरी जैसी भीलनी के साथ सद्व्यवहार का जो उदाहरण रखा वह विश्व के इतिहास में अद्वितीय है।

मित्रता के आदर्श को उन्होंने सच्चे मित्र की भाँति अपनाया। मित्रों को समानता का पद दिया। वे किसी के उपकार के प्रति कृतज्ञता प्रकट करना कभी भूलते नहीं थे। दया की भावना उनमें इतनी अधिक थी कि शरणागत के लिए यथाशक्ति कुछ उठा न रखते। मानवमात्र को कौन कहे पशु-पक्षी पर भी उनका अपार स्नेह था और वे किसी को विपन्न नहीं देखना चाहते थे।

श्रीराम-जन्म के सम्बन्ध में महर्षि वाल्मीकि ने लिखा है कि राम का जन्म गो, ब्राह्मण और देश के हित के लिए हुआ था। स्वयं श्रीराम ने विश्वामित्र के यज्ञ की रक्षा के लिए जाते समय उनसे कहा था गो, ब्राह्मण और देश के हित के लिए आप जैसे अभ्रान्त के आज्ञानुसार मैं सावधानी से देश-शत्रुओं का वध करूँगा।[121]

गोस्वामी तुलसीदास में भी यही भावना मिलती है।[122] इस देश में गो-ब्राह्मण धर्म के प्रतीक माने जाते हैं। उनकी रक्षा की भावना का तात्पर्य धर्म की रक्षा और अधर्म का नाश करना है। गीता के 'यदा यदा हि धर्मस्य' श्लोक का भी यही तात्पर्य है।[123] अतः राम के अवतार का मुख्य लक्ष्य धर्म की संस्थापना था।

राम के जन्म के अवसर पर सभी लोग प्रसन्न थे। घर-घर आनन्द बधाइयाँ बजीं। धीरे-धीरे राम बड़े हुए। अपने सद्व्यवहार से उन्होंने सबके मन को वश में कर लिया। माता-पिता के प्रति उनका अटल अनुराग था। वे प्रारम्भ से माता-पिता के आज्ञाकारी थे। राजा दशरथ ने अपने मुख से उन्हें वन जाने की आज्ञा नहीं दी। कैकेयी के द्वारा उन्हें यह संवाद मिला, तथापि उन्होंने उस आज्ञा का अक्षरशः पालन किया। उनके मुख पर विषाद की एक भी रेखा नहीं आयी। जिस प्रकार राज्याभिषेक के संवाद से मन

में हर्ष नहीं हुआ, उसी प्रकार वनवास की आज्ञा से वे विचलित नहीं हुए। यह उनके धैर्य तथा गम्भीरता की चरम सीमा है। कैकेयी को सन्देह था कि सम्भवतः राम इतना बड़ा त्याग न कर सकें और उसने राम को वचन-बद्ध करने की चेष्टा की। उसको उत्तर देते हुए श्रीराम ने ये आदर्श वाक्य कहे—'माता, महाराज से तुमने जो कुछ माँगा हो, मुझे बतलाओ। मैं उसका सम्पादन करने की प्रतिज्ञा करता हूँ। राम का सिद्धान्त स्मरण रखो, वह दो प्रकार की बातें नहीं करता। जो कुछ कह दिया कह दिया। उसके विरुद्ध वह नहीं करता।'[124]

राम वन-गमन का मुख्य कारण कैकेयी थी। पर राम ने उनका सम्मान सर्वदा माता की भाँति किया। कैकेयी के मन में पश्चात्ताप लेशमात्र भी न आवे, इसलिए श्रीराम ने वन-गमन को हितकर ही बतलाया।

मुनिगन मिलन बिसेषि बन, सबहि भाँति हित मोर।
तेहि पर पितु आयसु बहुरि संमत जननी तोर।।[125]

माता कैकेयी के सम्बन्ध में वे लक्ष्मण से कहते हैं कि हे लक्ष्मण! मेरे राज्याभिषेक के संवाद से अत्यन्त परिताप पायी हुई माता कैकेयी के मन में किसी प्रकार की शंका न हो तुम्हें वैसा ही करना चाहिए। मैं उसके मन में उपजे शंकारूपी दुःख को घड़ी भर भी नहीं सह सकता। हे भाई! जहाँ तक मुझे याद है, मैंने अपने जीवन में जाने या अनजाने माताओं और पिता का कभी कोई अप्रिय कार्य नहीं किया।[126]

एक समय लक्ष्मण जी ने कैकेयी की निन्दा करते हुए कहा—

भर्ता दशरथो यस्याः साधुश्च भरतः सुतः।
कथं नु साम्बा कैकेयी तादृशी क्रूरदर्शिनी।।

जिसके पति श्री दशरथ जी महाराज और पुत्र साधु स्वभाव भरत जी हैं, वह माता कैकेयी ऐसे क्रूर स्वभाव की कैसे हुई।[127] इस पर श्रीरामचन्द्र को बड़ा दुःख हुआ। उन्होंने लक्ष्मण से स्पष्ट कह दिया कि हे लक्ष्मण, बिचली माता की निन्दा कभी मत किया करो। बातें करनी हों तो इक्ष्वाकु-कुल-दीपक भरत की चर्चा किया करो क्योंकि भरत की चर्चा मुझे प्रिय है।[128]

जिस समय भरत चित्रकूट से लौट रहे थे श्रीराम ने उनसे कहा—'माता कैकेयी ने तुम्हारी हित-कामना से या (राज्य के) लोभ से जो यह कार्य किया, इसके लिए मन में कुछ भी विचार न कर भक्ति-भावना से उनकी माता की ही भाँति सेवा करना।'[129]

पिता के प्रति उनकी अगाध श्रद्धा थी। जब कैकेयी ने राम से पिता के वचनों का पालन करने की प्रतिज्ञा करानी चाही तो श्रीराम ने कहा—'ओह, मुझे धिक्कार है। हे देवि, तुमको ऐसी बात नहीं कहनी चाहिए, मैं पिता की आज्ञा से आग में कूद सकता हूँ, तीक्ष्ण विष खा सकता हूँ। समुद्र में कूद सकता हूँ।'[130] माता-पिता को वे प्रत्यक्ष देवता मानते थे। उन्होंने कौसल्या से स्पष्ट कह दिया—'मैं चरणों में सिर टेककर प्रणाम करता हूँ, मुझे वन जाने की आज्ञा दो, हे माता, पिता जी के वचनों को टालने की शक्ति मुझमें नहीं।'[131]

श्री दशरथ का वात्सल्य सराहनीय है। विश्वामित्र ने जब राम को माँगा तो दशरथ जी ने उनसे स्पष्ट कह दिया कि मैं सब असह्य दुःख सहने के लिए तैयार हूँ पर राम मेरे नेत्रों के ओट न हों।[132] इतना ही नहीं राम वियोग में उन्होंने प्राण तक त्याग दिया। कैकेयी तो मन्थरा के बहकाने से राम के विरुद्ध हो गयी अन्यथा उसने भी मन्थरा से राज्याभिषेक की बात सुनकर उसे पुरस्कार देने का वचन दिया था।[133] कैकेयी के अतिरिक्त सुमित्रा का राम पर पुत्राधिक प्रेम था। वे लक्ष्मण से कहती हैं कि तुम्हारे सौभाग्य से ही रामचन्द्र वन जा रहे हैं दूसरा कोई कारण नहीं है।[134]

श्रीराम सब भाइयों में बड़े थे। अपने छोटे भाइयों पर वे कितना स्नेह रखते थे इसका पता स्थान-स्थान पर मिलता है। परिवार के व्यक्ति यदि एक साथ भोजन करते हैं तो उनके प्रेम-भाव में वृद्धि होती है। अतः राम भाइयों तथा मित्रों के साथ ही भोजन करते थे।[135] भरत जी के प्रति राम का प्रेम प्रकट ही है। भरत की माता कैकेयी ने वनवास दिया। पर भरत के प्रति राम का स्नेह कम न हुआ। वे वनवास की आज्ञा मिलने पर कहते हैं—'महाराज की आज्ञा से दूतगण अभी तेज घोड़ों पर सवार होकर मामा जी के यहाँ भाई भरत को लाने के लिए जायँ। मैं पिता जी के वचन सत्य करने के लिए बिना कुछ विचार किये चौदह वर्ष के लिए दण्डकारण्य जाता हूँ।'[136]

'प्राण-प्रिय भरत का राज्याभिषेक हो, इससे अधिक प्रसन्नता मेरे लिये और क्या होगी? विधाता आज मेरे अनुकूल हैं।'[137]

केवल बड़े भाई का ही राज्याभिषेक हो यह राम को पसन्द नहीं था। वे कहते हैं कि सभी भाई एक साथ ही उत्पन्न हुए, भोजन, शयन, क्रीड़ा, कर्ण-वेध, यज्ञोपवीत, ब्याह आदि उत्सव सब संस्कार साथ ही हुए। पर रघु के उत्तम वंश में यह अनुचित प्रथा है कि छोटों को छोड़कर केवल बड़े भाई का ही राज्याभिषेक हो।[138] राम छोटे भाइयों के प्रति इतने उदार थे कि प्रचलित तथा अनेक दृष्टियों से हितकर प्रथा को भी उत्तम नहीं मानते थे। राम के वात्सल्य का परिणाम था कि भरत ने राज्य को ठोकर मार दी। वे राम के वियोग में व्याकुल हो गये और चित्रकूट पहुँचकर उनसे लौटने की प्रार्थना करने लगे। पर उनकी श्रद्धा राम के प्रति इतनी उच्चकोटि की थी कि उन पर अनुचित दबाव डालकर लौटने को बाध्य नहीं किया। उनकी चरण-पादुका लाकर स्वयं उनके प्रतिनिधिस्वरूप राज्य-संचालन करते रहे।

लक्ष्मण जी ने राम के सुख तथा सुविधा के लिए राज-भवन के आनन्द का त्यागकर तपस्वी-सा जीवन व्यतीत किया। उन्होंने संसार के सभी सुखों को लात मार दी। वे सच्चे सेवक की भाँति राम की सेवा करते रहे। श्रीराम उनके प्रति पूर्ण स्नेह रखते थे। इसीलिए स्थान-स्थान पर उनके उग्र स्वभाव को नियन्त्रित किया करते थे। लक्ष्मण जी के हृदय में राम के प्रति इतनी श्रद्धा थी कि वे उनके विचारों, शील आदि गुणों में घुल-मिल गये थे। राम ने जहाँ संकेत दिया, बस शान्त। श्रीराम जी उन्हें अपना सहोदर मानते थे। लंका के युद्ध में लक्ष्मण को शक्ति लगी वे मूर्च्छित हो गये, समुद्र की भाँति गम्भीर रहनेवाले राम विचलित हो उठे और उनके लिए बिलखने लगे। उन्होंने विलाप करते हुए कहा कि संसार में सीता सदृश स्त्री मिल सकती है किन्तु लक्ष्मण जैसा भाई नहीं मिल सकता। यदि लक्ष्मण के प्राण न रहे तो मैं भी प्राण त्याग दूँगा।[139] सीता के प्रति उनका सच्चा प्रेम था। उनके वियोग में व्याकुल होकर राम उन्हें वन-वन ढूँढ़ते फिरे। उनकी व्याकुलता इतनी तीव्र थी कि लता-वृक्षों तथा खग-मृग से पूछते रहे।[140] इस प्रकार उन्होंने आदर्श पति की भाँति सीता की खोज की। उनका पता चलने पर राम ने उनके उद्धार के लिए कुछ उठा न रखा। उन्होंने रावण जैसे महाबली तथा पराक्रमी नरेश को जीतकर सीता का उद्धार किया। तब उनके मन को शान्ति मिली। सीता भी राम से तुल्यानुराग रखती थीं। वन-गमन के समय उन्होंने कहा था—आपके साथ रहना स्वर्ग के समान है और आपके बिना जीवन नरक तुल्य है।[141]

श्रीराम अद्वितीय मित्र थे। उन्होंने मित्रता के आदर्श का सर्वदा निर्वाह किया। चक्रवर्ती राजा के पुत्र होते हुए भी वे अपने बाल-मित्रों से विनम्र व्यवहार करते थे। जिस समय भगवान् ने सुग्रीव से मित्रता की उस समय उन्होंने यह प्रतिज्ञा की 'मैंने सुग्रीव को जो वचन दिया है, उस प्रतिज्ञा को अब कैसे टाल सकता हूँ।'[142] उन्होंने केवल प्रतिज्ञा ही नहीं की अपितु उस प्रतिज्ञा का पालन भी आदर्श मित्र की भाँति किया।

निषाद ऐसे समाज का सदस्य था जो अत्यन्त उपेक्षित था पर राम ने उसे भाई की भाँति गले लगाया। इस प्रकार सच्चे प्रेम के सामने उन्होंने सामाजिक बन्धन तोड़ने में भी हिचकिचाहट नहीं कि—

जे न मित्र दुख होहिं दुखारी। तिन्हहि बिलोकत पातक भारी।।[143]

के सिद्धान्त को उन्होंने मूर्त रूप दिया। साधारण स्थिति में श्रीराम ने मर्यादा का सदैव पालन किया। विशेष परिस्थितियों में भी उन्होंने उसका उल्लंघन नहीं किया। जनकपुर में धनुष तोड़ने के पश्चात् परशुराम जी बड़े ही क्रुद्ध हुए पर राम स्वयं तो शान्त रहे ही, लक्ष्मण को भी मर्यादा भंग करने से रोका। वे परशुराम से कहने लगे कि आप ब्राह्मण हैं और मैं क्षत्रिय हूँ, इस कारण से आपके ऊपर अस्त्र-प्रहार नहीं कर सकता।[144]

जब श्री विश्वामित्र अपने यज्ञ की रक्षा के लिए दोनों मधुर मूर्ति भ्राताओं को साथ लिये आश्रम की ओर यात्रा कर रहे थे, तो मार्ग में ताड़का नाम की विकराल राक्षसी उनकी ओर झपटी। उस समय उनके सामने धर्म-संकट उपस्थित हो गया। किन्तु साधु-महात्माओं के परित्राण और प्रजा की रक्षा के भाव का उनके हृदय में इतना वेग हुआ के उन्होंने उसी क्षण उस दुष्टा के संहार का कर्त्तव्य अभ्रान्त रूप से निश्चित कर लिया। विश्वामित्र के निम्नलिखित उपदेश से उनके निश्चय की पुष्टि हो गयी–

'हे नरोत्तम, तुमको स्त्री-वध करने में ग्लानि करना उचित नहीं, राजपुत्र को चारों वर्णों के कल्याण के लिए समय पर (आततायिनी) स्त्री का वध भी करना चाहिए।'[145] प्रजा-रक्षण के लिए क्रूर, पातकयुक्त और दोषयुक्त कर्म भी प्रजा-रक्षक को सदा करना चाहिए।[146]

राम के इस कार्य से सिद्ध है कि वे धर्म को सर्वाधिक महत्त्व देते थे। धर्म की रक्षा के लिए ही उन्होंने केवल स्त्री-वध ही नहीं किया, बालि को छिपकर मारा, ब्राह्मण होने पर भी रावण का विनाश किया। जिस समय भरत राम को लौटाने चित्रकूट गये उस समय अनेक ऋषियों ने उन्हें उपदेश दिया। उनमें जाबालि ऋषि भी थे। उन्होंने परामर्श दिया और कहा–हे राम, ये माता हैं, ये पिता हैं ऐसा समझकर जो इन सम्बन्धों में लिप्त होता है उसे उन्मत्त जानना चाहिए, क्योंकि कोई किसी का नहीं है।[147] श्रीराम बड़े असमंजस में पड़े एक तो उक्त भावना घोर नास्तिकवाद से पूर्ण और दूसरे कहनेवाले कुलपूज्य ऋषि। उन्होंने उस समय मर्यादा-रक्षार्थ नास्तिकवाद का तीव्र विरोध करना ही उचित समझा। उन्होंने जाबालि की कड़ी आलोचना तथा निन्दा की। यहाँ तक कह डाला कि इस प्रकार की बुद्धि से आचरण करनेवाले तथा परम नास्तिक और धर्म-मार्ग से विचलित जैसे व्यक्ति को मेरे पिता जी ने याजक बनाया। मैं उनके इस कार्य की निन्दा करता हूँ।[148]

बालि के पूछने पर श्रीराम ने बड़े ही स्पष्ट शब्दों में उत्तर दिया कि अधर्मी का वध करने में किसी प्रकार का दोष नहीं लगता।[149]

राम का हृदय कुसुम से भी अधिक कोमल तथा वज्र से भी अधिक कठोर था।[150] वे प्राणियों के थोड़े-से कष्ट से द्रवित हो जाते थे पर कर्त्तव्य-पालन के समय किसी प्रकार की दया के लिए उनके हृदय में स्थान न था।

राम की उदारता के सम्बन्ध में भरत ने कहा था–'मेरे राम सबकी हित-कामना करनेवाले हैं। मेघ की भाँति चारों ओर दया की वृष्टि करके वे मेरी अपेक्षा अधिक प्रिय बन गये हैं।'[151]

गोस्वामी जी ने राम के स्वभाव का यथार्थ चित्रण किया है।[152]

भगवान् राम बाल्यावस्था से लेकर जीवनपर्यन्त द्वेषरहित हो केवल धर्म-बुद्धि और सत्य-प्रतिज्ञा से अद्वितीय शूरता और पराक्रम से युद्ध करनेवाले थे। जब लक्ष्मण जी इन्द्रजित् को किसी प्रकार किसी भी अस्त्र-शस्त्रादि से परास्त न कर सके तब ऐन्द्रास्त्र हाथ में लेकर उन्होंने कहा कि 'यदि दशरथनन्दन राम धर्मात्मा, सत्यसन्ध और रण में अद्वितीय हों तो यह बाण इन्द्रजित् का वध करे।'[153]

श्रीकृष्ण जी ने भी श्रीमद्भगवद्गीता में अपनी विभूतियों के वर्णन-प्रसंग में 'रामः शस्त्रभृतामहम्' कहकर स्पष्ट किया है कि शस्त्रधारियों अर्थात् युद्धवीरों में श्रीरामचन्द्र सर्वोत्तम थे।[154]

श्रीराम ने शरणागत की रक्षा प्राण-प्रण से की है। जो व्यक्ति शरण में आया उसको उन्होंने अभयदान दिया। जब विभीषण राम-दल में आये तब किसी ने भी उनके प्रति सहानुभूति की सम्मति नहीं दी। सुग्रीव ने श्रीराम से कहा कि हे भगवन्! विभीषण राक्षस है। आपत्ति के समय जब इसने अपने भाई को त्याग दिया तब और किसका साथ दे सकता है। श्रीराम ने सुग्रीव की बातें सुनीं और उनकी प्रशंसा की। फिर उन्होंने कहा हे परन्तप! जब शत्रु दीनता से हाथ जोड़कर शरण की याचना करता हुआ प्रणाम करने लगे तब नृशंस बुद्धिवाला होने पर भी उसको न मारे। शत्रु दुःख में पड़ा हो, गर्व से भरा हो तथा दूसरों के भय से शरण में आया हो तब भी कृतात्मा पुरुष प्राणों की कुछ भी परवाह न कर उसकी रक्षा करें।[155] अतः मैं शरण में आये हुए सभी प्राणियों को अभयदान दूँगा क्योंकि यह मेरी प्रतिज्ञा है। जिस पर उन्होंने एक बार कृपा कर दी वह सर्वदा के लिए अयाची हो गया। उसे फिर किसी के सामने हाथ पसारने की आवश्यकता ही नहीं रही।[156]

उनका स्वभाव इतना द्रवणशील है कि वे बिना सेवा के ही कृपा करनेवाले हैं।[157]

जिस पर भगवान् की कृपा हो जाय उसके लिए संसार में कुछ भी अगम नहीं है।[158]

भक्त की रक्षा तथा सहायता के लिए वे स्वयं अपने प्राणों को संकट में डाल देते थे। राम-रावण युद्ध के समय रावण ने विभीषण पर एक बरछी फेंकी, यह अमोघ शक्ति निश्चय ही विभीषण के प्राण ले लेती। शक्ति छूटते ही श्रीराम ने अपना विरुद सँभाला।[159]

एक समय श्रीराम जी को मुनियों ने समाचार दिया कि विभीषण ब्रह्महत्या के अपराध में द्रविड़ देश में कैद है। इस पर श्रीराम वहाँ पहुँचे। वहाँ ब्राह्मणों ने उनसे कहा—'आप इस पापात्मा का वध करके धर्म की रक्षा कीजिये। श्रीराम बड़े धर्म-संकट में पड़ गये। एक ओर तो विभीषण का घोर अपराध दूसरी ओर उनका भक्त विभीषण। उस समय भगवान् की उक्ति से पता चलता है कि वे भक्त के लिए कहाँ तक कार्य करने को तैयार रहते थे। उन्होंने कहा—'हे द्विजवरो! विभीषण को तो मैं अखण्ड राज्य और आयु दे चुका, वह तो मर नहीं सकता। फिर उसको मरने की आवश्यकता क्या? वह तो मेरा भक्त है, भक्त के लिए मैं स्वयं मर सकता हूँ। सेवक के अपराध का उतरदायित्व तो वास्तव में स्वामी पर होता है। अतएव विभीषण के बदले आप सब मुझे दण्ड दीजिये।'[160]

निषाद दरिद्र, अशिक्षित तथा समाज द्वारा उपेक्षित था। फिर भी उसकी भक्ति देखकर श्रीराम ने उसे अपनाया।[161] श्रीराम ने निषाद को अपनाया। इसका प्रभाव यह हुआ कि श्रीवशिष्ठ सदृश मुनि भी उससे गले मिले।[162] उनका प्रेम केवल मानव तक ही परिमित न था, अपितु वे पशु-पक्षियों से भी उसी कोटि का प्रेम रखते थे। जटायु के साथ उन्होंने जो व्यवहार किया वह उनकी वत्सलता का ज्वलन्त उदाहरण है।[163]

उनकी उदारता मित्र, भक्त तथा जनसाधारण के प्रति तो थी ही वैरी के प्रति भी उनका उदार व्यवहार आदर्श है। रावण उनका सबसे बड़ा शत्रु था। जब वह मारा गया तो श्रीराम ने विभीषण से कहा—'मरणान्तानि वैराणि' बस वैर मृत्यु तक ही था। अब तो वह तुम्हारे समान ही प्रिय है। अतएव यथा वैभव उसकी ऊर्ध्व दैहिक क्रिया करो। अब्लीज ने जैसे हेक्टर की लाश घसिटवायी वैसे श्रीराम ने नहीं। ऐसी दयार्द्रता और नीतिज्ञता के दर्शन अन्यत्र दुर्लभ हैं।[164] उनमें मातृभूमि के प्रति अनुपम भक्ति थी। वे कहते हैं कि यद्यपि वेदों तथा पुराणों में स्वर्ग की प्रशंसा की गयी है पर मुझे अयोध्या के समान वह प्रिय नहीं।[165] वे जन्मभूमि को सभी सुखों का भण्डार मानते थे। इस प्रकार उन्होंने 'जननी जन्मभूमिश्च स्वर्गादपि गरीयसी' को चरितार्थ किया। केवल जन्मभूमि का ही प्रेम उनके हृदय में नहीं था अपितु वहाँ के निवासियों के प्रति भी प्रगाढ़ स्नेह था।[166]

वे आदर्श राजा थे। संसार में आज तक न जाने कितने राजा हुए पर उनके समान राजा विश्व के इतिहास में ढूँढ़ने पर भी न मिलेगा। राजा होने के पहले प्रजा में उनके अभिषेक के संवाद से उल्लास

छा गया और वह अनुभव करने लगी कि सचमुच परमेश्वर हम पर सब प्रकार से कृपालु हैं कि हमें यह अवसर प्राप्त हो रहा है। इस उल्लास के कारण वे सोत्साह उत्सव का सम्भार करने लगे।[167]

उनके राज्य में प्रजा को किसी प्रकार का कष्ट न था। सारा राज्य धन-धान्य से सम्पन्न था। यहाँ तक कि दैविक, दैहिक तथा भौतिक तापों में से किसी का अस्तित्व नहीं रह गया। सभी प्रकार की विषमता दूर हो गयी थी। आपस में कोई वैर-भाव नहीं था। चारों ओर धर्म का साम्राज्य था। सभी पण्डित तथा विद्वान् थे। सबके आचरण वेदों के अनुकूल थे।[168] श्रीराम जी बड़े ही प्रजावत्सल थे। अतः सारी प्रजा उन्हें प्राणों से भी अधिक प्रिय मानती थी।[169] सारी प्रजा राम जैसे राजा को पाकर कृतार्थ हो गयी थी।

उनकी लोकप्रियता इस सीमा तक पहुँच गयी थी कि वन-गमन के समय सारी प्रजा उनके साथ लग गयी।[170] श्री रामचन्द्र जी उन्हें बार-बार समझाते और लौटाने की चेष्टा करते थे। वे लोग प्रेमवश उनकी बात मानकर लौटने लगते फिर भी हृदय न मानता और वे पुनः साथ लग जाते।[171] अवध के जन राम की अनुपस्थिति में अयोध्या में रहना भी व्यर्थ समझते थे। वे राम के सम्पर्क में रहकर सब सुखों का अनुभव करते थे।[172] श्रीराम ने इनकी यह दशा देखकर निश्चय किया कि वे चुपके से रातोरात चले जायँ। यही हुआ। विवश होकर उन्हें अयोध्या लौटना पड़ा। पर भरत जी ने जब श्रीराम को लौटाने के लिए जाने का प्रस्ताव किया तो जन-मानस प्रसन्नता से लहरा उठा। कोई व्यक्ति घर रहना पसन्द नहीं करता था। जिसके घर रहने का प्रस्ताव होता था वह इतना दुःखी हो जाता था मानो उसकी हत्या कर दी गयी हो।[173] जब श्रीराम के वनवास की अवधि समाप्त हो गयी तब उनकी प्रतीक्षा में प्रजा की उत्सुकता देखने ही योग्य है।[174] उनके आगमन का समाचार सुनकर जनता अपने प्राणप्रिय राजा के दर्शन के लिए दौड़ पड़ी। सभी लोग हर्षातिरेक में विह्वल हो उठे। उन्हें अपने शरीर की सुधि न रही।[175]

प्रजाराधन राजा का परम कर्त्तव्य है। भवभूति ने उनकी लोकाराधना यों कहलवायी है—'लोक की आराधना के लिए मुझे स्नेह, दया, सौख्य और जानकी को भी छोड़ने में व्यथा न होगी।[176] इससे अधिक उज्ज्वल उदाहरण और क्या हो सकता है? गुप्तचर द्वारा केवल एक रजक के विचार सुनकर श्रीराम ने सीता को त्याग दिया और लोक-मत का आदर किया। यद्यपि वे जानते थे कि सीता जी निष्कलंक, निर्दोष, पवित्र तथा अद्वितीय पतिव्रता हैं फिर भी वे लोक-मत के आगे झुक गये। उन्होंने सीता को ऐसी अवस्था में वनवास दिया जब कि वे गर्भवती थीं।

रामावतार में रघुवंश के गुणों का पूर्ण विकास हुआ था। कालिदास कहते हैं—'रघुवंशी त्याग या परोपकार के लिए ही ऐश्वर्य रखते थे। वे सत्य की रक्षा के लिए कम बोलते थे एवं कमनीय कीर्त्ति के लिए विजय की आकांक्षा करते थे। वे सन्तति के लिए गृहस्थाश्रम में प्रवेश करते थे तथा बाल्यकाल में विद्याध्ययन करते थे। केवल यौवनावस्था में ही वे (धर्म से अविरुद्ध) विषयों का सेवन करते थे, वृद्ध होने पर मुनि व्रत धारण करते और अन्त में योग द्वारा शरीर का परित्याग करते थे।[177]

भगवान् श्रीराम में इन गुणों का पूर्ण विकास था। इसीलिए वाल्मीकि के पूछने पर नारद जी ने राम के गुणों का विस्तृत विवरण दिया है।

सन्दर्भ-सूची

1. हलायुध कोशः, पृ. 579 एवं वाचस्पति कोशः, वाल्यूम 7.
2. हिन्दी शब्दसागर (ना.प्र.सभा), संख्या 31, पृ. 3046.
3. वही, संख्या 31, पृ. 3046.
4. श्रीमद्‌भगवद्‌गीता, अध्याय 4-7 तथा 8.
5. धर्म-इतिहास-रहस्य, पृ. 3.
6. वही, पृ. 4.

7. आर्ष मनुस्मृति, 1 अध्याय, श्लोक 17.
8. श्री सीताराम चतुर्वेदी : अभिनव नाट्यशास्त्र, प्रथम भाग, पृ. 1.
9. तैत्तिरीयोपनिषद् ब्रह्मानन्द वल्ली अनु. 6.
10. छान्दोग्योपनिषद्, अध्याय 3, खं. 14। मं. 1.
11. सत्यार्थ प्रकाश, पृ. 130.
12. ऋग्वेद मं. 1। 10। सू. 190। मं. 3.
13. तैत्तिरीयोपनिषद् ब्रह्मानन्द वल्ली अनु. 1.
14. वही।
15. माण्डूक्योपनिषद् मु.। 1। खं. 1। मं. 7.
16. सत्यार्थ प्रकाश, समुल्लास 8, पृ. 131.
17. यद्यदाचरति श्रेष्ठस्तत्तदेवेतरो जनः।
    स यत्प्रमाणं कुरुते लोकस्तदनुवर्तते।।
    श्रीमद्भगवद्गीता 3/21
18. विनयपत्रिका (लाला भगवानदीन), पदसंख्या 111, पृ. 193
19. भगवद्गीता, अध्याय 2, श्लोक 29.
20. श्री सीताराम चतुर्वेदी : अभिनव नाट्यशास्त्र, प्रथम खण्ड, पृ. 2.
21. तैत्तिरीयोपनिषद्, प्रथम अनुवाकः 1.
22. यजुर्वेद, अध्याय 40, मं. 17.
23. छान्दोग्योपनिषद् प्र. 1, खण्ड 1, मन्त्र 1.
24. सत्यार्थ प्रकाश, प्रथम समुल्लास, पृ. 3.
25. वही, श्लोक 123.
26. मनुस्मृति, अ. 12, श्लोक 123.
27. कैवल्योपनिषद्, प्रथम खं. 8.
28. ऋग्वेद, मं. 1। सू. 164। मं. 46.
29. वैष्णव धर्म : परशुराम चतुर्वेदी, पृ. 9.
30. ऋग्वेद 5। 3। 1-2.
31. वैष्णव धर्म : परशुराम चतुर्वेदी, पृ. 9.
32. गोस्वामी : द भक्ति कल्ट इन ऐन्शियेण्ट इण्डिया, पृ. 6.
33. भण्डारकार : वैष्णविज्म शैविज्म एण्ड माइनर रिलिजस सिस्टम्स, पृ. 41.
34. कीथ : कल्याण कल्प तरु (गोरखपुर, अगस्त, 1936, पृ. 554)
35. ऋग्वेद, 1/22/18.
36. वही 1/22/17.
37. वैष्णव धर्म : परशुराम चतुर्वेदी, पृ. 11.
38. ऋग्वेद 1/22/19.
39. वही 7/99.
40. ऐतरेय ब्राह्मण 1/1.
41. शतपथ ब्राह्मण 1/2/5.
42. गोस्वामी : भक्ति कल्ट इन ऐन्शियेण्ट इण्डिया, पृ. 101-102.
43. ऋग्वेद 2/11/20.
44. वही 1/35/9.
45. वैष्णव धर्म : परशुराम चतुर्वेदी, पृ. 60.
46. राय चौधरी : अर्ली हिस्ट्री ऑफ वैष्णविज्म, पृ. 29.

47. इण्डियन ऐण्टिक्वेरी भाग 47/1918.
48. राय चौधरी : अर्ली हिस्ट्री ऑफ वैष्णविज्म, पृ. 96.
49. दी आर्कियालाजी ऑफ गुजरात, पृ. 150-151.
50. तैत्तिरीय आरण्यक, 10/1/6.
51. महाभारत शान्ति पर्व, 339, 100.
52. नागरी प्रचारिणी पत्रिका, वर्ष 50, अंक 1-2 नवीन संस्करण.
53. सम्मोहन-तन्त्र, अध्याय 8.
54. सम्मोहन तन्त्र, अध्याय 9.
55. नागरी प्रचारिणी पत्रिका, वर्ष 50, अंक 1-2.
56. ऋग्वेद 1/22/18.
57. वही 1/154/6.
58. वही 10/82/5.
59. वही 10/82/6.
60. भण्डारकर-वैष्णविज्म शैविज्म ऐण्ड माइनर रिलिजस सिस्टम्स, पृ. 43.
61. शतपथ ब्राह्मण 12/3/4.
62. तैत्तिरीय आरण्यक, 10/11.
63. शतपथ ब्राह्मण 13/6/1.
64. ऋग्वेद 10/9.
65. वही 10/9.
66. तैत्तिरीय आरण्यक 12/11/1.
67. भागवत पुराण (1 तीन 1).
68. महाभारत, वन पर्व 487.
69. मत्स्य पुराण, चौदह, 234-254.
70. रामचरितमानस (काशिराज संस्करण), उत्तरकाण्ड, दोहा 47, पृ. 417, बालकाण्ड, छन्द 12, पृ. 24.
71. ऋग्वेद 6/49/13.
72. शतपथ ब्राह्मण 5/2/5/2-3.
73. श्रीमदभगवद्गीता अध्याय 4/श्लोक 7-8.
74. रामचरितमानस (काशिराज संस्करण) बालकाण्ड, दोहा 121/6-8.
75. इनसाइक्लोपीडिया ऑफ रिलीजन ऐण्ड एथिक्स, पृ. 194.
76. आचार्य हजारीप्रसाद द्विवेदी : नागरी प्रचारिणी पत्रिका, वर्ष 50, अंक 1-2 नवीन संस्करण।
77. श्रीमद्भगवद्गीता 10/21.
78. महाभारत 12/334/27.
79. राय चौधरी : अली हिस्ट्री ऑफ वैष्णविज्म, पृ. 63.
80. महाभारत, भीष्म पर्व, अध्याय 65.
81. वही, अध्याय 66.
82. महाभारत 5/70/30.
83. महाभारत 12/341/41.
84. श्रीमद्भगवद्गीता 10/7
85. विष्णु पुराण 4/11.
वृषस्यपुत्रो मधुरभवत्।। 26।।
तस्यापि वृष्णि प्रमुखं पुत्रशतमासीत्।। 27।।
यतो वृष्णि संज्ञामेतद्गोत्रमवाप।। 28।।

यादवाश्च यदुनामोपलक्षणादिति।। 30।।
ततश्चांशु स्तस्माच्चसत्वतः। सत्वतादेते सात्वताः।। 44।।

86. राय चौधरी : अर्ली हिस्ट्री ऑफ वैष्णविज्म, पृ. 44.
87. श्रीमद्भागवत, 10/13/5/6.
88. वही 10/13/60.
89. वही 10/27/27.
90. वही 10/31/3.
91. वही 10/26/2.
92. वही 10/46/21-22.
93. कल्याण, कृष्णांक, पृ. 155.
94. महाभारत उद्योग पर्व, अध्याय 130-131.
95. महाभारत उद्योग पर्व, अध्याय 130-131.
96. श्रीमद्भागवत 10/25/13.
97. वही 10/17/23, 24.
98. महाभारत वन पर्व 263/44.
99. महाभारत वन पर्व 12/134.
100. महाभारत उद्योग पर्व 82/48-49.
101. श्रीमद्भागवत 10/24/6,28.
102. वही 11/अध्याय 1.
103. वही 10/16/33-34.
104. कल्याण, कृष्णांक, 189.
105. श्रीमद्भगवद्गीता 13/4.
106. कल्याण, कृष्णांक, पृ. 290.
107. लेख-श्री काशीनाथ नारायण जी त्रिवेदी : कल्याण कृष्णांक, पृ. 250.
108. महाभारत सभा पर्व, अध्याय 14.
109. महाभारत उद्योग पर्व 83.
110. महाभारत अध्याय 16/12-13.
111. महाभारत उद्योग पर्व, अध्याय 130-36-39.
112. अस्पन्दनं गतिमतां पुलकस्तरूणाम्।
113. वनं च तत्कोमलगोभिरंजितं जगौ क्लं वामदृशां मनोहरम्।। श्रीमद्भागवत 10/29/3.
114. श्रीमद्भगवद्गीता 2/69.
115. कल्याण, कृष्णांक, पृ. 241.
116. वही।
117. वही, पृ. 242.
118. श्रीमद्भगवद्गीता 15/17.
119. वही 15/18.
120. राम रहस्योपनिषद्-कल्याण रामायणांक, पृ. 31.
121. गोब्राह्मणहितार्थाय देशस्य च हिताय च।
तव चैवाप्रमेयस्य वचनं कर्तुमुद्यतः।। वाल्मीकीय रामायण, 1/26/5
122. बिप्र धेनु सुर संत हित लीन्ह मनुज अवतार।
निज इच्छा निर्मित तनु माया गुन गोपार।। (रामचरितमानस, काशिराज संस्करण, बालकाण्ड, दो. 192)
123. श्रीमद्भगवद्गीता 4/7-8.

124. तद् ब्रूहि वचनं देवि राज्ञो यदभिकांक्षितम्।
करिष्ये प्रतिजाने च रामो द्विर्नाभिभाषते।। वाल्मीकि रामायण, 2/18/30.

125. रामचरितमानस (काशिराज संस्करण) अयोध्याकाण्ड, दोहा 41.

126. यस्या मदभिषेकार्थे मानसं परितप्यते।
माता नः सा यथा न स्यात्सविशङ्का तथा कुरु।

* * *

न बुद्धिपूर्वं नाबुद्धं स्मरामीह कदाचन।
मातृणां वा पितुर्वाहं कृतमल्पं च विप्रियम्।। वा.रा. 2/22/6, 8.

127. वा.रा. 3/16/35.

128. न तेऽम्बा मध्यमा तात गर्हितान्या कदाचन।
तामेवेक्ष्वाकुनाथस्य भरतस्य कथां कुरु।।वा. रा. 3/16/37.

129. कामाद्वा तात लोभाद्वा मात्रा तुभ्यमिदं कृतम्।
न तन्मनसि कर्तव्यं वर्तितव्यं च मातृवत्।।(वा. रा. 2/112/19)

130. अहोधिङ् नार्हसे देवि वक्तुं मामीदृशं वचः।
अहं हि वचनाद्राज्ञः पतयेमपि पावके।।
भक्षयेयं विषं तीक्ष्णं पतेयमपि चार्णवे।
नियुक्तो गुरुणा पित्रा नृपेण च हितेन च।। वा.रा. 2/18/28-29.

131. नास्ति शक्तिः पितुर्वाक्यं समतिक्रमितुं मम।
प्रसादये त्वां शिरसा गन्तुमिच्छाम्यहं वनम्।।(वा. रा. 2/21/30)

132. सब दुःख दुसह सहावहु मोहीं। लोचन ओट राम जनि होहीं।
रामचरितमानस (काशिराज संस्करण) अयोध्याकाण्ड, दोहा 45/2. पृ. 161.

133. रामतिलकु जौं सांचेहुं काली। देउं मांगु मन भावत आली।
रामचरितमानस (काशिराज संस्करण) अयोध्याकाण्ड, दोहा 15/4, पृ. 150.

134. तुम्हरहि भाग रामु बन जाहीं। दूसर हेतु तात कुछ नाहीं।
रामचरितमानस, काशिराज संस्करण, अयोध्याकाण्ड, दोहा 75-3, पृ. 172.

135. अनुज सखा संग भोजन करहीं। मातु पिता आज्ञा अनुसरहीं।
रामचरितमानस, बालकाण्ड, दोहा 205-4, पृ. 83 (काशिराज संस्करण)

136. गच्छन्तु चैवानयितुं दूताः शीघ्रजवैर्हयैः। भरतं मातुलकुलादद्यैव नृपशासनात्।।
दण्डकारण्यमेषोऽहं गच्छाम्येव हि सत्वरम्। अविचार्य पितुर्वाक्यं समा वस्तुं चतुर्दश।।
वा.रा. 2/19/10-11

137. भरतु प्रान-प्रिय पावहिं राजू। बिधि सब बिधि मोहि सनमुख आजू।।
रामचरितमानस, काशिराज संस्करण, अयोध्याकाण्ड, दोहा 42/1, पृ. 160.

138. जनमे एक संग सब भाई, भोजन सयन केलि लरिकाई।
करन बेध उपबीत बिआहा। संग संग सब भये उछाहा।।
बिमल बंस येहु अनुचित एकू। बन्धु बिहाइ बड़ेहि अभिषेकू।।
रामचरितमानस, काशिराज संस्करण, अयोध्याकाण्ड, दो. 11/5, 6, 7.

139. शक्या सीतासमा नारी मर्त्यलोके विचिन्वता।
न लक्ष्मणसमो भ्राता सचिवः साम्परायिकः।।
परित्यक्ष्याम्यहं प्राणान् वानराणां तु पश्यताम्।
यदि पञ्चत्वमापन्नः सुमित्रानन्दवर्धनः।। (वा.रा. 6/49/6-7)

गोस्वामी जी ने भी लिखा है–
सुत बित नारि भवन परिवारा। होहिं जाहिं जग बारहिं बारा।
अस बिचारि जिय जागहु ताता। मिलै न जगत सहोदर भ्राता।।
रामचरितमानस, काशिराज संस्करण, लंकाकाण्ड, दोहा 61/7-8, पृ. 361

140. हे खग मृग हे मधुकर श्रेनी। तुम्ह देखी सीता मृगनयनी।
रामचरितमानस, काशिराज संस्करण, अरण्यकाण्ड, दोहा 30/9, पृ. 273.

141. यस्त्वया सह स स्वर्गो, निरयो यस्त्वया विना। वाल्मीकि रामायण 2/30/18.

142. प्रतिज्ञा च मया दत्ता तदा वानरसन्निधौ।
प्रतिज्ञा च कथं शक्या मद्विधेनानवेक्षितुम्।। वही 4/18/27.

143. रामचरितमानस काशिराज संस्करण, किष्किन्धाकाण्ड, दोहा 7/1, पृ. 296.

144. ब्राह्मणोऽसीति पूज्यो मे विश्वामित्रकृतेन च।
तस्माच्छक्तो न ते राम मोक्तुं प्राणहरं शरम्।। वा.रा. 1/76/6

145. नहि ते स्त्रीवधकृते घृणा कार्या नरोत्तम।
चातुर्वर्ण्यहितार्थं हि कर्त्तव्यं राजसूनुना।। वा.रा. 1/25/17.

146. नृशंसमनृशंसं वा प्रजारक्षणकारणात्।
पातकं वा सदोषं वा कर्त्तव्यं रक्षता सदा।। वा.रा. 1/25/18.

147. तस्मान्माता पिता चेति राम सज्जेत यो नरः।
उन्मत्त इव स ज्ञेयो नास्ति कश्चिद्धि कस्यचित्।। वा.रा. 2/108/4.

148. निन्दाम्यहं कर्म कृतं पितुस्तद्–
यस्त्वामगृह्णाद्विषमस्थ बुद्धिम्
बुद्ध्यानयैवं विधया चरन्तं
सुनास्तिकं धर्मपथादपेतम्।। (वा.रा.2/109/33)

149. अनुज बधू भगिनी सुत नारी। सुनु सठ कन्या सम ए चारी।।
इन्हहिं कुदृष्टि बिलोके जोई। ताहि बधे कछु पाप न होई।।
(रामचरितमानस, काशिराज संस्करण, किष्किन्धाकाण्ड), दोहा 9/7-8, पृ. 297.

150. कुलिसहु चाहि कठोर अति, कोमल कुसुमहु चाहि।
चित खगेस रघुनाथ कर, समुझि परै कहु काहि।। वही, उत्तरकाण्ड, दो. 19.

151. वृद्धिकामो हि लोकस्य सर्वभूतानुकम्पकः।
मत्तः प्रियतरो लोके पर्जन्य इव वृष्टिमान्।।

152. सुनि सीतापति-सील-सुभाउ।
मोद न मन, तन पुलक नयन जल, सो नर खेहर खाउ।।1।।
सिसुपन ते पितु मातु बन्धु गुरु, सेवक सचिव सखाउ।
कहत राम बिधु बदन रिसौहैं सपनेहुँ लख्यो न काउ।।2।।
खेलत संग अनुज बालक नित, जुगवत अनट अपाउ।
जीति हारि चुचुकारि दुलारत, देत दिवावत दाउ।।3।।
सिला साप-संताप विगत भई, परसत पावन पाउ।
दई सुगति सो न हेरि हर्षि हिय, चरन छुए पछताउ।।4।।
भव-धनु भंजि निदरि भूपति भृगुनाथ खाइ गये ताउ।
छमि अपराध, छमाइ पाँय परि, इतौ न अनत समाउ।।5।।
कह्यो राज, वन दियो नारिबस, गरि गलानि गे राउ।
ता कुमातु को मन जुगवत ज्यों निज तनु मरम कुघाउ।।6।।
कपि सेवा-बस भये कनौड़े, कह्यो पवनसुत आउ।

देवे को न कछू, रिनियाँ हौं, धनिक तु पत्र लिखाउ।।7।।
अपनाये सुग्रीव बिभीषन तिन न तज्यों छल-छाउ।
भरत सभा सनमानि सराहत, होत न हृदय अघाउ।।8।।
निज करुना करतूति भक्त पर चपत चलत चरचाउ।
सकृत प्रनाम प्रनत जस बरनत, सुनत कहत फिरि गाउ।।9।।
समुझि समुझि गुनग्राम राम के उर अनुराग बढ़ाउ।
तुलसिदास अनयास राम-पद पइहैं प्रेम पसाउ।।10।। विनय-पत्रिका, पद सं. 100.

153. धर्मात्मा सत्यसन्धश्च रामो दाशरथिर्यदि।
पौरुषे चाप्रतिद्वन्द्वस्तदैनं जहि रावणिम्।। वा.रा. 6/90/69.

154. श्रीमद्भगवद्गीता, अध्याय 10/31.

155. बद्धाञ्जलिपुटं दीनं याचन्तं शरणागतम्।
न हन्यादानृशंस्यार्थमपि शत्रुं परंतप।।
आर्तो वा यदि वा दृप्तः परेषां शरणं गतः।
अरिः प्राणान् परित्यज्य रक्षितव्यः कृतात्मना।। वा.रा. 6/18/27-28.

156. सकृदेव प्रपन्नाय तवास्मीति च याचते।
अभयं सर्वभूतेभ्यो ददाम्येतद् व्रतं मम।। वा. रा. 6/18/33.
एकै दानि सिरोमनि सांचो।
जेइ जाच्यों सोइ जाचकता बस फिरि बहु नाचन नाच्यो।। वि.प. पद 163.

157. ऐसो को उदार जग माहीं।
बिनु सेवा जो द्रवै दीन पर राम सरिस कोउ नाहीं। वही, पद 162.

158. ताकहं जग कछु अगम नहिं, जा पर हरि अनुकूल।
तिहिं प्रताप बड़वानलहिं, जारि सकै खल तूल।।

159. आवत देखि सक्ति अति घोरा। प्रनतारति भंजन पन मोरा।।
तुरत विभीषनु पाछे मेला। सनमुख राम सहेउ सोइ सेला।
(रामचरितमानस, काशिराज संस्करण, लंकाकाण्ड, दोहा 94/1, पृ. 378)

160. वरं ममैव मरणं मद्भक्तो हन्यते कथम्। राज्यमायुर्मया दत्तं तथैव स भविष्यति।।
भृत्यापराधे सर्वत्र स्वामिनो दण्ड इष्यते। राम वाक्यं द्विजः श्रुत्वा विस्मयादिदमब्रुवन्।।
पद्म पुराण, पाताल खण्ड।

161. हिंसारत निषाद तामस बपु पसु समान बनचारी।
भेंट्यो हृदय लगाइ प्रेमबस नहि कुल जाति विचारी।। विनय-पत्रिका, पद 166.
श्री रघुवीर की यह बानि।
नीचहूँ सो करत नेह सुप्रीति मन अनुमानि।।
परम अधम निषाद पांवर कौन ताकी कानि।
लियो सो उर लाइ सुत ज्यों प्रेमको पहिचानि।।2।। वि.पद. 215.

162. देखि दूर तें कहि निज नामू। कीन्ह मुनीसहि दंड प्रनामू।।
राम सखा रिषि बरबस भेंटा। जनु महि लुठत सनेह समेटा।।
(रामचरितमानस, काशिराज संस्करण, अयोध्याकाण्ड, दो. 192/5, पृ. 215)

163. गीध को गोद में राखि कृपानिधि, नैन-सरोजन में भरि बारी।
बारहि बार सधारहिं पंखै, जटायु की धूरि जटायु सों झारी।। कल्याण, रामायणांक

164. कल्याण, रामायणांक, पृ. 33.

165. सुनु कपीस अंगद लंकेसा। पावन पुरी रुचिर येह देसा।
जद्यपि सब बैकुंठ बखाना। बेद पुरान बिदित जग जाना।

अवध सरिस प्रिय मोंहि न सोऊ। यह प्रसंग जानै कोउ कोऊ।।
जन्मभूमि मम पुरी सुहावनि। उत्तर दिसि बह सरऊ पावनि।।
(रामचरितमानस, काशिराज संस्करण, उत्तरकाण्ड, दो. 4/2-5, पृ. 397)

166. अति प्रिय मोहिं इहाँ के बासी। मम धामदा पुरी सुख रासी। वही, दो. 4-7, पृ. 397.

167. रामचरितमानस (काशिराज संस्करण) उत्तरकाण्ड, दोहा 9 से 12.

168. राम राज अभिषेक सुनि, हिय हरषे नर-नारि।
लगे सुमंगल सजन सब, बिधि अनुकूल बिचारि।। वही, अयोध्याकाण्ड, पृ. 148

169. राम राज बैठे त्रैलोका। हरषित भए गए सब सोका।
बयरु न कर काहू सन कोई। राम प्रताप बिषमता खोई।।
बरनाश्रम निज निज धरम निरत बेदपथ लोग।
चलहिं सदा पावहिं सुख, नहिं भय सोक न रोग।।
दैहिक, दैविक, भौतिक तापा। राम राज नहिं काहुहि ब्यापा।।
सब नर करहिं परस्पर प्रीती। चलहिं स्वधर्म निरत श्रुति रीती।।

* * *

सब निर्दंभ धर्मरत पुनी। नर अरु नारि चतुर सब गुनी।।
सब गुनग्य पंडित सब ग्यानी। सब कृतग्य नहिं कपट सयानी।।
(रामचरितमानस, काशिराज संस्करण, उत्तरकाण्ड, दोहा 20-21, पृ. 406.)

170. चढ़ि रथ सीय सहित दोउ भाई। चले हरषि अवधहि सिर नाई।
चलत रामु लगि अवध अनाथा। बिकल लोग सब लागे साथा।। वही, अयोध्याकाण्ड, दोहा 83/2-3, पृ. 175.

171. कृपासिंधु बहु बिधि समुझावहिं। फिरहिं प्रेमबस पुनि फिरि आवहिं।।
सबहिं बिचारु कीन्ह मन माहीं। राम लखन सिय बिनु सुखु नाहीं।।
(रामचरितमानस, काशिराज संस्करण, अयोध्याकाण्ड, पृ. 175)

172. जहाँ राम तहँ सबुइ समाजू। बिनु रघुबीर अवध नहिं काजू।।
(रामचरितमानस, काशिराज संस्करण, अयोध्याकाण्ड, दो. 84/6, पृ. 175)

173. भरत बचन सब कहँ प्रिय लागे। रामसनेह सुधा जनु पागे।।दो. 183/1.
अवसि चलिअ बन रामु जहँ, भरत मंत्रु भल कीन्ह।
सोक सिंधु बूड़त सबहिं, तुम्ह अवलंबनु दीन्ह।। दो. 183.
कहहिं परस्पर भा बड़ काजू। सकल चलइ कर साजहिं साजू।।
जेहि राखहिं रहु घर रखवारी। सो जानइ जनु गरदनि मारी।।184/5-6
नगर लोग सब सजि-सजि जाना। चित्रकूट कहँ कीन्ह पयाना।।186/7
(रामचरितमानस, काशिराज संस्करण, अयोध्याकाण्ड, पृ. 211, 212, 213)

174. रहा एक दिन अवधि कर, अति आरत पुर लोग।
जहँ तहँ सोचहिं नारि नर, कृस तन राम बियोग।।
(रामचरितानस, काशिराज संस्करण, उत्तरकाण्ड, दोहा 1, पृ. 395)

175. समाचार पुरबासिन्ह पाए। नर अरु नारि हरषि उठि धाए।।
जे जैसें तैसेहिं उठि धावहिं। बाल वृद्ध कहुँ संग न लावहिं।।
(रामचरितमानस, काशिराज संस्करण) उत्तरकाण्ड, दोहा 3/4-7, पृ. 397.

176. स्नेहं दयां च सौख्यं च यदि वा जानकीमपि।
आराधनाय लोकानां मुंचतो नास्ति मे व्यथा।। उत्तररामचरित प्रथम अंक, श्लोक 12.

177. वाल्मीकीय रामायण, बालकाण्ड, 8 से 20 तक।

लीला एवं नाटक

समाज के उद्‌बोधन तथा चित्त-विश्रान्ति के साधन—उपदेश-काव्य तथा नाटक

विश्व की रचना के मूल में आनन्द की भावना निहित है। परमेश्वर की एक से अनेक होने की भावना[1] ही दुःख का कारण हुई। उसने सृष्टि-रचना की। वह अपनी कृति को देखकर अवश्य ही आह्लादित हुआ होगा। यह सृष्टि गुण-दोष-मयी हुई। इसमें न केवल सुख है अपितु दुःख भी है। काम, क्रोध, लोभ, मोह, माया आदि मनोविकारों के कारण जीव अनेक कष्टों में पड़ जाते हैं। ये मनोविकार वैयक्तिक क्षेत्र में तो अपना कार्य करते ही हैं, सामूहिक रूप में भी सारे समाज को वशीकृत किये हुए हैं। अतः उनसे उत्पन्न कष्ट सारे समाज को पीड़ित करते रहते हैं। जीव अपनी परिमित शक्ति के द्वारा उनसे छुटकारा पाने का प्रयत्न करता रहता है, पर प्रायः सफल नहीं होता।[2] कभी वह थककर बैठ जाता है और कभी अपनी विवशता पर पश्चात्ताप भी करता है। अतः यह परमावश्यक है कि उसको उद्‌बोधन प्राप्त हो तथा उनके चित्त को विश्रान्ति मिले। जिस प्रकार वह व्यक्तिगत जीवन में अपने कष्टों को दूर कर आनन्द और सुख की आकांक्षा रखता है उसी प्रकार सारा समाज इस ओर प्रयत्न करता रहता है। सामाजिक प्राणी होने के कारण मनुष्य अपने कल्याण के लिए सामाजिक स्तर पर उद्‌बोधन तथा चित्त-विश्रान्ति के साधनों पर विचार करता है और उन्हें कार्य रूप में परिणत करता है। इन साधनों का उपयोग देश-काल तथा समाज के अनुसार किया जाता है। इनमें उपदेश का सर्वप्रथम स्थान है। समाज में मेधावी, अनुभवी तथा वाक्‌पटु व्यक्ति अपनी बुद्धि के अनुभव एवं चातुर्य के बल पर उसको उद्‌बोधित करने का प्रयास करते हैं। यह उपदेशात्मक रूप रुचिकर नहीं होता। श्रोता यदि श्रद्धालु हुए तब तो इसका प्रभाव पड़ता है, पर वह भी स्थायी रूप से नहीं। ऐसी स्थिति भी होती है कि अपने को अधिक बुद्धिमान् समझनेवाला व्यक्ति उन उपदेशकों की खिल्ली उड़ाये या उन पर ध्यान ही न दे। उपदेश रुक्ष होता है। वह मस्तिष्क का विषय है। हृदय के साथ उसका सम्बन्ध नहीं होता। यदि कभी उसका प्रभाव हृदय पर पड़ता भी है तो बहुत कम। उपदेश को रोचक कथाओं के रूप में रखने का ढंग भी अपनाया जाता है। इसके लिए अत्यन्त चतुर तथा बुद्धिमान् व्यक्ति की आवश्यकता पड़ती है। समाज में ऐसे व्यक्तियों की संख्या बहुत कम होती है। अतः यह प्रणाली केवल सीमित क्षेत्र में ही प्रयुक्त हो सकती है। पहले तो सारे समाज के उद्‌बोधन की समस्या इससे नहीं सुलझ सकती। दूसरे इसका हृदय से लगाव मात्र रहता है। हृदय प्रभावित नहीं हो सकता।

समाज को प्रेरित करने का दूसरा साधन कला है। कलाओं के द्वारा समाज को प्रेरणा दी जा सकती है। विभिन्न कलाओं के द्वारा वह नयी स्फूर्ति तथा शान्ति प्राप्त करता है। वास्तु-कला का माध्यम स्थूल होता है। अतः वह दृष्टि का विषय हो जाता है। चित्र-कला भी ऐसी ही है पर उसका माध्यम वास्तु-कला

की अपेक्षा सूक्ष्म होता है। उसके द्वारा अभिव्यक्ति का क्षेत्र बढ़ जाता है और चित्रों का स्थानान्तरण हो सकता है। अतः यह साधन वास्तु-कला की अपेक्षा अधिक उपयोगी ठहरता है। पर अन्य सूक्ष्मतर माध्यमवाले साधन भी हैं। उनमें संगीत का प्रमुख स्थान है। संगीत का प्रभाव सीधे हृदय पर पड़ता है। यद्यपि वाद्य स्थूल होते हैं पर उनसे उत्पन्न स्वर-लहरियाँ अत्यन्त सूक्ष्म होती हैं। वे भाषा का आदिमूल होने के कारण हृदय को प्रभावित करने में सर्वाधिक सफल होती हैं। इसीलिए तो व्यक्ति एक ही राग को अनेक बार गुनगुनाते हैं। अन्त में सबसे प्रमुख तथा उच्चकोटि के साधन काव्य को लीजिये। काव्य में स्वर तथा भावनाओं दोनों का सम्मिश्रण रहता है। इनके अतिरिक्त उसमें 'रस' का अस्तित्व प्रधान रूप से पाया जाता है। काव्य की परिभाषा अनेक अचार्यों ने विभिन्न ढंग से की है।

महापात्र विश्वनाथ ने रसपूर्ण वाक्य को काव्य माना है।[3] भामह ने शब्दार्थ के साहित्य को काव्य कहा है।[4] पण्डितराज जगन्नाथ रमणीय अर्थ का प्रतिपादन करनेवाले शब्द को काव्य की संज्ञा देते हैं।[5] मम्मट दोषहीन, गुणयुक्त और प्रायः अलंकृत शब्दार्थ को काव्य कहते हैं।[6] पर सभी किसी-न-किसी प्रकार काव्य को आनन्ददायक मानते हैं। काव्यानन्द साधारण लौकिक आनन्द से कहीं बढ़कर है। अतः उसे अलौकिक कहा गया है। सांसारिक सुख तो अस्थायी होते हैं। उनका परिणाम हानिकर होता है। पर काव्य का आनन्द स्थायी तथा परिणाम हितकर होता है। अतः उसे 'ब्रह्मानन्द सहोदर' कहते हैं। काव्य का सम्बन्ध सीधे हृदय से है। अतः उसका हृदय पर स्थायी प्रभाव पड़ता है। काव्य के प्रभाव से अनेक दुष्कर कार्य सरल हो जाते हैं। मिर्जा राजा जयसिंह का जीवन-परिवर्तन तथा महाराणा प्रताप का अकबर का सामना करने का निश्चय इसके ज्वलन्त उदाहरण हैं। काव्य में हृदय रमता है। अतः इसका प्रभाव चिरस्थायी होता है। आचार्यों ने काव्य के दो भेद किये हैं—1. श्रव्यकाव्य और 2. दृश्यकाव्य।

श्रव्यकाव्य प्रमुख ज्ञानेन्द्रियों में से केवल कान के माध्यम से मनुष्य को प्रभावित करता है पर दृश्यकाव्य में कर्ण और नेत्र दोनों के द्वारा हृदय को रसास्वादन करने का अवसर प्राप्त होता है। अतः समाज ने इसी सर्वश्रेष्ठ साधन दृश्यकाव्य को ही समाज के उद्‌बोधन तथा चित्त-विश्रान्ति के हेतु अपनाया है। सम्भवतः यह परम्परा आदिकाल से ही चली आ रही है। मनोरंजन के अनेक आधुनिक साधनों के आविष्कृत होने पर भी दृश्यकाव्य अथवा रूपकों का महत्त्व कम नहीं हुआ है।

नाटक का प्रारम्भ तथा विकास

नाटकों की उत्पत्ति के सम्बन्ध में विचार करते हुए मानव के इस स्वाभाविक गुण की ओर ध्यान जाना अनिवार्य है कि वह अनुकरणप्रिय प्राणी है। अनुकरण की उस प्रवृत्ति ने मानव को ज्ञानार्जन के कार्य में सक्रिय एवं पुष्ट योग दिया है। बच्चे सर्वदा बड़ों का अनुकरण करते हैं। अनुकरण दो प्रकार का होता है। एक के मूल में जिज्ञासा कार्य करती है, जिससे प्रेरित हो वे गुरुजनों के अनुसार ही विभिन्न कार्य-सम्पादन की कला, वाक्‌शक्ति का प्रयोग तथा आचार-व्यवहार करते हैं। दूसरे प्रकार की प्रवृत्ति से वे गुरुजनों के कार्य-कलापों का अभिनय करते हैं। इस प्रकार का अनुकरण करने में वे अपना गौरव समझते हैं। कभी-कभी बच्चे क्रीड़ास्वरूप भी बड़ों का अनुकरण करते हैं। अत्यन्त प्राचीन अथवा प्रारम्भिक काल में इसी प्रकार के अभिनय द्वारा नाट्य-कला अस्तित्व में आयी होगी।[7] मानव-ज्ञान के विकास के साथ ही यह कला निरन्तर पल्लवित होती गयी होगी और कालान्तर में क्रियाकलापों के साथ-साथ वेश-भूषा की अनुकृति की परम्परा भी चल पड़ी होगी। विकासवादी सिद्धान्त के अनुसार नाट्य-कला के विकास का यही क्रम ठहरता है। किन्तु भारतीय दृष्टि इससे भिन्न है। जिस प्रकार यहाँ सृष्टि के कर्त्ता ब्रह्मा माने जाते हैं उसी प्रकार नाट्य-कला के भी वे ही जन्मदाता हैं। उन्होंने चारों वेदों से चार तत्त्व लेकर पाँचवें नाट्यवेद की रचना की। नाट्यशास्त्र[8] के अनुसार उसकी कथा यों है। वैवस्वत मन्वन्तर के त्रेता युग में हुआ। संसार में बड़ी अव्यवस्था थी। मनुष्य काम, क्रोध, लोभ, मोह, ईर्ष्या आदि दुष्कर्मों में प्रवृत्त

थे। उनका जीवन अत्यन्त दुःखमय था। उन्हीं दिनों इन्द्र आदि देवताओं ने ब्रह्मा के पास जाकर निवेदन किया कि आप कोई ऐसा खेल बतायें जो देखा भी जा सके और साथ ही श्रव्य भी हो। उनकी प्रार्थना स्वीकार करके उन्होंने समाधि लगायी और चारों वेदों का स्मरण किया। उन्होंने संकल्प किया कि मैं इतिहास से युक्त ऐसा नाट्य नाम का वेद बनाऊँगा जिससे धर्म, अर्थ और यश मिलेगा, जिसमें सुन्दर उपदेश भरे होंगे और जिसके द्वारा संसार के सब कार्यों का अनुकरण दिखाया जा सकेगा। इसमें सभी शास्त्रों के तत्त्व होंगे और सभी शिल्प विधाओं का प्रदर्शन होगा। उन्होंने ऋग्वेद में संवाद, सामवेद से गान, यजुर्वेद से अभिनय और अथर्ववेद से श्रृंगार आदि रस लिये।

भरत के अतिरिक्त अभिनयदर्पणकार श्री नन्दिकेश्वर ने भी इसी तथ्य का उल्लेख किया है।[9]

श्री धनञ्जय ने 'दशरूपक' के उपक्रम में नाट्यवेद में मिश्रित तत्त्वों का उल्लेख यों किया है, "सम्पूर्ण वेदों का तत्त्व निकालकर ब्रह्मा ने जिस नाट्यवेद की रचना की उसमें शिव के ताण्डव और पार्वती के लास्य का मेल हुआ और भरत ने उसे अभिनय के प्रयोग से सम्पन्न किया।[10]

ग्यारहवीं शती में भावप्रकाशनम् के रचयिता शारदातनय ने विभिन्न नाट्यशास्त्रीय परम्पराओं का उल्लेख किया है। इन्होंने ग्रन्थ के प्रारम्भ में ही लिखा है, 'गुरुवर दिवाकर ने सदाशिव, शिव-पार्वती, गौरी, वासुकि, नारद मुनि, अगस्त्य, हनुमान्, भरत और उनके शिष्यों के जितने नाट्य-सम्बन्धी मत थे उन सबके साथ पूरा नाट्यवेद प्रसन्न होकर उन्हें (शारदातनय को) अच्छे ढंग से सिखाया।[11]

भावप्रकाशनम् के दशम अधिकार में इसी प्रकार की एक कथा दी गयी है।[12]

अत्यन्त प्राचीन काल में स्वायम्भुव मनु ने अपने पिता सूर्य से मनोरंजन का साधन पूछा। इस पर सूर्य ने कहा कि सृष्टि-रचना के पश्चात् यही प्रश्न ब्रह्मा ने विष्णु के सम्मुख उपस्थित किया। विष्णु ने उन्हें शिव के पास भेज दिया। शिव ने अपने गण नन्दी को बुलाया जो उनसे गन्धर्व विद्या सीख चुका था। शिव ने आज्ञा दी कि तुम गन्धर्व वेद के सब तत्त्व ब्रह्मा को बता दो। ब्रह्मा सब-कुछ सीखकर लौटे तो उन्होंने एक नट की कल्पना की। तत्काल एक मुनि प्रकट हुए। उनके साथ पाँच शिष्य थे। सरस्वती भी वहाँ विद्यमान थीं। ब्रह्मा ने मुनि तथा शिष्यों को आज्ञा दी कि नाट्यवेद ग्रहण कर लो। उन्होंने सांगोपांग नाट्यवेद सीखकर गीत और रसों से भरे अनेक नाटक दिखाकर ब्रह्मा को प्रसन्न किया। उन्होंने प्रसन्न होकर मुनि और उनके शिष्यों को वरदान दिया कि आप तीनों लोकों में भरत कहलायेंगे और यह नाट्यवेद भी तुम्हारे ही नाम पर भरत कहलायेगा। यह कथा सुनकर स्वायम्भुव मनु ने ब्रह्मा से नाट्यवेद के लिए प्रार्थना की। ब्रह्मा ने उन भरतों को आज्ञा दी कि तुम लोग मनु के साथ भारतवर्ष में चले जाओ। भारत में आकर इन लोगों ने अयोध्या में डेरा डाला। देवताओं की रंगशाला में जिन देवर्षियों की कथाओं के नाटक खेले जाते थे वे सब उन्होंने अयोध्या में खेले। इन्हीं भरतों के शिष्यों ने धीरे-धीरे भारत के विभिन्न प्रदेशों में नाट्यशास्त्र का प्रचार किया। तब मनु के कहने से इन भरतों ने नाट्यवेद का सारांश दो ग्रन्थों में एकत्र करके रखा। उनमें एक है द्वादश साहस्री, दूसरा है षट् साहस्री। इन दो ग्रन्थों में से षट् साहस्री वही है जो भरत का नाट्यशास्त्र कहलाता है।[13]

नाट्य साहित्य के आदि ग्रन्थ नाट्यशास्त्र के अनुसार नाटकों का आदि रूप ऋग्वेद के संवाद में है। ऋग्वेद के ये संवाद प्रसिद्ध हैं-पुरूरवा-उर्वशी,[14] यम-यमी,[15], इन्द्र-इन्द्राणी,[16] सरमा-पणिस[17] के संवाद। इस प्रकार के कम-से-कम पन्द्रह संवाद ऋग्वेद में मिलते हैं। इन संवादों में नाटकीय कथोपकथन के गुण विद्यमान हैं। कात्यायन श्रौत सूत्र के अनुसार सोमपान के अवसर पर एक लघु अभिनय का भी प्रसंग मिलता है। सोम-रसिक इन्द्र के अनुयायी सोम-याग नामक यज्ञ क्रिया की योजना करते थे। सोम बेचनेवाले वनवासियों के साथ यजमान सोम-विक्रेता और अध्वर्यु का संवाद अभिनय का स्पष्ट उदाहरण है।[18]

मैक्समूलर ने अनुमान किया है[19] कि ऋग्वेद का इन्द्र-मरुत्-संवाद मरुतों के सम्मान में होनेवाले यज्ञों के अवसर पर दुहराया जाता था। सम्भवतः दो दल इसका अभिनय भी करते थे जिनमें एक दल इन्द्र तथा दूसरा दल मरुतों और उनके अनुचरों का प्रतिनिधि होता था। ऋग्वेद में ऐसी कुमारियों का उल्लेख मिलता है जो यज्ञों के समय नृत्य करती थीं।[20] नृत्य में भी कायिक अभिनय भाव-प्रदर्शन के लिए अनिवार्य होता है। अथर्ववेद में संगीत के साथ नृत्य करनेवाले पुरुषों का विवरण मिलता है। अतः यह स्पष्ट है कि वैदिक काल में नाटकीय प्रदर्शन हुआ करते थे। इनका स्वरूप धार्मिक था।[21] इनमें पुरोहित पृथ्वी पर स्वर्ग की घटनाओं का अनुकरण करने के लिए देवताओं और ऋषियों की भूमिका ग्रहण करते थे। प्रोफेसर फान श्रोडर के सिद्धान्त में इस मत का स्वाभाविक निष्कर्ष पाया जाता है। उनके कथनानुसार संवाद-सूक्त और लय-सूक्त (ऋग्वेद 10/119) जैसे कुछ स्वगत सूक्त भी वैदिक अध्यात्म रूपकों के अवशेष हैं, जो बीज रूप में अत्यन्त प्राचीन काल से चले आ रहे हैं। इन रूपकों की परम्परा का जनसाधारण में प्रचलित लोकप्रिय रूप हजारों वर्ष बाद आज भी बंगाल की यात्राओं में मिलता है।

इसके विपरीत सुसंस्कृत तथा पुरोहित वर्ग के आश्रय में पोषित वैदिक नाट्य बिना किसी उपयुक्त उत्तराधिकारी के समाप्त हो गया। डॉ. हर्टेल ने एक नये तर्क द्वारा संवाद-सूक्तों को आध्यात्मिक नाटक माना है। वे कहते हैं कि वैदिक सूक्त गाये जाते थे, जिनमें विभिन्न कलाओं का अन्तर स्पष्ट करने के लिए एकाधिक व्यक्तियों की आवश्यकता पड़ती थी। यह सम्भव नहीं था कि एक ही व्यक्ति विभिन्न वक्ताओं के सूक्त का गान कर ले। अतः इन सूक्तों में नाट्यकला का प्रारम्भिक रूप मिलता है। डॉ. हर्टेल सुपर्णाध्याय को अपेक्षाकृत अधिक विकसित होने से पूर्ण नाटक रूप में मानते हैं। वे वैदिक नाटक का अस्तित्व नहीं मानते। ऋग्वेद में वह केवल प्रारम्भिक रूप में दिखायी देता है। सुपर्णाध्याय में वह विकास के पथ पर है। यात्राओं में पुरानी शैली की परम्परा है जिससे वैदिक नाट्य से भारत के शास्त्रीय नाट्य का विकास समझने में सहायता मिलती है। श्रोडर का मत इससे भिन्न है। वे यात्राओं को परवर्ती नाटकों से जोड़ते हैं। उनका कथन है कि यात्राओं और वैदिक संवाद-सूक्तों का मूल तो एक ही है पर विकास भिन्न है। यात्राओं का विकास विष्णु, कृष्ण और रुद्रशिव सम्प्रदायों के घनिष्ठ सम्बन्ध से हुआ। डॉ. ए.बी. कीथ ने श्रोडर के मत का खण्डन किया है[22] और इन सूक्तों की नाटकीयता को अमान्य ठहराया है। श्री श्रोडर ने ऋग्वेद के संवाद-सूक्तों को प्रजनन-कर्मकाण्ड (Fertility-ritual) के अन्तर्गत होनेवाले नाटक का अंग माना है। उन्होंने पाश्चात्य नाटकों की भाँति भारतीय नाटक की भी उत्पत्ति प्रजनन-कर्मकाण्ड से ही सिद्ध करने का प्रयास किया है। डॉ. कीथ ने इसे अमान्य कहा है। उनका यह कथन ठीक नहीं, क्योंकि प्रजनन-कर्मकाण्ड के अभाव में भी सूक्तों की नाटकीयता निर्विवाद है।[23] नाट्यशास्त्र के अनुसार भारतीय नाटक का आदर्श वेद-व्यवहार को सार्ववर्णिक बनाना है।[24] अतः वेद के आध्यात्मिक और दार्शनिक तथ्यों को अभिनय द्वारा जनसाधारण के लिए ग्राह्य बनाने का प्रयत्न ऋग्वेद-काल से ही चला आता प्रतीत होता है।

ये संवाद-सूक्त इन्हीं आध्यात्मिक नाटकों के कथोपकथन माने जा सकते हैं। सार्ववर्णिक बनाने की यही परम्परा यात्रा, रामलीला आदि में चली आ रही है। ऋग्वेद के इन्द्र-वैकुण्ठ और सौचीक अग्नि के सूक्तों में गेल्डनर द्वारा प्रतिपादित वीरगाथाओं का स्वरूप भी देखा जा सकता है। आगे चलकर रामायण से लेकर ढोला मारू तथा गोपीचन्द-भर्तृहरि तक वीरगाथा को नाटकीय ढंग से पढ़ने या गाने की जो परम्परा पायी जाती है, सम्भव है उसका पूर्ण रूप यही हो। इसके अतिरिक्त यम-यमी, पुरूरवा-उर्वशी, नदी-विश्वामित्र आदि के संवाद स्वयं पूर्ण हैं और उनका ज्यों-का-त्यों अभिनय किया जा सकता था।

इन नाटकीय संवाद-सूक्तों के अतिरिक्त वैदिक कर्मकाण्ड में भी कुछ ऐसी लीलाएँ होती थीं जिनको नाटक संज्ञा दी जा सकती है। उदाहरण के लिए सोम-क्रय को ले सकते है।[25] इस लीला में केवल संघर्ष,

कथोपकथन, अभिनय तथा वस्तु-विकास की विविध अवस्थाएँ आदि नाटकीय कथानक के आवश्यक अंग ही उपलब्ध नहीं हैं अपितु नाटक का चरम उद्देश्य रस भी प्रचुर मात्रा में मिल जाता है।

वास्तव में वैदिक यज्ञों का उद्देश्य यही था कि सूक्ष्म आध्यात्मिक सत्यों को सर्वसाधारण के लिए बोधगम्य बनाया जाय।[26] नाट्यशास्त्र के अनुसार नाटक का भी लगभग यही उद्देश्य है। यह अवश्य है कि यज्ञ कोरे मनोविनोद के नाटक नहीं हैं और अपितु उनके अन्तर्गत सोम-याग आदि जी उकतानेवाला अनेक प्रकार का धार्मिक कर्मकाण्ड भी आता है। परन्तु यज्ञों का सूक्ष्म विश्लेषण करने पर यह बात भली-भाँति समझी जा सकती है कि आरम्भ में उनका लक्ष्य केवल सूक्ष्म आध्यात्मिक तथ्यों को अभिनय या कर्मकाण्ड द्वारा सर्वग्राही बनाना ही था।[27]

नाटक और यज्ञ के इस अभिन्न सम्बन्ध का प्रमाण नाट्यशास्त्र से मिल जाता है। नाट्य-प्रयोग देवासुर संग्राम में इन्द्र की विजय के उत्सव के समय हुआ। इसकी नान्दी में देवताओं द्वारा असुरों पर विजय का उत्कीर्तन था।[28]

मैत्रायनीय उपनिषद् में एक नट का वर्णन मिलता है जो अपने वस्त्रों के परिवर्तन करने और अपने शरीर को रंजित करने में कुशल था। इससे सिद्ध होता है कि उस काल में नाटकीय प्रदर्शन कितना लोकप्रिय था।[29]

असुरों द्वारा नाटक में विघ्न उपस्थित करने पर इन्द्र ने उन्हें ध्वज से विनष्ट किया। इसलिए देवताओं ने उसे 'जर्जर' संज्ञा दी। यह उत्सव इन्द्र-ध्वजोत्सव के नाम से आज भी नेपाल में धूम-धाम से मनाया जाता है। इसमें नृत्य गांन नाटकादि का आयोजन बड़े उत्साह से होता है। वैदिक यज्ञों से हटकर नाटकों का यह रूप हमारे सामने आता है जिसमें देवताओं एवं दैत्यों का वर्णन मिलता है। पौराणिक काल में भी नाटक का सम्बन्ध धार्मिक क्रियाओं से बना रहा पर नाटक और धार्मिक यज्ञों का अन्तर स्पष्ट होने लगा।

प्राचीनता के विचार से अग्निपुराण में नाटक के रस, रीति, नृत्य तथा अभिनय आदि पर विचार किया गया है।[30] इससे सिद्ध है कि पौराणिक काल में नाटक यज्ञों के अंग नहीं रह गये थे। उनका पृथक् अस्तित्व हो गया था। महाभारत के हरिवंश पर्व में वज्रनाभ के वध और प्रद्युम्न के विवाह के प्रकरण में रामायण नाटक और कौवेररम्भाभिसार नाटक के अभिनय का अद्भुत वर्णन मिलता है।[31]

उसके अनुसार श्रीकृष्ण ने अपनी माया से भद्र नाम का नट बनाया। उसके साथ भीमवंशी यादवों को नट बनाकर वज्रपुर भेजा। इनमें प्रद्युम्न नायक, साम्व यादव विदूषक और गद् परिपार्श्वक बने। दूसरे यादव नटी बनकर उनकी सहायता को गये। वज्रपुर के उपनगर सुपुर में इन्होंने रामायण नाटक का इतना सफल अभिनय किया कि सभी आश्चर्यचकित रह गये। रामावतार के समय विद्यमान रहनेवाले दानवों ने भी अभिनय की सफलता पर आश्चर्य प्रकट किया। वज्रनाभ के आमन्त्रण पर इन्होंने वज्रपुर में भी 'गंगावतरण' तथा कौवेररम्भाभिसार नाटक खेला।

श्रीमद्भागवत में भी नाटक का संकेत मिलता है। कंस नें धनुषयज्ञ के बहाने श्रीकृष्ण को मथुरा बुलाया था। यह धनुषयज्ञ रामायण की एक विशेष लीला ही हो सकती है।[32] कंस ने आज्ञा दी कि चतुर्दशी को यथाविधि धनुषयज्ञ का प्रारम्भ हो। शंकर को प्रसन्न करने के लिए यज्ञीय वस्तुओं का संग्रह करो।

इस समय नाटक का प्रचार तथा सम्मान इतना बढ़ा हुआ था कि उस युग के विविध विषयों के प्रसिद्ध विद्वानों को भी इनका उल्लेख अपने ग्रन्थों में करना आवश्यक प्रतीत हुआ। पाणिनि की अष्टाध्यायी में शिलाली और कृशाश्व के नट सूत्रों का उल्लेख मिलता है।[33] वात्स्यायन ने अपने कामसूत्र के नागरक वृत्त प्रकरण में घटा-निबन्धन (मेला) पर इतना ही लिखा है—

'पखवाड़े या महीने के निश्चित या प्रसिद्ध पर्व के दिनों पर सरस्वती के मन्दिर में (या विद्यालयों में) राजा की ओर से नियुक्त नटों के द्वारा नाटक का उत्सव हो।'[34]

'पक्षस्य मासस्य वा प्रख्यातेऽहनि सरस्वत्या भवने नियुक्तानां नित्यं समाजः'

कौटिल्य ने अपने अर्थशास्त्र में जहाँ अन्य खेल करनेवालों के सामाजिक गौरव, स्थान तथा पारिश्रमिक का वर्णन किया है वहीं नाटक का अभिनय करनेवाले नटों का भी। न केवल स्थानीय अपितु बाहर से आनेवाले नटों का भी वर्णन है।[35]

पाणिनि के सूत्रों की व्याख्या करते हुए पतंजलि ने महाभाष्य में लिखा है कि रंगशालाओं में नाटक होते थे। उन दिनों कंस-वध और बलि-वध तक के नाटक होने लग गये थे। 'इह तु कथं वर्तमान कालता कसं घातयति बलिं वन्धयतीति चिरहते कंसे चिरबद्धे च बलौ।' नाटकों के साथ-साथ छाया-नाटक तथा पुत्तलिका-नृत्य का भी विकास नाटकों के आधार पर हुआ। इसके पश्चात् संस्कृत में अनेक नाटक लिखे गये तथा समय-समय पर उनका अभिनय होता रहा।[36] धार्मिक प्रचार, मनोरंजन, राजनीतिक दाँव-पेच की पूर्ति के लिए भी नाटक का प्रयोग प्रारम्भ हो गया था।

जैन-धर्मावलम्बियों[37] ने भी नाटक को अपनाया। उनके मन्दिरों में प्रायः नाटक अभिनीत होते थे। उनके यहाँ एक कथा है कि एक बार महावीर स्वामी घूमते-फिरते आमलकप्पा नगरी के अम्बसाल वन में पहुँचे तथा अशोक वृक्ष के नीचे एक शिला पर बैठ गये। उसी समय स्वर्ग के सूर्याभदेव उनकी वन्दना करने के लिए आये। किन्तु उनकी यह वन्दना साधारण नहीं थी। सूर्याभदेव ने महावीर जी के पास आकर पहले गा-बजा और नाचकर वन्दना की। उसके अनन्तर अभिनयात्मक नाटक किया। सूर्याभदेव ने बत्तीस प्रकार के अभिनयात्मक नाटक दिखाये थे, जिनमें कुछ प्रकृति सम्बन्धी थे। जैसे सागर की तरंग, चन्द्रोदय, सूर्योदय आदि का अभिनय। उसके पश्चात् उन्होंने लिपि का अभिनय प्रारम्भ किया और उसमें वर्णमाला के क च ट त प वर्गों का अभिनय किया। इन बत्तीस प्रकार के अभिनयों में कुछ तो ऐसे हैं जो भरत के नाट्यशास्त्र में भी नहीं मिलते। वे नितान्त नये हैं।[38]

आज से 2500 वर्ष पहले रचे गये बौद्धों के 'विनय पिटक' तथा जैन कल्प-सूत्रों में ऐसी कथाओं का उल्लेख किया गया है जिनसे विदित हो जाता है कि उस समय नाटकों का पर्याप्त प्रचलन था। यहाँ तक कि भिक्षु और श्रावक भी उसे चाव से देखते थे।[39]

भगवान् बुद्ध ने नाटकों को देखने का निषेध स्थान-स्थान पर किया है। इसका दो कारण प्रतीत होता है। पहला कारण तो यह है कि नाटकों में मनोरंजन की दृष्टि होने से विलासिता तथा शृंगारपरक भावनाओं ने स्थान पा लिया था।[40] इसका प्रभाव विरक्त भिक्षुओं तथा श्रावकों पर अच्छा नहीं पड़ता था। दूसरा कारण यह था कि नाटकों पर वैदिक धर्म का प्रभाव था जिसका विरोध गौतम बुद्ध करते थे।

इसलिए वे अपने अनुयायियों को इससे दूर ही रखना चाहते थे। यथावसर उन्होंने नाटकों की जिसे उस समय 'समज्ज' या पेक्ख कहते थे निन्दा भी की है।[41]

जातकों का कथन है कि प्रेक्षणक या नाटक इतने रोचक होते थे कि मानव जाति के स्त्री-पुरुषों के अतिरिक्त देव, नाग और गरुड़ भी उन्हें देखने के लिए उपस्थित रहते थे।[42] प्रति वर्ष राजगृह में समाज होता था।[43]

वहाँ तालपुर नाम का एक प्रसिद्ध अभिनेता 500 'नाटकीय स्त्रियों' के साथ नृत्य और नाट्यकला प्रदर्शित कर नागरिकों को मुग्ध कर देता था।[44] अभिनय सुन्दर होने से पुरस्कार के रूप में दर्शक लोग कलाकारों को रुपये-पैसे भी देते थे।[45] कुछ जातक में एक स्थान पर कहा गया है कि तुम्हारे पुत्र को राज्य-प्रदान करते हुए हम 'नाटकीय समारोहों की आयोजना करेंगे।[46]

मार संयुत्त (Mar Samyutta) भिक्खुनी संयुत्त (Bhikkhuni Samyutta) छदन्त जातक, उम्मादन्ती जातक, महाजनक जातक, कण्डाहिन्नारा जातक (Candahinnara Jatak), दस्युराज अंगुलिमाल का

गीत-काव्य (Ballad) मज्झिम निकाय, मेरी गाथा में सुन्दरी नामक भिक्षुणी की कथा आदि ग्रन्थ नाटकीय ही हैं।[47]

सर्वप्रथम अवदान शतक में अभिनय का स्पष्ट उल्लेख मिलता है।[48] अवदान संख्या 75 में इस तथ्य का वर्णन है कि अभिनेताओं ने किस प्रकार बौद्धम् नाटकम् (Bauddham Natakam) का अभिनय किया। इसमें स्वयं नाट्याचार्य ने ही बुद्ध का अभिनय किया। श्री सिलवान लेवी (Silven Levi) ने बहुत पहले इस प्रमाण की ओर ध्यान आकर्षित किया। उन्होंने आधुनिक तिब्बत, सीलोन तथा बर्मा में अभिनीत होनेवाले नाटकों का भी उल्लेख किया है।[49] सुप्रसिद्ध बौद्ध कवि अश्वघोष का लिखा हुआ सारिपुत्र प्रकरण भी 9 अंकों का उच्चकोटि का नाटक है। सारिपुत्र और मौद्गलायन की कथा विनय-पिटक के महावग्ग निकाय में बड़ी सुन्दरता से वर्णित है।[50]

बौद्ध-काल में यज्ञ आदि धार्मिक क्रियाओं से पृथक् नाटक का स्वतन्त्र रूप हमारे सामने आने लगता है। बौद्ध साहित्य में इसके अनेक प्रमाण मिलते हैं। ललित-विस्तर में बिम्बसार द्वारा दो नाग राजाओं के सम्मान में नाटक के आयोजन का उल्लेख है। आगे यह भी लिखा है कि स्वयं बुद्ध की आज्ञा से राजगृह में एक नाटक खेला गया था। बुद्ध के शिष्य मौद्गलायन और उपतिस्य ने नाट्य कौशल का प्रदर्शन अनेक लीलाओं में किया।[51]

उम्मान्दन्ती जातक (Ummandanti Jatak of Zacharial Bazz. Beitr. 4,3751) गीत-काव्य के रूप में नैतिक कहानी है जो इतनी नाटकीय है कि कोई भी मनुष्य भली-भाँति अनुमान कर सकता है कि यह एक लघु नाटक है।[52]

मैत्रेय व्याकरण (मैत्रेय के विषय में भविष्यवाणी) या मैत्रेय की केवल एक ही हस्तलिखित पूर्ण प्रति मिलती है।[53] इसके लेखक वैभाषिक आर्यचन्द्र (Vaibhasika Aryachandra) हैं। इस ग्रन्थ के अनेक अनुवाद चीनी, मध्य एशियाई तथा तिब्बती भाषाओं में हुए हैं। यह ग्रन्थ दीर्घकाल तक भारतेतर देशों में बड़ा ही लोकप्रिय रहा है। बुद्ध मैत्रेय के सम्बन्ध में भविष्यवाणी के विषय में इसका विषय भावी बुद्ध मैत्रेय का विवरण है जो गौतम बुद्ध और सारिपुत्र के बीच कथोपकथन के रूप में लिखा गया है। मध्य एशियाई प्रतियाँ इसे नाटक कहती हैं। यह धार्मिक पर्वों पर अभिनीत होता है।[54]

उपगुप्त और 'मार' की कथा में मार के बुद्ध का रूप धारण करने का वर्णन आता है। इससे सिद्ध होता है कि 'मार' ने ऐसे सफल अभिनेता की भाँति नाटकीय ढंग से उपगुप्त पर प्रभाव जमाया कि वह धोखे में आ गया।[55] सम्राट् स्वर्णबाहु की कथा पर केवल शकुन्तला नाटक का ही प्रभाव नहीं है अपितु कालिदास के अन्य नाटकों का भी प्रभाव परिलक्षित होता है।[56]

इन प्रमाणों के आधार पर कह सकते हैं कि बौद्ध-काल में नाटक विकास के पथ पर निरन्तर अग्रसर होते गये। यद्यपि धर्म से प्रभावित तथा मनोरंजन का साधन होने के कारण गौतम बुद्ध ने स्वयं इसका निषेध किया। पर समाज को प्रभावित करने तथा धर्म-प्रचार का उपयुक्त साधन होने के कारण उनके आगमन पर नाटक खेले गये।

इसके अनन्तर हम संस्कृत के उत्थान-युग में पदार्पण करते हैं। इस युग में तो संस्कृत साहित्य के उच्चकोटि के नाटककार कालिदास, भवभूति जैसे अनेक व्यक्तियों ने साहित्य का भण्डार भरा। इन नाटकों का अभिनय भी बड़ी धूमधाम से होता रहा।[57]

इस उत्थान-काल में कालिदास के समान ही शूद्रक, हर्ष, विशाख, महनारायण, मुरारि, राजशेखर तथा क्षेमेश्वर आदि अनेक नाटककार हुए जिनकी रचनाएँ प्रत्येक दृष्टि से संस्कृत नाट्य साहित्य में उच्चकोटि की मानी जा सकती हैं। इनमें से कुछ की गणना तो विश्व-साहित्य के सर्वश्रेष्ठ रत्नों में की जा सकती हैं।

मुसलमानों के शासनकाल में नाटकों की उन्नति रुक गयी। उन्नति को कौन कहे उसकी यथावत् स्थिति भी नहीं रह गयी। इसका मुख्य कारण मुसलमानों की धार्मिक कट्टरता एवं अन्धविश्वास था। उनके धर्म में किसी की अनुकृति पाप मानी जाती है। अतः उन्होंने इस प्रयोग को सर्वथा बन्द करने का प्रयास किया। राज्याश्रय के अभाव में नाटकों की प्रगति नहीं हो सकी। हाँ, धार्मिक भावना ने नाटकों को लीलाओं के रूप में मन्दिरों में परिमित कर दिया। इस प्रकार नाटक के लोकप्रिय रूप की उन्नति होती रही।[58] ईसा की दसवीं शती के पश्चात् नाटक के साहित्यिक रूप का ह्रास निरन्तर होता गया। यद्यपि हनुमन्नाटक, प्रबोध-चन्द्रोदय, रत्नावली, मुद्राराक्षस आदि नाटक 10वीं से 12वीं शती तक निर्मित हुए तथापि वास्तविकता यह थी कि इस समय नाटकों की रचना तथा प्रचार दोनों में कमी होने लगी थी। चौदहवीं शती के पश्चात् तो उनका सर्वथा अभाव हो गया। उन्नीसवीं शती के मध्य तक भारत से अपनी निज की कला प्रायः उठ-सी गयी थी। यदि कुछ बची भी तो अपने पूर्व रूप में। उत्तर प्रदेश में रासलीला, बंगाल में यात्रा और महाराष्ट्र में कीर्त्तन आदि से ही जनता मन बहला लेती थी।[59] हिन्दी का प्रथम नाटक भारतेन्दु बाबू हरिश्चन्द्र के पिता बाबू गोपालचन्द्र उपनाम गिरधरदास कृत नहुष नाटक माना जाता है। यह भी उस समय की बोलचाल की भाषा में न होकर ब्रजभाषा में है। आगे चलकर भारतेन्दु बाबू ने नाट्य जगत् में प्रशंसनीय कार्य किया। उन्होंने स्वयं अनेक मौलिक तथा कुछ अनूदित नाटक लिखे। उनके अभिनय की भी व्यवस्था की। भारतेन्दु-काल में पारसी कम्पनियों ने भारतीय रंगमंच पर अधिकार कर लिया था। इनके नाटकों में न तो कथा की वास्तविकता का ही ध्यान रखा जाता था और न पात्रों की मर्यादा का। उनकी भाषा उर्दूप्रधान होती थी। जनता के लिए उर्दू की प्रेमविलासमयी गजलें अवश्य रखी जाती थीं।

लखनऊ के नबाव वाजिदअली शाह के दरबार में अभिनीत इन्दर-सभा के देखने से ऐसा स्पष्ट लक्षित होता है। पं. राधेश्याम कथावाचक, नारायण दास 'बेताव' तथा हरिकृष्ण 'जौहर' आदि प्रमुख नाटककारों ने पौराणिक कथाओं पर अनेक नाटक लिखे। परिणामतः पारसी कम्पनियों का प्रभुत्व समाप्त हो गया। जनता की रुचि में परिष्कार हुआ। आधुनिक काल में जयशंकर प्रसाद, लक्ष्मीनारायण मिश्र आदि उच्चकोटि के नाटककार उद्भूत हुए। अब तो स्थान-स्थान पर साहित्यिक नाटकों का सफल अभिनय देखने को मिलता है।

नाटक एवं समाज

सृष्टि के प्रारम्भ में मानव वन्य था। उस समय वह अपनी व्यष्टि में ही समष्टि था। उसका जीवन आत्म-रक्षा तथा उदर-पूर्ति तक ही सीमित था। पारस्परिक अविश्वास के ऐसे जीवन से वह ऊब उठा। उसने निश्चय किया कि उसे संकटमय तथा भयपूर्ण जीवन किसी प्रकार समाप्त करना है। इस प्रकार उसमें दूसरे से सहयोग करने की भावना उद्भूत हुई। एक का दूसरे पर विश्वास दृढ़ हुआ। शनैः-शनैः यह भावना फैलती गयी। ऐसी भावनाओं के व्यक्तियों का एक समूह हो गया। उन्होंने अपना एक नेता या मुखिया नियुक्त किया। उसी के निर्देश के अनुसार सभी कार्य करने लगे। इस प्रकार सोद्देश्य संघटित समूह को समाज संज्ञा दी गयी। तात्पर्य यह कि समाज का संघटन भी मूलतः मेल-मिलाप के विचार से किया गया। नाटक के मूल में भी यही भावना निहित है। मानव की अनुकरण-वृत्ति वैयक्तिक है। वह शैशव में भले ही एकान्त में अनुकरण करता हो, पर ज्यों-ज्यों उसका विकास होता है त्यों-त्यों वह अपनी इस वृत्ति का भी विकास करता है। वह अपनी कला का दिग्दर्शन अपने परिवार, इष्ट-मित्र तथा आस-पास के व्यक्तियों को कराना चाहता है। क्रमशः बढ़कर उसकी आकांक्षा सारे समाज के सामने कला-प्रदर्शन तक पहुँचती है। उसे अनुकृति से आत्म-सुख मिलता है। उसका क्षेत्र जितना ही विस्तृत होता है, उसे उतने ही उच्चकोटि के सुख का अनुभव होता है। अतः वह अपने दर्शक क्षेत्र को अधिकाधिक

विस्तृत करना चाहता है। उस प्रकार नाटक और समाज का सम्बन्ध सर्वदा बना रहता है। व्यक्ति जो अनुकरण करता है वह सफल है या विफल इसका निर्णय वह स्वयं नहीं कर पाता। उसके लिए निर्णायक की आवश्यकता पड़ती है। वे निर्णायक उसके दर्शक ही हो सकते हैं। दर्शकों में भी किसी विशेष श्रेणी के व्यक्तियों से काम नहीं चल सकता क्योंकि सम्भव है उस श्रेणी के व्यक्तियों में निर्णयात्मक विवेक न हो। अतएव समाज की आवश्यकता पड़ती है। समाज में सभी श्रेणी एवं विचार के व्यक्ति मिलते हैं और उन सबका निर्णय उचित तथा उपयुक्त होता है। अनुकरण के द्वारा व्यक्ति अपने को दूसरे के अनुरूप बनाता है। उसके क्रिया-कलापों के अनुसार कार्य करके उससे अपने को मिलाता है। समाज के मूल में भी मिलकर रहने की प्रवृत्ति है। इस प्रकार नाटक तथा समाज के उद्‌देश्य में एकरूपता पायी जाती है। नाट्य के तीन मूल तत्त्व वाक्, अंग और सत्त्व हैं। अभिनेता अपने अंगों को वस्त्राभूषण आदि से सजाकर पात्र के अनुकूल रूप बनाता है। वाणी द्वारा उसके वचनों का अनुसरण करता है और अन्तःकरण द्वारा सात्त्विक भावों को ग्रहण करता है। इन कार्यों से वह अपने 'स्व' या अहम् का परित्याग करता है। उसमें स्वार्थ की भावना का ह्रास होता है और वह 'परत्व' की ओर अग्रसर होता है। धीरे-धीरे वह निःस्वार्थ भाव ग्रहण करता है जो सामाजिक जीवन के विकास के लिए अत्यन्त आवश्यक है। सात्त्विक भावनाओं के उद्‌बोधन से उसके अन्तःकरण का परिष्कार होता है। उसे रस की प्राप्ति होती है। वह रस केवल उसी तक सीमित नहीं रहता अपितु दर्शक-समाज भी उसका आस्वादन करता है। अभिनेता के साथ समाज भी लौकिक वातावरण से भिन्न वातावरण का अनुभव करता है। इससे उसकी आत्मा का परिष्कार होता है।

अब नाट्य के व्यावहारिक रूप पर भी विचार कर लेना चाहिए। समाज के सभी सदस्य अपनी परिस्थिति तथा कार्य में इतने व्यस्त रहते हैं कि उन्हें दूसरे की ओर दृष्टि डालने का अवकाश नहीं मिलता। नाटक के द्वारा समाज के विभिन्न पहलुओं का प्रत्यक्षीकरण सरल हो जाता है। उसमें आकर्षण रहने के कारण उदासीन व्यक्ति भी समाज के विभिन्न रूपों से परिचित होते हैं। इस प्रकार नाटक से सामाजिक विकास, सुधार एवं नवनिर्माण की प्रेरणाएँ प्राप्त होती हैं।

नाटक की उपयोगिता

मानव-समाज के लिए नाटक अत्यन्त उपयोगी है। उसकी उपयोगिता के दो रूप हैं—पहला आभ्यन्तर, दूसरा बाह्य। आभ्यन्तरिक दृष्टि से नाटक अन्तःकरण का परिष्कार करता है। वह इतनी सहिष्णुता का बीजारोपण कर देता है कि कोई दूसरे के कार्य-कलाप, वेश-भूषा एवं चरित्र का अनुकरण करता है। अभिनय-काल में अभिनेता वही व्यक्ति माना जाता है जिसका वह अभिनय करता है। इससे दूसरों के प्रति सहानुभूति भी उत्पन्न होती है। यद्यपि नाटक में उत्तम तथा निकृष्ट दोनों चरित्र के पात्र रहते हैं पर दर्शक सर्वदा उत्तम चरित्रवाले पात्रों की प्रशंसा करते हैं। उनकी विजय में ही उल्लास का अनुभव करते हैं। अतः नाटक द्वारा समाज में सद्‌गुणों का प्रचार होता है। दुर्गुणों के प्रति घृणा या उपेक्षा के कारण उनका ह्रास अवश्यम्भावी है। नाटक से अलौकिक आनन्द की प्राप्ति होती है। इस आनन्द को अलौकिक इसलिए कहा गया है कि लोक में जिन व्यवहारों एवं कार्यों से दुःख होता है, उन कार्यों को अभिनय में देखकर आनन्द मिलता है। संस्कृत-साहित्य के आचार्यों ने इसी से करुण आदि रसों को आनन्ददायक कहा है। अभिनय-दर्शन-काल तक व्यक्ति लौकिकता से ऊपर उठ जाते हैं और लोकोत्तर आनन्द की अनुभूति करते हैं। इस आनन्द को इसी कारण ब्रह्मानन्द सहोदर आनन्द कहा गया है।

समाज में अनेक आदर्शों की स्थापना प्रत्येक देश में मिलती है। बुद्धिमान् तथा विवेकशील व्यक्ति तो बुद्धि द्वारा उनकी कल्पना करके लाभान्वित होते हैं, पर जनसाधारण के लिए यह कार्य असम्भव नहीं

तो कठिन अवश्य है। अभिनय द्वारा इन आदर्शों को मूर्त रूप में उपस्थित किया जाता है। अतः इसका लाभ समाज के निम्न या अल्पज्ञ व्यक्ति भी समान रूप से उठा सकते हैं। इसमें समाज के सभी वर्ग एक स्थान पर मिलते हैं जिससे उनमें साधारण शिष्टाचार तथा समता की भावना उत्पन्न होती है। कम-से-कम उतने समय तक तो उनमें आत्म-साक्षात्कार का तत्त्व अवश्य ही आ जाता है और वे आत्मा की एकता की भावना से ओत-प्रोत हो जाते हैं। वे चरित्रवान् अनुकार्य के सुख में सुखी तथा दुःख में दुःखी होकर उसके साथ तादात्म्य स्थापित कर लेते हैं। विभिन्न वर्गों के कारण उत्पन्न वैमनस्य तथा वैषम्य उस समय तक तो अवश्य ही तिरोहित हो जाता है। इससे व्यक्तिगत वातावरण से उठकर सामाजिकता की ओर उन्नत होने की आकर्षणमय प्रेरणा प्राप्त होती है।

अब नाटक की बाह्य उपयोगिता का विचार कर लीजिये। मनुष्य अपने कार्य-व्यापार में अनवरत परिश्रम करके थक जाता है। इसलिए वह उद्‌बोधन चाहता है जिससे थकावट ही न मिटे अपितु नव स्फूर्ति भी प्राप्त हो। नाट्यशास्त्र के अनुसार नाटक के उद्‌देश्यों में मन बहलाने अथवा चित्त प्रसन्न करने का प्रमुख स्थान है।[60] इसके अतिरिक्त नाटक से हमें कल्याणकारी उपदेश मिलते हैं। इसमें धैर्य, क्रीड़ा, रस, भाव, क्रियाएँ आदि सब का समावेश है। इससे धर्म, यश, आयु, कल्याण और बुद्धि बढ़ती है और सबको उपदेश मिलता है। इसकी विशेषता है कि ये उपदेश मनोरंजन के माध्यम से प्राप्त होते हैं जिससे उनका प्रभाव स्थायी होता है।

ब्रह्मा ने नाट्यशास्त्र में नाटक के विषय में कहा है[61]—

नाटक में कहीं धर्म, कहीं क्रीड़ा, कहीं अर्थज्ञान, कहीं शान्ति, कहीं हास्य, कहीं युद्ध, कहीं काम और कहीं वध का वर्णन होता है। धर्मात्माओं के धर्म, कामियों के काम, अशिष्टों के सुधार, नम्रों की शान्ति, नपुंसकों की ढिठाई, शूरों और मानियों के उत्साह, मूर्खों के अज्ञान, विद्वानों की विद्वत्ता, धनिकों के विलास, दुःखियों के धैर्य, व्यवसायियों के धन-लाभ के साधन, घबराये हुओं की धीरता आदि अनेक भावों और अवस्थाओं से भरे इस नाट्य में क्रिया-कलाप का अनुकरण किया जाता है तथा उत्तम, मध्यम और अधम पुरुषों के कार्यों का प्रदर्शन होता है। ऐसा कोई ज्ञान, शिल्प, विद्या, कला, योग या कार्य नहीं जो इसके द्वारा न दिखलाया जा सके। इस नाट्य में सब शास्त्र, सब शिल्प और अनेक प्रकार के कार्य इकट्ठे दिखाये जा सकते हैं। इसके द्वारा सातों द्वीपों के निवासियों के जीवन का अनुकरण किया जा सकता है। देव, असुर, राजा, गृहस्थ, ब्रह्मर्षि आदि सबके वृत्तान्त दिखलाये जा सकते हैं। आंगिक आदि अभिनयों के द्वारा इसमें संसार का सुख-दुःख दिखलाया जाता है और यह इस ढंग से बनाया गया है कि वेद, विद्या, इतिहास, कथा आदि सबको एकत्र करके सब प्रकार के जनों का एक साथ मनोरंजन किया जाय।

इससे स्पष्ट सिद्ध है कि नाटक में विभिन्न व्यक्ति अपनी-अपनी रुचि के अनुसार मनोरंजन प्राप्त करते हैं। विभिन्न कलाओं का समावेश रहने से समाज में कलाप्रियता बढ़ती है। फलतः कला को प्रोत्साहन मिलता है। उसकी उन्नति होती है। नये कलाकारों का उदय होता है। इससे समाज का रूप भव्य हो जाता है। नाटक के द्वारा प्राचीन इतिहास, पुराण तथा तत्कालीन विद्याओं की शिक्षा प्राप्त होती है। तद्विषयक ग्रन्थों के अध्ययन से भी इनका ज्ञान हो सकता है पर इस ढंग की स्पष्टता और स्थायी प्रभाव का वहाँ अभाव होता है। नाटक द्वारा शिक्षा-व्यवस्था में बुद्धि, चक्षु तथा हृदय तीनों का सहयोग रहता है। अतः इसका प्रभाव स्थायी तथा स्पष्ट पड़ता है। आधुनिक शिक्षा-प्रणाली में इसीलिए दृष्टि-श्रवण-प्रशिक्षण का सर्वाधिक महत्त्व है। व्यावहारिक ज्ञान के लिए नाटक सबसे उत्तम उपाय है। इससे वाक् चातुर्य का सम्यक् ज्ञान होता है। विभिन्न अवसरों के उपयुक्त वार्त्तालाप का प्रत्यक्ष उदाहरण इसमें अनायास ही दृष्टिगोचर होता है। सामान्य शिष्टाचार का ज्ञान नाटक द्वारा सरलतम ढंग से होता है। समाज के भिन्न-भिन्न पहलुओं के दिग्दर्शन से विश्लेषण की योग्यता प्राप्त होती है। इस प्रकार चरित्र-निर्माण में सहायता मिलती है।

इसके अतिरिक्त नाटक से अतीत प्रत्यक्ष हो जाता है। वर्तमान दशा भी मूर्त होकर उपस्थित होती है। इनके आधार पर भविष्य-निर्माण की योजना बन सकती है। संसार में मनुष्य की आकांक्षाएँ प्रायः अपूर्ण ही रह जाती हैं। नाटक में पात्रों के अभिनय द्वारा उन अतृप्त आकांक्षाओं की पूर्ति हो सकती है और शान्ति प्राप्त होती है। सारांश यह कि नाटक द्वारा हमें सब प्रकार की आवश्यक शिक्षाएँ मिलती हैं। अतः मानव-जीवन के लिए नाट्यकला अत्यन्त उपयोगी है।

नाटक के विभिन्न रूप तथा लीला का स्थान

नाटक का प्रारम्भिक रूप विशुद्ध धार्मिक था। जिस प्रकार वैदिक धर्म का रूप बदलता गया उसी प्रकार नाटक में भी परिवर्तन होते गये। बौद्ध-काल में वैदिक धर्म का विरोध हुआ। ऐसा प्रतीत होता है कि नाटक का सम्बन्ध धर्म से होने के कारण ही बौद्ध-दर्शन में इसका विरोध हुआ। पर इसकी लोकप्रियता के कारण बौद्धों को भी इसे धर्म-प्रचार का साधन बनाना पड़ा। कालान्तर में नाट्य की यह धारा धर्म से हटकर साहित्य और मनोरंजन की ओर भी जा पहुँची। पर धार्मिक नाटकों की परम्परा अक्षुण्ण बनी रही। उसका प्रवाह आज तक है और सम्भवतः उस काल तक बना रहेगा जब तक मनुष्य में धार्मिक प्रवृत्ति रहेगी।

धार्मिक नाटकों में आदर्शवाद का प्रमुख स्थान होता है। इसमें मनोरंजन भी रहता है पर गौण रूप में। यही दशा साहित्यिक नाटकों की भी है। आदर्शवाद सबको मान्य नहीं हो सकता। विशेष आस्था लेकर चलने के कारण एक धर्म का आदर्श अन्य धर्मावलम्बी अपना नहीं सकते। धार्मिक नाटक के लिए विशेष साज-सज्जा की आवश्यकता नहीं मानी जाती। यह बँधे-बँधाये ढंग पर ही चलता रहता है। इसमें न तो परिवर्तन अपेक्षित है और न कोई वैसा करना ही चाहता है। इसका मुख्य कारण है कि लोकरंजन की भावना का यहाँ अभाव है। परिवर्तन तो प्रायः जनरुचि के बदलते हुए रूप के कारण होता है अतः धार्मिक नाटक आदिकाल से लोक-परम्परा के अनुसार ही चलता आ रहा है।

इसके लिए रंगमंच, जवनिका आदि की भी आवश्यकता समझी जाती है। इसमें अवतारी पुरुषों के चरित्र का अनुकरण आत्म-तुष्टि, मोक्ष-प्राप्ति अथवा पुण्य आदि के विचार से होता है। आत्मा की एक ही धारा इसमें विशेष प्रकार से दिग्दर्शित होती है। लोक-परम्परा से चली आती नाट्य प्रणाली को विद्वानों ने नियमों और उपनियमों में आबद्ध कर साहित्यिक रूप दिया। साहित्यिक नाटक को बुद्धि, कल्पना और भावना के अनुरूप परिष्कृत तथा अलंकृत करने का प्रयास किया गया। इससे उसका रूप निखर उठा। पर कभी-कभी विद्वानों ने उसे नियमों के बन्धन में इस प्रकार जकड़ दिया कि वह सर्वसाधारण से दूर जा पड़ा तथा केवल विद्वानों के अध्ययन तथा मनन का विषय रह गया। रचनाएँ निर्धारित नियमों के अनुसार होने लगीं। इन रचनाओं में केवल विद्वान् रस खोजने लगे। इस प्रकार नाटक का मुख्य उद्देश्य अभिनेयता लुप्तप्राय हो गयी। इसमें संकुचित दृष्टि नहीं थी। किसी प्रकार की धार्मिक या राजनीतिक आस्था से प्रेरित न होने के कारण नाटक का यह सार्वभौम रूप था। इसमें मनोरंजन का पुट वहीं तक दिया जाता जहाँ तक उसमें मन रमण कर सके। मानवता के सामान्य स्तर पर व्यक्ति उसका आस्वादन कर सके। केवल मनोरंजन की दृष्टि से निर्मित नाटक निम्न स्तर के होते हैं। लोकरंजन की प्रधानता के कारण ऐसे नाटक में अशिष्टता, अश्लीलता एवं अवांछनीयता भी आ सकती है। उसमें समाज के कल्याण की भावना नहीं रहती। ऐसे नाटक से समाज में दूषित वातावरण उत्पन्न होता है। इसमें किसी प्रकार की आस्था का ध्यान नहीं रखा जाता। ऐसे नाटक में आदर्श का गला घोंटने में भी किसी प्रकार की हिचक नहीं होती। जनता में अशिक्षित तथा ज्ञानहीन व्यक्तियों की अधिकता रहती है। केवल मनोरंजनवाले नाटक अधिकाधिक लोकप्रियता की धुन में उन्हीं की भावनाओं का अनुसरण करने लगते

हैं। उनका प्रधान उद्देश्य धन-संग्रह होता है। अतः ऐसे नाटक को येन-केन-प्रकारेण सरल एवं लोकप्रिय बनाने की चेष्टा की जाती है। इससे उपयोगिता तो दूर रही उलटे हानि ही अधिक होती है।

नाटक के इन तीनों रूपों में धार्मिक रूप प्रारम्भिक काल से अब तक निरन्तर चला आ रहा है। वैदिक युग में यज्ञों के समय लघु नाटक अभिनीत होते थे। इसके अनन्तर पौराणिक काल में तत्कालीन विश्वास के अनुसार इष्टदेव के चरित्र का अभिनय किया जाने लगा। इनका उल्लेख रामायण तथा महाभारत-काल में मिलता है। बौद्ध-काल में भगवान् बुद्ध के चरित्र का अभिनय होता था। यह अभिनय इतना प्रभावशाली तथा सफल होता था कि विदेशी बौद्धों ने भी उस प्रणाली को अपनाया। जैन मन्दिरों में भी नाट्य-अभिनय के प्रमाण मिलते हैं। भक्तिकाल में यद्यपि साहित्यिक नाटकों के अभिनीत होने का प्रमाण नहीं मिलता पर मन्दिरों में रासलीला तथा रामलीला के रूप में अभिनय-परम्परा अक्षुण्ण बनी रही। भक्त इष्टदेव के चरित्र का दर्शन कर धन्य हो जाते थे। यह परम्परा आज भी प्रचलित है। इस समय भी बड़ी श्रद्धा के साथ व्यक्ति इन लीलाओं का दर्शन करते हैं। इन लीलाओं में कृष्ण की रासलीला, रामलीला तथा नृसिंहलीला प्रमुख हैं।

नाटक और लीला

काव्य के दो भेदों में से दृश्य के अन्तर्गत नृत्त, नृत्य और नाट्य तीनों का समावेश माना गया है। पर नृत्य के केवल ताल-लयाश्रित[62] तथा गात्र-विक्षेप मात्र होने के कारण अभिनय नहीं माना जाता। नृत्य में भावाश्रयता तथा गात्र-विक्षेप होने से उसकी गणना अभिनयशीलता में की जाती है।[63] नाट्य में भावाभिनय, ताल, लय मात्र विक्षेप आदि सभी का समावेश होने के कारण अभिनयशीलता का पूर्ण रूप प्राप्त होता है, नाट्य रसाश्रित होते हैं।[64] अतः कुछ आचार्यों ने नृत्त और नृत्य को नाट्य के अन्तर्गत नहीं माना है। उन्होंने नाट्य समन्वित रूपक के केवल 10 भेद स्वीकार किये हैं।

इनके नाम क्रमशः नाटक, प्रकरण, भाण, प्रहसन, डिम, व्यायोग, समवकार, वीथी, अंक तथा ईहामृग हैं।[65] नृत्त तथा नृत्य नाट्य की ही दो प्रथम भूमिकाएँ हैं।[66] अतः उनका महत्त्व भी रसिकजनों में विद्यमान रहा। कालान्तर में नृत्य और नाट्य का विभेद उनके रूपों तथा गुणों के आधार पर कर दिया गया है। नाट्य या रूपक रसों पर आश्रित है। नृत्य का आश्रय केवल भाव मात्र है। नाट्य में पात्रों के सर्वांगीण चित्रण द्वारा रस परिपुष्ट रूप में उपस्थित होता है। रस की यह स्थिति भाव की चरम परिपुष्टि है। नृत्य में भाव की अभिव्यंजना मात्र रहती है। नाट्य का अनिवार्य तत्त्व कथोपकथन है पर नृत्य के लिए यह आवश्यक नहीं। वहाँ गात्र-विक्षेप मात्र से ही भाव-व्यंजना की जाती है। अतः नाट्य रसाश्रित है और नृत्य भावाश्रित। नृत्य केवल चक्षु का विषय है जबकि नाट्य चक्षु एवं श्रवण दोनों को तृप्त करता है। नाट्य में रस का परिपाक विभाव अनुभाव संचारी भाव के संयोग से होता है।[67] जिस प्रकार हम साहित्य के दो भाग करते हैं उसी प्रकार नाट्य, रूपक या नाटक को भी दो भागों में विभक्त कर सकते हैं। प्रथम सुजन-नाटक एवं द्वितीय जन-नाटक। सुजन-नाटक के भी मुख्यतः दो रूप हो सकते हैं। प्रथम वह रूप जो अभिनेयता को लक्ष्य करके लिखा गया है। उसमें नाट्य-कला की शास्त्रीय विधियों का यथाशक्ति पालन किया जाता है। उसमें कला की सूक्ष्मातिसूक्ष्म विशेषताओं को ध्यान में रखते हुए उत्कृष्ट कोटि की रचनाएँ की गयी हैं। इनकी सूक्ष्मताओं को समझने और उनका विवेचन कर आनन्द (रस) की उपलब्धि करने के लिए ज्ञान एवं अभ्यास की आवश्यकता पड़ती है। इसके अभिनय के लिए भी दक्ष कलाविदों की अपेक्षा होती है।

दूसरी कोटि के नाटक वे हैं जो काव्य की सूक्ष्म कल्पनाओं एवं उद्भावनाओं से अलंकृत रहते हैं। वे नाटक के नाम से अभिहित तो होते हैं पर उनका पूर्ण आस्वादन श्रव्य की भाँति केवल अध्ययन एवं मनन द्वारा ही हो सकता है। इन रचनाओं को अभिनीत करना यदि असम्भव नहीं तो अत्यन्त कठिन

अवश्य होता है। सक्षम पात्रों अथवा अपेक्षित उपकरणों के अभाव में ये केवल पाठ्य रूप में ही आनन्द की सृष्टि करते हैं। उक्त दोनों प्रकार की रचनाएँ जनसाधारण की बुद्धि के परे होती हैं। अतः जन नाटकों की आवश्यकता बनी रहती है। उसकी पूर्ति के लिए साधारण कोटि की रचनाओं की सृष्टि की जाती है। ये रचनाएँ अपेक्षाकृत सरल, कल्पनायुक्त तथा बोधगम्य होती हैं। ऐसी रचनाएँ जनसाधारण की मनोवृत्ति पर आधृत रहती हैं। इसमें साधारण-से-साधारण व्यक्ति के बौद्धिक स्तर का ध्यान रखा जाता है। इस प्रकार की रचनाओं में कुछ तो लिपिबद्ध होती हैं एवं कुछ ऐसी भी होती हैं जो परम्परागत मौखिक या आंशिक लेखबद्ध मिलती हैं। सुजन-साहित्य-नाटक तथा जन-साहित्य-नाटक दोनों में मनोवृत्तियों के कारण अनेक शाखाएँ हो जाती हैं। उनके विषयगत भेदों में मुख्यतः धार्मिक, ऐतिहासिक, सामाजिक तथा मनोरंजक हैं।

नाटक की उत्पत्ति में बतलाया जा चुका है कि नाटकों का उद्भव न केवल भारत में अपितु समस्त विश्व में धार्मिक कृत्यों के कारण हुआ है। अन्य उपकरणों ने भी इसमें योगदान किया है, पर धर्म तत्त्व मुख्य है। यह धार्मिक भावना आदिकाल से वर्तमान है और सम्भवतः तब तक अक्षुण्ण बनी रहेगी जब तक धर्म का अस्तित्व पृथ्वी पर रहेगा। सुजन-धार्मिक-नाटकों का निर्माण साहित्य के नियमानुकूल होता है। उसके लिए साज-सज्जा-युक्त रंगमंचों की आवश्यकता पड़ती है। अतः वे व्यय-साध्य तथा विशेष ज्ञान-सापेक्ष होते हैं। जनसाधारण के लिए इतनी सुविधाएँ सुलभ नहीं रहतीं और न तो वे बुद्धि-प्रयोग की योग्यता रखते हैं। अतः उनके नाटकों में सादगी की प्रधानता रहती है। वे विशिष्ट रंगमंच पर नहीं खेले जाते अपितु एक चौकी या चबूतरा ही उनके रंगमंच की समस्या का समाधान कर देता है। उनके उपकरण भी अत्यन्त सस्ते, सादे एवं सुलभ होते हैं। वैदिक युग से ही ये लोक नाटक अपनी परम्परागत व्यवस्था में विकसित होते हुए हम तक पहुँचते हैं। प्रत्येक युग तथा सम्प्रदाय में अपनी भावनाओं के अनुसार इस प्रकार के धार्मिक नाटक अभिनीत होते रहे हैं। इनमें मुख्य विषय अपने उपास्य देवों के चरित्र का दिग्दर्शन करना रहता है, जिसे कालान्तर में लीला नाम से अभिहित किया जाने लगा।

अवतारवाद की कल्पना के साथ-साथ प्रभु के प्रत्यक्ष दर्शन की लालसा जग उठी। भक्तजन जिस प्रकार लोकमंगल की कामना से अवतरित अपने उपास्य देवों के गुण-श्रवण एवं कीर्त्तन से कृतकृत्य होने लगे उसी प्रकार उनके चरित्रों का प्रत्यक्षीकरण कर अपने को धन्य समझने लगे। वाराहलीला, नृसिंहलीला, रामलीला, रासलीला आदि के रूप में अभिनय का आश्रय लेकर भक्त भगवान् के प्रत्यक्ष दर्शन अपने चर्म चक्षुओं से करने लगा। दर्शन के इस रस में वह इस प्रकार डूब गया कि वेद शास्त्रानुमोदित मुक्ति को भी इस आनन्द की तुलना में तुच्छ मानने लगा।

अवतारों में भगवान् राम का महत्त्व शनैः-शनैः बढ़ता गया। वे करोड़ों शिव, ब्रह्मा तथा विष्णु से भी बढ़कर माने जाने लगे।[68] अतएव रामलीला का महत्त्व भी उसी अनुपात में बढ़ता चला। आज सारे भारत में किसी-न-किसी रूप में रामलीला के प्रदर्शन होते हैं। भक्त का लक्ष्य तो केवल उपास्य की लीलाओं के दर्शनमात्र करके जीवन को सफल बनाना है अतः वह अभिनय के भेदोपभेद के पचड़े में न पड़कर नृत्यादि के रूप में भी उनकी लीलाओं का प्रदर्शन तथा अवलोकन करता है। उत्तरी भारत के सभी राज्यों में आश्विन मास की विजयादशमी या चैत्र की रामनवमी पर रामलीला का आयोजन बड़े धूम-धाम से होता है। दक्षिण भारत तथा असम के नृत्यों में रामलीला का प्रदर्शन इसकी लोकप्रियता का ज्वलन्त उदाहरण है। केवल भारत में ही नहीं अपितु विश्व के सभी आर्य संस्कृति-सम्बद्ध देशों में रामलीला का प्रचलन है। इतना व्यापक प्रचार सम्भवतः और किसी अवतार की लीला का नहीं हो सका। इसका कारण यही है कि आदर्श मानव की उदात्त भावनाओं का जो उत्कर्ष भगवान् राम के चरित्र में मिलता है, वह अन्यत्र दुर्लभ है। जीवन व मानव-जीवन के सर्वांगीण विकास, अन्तर्द्वन्द्व, घात-प्रतिघात, निष्ठा, कर्त्तव्यपरायणता,

लोक-संग्रह, समस्या-समाधान, आदर्श चरित्र, राजनीतिक, सामाजिक, वैयक्तिक एवं सामूहिक साधना तथा विश्व-कल्याण का जो परिष्कृत रूप रामलीला द्वारा रखा जा सकता है वह अन्यत्र प्राप्त नहीं होता। अभिनय का एक ढंग छायानाटकों में प्राप्त होता है। इसमें प्रकाश के सहारे परदे पर छाया की उद्भावना द्वारा अभिनय का प्रदर्शन किया जाता है। हमारे देश के अत्यन्त प्राचीन साहित्य में इसका परिचय मिलता है।[69] अपने देश में तो यह क्रिया प्रायः लुप्त-सी हो गयी है। पर जावा और बाली द्वीपसमूह ने हमारे छायानाटकों की थाती अक्षुण्ण रखा है। वहाँ चमड़े की पुतलियों द्वारा छायानाटक के रूप में रामलीला का प्रदर्शन होता है। इसी प्रकार के कठपुतली-नृत्य के रूप में हमारे देश में राजस्थान भूखण्ड में रामलीला का प्रचलन है। रामलीला प्रदर्शन का एक ढंग और भी प्रचलित है। उसे अचल मूक चित्रपट कह सकते हैं। इस प्रणाली द्वारा नगर के प्रमुख स्थान पर राम के जीवन की घटनाओं को क्रमशः चित्रित कर दिया जाता है। इसके पीछे जनता की यह भावना रहती है कि रामलीला को किस प्रकार स्थायित्व प्रदान कर दैनिक जीवन के कार्यक्रम का अंग बनाया जाय। भारत के अनेक राजाओं ने यह स्तुत्य प्रयास किया है। इनमें श्री काशीनरेश तथा जयपुरनरेश का प्रमुख स्थान है। लाखों रुपये व्यय करके इस प्रकार की चित्रावली का प्रणयन जन-मानस को राममय करने का प्रयास है। स्याम, इण्डोचीन, कम्बोडिया आदि अनेक देशों में मन्दिरों के प्राचीरों पर रामकथा का चित्रण अथवा उत्कीर्णन पाया जाता है। मन्दिरों में उपास्य की आराधना के लिए पहुँचने पर भक्त रामलीलारूपी पावन गंगा में स्नान कर अपने हृदय का कलुष धोने में सफल होते हैं। सारांश यह कि नाटक के आदिम रूप से लेकर आधुनिक युग के नवीनतम आविष्कृत चलचित्रों के सभी रूपों में रामलीला का प्रदर्शन होता है। भक्त अपनी भावना एवं योग्यता के अनुसार रामलीला का अवलोकन, प्रदर्शन एवं प्रणयन करके जीवन की उत्तम एवं उदात्त प्रवृत्तियों का स्फुरण मानस में करते हैं। अभिनय की कोई भी प्रणाली ऐसी नहीं मिलेगी जिसमें रामलीला का प्रदर्शन न होता हो।

सन्दर्भ-सूची

1. 'एकोऽहं बहुस्याम्'
2. जड़ चेतन गुण-दोष मय बिस्व कीन्ह करतार।
   संत हंस गुन गहहिं पय, परिहरि बारि विकार।। रामचरितमानस (काशिराज संस्करण बालकाण्ड, दो. 6)
3. 'रसात्मकं वाक्यं काव्यं' (महापात्र विश्वनाथ)
4. शब्दार्थौ सहितौ काव्यं गद्यं पद्यंच तद्द्विधा 1-16 (भामह)
5. 'रमणीयार्थ प्रतिपादकः शब्दः काव्यम्'–(जगन्नाथ)
6. 'तद्दोषौ शब्दार्थौ सगुणावनलंकृतिः पुनः क्वापि'–(मम्मट)
7. Drama could spring from the play of a child who imagines for the time being that he is someone else. The Development of Dramatic Art, 1928, By Donarld Clive Professor of Dramatic Art Prinnecton University, p. 1.
8. नाट्यशास्त्र, अध्याय 1.
9. अभिनय दर्पण अध्याय प्रथम, पृ. 2, 7, 8.
10. उद्धृतोद्धृत्य सारं यमखिलनिगमान्नाट्यवेदं विरिञ्चिश्चक्रेयस्य
    प्रयोगं मुनिरपि भरतास्ताण्डवं नीलकण्ठः।
    शार्वाणी लास्यमस्य प्रतिपदमपरं लक्ष्म कः कर्तुमीष्टे
    नाट्यानां किन्तुकिंचित्प्रगुण रचनया लक्षणं संक्षिपामि।
11. प्रीतस्सोऽपि सदाशिवस्य शिवयोर्गौर्या मतं वासुकेर्वाग्देव्या अपि नारदस्य च मुनेः कुम्भोद्भव व्यासयोः।
    शिष्याणां भरतस्य यानि च मतान्यध्याप्य तान्यञ्जनासूनोरप्यथ नाट्यवेदमखिलं
    सम्यक्तमध्यापयत्। भावप्रकाशनम्, प्रथम अधिकार।

12. भावप्रकाशनम्, 10वाँ अधिकार।
13. भावप्रकाशनम्, 10वाँ अधिकार।
14. ऋग्वेद 10, 95.
15. वही, 10, 10.
16. वही, 10, 86.
17. वही, 10, 108.
18. कात्यायन श्रौत सूत्र 7, 8, 25.
19. Die Sagenst off des Rigveda : Max Muller, P. 27.
20. ऋग्वेद 4/192/4.
21. भारतीय नाट्य परम्परा (ना.प्र. पत्रिका सं. 2010, अंक 1-2, पृ. 37)–ले. कुँवर चन्द्रप्रकाश सिंह एम. ए.
22. ए.बी. कीथ : संस्कृत ड्रामा, पृ. 17-20.
23. भारतीय नाट्य परम्परा (ना.प्र. पत्रिका सं. 2010, अंक 1-2, पृ. 38)
24. नाट्यशास्त्र, 1/12.
25. शतपथ ब्राह्मण 2/3/2/6, गो. 2/3/3/9.
26. डॉ. फतह सिंह : वैदिक दर्शन।
27. डॉ. फतह सिंह : दी कन्सेप्ट ऑफ वैदक सोशियोलाजी।
28. नाट्यशास्त्र 1/55-57.
29. The reference in the Maitrayaniya Upanishad to a nata (actor) changing his dress and painting himself proves the popularity shows in this age.-R.C. Majumdar 'Vedic Age', P. 519.
30. अग्निपुराण, 338 से 342 अध्याय।
31. महाभारत हरिवंशपर्व अध्याय 91-97.
32. आरभ्यतां धनुर्यागश्चतुर्दश्यां यथाविधि।
विशसन्तु पशून् मेध्यान् भूतराजाय मीदुषे।।26।। श्रीमद्भागवत 10वाँ स्कन्ध, 36वाँ अध्याय।
33. पाणिनि 4/3/111.
34. कामसूत्र वात्स्यायन कामसूत्र नागरक वृत्त प्रकरण 15.
35. कौटिल्य अर्थशास्त्र, अध्यक्ष प्रचार अधिकरण 27/38,39,40.
36. रत्नावली की प्रस्तावना-टीकाकार रामचन्द्र मिश्र (चौखम्भा प्रकाशन), प्रसन्नराघव एवं दूतांगद की प्रस्तावनाएँ।
37. रायप सेणीय सुत्त।
38. डॉ. दशरथ ओझा : 'हिन्दी नाटक–उद्‌भव तथा विकास', पृ. 21 तथा पं. सीताराम चतुर्वेदी : 'अभिनव नाट्यशास्त्र', प्रस्तावना, पृ. 14-15.
39. साहित्य विवेचन के सिद्धान्त, पृ. 146 (क्षेमचन्द्र सुमन तथा योगेन्द्र कुमार मल्लिक)।
40. मन्मथ राम 'हमारे प्राचीन लोकोत्सव'।
41. मिलिन्द पञ्ह 2/121.
42. वही, 2/13.
43. मनोरथ पूरणी 1/156.
44. सामस् अभ ब्रेदेरेन, पृ. 369.
45. धम्मपद अत्थकथा, 1/89.
46. कृश जातक, पृ. 20, सं. 531.
47. G.K. Nariman : Literary History of Sanskkrit Buddhism, p. 220.

48. Ibid.
49. Le theatre Indian, p. 319.
50. Literary History of Sanskrit Buddhism, p. 221.
51. विण्टर नित्ज : हिस्ट्री ऑफ इण्डियन लिटरेचर, जिल्द 2.
52. मौरिस विण्टर नित्ज : हिस्ट्री ऑफ इण्डियन लिटरेचर, पृ. 141.
53. हरप्रसाद शास्त्री : डिस्क्रिप्शन ऑफ कैटलॉग ऑफ संस्कृत मैन्युस्क्रिप्ट, पृ. 13 (सोसाइटी ऑफ बंगाल, कलकत्ता)
54. मौरिस विण्टर नित्ज : हिस्ट्री ऑफ संस्कृत लिटरेचर, पृ. 272.
55. वही, पृ. 288.
56. वही, पृ. 514.
57. रत्नावली की प्रस्तावना-टीकाकार श्री रामचन्द्र मिश्र।
    अभिज्ञान शाकुन्तलम्-नागानन्द, दूतांगद तथा प्रसन्नराघव की भूमिकाएँ।
58. श्याम परमार : भारतीय लोक साहित्य, पृ. 174.
59. डॉ. श्यामसुन्दरदास : रूपक-रहस्य, पृ. 37.
60. विनोद जननं लोके नाट्यमेतद्भविष्यति। नाट्यशास्त्र, 1, 124.
61. नाट्यशास्त्र, प्रथम अध्याय, 108-115.
62. दशरूपक, 1/9.
63. वही, 1/9.
64. वही, 1/7.
65. वही, 1/8.
66. डॉ. गोविन्द त्रिगुणायत : संस्कृत नाट्यशास्त्र में रूपक का स्वरूप तथा भेद-प्रभेद, सेठ गोविन्ददास अभिनन्दन ग्रन्थ, पृ. 425.
67. नाट्यशास्त्र 6/31 विभावानुभाव व्यभिचारि संयोगाद्रस निष्पत्तिः।
68. गोस्वामी तुलसीदास : रामचरितमानस (काशिराज संस्करण) उत्तरकाण्ड, दो. 80/13-24।
69. आचार्य सीताराम चतुर्वेदी : अभिनव नाट्यशास्त्र, प्रथम खण्ड, पृ. 30-31.

लीला और भक्ति

भक्ति-पद्धति का मूल और प्रारम्भ

मानव हृदय की अनेक सहज वृत्तियाँ हैं। उनमें श्रद्धा अथवा भक्ति का प्रमुख स्थान है। भक्ति की यह भावना अपने से अधिक शक्तिशाली, ज्ञानवान् अथवा ऐश्वर्यवान् व्यक्ति के प्रति होना स्वाभाविक है। मनुष्य ने जब अनुभव किया कि कोई आदिशक्ति संसारचक्र को नियमित रूप से चला रही है और वह सर्वशक्तिशालिनी तथा सर्वव्यापिनी है तभी से उसके हृदय में भक्ति-भावना का प्रादुर्भाव हुआ। ज्ञान के विकास के साथ-साथ उसके स्वरूप में विभिन्नता और विकास आता गया।

वैदिक युग से ही भक्ति-भावना अनेक रूपों में पल्लवित होती चली आ रही है। वेदों में परमात्मा को भक्तवत्सल, कृपालु, शरणागतप्रतिपालक, दुःखत्राता, सहायक, दीनवत्सल, अनाथ-रक्षक आदि विशेषणों से अलंकृत किया गया है। ऋग्वेद के अनुसार भगवान् नंगे, दीन एवं तुच्छ मनुष्यों को वस्त्र प्रदान करते हैं। अस्वस्थ तथा आतुर प्राणी को औषध देकर स्वस्थ करते हैं। उनकी कृपा से अन्धा देखने लगता है तथा अपंग व्यक्ति भी चलने की शक्ति प्राप्त कर लेता है।[1] भगवान् सर्वशक्तिमान् हैं। उनकी कृपा से असम्भव भी सम्भव हो सकता है। इसका उल्लेख सूर-तुलसी आदि भक्त कवियों ने अपनी रचनाओं में प्रायः किया है।[2] ऋग्वेद के ही अन्य मन्त्र में कहा गया है कि भगवान्, आप इन्द्रियों को स्ववश रखनेवाले अपने भक्त के लिए पृथ्वी को दुग्धवती कामधेनु बना देते हैं। आपकी कृपा से उछलता-कूदता उद्दण्ड सागर शान्त हो जाता है। दुर्गम एवं अनुल्लंघनीय समुद्र भी गौ के खुर के समान सरलता से पार किया जा सकता है।[3] इसी भावना की झलक तुलसीदास के प्रसिद्ध सवैये में मिलती है।[4]

केवल भक्ति की भावना ही नहीं अपितु चित्त की स्नेहमयी कोमल वृत्तियों का उल्लेख भी अनेक स्थानों पर मिलता है। कतिपय स्थलों पर ईश्वर से प्रार्थना की गयी है कि वे पिता[5] मित्र[6] अथवा प्रिय की भाँति कृपा रखें। एक स्थान पर ईश्वर के साथ मधुर सम्बन्ध की भी चर्चा आयी है। एक ऋषि कहते हैं कि हे इन्द्र, जिस प्रकार प्रिय पति की पत्नी स्पर्श करती है उसी प्रकार मेरी वृत्तियाँ भी आपको स्पर्श करें।[7] इस प्रकार की भावनाएँ वैदिक युग में यत्र-तत्र प्राप्त होती हैं। अतः यह निश्चित रूप से कहा जा सकता है कि भक्ति की भावना उस युग में विद्यमान थी। कुछ विद्वानों का मत है कि वैदिक काल में भक्ति मार्ग का सर्वथा अभाव था।[8] ऐसा कथन समीचीन नहीं प्रतीत होता।

भक्ति का मूलाधार श्रद्धा है। श्रद्धा की भावना वैदिक यज्ञों का मूल मानी जाती थी। बिना श्रद्धा के यज्ञ का कोई अर्थ नहीं, श्रद्धा ही यज्ञ की अधिष्ठात्री देवी है, अतः श्रद्धा तथा यज्ञ में कोई अन्तर नहीं माना जाता था।[9] परमेश्वर के अनेक गुणों के कारण उनको अनेक नामों से सम्बोधित किया जाता था।[10] अतएव पाश्चात्य एवं कतिपय एतद्देशीय विद्वानों को बहुदेववाद का भी भ्रम हो गया। पर अनेक

नामों की परम्परा विष्णुसहस्रनाम आदि के रूप में परवर्ती सम्प्रदायों में स्पष्ट रूप से विद्यमान है। वास्तव में वैदिक युग से साधना के तीन प्रकार विहित हैं। ऋग्वेद ज्ञानकाण्ड का वेद है, क्योंकि इसमें स्तुतियों द्वारा अग्नि, सूर्य, वायु, ऋतु, द्यावा, पृथ्वी आदि के गुण-दोषों का विवेचन हुआ और विश्व की नाना शक्तियों के रहस्यों का उद्घाटन हुआ। इससे प्रचुर ज्ञानराशि संचित हो गयी।[11] बृहद् ब्रह्म संहिता में भी यही भाव पाया जाता है।[12] वैष्णव धर्म के सभी आचार्यों ने भक्ति-सरिता से आप्लावित होकर अपना ही नहीं अपितु कोटिशः मानवों का उद्धार किया। अगणित पापी, अत्याचारी, अनाचारी एवं पतियों को आदर्श मानव तथा भक्त के रूप में परिवर्तित किया। भक्ति के इस वातावरण में पहुँचकर भगवान् आँगन में बाल-क्रीड़ाएँ करते दिखायी देने लगे। कंस और रावण जैसे लोकपीड़कों के सर्वनाश का प्रत्यक्ष अनुभव होने लगा। गीता के अनुसार भक्तियोग सर्वप्रथम विवस्वान् को भगवान् से प्राप्त हुआ। विवस्वान् ने मनु को प्रदान किया और मनु से इक्ष्वाकु को मिला। इक्ष्वाकु के पश्चात् इसका प्रचार मुख्यतः राजर्षियों में ही रहा।[13] यजुर्वेद के प्रथम मन्त्र में ही श्रेष्ठतम कार्य करने का आदेश है। यह वेद यजुस् अर्थात् कर्मकाण्ड का वेद है। सामवेद का सम्बन्ध हृदय की रागात्मक प्रवृत्ति से है, अतः यह उपासनाकाण्ड का वेद है।[14] अथर्ववेद में वेदत्रयी का समन्वय है। यह ब्रह्मविद्या तथा लौकिक ज्ञान का भाण्डार है। महाराज मनु ने इसका स्पष्ट संकेत दिया है।[15]

अतः साधना के मुख्य विविध अंग ज्ञान, कर्म एवं उपासना वैदिक काल से विद्यमान हैं। यह सम्भव है कि देश-काल एवं परिस्थिति के अनुसार किसी एक की प्रधानता किसी विशेष युग में रही हो। इन साधनों का चरम लक्ष्य आत्मतत्त्व का ज्ञान अथवा आनन्द की उपलब्धि रही है। इस अवस्था को भूमा कहा गया है।[16] इसकी चर्चा श्री वल्लभाचार्य ने अणुभाष्य में की है।[17]

आनन्द की प्राप्ति द्विविध रूपवाली है—पहली अभ्युदय और दूसरी निःश्रेयस्।[18] मानव का परम पुरुषार्थ दुःखों से निवृत्ति और आनन्द की प्राप्ति है।[19] इस लक्ष्य की प्राप्ति के लिए जितनी भी साधनाएँ हमारे यहाँ प्रचलित हैं वे ज्ञान, कर्म तथा उपासना के विकसित रूप हैं।[20]

गीता में साधन मार्गों का उल्लेख है—पहला कर्मयोग दूसरा ज्ञानयोग पर श्रीमद्भागवत में तीन प्रकार के साधनों का उल्लेख हुआ है।[21] भगवान् श्रीकृष्ण उद्धव से कहते हैं कि मानव-कल्याण के लिए मैंने तीन योगों का उपदेश दिया है। ये योग ज्ञान, कर्म तथा भक्ति हैं। इनके अतिरिक्त कल्याण का कोई अन्य मार्ग नहीं है। इस प्रकार श्रीमद्भागवत में भक्ति का समावेश किया गया है। गीता में भक्ति को ज्ञान तथा कर्मयोग में ही समाविष्ट कर दिया गया है। साध्य भक्ति को ज्ञान तथा कर्मयोग में ही समाविष्ट कर दिया गया है। साध्य भक्ति को ज्ञानयोग के अन्तर्गत तथा साधन भक्ति को कर्मयोग के अन्तर्गत माना गया है। साध्य भक्ति ही परा भक्ति कहलाती है। हमारे यहाँ ज्ञान, कर्म तथा उपासना तीनों का महत्त्व माना गया है। गीता में ज्ञान की प्रशंसा करते हुए कहा गया है कि सब कर्मों की परिसमाप्ति ज्ञान में होती है। ज्ञानरूपी अग्नि सब कर्मों को भस्म कर देती है। ज्ञानरूपी नाव के द्वारा मनुष्य पापरूपी नदी को पार कर जाता है। ज्ञान प्राप्त करने पर ही परम शान्ति की उपलब्धि होती है।[22] शतपथादि ब्राह्मण ग्रन्थों के युग में वैदिक भावनाएँ सन्तुलित न रह सकीं। इस युग में कर्मकाण्ड एवं यज्ञादि की प्रधानता हो गयी। ज्ञान और भक्ति की ओर समुचित ध्यान नहीं दिया गया। यज्ञ के अनुष्ठानों तथा कर्मकाण्ड के विश्लेषण में ही सारी शक्ति का व्यय किया जाने लगा। अतः इसके विरुद्ध प्रतिक्रिया स्वाभाविक थी। आरण्यकों और उपनिषदों के युग में ज्ञान की प्रधानता हुई। यद्यपि इस युग में भक्ति की उपेक्षा हुई तथापि श्रद्धालु कण्ठों से वह कभी-कभी फूट पड़ती थी। तत्कालीन ऋषियों का हृदय भक्तिभाव की अभिव्यंजना करने के लिए मानो विवश हो जाता था।

श्वेताश्वतर उपनिषद् में ईश्वर-भक्ति के साथ-साथ गुरु-भक्ति पर भी बल दिया गया है।[23] छान्दोग्य उपनिषद् में भी प्राणोपासना आदि में भक्ति के बीज निहित हैं।[24]

मुण्डक उपनिषद् में तो वैष्णव धर्म की 'पुष्टि' भावना का स्पष्ट संकेत मिलता है। इसमें कहा गया है कि ईश्वर की प्राप्ति, परोक्ष आत्मतत्त्व की उपलब्धि, प्रवचन मेधा, बहुश्रुत होने से नहीं प्राप्त होती। उनकी कृपा जिस व्यक्ति पर होती है उसके ही सामने ईश्वर अपना स्वरूप प्रत्यक्ष करते हैं। उसी को उनकी प्राप्ति होती है।[25]

महाभारत-काल में कर्मकाण्ड का विरोध हुआ। कोरे कर्मकाण्ड से न तो हृदय का परिष्कार हो सकता है और न रागात्मक वृत्ति का परितोष। प्रत्युत इससे अहम्मन्यता को बल मिलता है एवं मानव मदान्धता में पड़कर अनेक पापों में लिप्त हो सकता है। गीता ने कर्मकाण्ड के इस दूषित रूप की ओर भली-भाँति संकेत किया है। गीता में अनेक स्थानों पर इस कर्मकाण्ड की निन्दा है। भगवान् श्रीकृष्ण कहते हैं कि हे अर्जुन, विचारहीन पुरुष श्रुति मधुर, जन्म कर्म रूप फल देनेवाली, भोग-ऐश्वर्य प्राप्ति के साधक कर्मों को बतानेवाली वाणी बोलते हैं। उन व्यक्तियों की कामना नष्ट नहीं हुई है, जो वेदोक्त, काम्य कर्म को ही एकमात्र धर्म समझते हैं। उनका मन स्वर्ग, भोग तथा ऐश्वर्य में ही रमता है। ऐसे व्यक्ति अनिश्चयात्मक बुद्धि के होते हैं, अतः वे ईश्वर में चित्त एकाग्र नहीं कर सकते।[26] इसी प्रकार कृष्ण ने अर्जुन की ज्ञान एवं निवृत्ति की बातों का खण्डन किया है। गीता ने वैदिक, हिंसापूर्ण, यज्ञपरक कर्म का विरोध करके अनासक्ति कर्मयोग का विधान किया। भगवान् श्रीकृष्ण ने अर्जुन से स्पष्ट कहा 'कर्मण्येवाधिकारस्ते मा फलेषु कदाचन' कर्त्तव्य मानकर कर्म करो फल की इच्छा मत करो।[27]

गीता में भगवान् श्रीकृष्ण कहते हैं कि संसार को उत्पन्न करनेवाला परमेश्वर सब भूतों में व्याप्त है। मनुष्य अपने स्वाभाविक कर्मों द्वारा उस परमेश्वर की पूजा करके परम सिद्धि प्राप्त करता है।[28]

पराभक्ति के द्वारा मनुष्य मुझको भली-भाँति जान लेता है। तात्त्विक दृष्टि से जान लेने के पश्चात् वह तत्काल ही मुझमें प्रविष्ट हो जाता है।[29] मेरे आश्रय में विश्वास करनेवाला निष्काम कर्मयोगी सम्पूर्ण कर्मों को करता हुआ भी मेरी कृपा से सनातन, अविनाशी परमपद को प्राप्त करता है।[30] इसलिए उनका उपदेश है कि निरन्तर ईश्वर का ध्यान करो। युद्ध करो। अपने कर्त्तव्य का पालन करो। फल की इच्छा मत करो। फल को ईश्वर के ऊपर छोड़ दो। ये विचार मनुष्य को कर्म से विरत नहीं करते। इसमें कर्म-फल में अनासक्ति की भावना का प्रादुर्भाव पाया जाता है। यह अनासक्ति भक्ति के द्वारा सरलता से उद्भूत हो सकती है।

कालान्तर में हिंसा समन्वित वैदिक कर्मकाण्ड फिर प्रबलता प्राप्त करने लगा। इसके विरोध में बौद्ध, जैन आदि सम्प्रदायों के अहिंसाप्रधान मतों का प्रचार बढ़ने लगा। इन सम्प्रदायों ने वेद का विरोध किया और अहिंसा तथा आचार की पवित्रता पर विशेष बल दिया। निवृत्ति की प्रधानता तथा प्रव्रज्या की विशेषता के कारण वर्ण सम्बन्धी कर्त्तव्य कर्मों पर भी पानी फिर गया। समाज में विशृंखलता, उदासीनता तथा अकर्मण्यता व्याप्त हो गयी। सामाजिक दृष्टि से इन भावनाओं को निर्मूल करना अनिवार्य-सा हो गया। जैन धर्मावलम्बियों ने तीर्थङ्करों की नग्न मूर्तियाँ मन्दिरों में स्थापित कीं। उनका अनुकरण बौद्धों ने भी किया।[31] इसी समय चौबीस अवतारों की कल्पना की गयी और उनकी मूर्तियाँ भी स्थापित की गयीं। इस समय आर्य जाति ने समस्त साम्प्रदायिक सिद्धान्तों का समन्वय किया।[32] गुप्त साम्राज्य भारतीय इतिहास का स्वर्णयुग माना जाता है। गुप्तवंशीय सम्राटों ने वेदानुगामी वैष्णव-धर्म के प्रचार में बड़ा योग दिया। श्रीमद्भागवत इसका मुख्य ग्रन्थ है। गीता के पश्चात् श्रीमद्भागवत, नारदभक्तिसूत्र तथा शाण्डिल्य भक्तिसूत्र भागवत धर्म की व्याख्या करनेवाले मुख्य ग्रन्थ मिलते हैं। श्रीमद्भागवत भक्तिरस से परिपूर्ण ग्रन्थ है। इसने परवर्ती साहित्य को अत्यधिक प्रभावित किया। रामानुज, मध्वाचार्य, निम्बार्क, चैतन्य, वल्लभ आदि सभी आचार्य इससे प्रभावित हुए। इस ग्रन्थ के एकादश स्कन्ध के चतुर्दश अध्याय में

भगवान् श्रीकृष्ण ने उद्घोषित किया है कि मैं न योग के द्वारा, न सांख्य अथवा ज्ञान के द्वारा, न स्वाध्याय या तप के द्वारा और न त्याग के या संन्यास के द्वारा ही प्राप्त होता हूँ। मेरी प्राप्ति का सुलभ साधन तो भक्ति है।[33] एकनिष्ठा से की हुई भक्ति चाण्डाल तक को पवित्र कर देती है। जो गद्गद वाणी से द्रवित चित्त हो, कभी रोता हुआ, कभी हँसता हुआ, कभी लज्जा को छोड़कर गाता हुआ और नाचता हुआ मेरी भक्ति में निरत होता है, वह समस्त विश्व को पवित्र कर देता है। जैसे अग्नि में तपाने से स्वर्ण का मल दूर हो जाता है तथा स्वच्छ रूप धारण करके वह अपने वास्तविक रूप में मिल जाता है वैसे ही मेरी भक्ति से कर्म विपाक को दूर करता हुआ शुद्ध हो जाता है और वह सूक्ष्म वस्तुओं का उसी प्रकार दर्शन करने लगता है जिस प्रकार अंजनांजित नेत्र सूक्ष्म वस्तुओं को देखने में समर्थ होते हैं।[34]

महाभारत शान्ति पर्व के नारायणी उपाख्यान की गाथा के अनुसार श्वेत द्वीप जाने पर भगवान् ने भक्ति का उपदेश दिया। महाभारत के इस स्थल के अध्ययन से सिद्ध होता है कि भागवत धर्म, नारायण, वासुदेव, सात्वत, ऐकान्तिक आदि कई नामों से प्रसिद्ध रहा है। इस धर्म में नारायण वासुदेव की भक्ति सर्वस्व है।[35]

श्रीमद्भागवत के अनुसार 'अहैतुकी, अव्यवहिता या भक्तिः पुरुषोत्तमे' अर्थात् भगवान् में हेतुरहित निष्काम, एकनिष्ठायुक्त अनवरत प्रेम होनी ही भक्ति है।[36] शाण्डिल्य भक्तिसूत्र में भी यही कहा गया है। ईश्वर में पराकाष्ठा की अनुरक्ति ही भक्ति है।[37]

भक्ति का महत्त्व बतलाते हुए भगवान् श्रीकृष्ण अर्जुन से कहते हैं कि वेद-पाठ, यज्ञानुष्ठान, स्वाध्याय, दान, सकाम कर्म और उग्र तप से भी कोई मेरे इस रूप को देख नहीं सकता। तुम्हें जैसा दर्शन हुआ है, वह दर्शन वेद, तप, दान अथवा यज्ञ के द्वारा सम्भव नहीं है। हे परन्तप! केवल अनन्य भक्ति द्वारा ही मुझे जाना, देखा तथा प्राप्त किया जा सकता है।[38] नारद भक्ति सूत्रों में 'सा न कामायमाना निरोध रूपत्वात्'[39] तथा भक्तिः सातु कर्मज्ञान योगेभ्यः अपि अधिकतरा।[40]

इस भक्ति की प्राप्ति भगवान् के अनुग्रह से होती है अथवा किसी महान् भक्त की अनुकम्पा भी इसमें सहायक हो सकती है।[41] यही भगवत्कृपा महाप्रभु वल्लभाचार्य के पुष्टिमार्ग का मूल तन्त्र है। जैसा पहले कह चुके हैं इसका स्रोत भी वेदों में ही है।

भक्ति के दो भेद माने गये हैं—पहली पराभक्ति और दूसरी गौणीभक्ति कहलाती है। त्रिगुणानुसार गौणीभक्ति के सात्त्विकी, राजसी तथा तामसी भेद माने गये हैं। सात्त्विकी भक्ति कर्त्तव्य समझकर की जाती है। राजसी में कामना की पूर्ति का उद्देश्य रहता है और तामसी भक्ति अन्य व्यक्ति को हानि पहुँचाने की दृष्टि से की जाती है। तात्पर्य यह है कि गौणीभक्ति किसी कामना से की जाती है। पर पराभक्ति निःस्वार्थ भावना से कामनारहित होकर की जाती है, अतः पराभक्ति श्रेष्ठ मानी गयी है। इसमें भक्त सब प्रकार से प्रभु में स्वयं को लीन कर देता है।

श्रीमद्भागवत में नवधा भक्ति कही गयी है।[42] वहाँ भगवान् के गुणों का श्रवण, उनका कीर्त्तन, स्मरण, चरण-सेवा, अर्चन, वन्दन, दास्य, सख्य और आत्म-निवेदन नौ प्रकार की भक्ति का उल्लेख है। द्राविड़ देश में कुछ आलवार कवि एवं उच्चकोटि के भक्त हुए। अतः कुछ लोगों ने उसे भक्ति का उद्गम स्थान मान लिया पर ऐसा नहीं है।[43] क्योंकि भक्ति की भावना वैदिक युग से ही चली आ रही है।

भागवत धर्म प्रारम्भ से ही ईश्वर को सगुण मानकर चला। वास्तव में वह अन्य पदार्थों के गुणों से रहित होने के कारण निर्गुण है तथा अपने गुणों से युक्त होने के कारण सगुण। कालान्तर में इन शब्दों के अर्थ में परिवर्तन हो गया। निर्गुण से निराकार तथा सगुण से साकार अर्थ ग्रहण किया जाने लगा। भक्ति सम्प्रदाय में ये दोनों रूप ग्राह्य थे। पर निर्गुण की उपासना कठिन मानी जाती रही है, अतः भक्त कवियों ने भगवान् के सगुण रूप को ही ग्रहण किया। किन्तु जब निर्गुणवादियों ने सगुण का खण्डन

करना प्रारम्भ किया तो सगुणवादियों को बाध्य होकर निर्गुण का विरोध करना पड़ा।[44] सूर का भ्रमरगीत ऐसे ही अवसर की रचना का उदाहरण है।

भक्ति के सम्प्रदाय एवं मत

भागवत धर्म में चार सम्प्रदाय प्रमुख माने जाते हैं। उनके नाम क्रमशः श्रीसम्प्रदाय, सनकादि सम्प्रदाय, ब्रह्म सम्प्रदाय तथा रुद्र सम्प्रदाय हैं। श्रीसम्प्रदाय में आदि आचार्य स्वयं लक्ष्मी या श्री हैं। आगे चलकर इसके प्रमुख आचार्य रामानुज हुए। इस सम्प्रदाय में नारायण की उपासना प्रचलित है। कालान्तर में इस सम्प्रदाय में राम परात्पर ब्रह्म के रूप में मान्य हुए तथा उनकी उपासना प्रचलित हुई।

सनकादि सम्प्रदाय के आदि आचार्य सनत्कुमार हैं। इस सम्प्रदाय को हंस सम्प्रदाय तथा देवर्षि सम्प्रदाय भी कहते हैं। इसके प्रमुख आचार्य श्री निम्बार्क हुए। इनका दर्शन द्वैताद्वैत कहलाता है। इनके सिद्धान्त श्रीरामानुजाचार्य से अंशतः समता रखते हैं। इस सम्प्रदाय में सख्य भाव की उपासना चलती है। श्रीकृष्ण की प्राप्ति के लिए राधा सहित युगल उपासना का विधान इस सम्प्रदाय में विहित है। इसमें जीव को मायाच्छादित माना जाता है। प्रभु की कृपा से ही जीव माया से छूट सकता है।

ब्रह्म सम्प्रदाय के आदि आचार्य ब्रह्मा जी हैं। इस सम्प्रदाय में प्रमुख मध्वाचार्य हुए हैं। इन्होंने द्वैत मत का समर्थन किया। सत्य ब्रह्म से उद्‌भूत यह जगत् भी सत्य है। भेद पारमार्थिक है मिथ्या नहीं है। मूल सुखानुभूति ही मुक्ति है। इसकी प्राप्ति अमला अथवा निःस्वार्थ भक्ति से होती है। इस सम्प्रदाय में माधुर्य अथवा कान्त भाव की उपासना विहित है।

जैनों तथा बौद्धों की घोर भौतिकता का विरोध शंकराचार्य ने प्रबल रूप से किया था। उन्होंने ब्रह्म को सब-कुछ माना और संसार को मिथ्या कहा। सभी वैष्णव आचार्यों ने शंकराचार्य के मायावाद का विरोध किया पर सबसे अधिक खण्डन श्री वल्लभाचार्य ने किया। उन्होंने ब्रह्म के तीन रूप क्षर ब्रह्म, अक्षर ब्रह्म तथा पुरुषोत्तम ब्रह्म का निरूपण किया। उनके अनुसार जगत् क्षर ब्रह्म, निर्गुण अक्षर ब्रह्म और भगवान् श्रीकृष्ण पुरुषोत्तम ब्रह्म हैं। उनके विचार से ब्रह्म का पारमार्थिक रूप सगुण है और निर्गुण रूप कल्पित। ब्रह्म के तीन रूप सत्, चित् और आनन्द हैं। जीव में सत् तथा चित् रूप परिलक्षित होता है। प्रकृति अथवा जड़ में केवल सत् प्रत्यक्ष है। इन्होंने जीव के तीन भेद किये हैं। पहला प्रवाह-जीव, जो जगत् प्रवाह के अनुसार जीवन व्यतीत करता है। दूसरा मर्यादा-जीव, जो वेदशास्त्र की मर्यादा के अनुकूल आचरण करता हुआ भगवान् की भक्ति करता है। तीसरा पुष्टि जीव जो परमेश्वर के अनुग्रह से माया विरत हो मुक्त होता है।

इस सम्प्रदाय में श्रीकृष्ण दिव्य गुणों से युक्त पुरुषोत्तम माने जाते हैं। उनका लोक वैकुण्ठ है। इसका एक भाग गोलोक कहलाता है। वहाँ वृन्दावन, यमुना, गोवर्धन, निकुंज आदि सभी नित्य हैं। भगवान् वहाँ गोचारण, रासलीला आदि क्रीड़ाएँ नित्य करते हैं। उस लीला में प्रविष्ट होने पर जीव को परमगति प्राप्त होती है। लौकिक वृन्दावन उस अलौकिक या नित्य गोलोक का प्रतिबिम्ब मात्र है। भगवान् के अनुग्रह से ही जीव नित्य लीला में प्रवेश पा सकता है। भगवान् के अनुग्रह को पुष्टि कहते हैं। अतः वल्लभाचार्य का मार्ग पुष्टि-मार्ग के नाम से प्रसिद्ध हुआ। इसमें भक्ति-साधना को इतना महत्त्व दिया गया है कि भगवान् के स्थान पर भक्ति को ही साध्य मान लिया गया है।

श्रीसम्प्रदाय के प्रमुख आचार्य श्री रामानुज ने ब्रह्म के केवल स्वगत भेद को स्वीकार किया। उनके मतानुसार जीव तथा जगत् परमात्मा के अंश हैं। वे परमात्मा चित् अचित् विशिष्ट हैं। अतः उनका मत विशिष्टाद्वैत कहलाता है।

शंकराचार्य जगत् को मिथ्या मानते हैं पर श्री रामानुज उसे मिथ्या नहीं मानते। उन्होंने माया को ब्रह्म की शक्ति तथा उसी के आश्रित कहा है। शंकराचार्य की दृष्टि से जीव और ब्रह्म एक हैं। पर रामानुज

के विचार से दोनों भिन्न हैं। रामानुज ने नारायण की उपासना का विधान किया है। उन्होंने निर्गुण को नहीं अपितु सगुण को उपास्य माना है। आगे चलकर इस सम्प्रदाय में प्रसिद्ध महात्मा राघवानन्द हुए। इनकी शिष्य-परम्परा में रामानन्द का आविर्भाव हुआ। श्री रामानन्द ने श्रीसम्प्रदाय की दीक्षा ली पर अपनी भक्ति में इन्होंने विशेष परिवर्तन किया। इन्होंने नारायण के स्थान पर राम की उपासना पर अधिक बल दिया। यद्यपि विष्णु के अन्य अवतारों की भाँति राम की उपासना भी पूर्व काल से चली आ रही थी[45] पर रामानन्द ने अन्य अवतारों की अपेक्षा राम को अधिक महत्त्व प्रदान किया। इस सम्प्रदाय में दास्य-भाव की उपासना का विधान है। तुलसीदास इन्हीं रामानन्द के शिष्य कहे जाते हैं पर अनुसन्धान से यह सिद्ध नहीं होता।[46] गोस्वामी तुलसीदास भी दास्य-भाव की उपासना पर अधिक बल देते हैं।[47]

भक्ति में लीला का माहात्म्य

भगवान् के दो रूप हैं। पहला परात्पर ब्रह्म और दूसरा मनुज अवतार। इन दोनों रूपों में वह लीला करता है। लीला का उद्देश्य भगवान् का विनोद अथवा क्रीड़ा है। ब्रह्म के रूप में सृष्टि-रचना उसकी क्रीड़ा है। आदिकाल से भक्त लीला-दर्शन से धन्य होते रहते हैं। निर्गुण भक्त विश्व में उसकी प्राकृतिक शक्ति से चमत्कृत होते रहे हैं। आदि श्रद्धा या भक्ति का मूल कारण यह विश्व-व्याप्त लीला है। अतः निर्गुण मत से लीला का यह रूप अगम है। उसके दर्शन तथा विवेचन के लिए ज्ञान सम्पन्न मेधा की आवश्यकता पड़ती है। अतः कुछ ही सिद्ध पुरुष उसके दर्शन में समर्थ होते हैं।

भगवान् का दूसरा रूप मनुष्य रूप में अवतार है। इसमें वे मनुष्य की भाँति कार्य-व्यापार करते हैं। उनकी नरलीला हमारे कार्य-व्यापारों के तुल्य होती है। अतः उनके प्रति सहज आकर्षण होता है। जहाँ निर्गुण स्वरूप की लीला के दर्शन के लिए विवेक तथा ज्ञान की आवश्यकता पड़ती है वहाँ नरलीला के स्वरूप ग्रहण के लिए हृदय स्वतः उसकी ओर उन्मुख होता है। इसके लिए प्रयास करने की आवश्यकता नहीं पड़ती। अतः जनसाधारण के लिए यह अपेक्षाकृत सुगम है।

लीला की भावना को भक्ति का आधार माना जाय तो अत्युक्ति न होगी। किसी की भक्ति के लिए हृदय में श्रद्धा की आवश्यकता पड़ती है। श्रद्धा का उदय अनायास नहीं होता। श्रद्धा सद्गुण अथवा सत्कर्म के प्रति होती है। अतः श्रद्धा की भावना के लिए सर्वप्रथम भगवान् के दिव्य गुण तथा कर्मों का दिग्दर्शन आवश्यक है। इस लक्ष्य की पूर्ति के लिए लीला का सम्यक् विवेचन तथा उसे हृदयंगम करने की परमावश्यकता पड़ती है। अतः निर्गुण तथा सगुण दोनों प्रकार के भक्त लीला का महत्त्व स्वीकार करते हैं।

सगुण भक्ति में इन दोनों प्रकार की लीलाओं का समावेश है।[48] भागवत सम्प्रदाय की कृष्ण-भक्ति शाखा में भगवान् की दो लीलाएँ मानी गयी हैं। पहली गोलोक में भगवान् नित्य लीला करते हैं। दूसरा रूप प्रतिबिम्ब लीला वृन्दावन में होती है। भगवान् राम की लीला के भी दो स्थल हैं। पहला साकेत तथा दूसरा अयोध्या। वहाँ की स्थिति के अनुरूप लीला के दो स्वरूप हैं। एक से साकेत की लीला का तथा दूसरे से अयोध्या की लीला का संचालन होता है।[49] प्रथम में उनका अन्तरंग 'आत्मस्वरूप' तथा द्वितीय में ईश्वरत्व का 'बहिरंग रूप' मिलता है।[50] लीला के लिए अन्य व्यक्तियों की आवश्यकता होती है। अतएव द्वैत भाव का विशिष्ट व्यवहार लीला का मुख्य अंग है। अतः अवतार लीला से सम्बन्धित सभी व्यक्ति साकेत लीला में भी उपस्थित रहते हैं।[51] इन दोनों प्रकार की लीलाओं का उद्देश्य पृथक् है। दिव्य लीला में भक्तों को स्वरूपानन्द प्रदान करने अथवा नित्य कैंकर्य सुख प्रदान करने की भावना है। पार्थिव या नरलीला जीवों के उद्धार तथा पथ-प्रदर्शन के लिए होती है।[52]

लीला का उद्देश्य मायापीड़ित जीव का भगवान् के अन्तरंग स्वरूप के दर्शन द्वारा उद्धार करना है। साक्षात् परमेश्वर की लीला के दर्शन से मनुष्य की अहं तथा स्वार्थ की भावना का परिष्कार हो जाता है।

उसमें पूर्ण तन्मयता आ जाती है। उपास्य का आनन्द ही उसका आनन्द हो जाता है। वह उस आनन्द से आप्लावित हो जाता है।

जिस प्रकार भक्ति की सम्यक् उपलब्धि के लिए भगवत् कृपा की आवश्यकता पड़ती है उसी प्रकार लीला में प्रवेश भगवान् की कृपा से होता है। वैष्णव मतानुसार मन्त्र एवं आचार्य के द्वारा लीला-दर्शन सम्भव है।[53] ज्ञान तथा योग के साधक इच्छा को मारने की साधना करते हैं। लीला-दर्शन इच्छा के बिना नहीं हो सकता। अतः सगुण भक्ति इच्छा के परिष्कार द्वारा लीला-दर्शन करने में समर्थ है। रसिक सम्प्रदाय के महात्माओं ने अपनी भावना के अनुसार लीला के अनेक भेद दिये हैं। गुण के विचार से उसके दो रूप सगुण लीला और निर्गुण लीला या लौकिक लीला तथा दिव्य लीला हैं। इनकी चर्चा पहले हो चुकी है। इन लीलाओं में स्वरूप भेद नहीं है। केवल सगुण लीला का आविर्भाव तथा तिरोभाव माना जाता है। भगवान् के समान ही लीला भी नित्य है।

लीला के प्रकाशगत दो भेद हैं—प्रकट और अप्रकट।[54] प्रकट लीला सगुण लीला कहलाती है। इसका दूसरा नाम 'प्रपंच गोचर' लीला है। जब लीला सांसारिक मनुष्यों की दृष्टि से ओझल हो जाती है तो उसे अप्रकट लीला कहते हैं। यह भेद केवल लोक-लीला में मानते हैं। रसिकों के अनुसार रामलीला का चित्रकूटवास तक का रूप 'प्रपंच गोचर' है। उसके अनन्तर अप्रकट[55] तत्त्व की दृष्टि से लीला के दो भेद-तात्त्विकी तथा अतात्त्विकी किये गये हैं।[56] तात्त्विकी लीला नित्य तथा चैतन्य शक्ति रूपवाली है। वह नित्य धाम साकेत में होती है। अतात्त्विकी लीला माया शक्ति के कार्य रूपवाली है। इसी के द्वारा असुरों की मति भ्रमित होती है। साधारण बुद्धिवाले भी इसे नहीं समझा पाते। सीताहरण तथा राम-रावण युद्ध की लीलाएँ इसी श्रेणी की हैं।[57] लीला के उक्त स्वरूप प्रायः दो प्रकार के हैं। थोड़े परिवर्तन के साथ उनका भिन्न नामकरण कर दिया गया है।

भक्ति के भावों के अनुसार लीला के पाँच भेद माने जाते हैं—1. माधुर्य लीला 2. वात्सल्य लीला 3. सख्य लीला 4. दास्य लीला 5. शान्त लीला।

1. माधुर्य लीला—माधुर्य लीला दो प्रकार की है—1. ऐश्वर्य मिश्रित माधुर्य 2. शुद्ध माधुर्य। पहली अष्टयाम लीला में व्याप्त है, दूसरी का विकास रासलीला में परिलक्षित होता है। रस-परिपाक के विचार से रास अन्य लीलाओं से उत्कृष्ट मानी जाती है।

2. वात्सल्य लीला—इसमें माता-पिता-गुरुजनों के साथ उचित व्यवहार तथा बाल-क्रीड़ाओं से गुरुजनों को आह्लादित करना है।

3. सख्य लीला—सखाओं के साथ आनन्द, विहार, क्रीड़ा आदि को कहते हैं।

4. दास्य लीला—इसमें दासों के पालन पुरस्कार तथा प्रोत्साहन की भावना रहती है।

5. शान्त लीला—शान्त लीला का आश्रय प्रजा है। उसका पालन, राज-व्यवस्था आदि इसमें आते हैं।

इसी प्रकार वयगत, कालगत, ऋतुगत, स्थानगत आदि अनेक लीलोपभेद किये गये हैं। वैष्णव धर्म में कृष्ण की रासलीला का महत्त्व तथा प्रचार काल-विशेष में बहुत बढ़ गया था। उसका प्रभाव रामरसिक सम्प्रदाय पर पड़ा। उन्होंने यहाँ तक कल्पना कर ली कि राम ने 99 महारास किये। 100वें रास की पूर्ति के लिए उन्हें कृष्णावतार लेना पड़ा।[58] पर यह समीचीन नहीं है। आदिकवि वाल्मीकि ने राम का गुणगान मर्यादा पुरुषोत्तम के रूप में किया। गोस्वामी तुलसीदास जी ने भी राम के उदात्त चरित्र का चित्रण किया। अतएव राम के सम्बन्ध की ऐसी कल्पनाएँ वांछनीय नहीं हैं।

नवधा भक्ति में सर्वप्रथम स्थान गुणकीर्त्तन का है।[59] गुण-गान में केवल जिह्वा विशेष रत रहती है। श्रवण करने में कान को सचेष्ट होना पड़ता है। मन को अस्थिर करनेवाली मुख्य इन्द्रिय आँख स्वतन्त्र

रहती है। वह मन की स्थिरता के साथ अपनी चंचलता का मिश्रण करके भजन में अप्रत्याशित व्यवधान उपस्थित करती है। अतः यह आवश्यक है कि नेत्रों को नियन्त्रित किया जाय। इस नियन्त्रण का एक ढंग उन्मीलन हो सकता है पर उसमें अवलोकन वृत्ति का निरोध करना पड़ेगा। ऐसा बन्धन ध्यान के अधिक प्रतिकूल पड़ता है। अतः नेत्रानुराग के हेतु आकर्षण या सौन्दर्य-प्रदर्शन की व्यवस्था आवश्यक हो जाती है। लीला-प्रदर्शन के द्वारा नेत्र को भगवान् के सौष्ठवपूर्ण रूप पर केन्द्रित किया जाता है। अतः भक्त की सभी प्रमुख ज्ञानेन्द्रियों के लिए केन्द्र मिल जाता है। वह मुँह से गुण-गान करते हुए, यथावसर उनकी लीला के दर्शन कर तथा वाणी सुनकर कान तथा आँख को भी तृप्त करने में समर्थ हो सकता है। जहाँ गुण-गान अथवा श्रवण के लिए मन को टिकाने का प्रयास करना पड़ता है वहाँ लीला के माध्यम से मन स्वतः भगवान् की ओर खिंच जाता है। यही कारण है कि अत्यन्त प्राचीन काल से यह लीला-प्रथा भक्ति का प्रमुख साधन रही है। उपास्य के चरित्र के दर्शन मानव की सहज मनोवृत्ति है। अतः विश्व के सभी धर्मावलम्बियों ने मानस को सर्वाधिक प्रभावित करनेवाले इस ढंग को अपनाया तथा भक्ति-भावना के विकास का प्रमुख साधन माना।

राम की भक्ति-पद्धतियाँ

धार्मिक दृष्टि से शिव जी राम-भक्ति के आदि आचार्य माने जाते हैं। उन्होंने पार्वती जी को उसका रहस्य समझाया। रामचरिमानस के आधार पर शिव ने रामचरित की रचना की। उन्होंने कृपा करके उमा को सुनाया। राम-भक्ति का अधिकारी जानकर शिव जी ने कागभुशुण्डि को इसका उपदेश दिया। कागभुशुण्डि से याज्ञवल्क्य ने प्राप्त किया और उन्होंने भारद्वाज ऋषि को सुनाया।[60] सभी उपदेष्टाओं ने श्रोताओं को बतलाने की चेष्टा की है कि राम परात्पर ब्रह्म हैं। उनकी नरलीला के अन्तर्गत मानवीय कार्यकलाप तथा प्रवृत्ति को देखकर भ्रम हो जाता है। सबका उद्देश्य भ्रम का निवारण करना ही है। भारतीय देव-कथा तथा ऋषि-परम्परा के अनुसार राम-भक्ति सृष्टि के प्रारम्भ काल से विकसित होती हुई गोस्वामी जी तक पहुँची। पर इस वैज्ञानिक युग में इतना ही यथेष्ट नहीं है। अतः राम-भक्ति का विचार आधुनिक दृष्टि से करना आवश्यक है।

वाल्मीकीय रामायण आदिकाव्य माना जाता है। इसमें बालकाण्ड तथा उत्तरकाण्ड में राम-भक्ति का विशद स्वरूप मिलता है। अधिकांश विद्वान् इसको प्रक्षिप्त मानते हैं। ऐतिहासिक दृष्टि से इसका रचना-काल निश्चित करना कठिन है। विद्वानों के विभिन्न मत हैं। श्री ए.बी. कीथ इसे ईसा पूर्व प्रथम शतक की रचना मानते हैं।[61] डॉ. याकोबी रामायण का समय ईसा पूर्व पाँचवीं शती से पूर्व छठीं और आठवीं शती ईसा पूर्व मानते हैं।[62] 'प्रामाणिक वाल्मीकीय रामायण' में बौद्धधर्म का निर्देश नहीं मिलता है। इस आधार पर कामिल बुल्के इसका रचना-काल बुद्ध के पूर्व ही अथवा 5वीं शती ईसा पूर्व मानते हैं। श्री विण्टर नित्ज ए.बी. कीथ के तर्कों से सहमत होते हुए भी इसको ई.पू. तीसरी शती की रचना कहते हैं। इसी प्रकार श्लेगल के अनुसार इसका समय 11वीं शती ईसा पूर्व[64] तथा जी. गोरेसियो के अनुसार 12वीं शती ईसा पूर्व स्थिर होता है।[65] उक्त मतों का विचार करके रामायण का रचनाकाल 500 ई.पू. ठहरता है, अर्थात् भगवान् बुद्ध के बहुत पहले इसकी रचना हो चुकी थी। ऐसी दशा में अवताररूप में राम की उपासना बुद्ध के पहले की सिद्ध होती है। बौद्ध तथा जैन साहित्य में राम के प्रति क्रमशः बोधिसत्त्व तथा बलदेव की कल्पना इसका पुष्ट प्रमाण है कि लोक-पूज्य राम को दिव्य पद प्रदान कर ये अपने धर्म को गौरवान्वित करना चाहते थे। बौद्ध तथा जैन साहित्य में राम की चर्चा अनेक स्थलों पर मिलती है। उसमें राम के प्रति श्रद्धा का स्पष्ट उल्लेख मिलता है।

पाणिनि के अष्टाध्यायी के आधार पर भागवत सम्प्रदाय ईसा से दो शती पूर्व विकसित माना जाता है। उन्होंने वासुदेव की भक्ति करनेवालों को वासुदेवक कहा है। अष्टाध्यायी में कंस-वध तथा बलि-

बन्धन की लीलाओं के अभिनय का उल्लेख है। इसमें सिद्ध होता है कि उस समय तक भागवत धर्म का उत्थान इतना हो चुका था कि नाटकों में कृष्ण तथा अन्यावतारों की लीला अभिनीत होती थी। इस विकास में कई शतकों का समय अपेक्षित है। इससे सिद्ध होता है कि भागवत सम्प्रदाय का समय ईसा से सैकड़ों वर्ष पूर्व है।

पुराणों में राम का वर्णन प्रायः बड़ी श्रद्धा तथा भक्ति से किया गया है। विशेषतः हरिवंश पुराण, प्रधान महापुराण, विष्णु पुराण, वायु पुराण, पद्‌म पुराण, श्रीमद्‌भागवत आदि अनेक पुराणों में रामावतार की चर्चा है।[66] पद्‌म पुराण के उत्तर खण्ड में राम और सीता विष्णु एवं लक्ष्मी के पूर्णावतार माने गये हैं।[67] श्रीमद्‌भागवत के नारायणीयोपाख्यान में रामावतार का उल्लेख है। यह कृष्ण-भक्ति का मूल ग्रन्थ है। इसी को आधार मानकर वैष्णवों के चारों सम्प्रदाय विकसित हुए। परिस्थिति के अनुसार कृष्णोपासना का प्रचार अत्यन्त वेग से हुआ। पर कृष्ण सम्बन्धी साहित्य में जहाँ राम की चर्चा आयी है वहाँ उनके प्रति पूर्ण आस्था दिखलायी पड़ती है। इससे सम्भावना हो सकती है कि राम-भक्ति का अस्तित्व उन दिनों था। कृष्ण-भक्ति की प्रबल धारा के सामने उसका प्रवाह परिलक्षित नहीं होता। इसका प्रचार कालान्तर में हुआ। साम्प्रदायिक रामायणों में अध्यात्म रामायण सबसे महत्त्वपूर्ण ग्रन्थ है। रामानन्द सम्प्रदाय में इसकी बड़ी प्रतिष्ठा है। आनन्द रामायण, रामचरितमानस तथा अन्य रामायणों पर इसका स्पष्ट प्रभाव मिलता है। इसकी रचना 14वीं तथा 15वीं शती के मध्य मानी जाती है।[68] इस ग्रन्थ में वेदान्त दर्शन के आधार पर राम-भक्ति का प्रतिपादन किया गया है। इसमें राम ब्रह्म के, सीता प्रकृति की तथा लक्ष्मण शेष के अवतार माने गये हैं। इसकी चर्चा अनेक स्थानों पर आयी है। इसकी एक विशेषता और है कि रावण वैकुण्ठ प्राप्त करने के उद्‌देश्य से सीताहरण करता है। अध्यात्म रामायण में रचयिता का ध्यान राम के आध्यात्मिक स्वरूप की ओर है। राम पुरुष हैं सीता प्रकृति। राम को परम ब्रह्म और सीता को माया माना है। इन्हीं की लीला सारे विश्व में फैली है। पृथ्वी का भार उतारने के लिए भगवान् ने संसार में आकर अपनी लीला का विस्तार किया है। इसका पता ग्रन्थारम्भ में ही लग जाता है।[69] अध्यात्म रामायण ने ज्ञान को मूल भित्ति मानकर रामचन्द्र के चरित्र का वर्णन किया है।[70] इसके अनन्तर गोस्वामी जी ने राम को ब्रह्म का अवतार माना है। उन्हें करोड़ों ब्रह्मा, विष्णु तथा महेश से बढ़कर बतलाया है।

राम की उपासना का सम्यक् रूप दक्षिण भारत के आलवारों में सर्वप्रथम मिलता है। आलवारों में बारह भक्त अत्यन्त प्रसिद्ध हुए। इनमें शठकोप स्वामी की रचनाओं में राम की अनन्य भक्ति का स्वरूप मिलता है। वे राम के प्रेम में विह्वल हो जाते हैं। उनकी उपासना कान्त तथा दास्य भाव की है। उन्होंने सहस्रगीति में कहा है कि मुझे दशरथनन्दन राम के अतिरिक्त अन्य की शरण नहीं है।[71]

आलवार राजा कुलशेखर ने राम के प्रति प्रगाढ़ भक्ति प्रदर्शित की है। इनका समय ईसा की नवीं शताब्दी है।[72] उन्होंने अपनी रचना के पाँचवें भाग में राम-भक्ति पर कई रचनाएँ की हैं। वे राम की भक्ति में इतने लवलीन हो जाते थे कि उनके समक्ष राम-जीवन की घटनाएँ मूर्त रूप धारण कर लेती थीं। कथा में खर-दूषण आदि राक्षसों का प्रसंग आने पर एक बार उन्होंने अपनी सेना को राम की सहायता करने के लिए कूच करा दिया। मन्त्रियों ने बड़ी बुद्धिमत्ता से स्थिति सँभाली। उन्होंने राजा को समझा दिया कि राम ने राक्षसों की सेना का विनाश कर दिया, तब कहीं वे शान्त हुए।[73] इसी प्रकार सीता को रावण के पंजे से मुक्त कराने के विचार से समुद्र की ओर लपके और बड़ी कठिनाई से रोके जा सके।[74] उन्होंने सीताहरण का प्रसंग सुनकर उस पार जाने के लिए घोड़ा दौड़ाकर समुद्र में डाल दिया था।[75] आलवारों की भक्ति दास्य तथा कान्त भाव प्रधान है। भगवद्‌भक्तों की सेवा को वे भगवान् की ही सेवा का अंग मानते हैं। वे परमेश्वर को वासुदेव, नारायण, भगवान् राम, कृष्ण आदि नामों से पुकारते हैं।[76]

कुलशेखर आलवार की रचना में प्रौढ़ राम-भक्ति का प्राचीनतम निरूपण सुरक्षित है। इनकी रचनाओं में राम-भक्ति की अत्यन्त कोमल एवं मर्मस्पर्शी भावनाएँ निहित हैं।[77] प्राचीनतम आलवारों के स्रोतों में भी रामकथा का उल्लेख मिलता है।[78]

भक्ति के चार सम्प्रदायों में श्री रामानुज श्रीसम्प्रदाय के प्रसिद्ध आचार्य हुए। इनका जन्म 1017 ई. में तथा तिरोभाव 1139 ई. है। इन्होंने वैकुण्ठवासी भगवान् विष्णु की उपासना का विधान नारायण नाम से किया। रामानुजाचार्य के सम्प्रदाय में श्री रंगनाथ की पूजा होती है जो नारायण के स्वरूप हैं। यद्यपि रामानुजाचार्य ने भी अपने गद्यात्मक स्तोत्रों में श्री रामचन्द्र की स्तुति उपास्य रूप में की है।[79] प्रधानता नारायण-पूजा की ही थी। श्री रामानुज ने अपने मत को प्राचीनतम तथा श्रुत्यनुकूल सिद्ध करने की विपुल चेष्टा की। श्रीवैष्णव की साधना-पद्धति जीव तथा भगवान् के परस्पर सम्बन्ध को लेकर चलती है। भगवान् तथा जीव के बीच शेष-शेषि भाव है। आनन्दपूर्वक भगवान् का कैंकर्य तथा उनके प्रिय पात्र भगवद्भक्तों की भी सेवा जीव का परम धर्म है। पचीस तत्त्वों को (पंचभूत, पंचतन्मात्रा, दस इन्द्रियाँ, मन, बुद्धि, अहंकार, प्रकृति तथा जीव) नर से उत्पन्न होने के कारण नार कहते हैं। भगवान् उन तत्त्वों में व्यापक रूप से निवास करते हैं, अतः वे नारायण हैं। उन्होंने संस्कृत भाषा के माध्यम से अपने सम्प्रदाय के सिद्धान्तों का प्रचार किया। इनके सम्प्रदाय में भक्तियोग के अन्तर्गत ध्यान तथा पूजा-अर्चना पर विशेष बल दिया गया है। उत्तर भारत की भाँति दक्षिण में चार वर्ण नहीं हैं। अतः वहाँ सामाजिक परिस्थिति उत्तर से भिन्न है। वहाँ केवल ब्राह्मण और अब्राह्मण हैं। अतः सामाजिक परिस्थिति के कारण आचार का विशेष ध्यान रखा जाता है। इसी आधार पर श्रीवैष्णवों को 'आचारी' कहते हैं। अपनी धार्मिक निष्ठा तथा आचार की रक्षा के निमित्त रामानुजी आचार्य तथा उनके अनुयायी ब्राह्मण लोग कट्टरता की मूर्ति माने जाते हैं।[80] सम्प्रदाय में दीक्षा केवल द्विजातियों के लिए विहित है।[81] शूद्रों के लिए 'प्रपत्ति' या शरणागति ही यथेष्ट है। उत्तर भारत में भागवत सम्प्रदाय के प्रचार का श्रेय प्रायः रामानन्द जी को मिलता है। पर ऐतिहासिक दृष्टि से विचार करने पर इसका श्रेय श्री राघवानन्द जी को मिलना चाहिए।[82] ये रामानुजी सम्प्रदाय के महात्मा उत्तर तथा दक्षिण के भक्ति-आन्दोलन के संयोजक कहे जा सकते हैं। श्री रामानन्द जी इन्हीं के शिष्य थे। इन्हें भक्ति-आन्दोलन का मूर्द्धन्य नेता कहना चाहिए। इन्होंने भक्त को उचित सम्मान दिया। सर्वप्रथम इन्होंने चारों वर्णों तथा आश्रमों के लिए भक्ति का विधान दृढ़ किया। दक्षिण भारत से आकर उत्तर में राममन्त्र का प्रचार किया। इसका संकेत अनन्त स्वामी की 'हरि भक्ति सिन्धु वेला' में स्पष्ट रूप से मिलता है।[83]

श्री रामानन्द का समय 15वीं शती माना जाता है। तत्त्वतः तो ये रामानुज के श्रीसम्प्रदाय के अनुयायी थे। पर इन्होंने अपनी उपासना-पद्धति विशेष प्रकार की रखी।[84] इन्होंने नारायण के स्थान पर राम की उपासना एकनिष्ठ भाव से प्रचारित की। इसीलिए इनके अनुयायियों का सम्प्रदाय 'रामावत' कहलाता है। राम की उपासना जैसा पहले कहा जा चुका है, अत्यन्त प्राचीन काल में प्रचलित थी पर उसका व्यापक प्रचार जनसाधारण में नहीं था। स्वामी रामानन्द ने तत्कालीन परिस्थितियों का अध्ययन करने के पश्चात् राम-भक्ति को सर्वाधिक उपयुक्त समझा। मुसलिम शासकों की निरंकुशता से जनता कराह रही थी। ऊँच-नीच के भेद ने देश को जर्जर बना दिया था। आर्थिक कठिनाइयों के कारण जनता त्राहि-त्राहि कर रही थी।[85] रामानन्द ने राम का आदर्श रखा और भक्ति का मार्ग सबके लिए उन्मुक्त कर दिया।[86] संस्कृत भाषा के स्थान पर प्रचलित जन-भाषा में उपदेश दिया। वे बड़े दूरदर्शी थे। अतः उन्होंने परिस्थिति के अनुकूल भक्ति में क्रान्तिकारी परिवर्तन किये। रामानुज द्वारा अनुमोदित श्रीसम्प्रदाय के ध्यान, उपासना, पूजा, अर्चना आदि के स्थान पर उन्होंने भगवान् के संकीर्त्तन तथा भजन पर अधिक बल दिया। इनके भक्ति-स्वरूप के कारण जनता में नव चेतना जगी। ऊँच-नीच की भावना दूर हुई और समान रूप से

सभी को भक्ति-भागीरथी में अवगाहन करने का सुअवसर प्राप्त हुआ। उन्होंने केवल ऊँच-नीच की भावना ही निर्मूल नहीं की अपितु विधर्मी तथा विजातीय व्यक्तियों को भी समान रूप से अपनाया। मध्ययुग में यह स्वतन्त्र चिन्तन-शक्ति उनकी अपनी विशेषता थी। इस पद्धति से उन्होंने भक्ति तथा व्यावहारिक जीवन में सामंजस्य स्थापित किया।

रामानन्द ने प्रस्थान त्रयी पर भाष्यों की रचना की। ब्रह्मसूत्रों के भाष्य में 'ब्रह्म शब्द वाच्य' श्रीराम को माना है। उनके राम सगुण और निर्गुण दोनों हैं। निकृष्ट प्राकृत गुणों के कारण वे निर्गुण तथा दिव्य गुणों से युक्त होने के कारण सगुण हैं। वे अनन्य भक्ति को मोक्ष का अव्यवहित उपाय मानते हैं तथा प्रपत्ति को भी स्वीकार करते हैं।[87]

पूर्वाचार्यों ने वैकुण्ठ निवासी विष्णु की उपासना चलायी। भगवान् को नर-रूप में जगत् में पाकर व्यक्ति आत्मीयता का अनुभव करता है। अतः राम की उपासना की ओर आकर्षण स्वाभाविक है।

कुछ विद्वान् कबीर के निर्गुणवाद का सम्बन्ध राम-भक्ति से जोड़ते हैं पर यह धारणा समुचित प्रतीत नहीं होती। कबीर की रचनाओं में कहीं-कहीं 'राम' शब्द को देखकर यह भ्रम उत्पन्न हुआ है। राम-भक्ति में राम का सगुण तथा निर्गुण दोनों रूप ग्राह्य है। सगुण रूप की उपासना का प्रचार रामानन्द जी ने किया। कबीर ने राम के सगुण रूप का सर्वथा खण्डन किया है। वे स्पष्ट कहते हैं कि राम दशरथ के लड़के नहीं हैं।[88] इससे दो निष्कर्ष निकलते हैं—पहला यह कि राम का सगुण रूप या राम का अवतार उन्हें मान्य नहीं। उन्होंने राम का वही रूप ग्रहण किया जो विदेशी या मुसलमानी धर्म की दृष्टि से ग्राह्य था। दूसरा निष्कर्ष यह है कि कबीर के पूर्व राम-भक्ति का व्यापक प्रचार था। इसका विरोध करने पर भी उन्होंने ईश्वर का नाम 'राम' ग्रहण तो किया पर बिलकुल भिन्न अर्थ में। 'राम' शब्द के आधार पर कबीर का सम्बन्ध स्वामी रामानन्द से जोड़ने का प्रयास किया जाता है पर उसमें कोई तथ्य नहीं है।[89]

गोस्वामी जी ने राम के निर्गुण तथा सगुण दोनों रूपों को स्वीकार किया है। पर सगुण भक्ति के प्रबल प्रचारक के रूप में वे धूम-धाम से अग्रसर होते हैं। वे राम की भक्ति के लिए उनके नाम रूप लीला तथा धाम का सम्यक् विवेचन रामचरितमानस में करते हैं। राम-भक्ति को उन्होंने धार्मिक, राजनीतिक, सामाजिक, आर्थिक आदि सभी समस्याओं के समाधान के लिए रामबाण माना है। स्वामी रामानन्द जी ने राम-भक्ति का जो स्वरूप स्थापित किया, उसके विकसित एवं उन्नत रूप का व्यापक विस्तार गोस्वामी जी ने किया। उन्होंने इसके लिए अनेक उपायों का अवलम्बन किया। इनमें साहित्यिक रचना, रामचरित संकीर्त्तन, रामलीला, रामकथा, हनुमत्पूजा आदि मुख्य उपाय थे। गोस्वामी जी ने राम को परात्पर ब्रह्म माना है। राम देवताओं में सबसे शक्तिशाली तथा शौर्यवान् हैं। उनकी उपासना अनन्य भाव से करनी चाहिए। गोस्वामी जी की उपासना दास्य भाव की है। वे जन्म-जन्मान्तर तक राम के चरणों में अटल प्रीति करना चाहते हैं। राम-राज्य की स्थापना के द्वारा वे संसार के दैविक, दैहिक तथा भौतिक ताप मिटा देना चाहते हैं। संक्षेप में उनकी भक्ति लोकमंगल की उद्दाम भावनाओं से ओतप्रोत है।[90]

गोस्वामी जी की राम-भक्ति

गोस्वामी तुलसीदास वैष्णवों के श्रीसम्प्रदाय में थे। वे भगवान् के निर्गुण तथा सगुण दोनों रूप मानते थे। उनके राम परात्पर ब्रह्म हैं। उन्होंने राम का वर्णन मनुज अवतार रूप में किया है। राम के दो रूप हैं—पहला रूप जहाँ वे अपनी अद्भुत शक्ति प्रदर्शित करते हैं। दूसरा रूप वह है जिसमें 'नरलीला' करते हैं। राम निर्गुण होते हुए भी सगुण रूप क्यों धारण करते हैं? परात्पर ब्रह्म होने के कारण सृष्टि की व्यवस्था उनका उतरदायित्व है। अतः असद् की चरम सीमा होने पर उसके विनाश हेतु उनका मनुज अवतार होता है। गोस्वामी जी स्थान-स्थान पर राम के ब्रह्मत्व का संकेत करते हैं। उनका विश्वास है कि भगवान् की सर्वशक्तिमत्ता का ज्ञान सरल है पर सर्वशक्तिमान् होते हुए भी वे नर-रूप धारण करते हैं यह समझना

सरल नहीं है।[91] अलखिया सम्प्रदाय तथा निर्गुण-पन्थ में निवृत्ति-मार्ग का विधान है। संसार को मायाच्छन्न मानकर उससे विरत होने की व्यवस्था है। कथन रूप में तो यह ग्राह्य प्रतीत होता है पर इसे कार्य रूप में परिणत करना सम्भव नहीं है। जीवन-यात्रा के लिए लोक का आश्रय अनिवार्य है। अतः गोस्वामी जी ने लोक से विमुख होने की प्रवृत्ति का विरोध किया। वे संसार के कण-कण में राम के दर्शन करते हैं। सारे विश्व को 'सिया राममय' मानते हैं।[92] उन्होंने रामचरित के द्वारा आदर्श लोक-यात्रा का विधान किया। राम का जीवन मानव-जीवन के विभिन्न क्षेत्रों को अनुप्राणित करता है। निवृत्ति मार्गवालों की भाँति न तो उन्होंने ज्ञान की उपेक्षा की और न वे कर्म से उदासीन हुए। वे रामचरित के द्वारा मध्यम मार्ग का अनुसरण का उपक्रम करते हैं। वे घर तथा वन के बीच 'प्रेम-पुर' में रहना श्रेयस्कर समझते हैं। उनकी भक्ति में ज्ञान तथा कर्म दोनों का समन्वय है। उनके उपास्य जहाँ एक ओर तत्त्व विवेचन में लीन हैं तो वहीं दूसरी ओर शिव की भक्ति में मग्न हैं। यहीं नहीं अपितु प्रतिकूल परिस्थितियों में भी दृढ़ कर्मठ की भाँति कर्त्तव्य-पालन में निरत रहते हैं। भक्ति को उन्होंने सर्वोच्च स्थान अवश्य दिया है। ज्ञान द्वारा प्राप्त उपलब्धियाँ जब तक अनुभव-सिद्ध नहीं होतीं तब तक उनकी कोई उपयोगिता नहीं। गोस्वामी जी ने सदाचार को भक्ति का मूलाधार माना है। सदाचार मानव-जीवन को उदात्त करने की नियमावली के अतिरिक्त कुछ नहीं है। वे राम की भक्ति के द्वारा जीवन को उदात्त बनाना चाहते थे। क्योंकि सदाचार की प्रतिमूर्ति राम की भक्ति उसका एकमात्र साधन है। राम की लोकप्रियता का मुख्य कारण उनका सदाचार था। यदि भक्त उनकी उपासना में लीन होता है तो उसे सदाचारी बनना ही होगा। इस प्रकार मनुष्य में ममत्व का चरम विकास सम्भव है। शनैः-शनैः वह लोक संग्रह की स्थिति तक पहुँच सकेगा। भारत में निर्गुण भक्ति की जो धारा बह चली थी उससे जनसाधारण को शान्ति नहीं मिली। चंचल मन निराकार ब्रह्म को पाकर स्थिर न हो सका। वह टिकने के लिए कोई आधार ढूँढ़ रहा था। मनोवैज्ञानिक दृष्टि से विचार करने पर भी उपासना कठिन है। उसके लिए ठोस आधार चाहिए ही। गोस्वामी जी ने राम का सौन्दर्यमय रूप जनता के सामने रखा। राम के 'कोटि मनोज लजावन हारे' रूप को पाकर जनता का मानस तरंगायित हो उठा। जीवन सरिता मरुभूमि से मुक्त हो भक्ति के हरे-भरे मैदान में प्रवाहित हुई। सौन्दर्य के साथ अपार शक्ति का मिश्रण मणि-कांचन संयोग सिद्ध हुआ। जन-मानस में नया उल्लास, उत्साह, स्फूर्ति, चेतना तथा कर्त्तव्यनिष्ठा का अभ्युदय हुआ। राम की भक्ति की ओर अनायास आकर्षण होने लगा।

देश की संस्कृति तथा परम्परा जीवन को सदा प्रभावित करती हैं। यदि इन्हें छोड़कर जीवन को अग्रसर करने की चेष्टा की जाती है तो उपप्लव अनिवार्य हो जाता है। गोस्वामी जी के पूर्व यही दशा थी। इसीलिए उन्होंने शास्त्रों की मर्यादा का सर्वदा ध्यान रखा। वेद-शास्त्र के विरोधी विचारों का उन्होंने दृढ़ता से खण्डन भी किया। इस प्रकार भारतीय संस्कृति के अनुकूल रामचरित पाकर जनता ने आत्मीयता का अनुभव किया और उसे विकासोन्मुख करने में आनन्दपूर्वक संलग्न हो गयी।

भारत में अनेक दार्शनिक सिद्धान्तों का विधान चिरकाल से चला आ रहा है। उन सिद्धान्तों में सामंजस्य रखना भारतीय विचारधारा की प्रमुख विशेषता रही है। गोस्वामी जी ने इस शैली का अनुगमन करते हुए भी अपने सिद्धान्तों का प्रतिपादन ऐसी कुशलता से किया है कि विद्वानों को भी उसे समझने के लिए प्रयास करना पड़ता है। उन्होंने विशिष्टाद्वैत के अनुसार माया, जीव तथा ब्रह्म का निरूपण किया है। जैसे 'जानत तुमहिं तुमहि होइ जाई' इसका तात्पर्य यह नहीं है कि ये गोस्वामी जी के सिद्धान्त हैं। किसी पक्ष के समर्थन के लिए विपक्ष को सामने लाना आवश्यक है। विभिन्न सिद्धान्त 'मानस' में इसी रूप में आये हैं। गोस्वामी जी के सिद्धान्त का विवेचन करते समय इसका ध्यान रखना अनिवार्य है। कुछ लोगों ने उसे शंकर अद्वैतवाद का रूप माना है जो उपयुक्त नहीं है। उपासना के क्षेत्र में भी ऐसी

ही धारणा बन गयी है। रामचरितमानस में विभिन्न पात्र हैं। उनमें ज्ञानी भी हैं। वे ज्ञान का समर्थन करते हैं। गोस्वामी जी ने 'मानस' तथा 'विनय-पत्रिका' में गणेश जी, शंकर आदि की वन्दना की है। इससे उनकी समन्वय की भावना झलकती है पर विचार करने से स्पष्ट हो जाता है कि अन्य देवताओं की वन्दना करके वे राम-भक्ति का ही वरदान माँगते हैं। वे राम के अनन्य भक्त हैं। राम के अतिरिक्त अन्य का भरोसा भी नहीं करते। वे राम को सर्वोपरि मानते हैं। राम करोड़ों ब्रह्मा, विष्णु, महेश से भी अधिक शक्तिशाली हैं। उन्हें राम की भक्तवत्सलता का पूरा विश्वास है। राम के समान दयालु अन्य कोई नहीं है। अन्य देवता तो स्वार्थ की भावना रखते हैं पर राम का स्वभाव ही द्रवणशील है। वे जिस पर अनुकूल हो जाते हैं उन पर सर्वदा अनुकूल ही रहते हैं। अतः उनको गोस्वामी जी इष्ट मानते हैं।

दीन भक्तिहीनता के कारण किसी के पास नहीं जाता। यदि साहस करके चला भी जाय तो वह आत्मग्लानि से सूखता ही रहेगा। पर राम के दरबार में 'दीन' की सुनवायी ही नहीं होती अपितु उसका आदर भी होता है। कौन ऐसा दीन होगा जो ऐसे दीन-वत्सल का समीप्य प्राप्त कर अपने को धन्य न मानेगा?

गोस्वामी जी की भक्ति अत्यन्त व्यापक है। इसमें सबकी समायी है। मनुष्य को कौन कहे पशु-पक्षी भी वही स्थान पाते हैं जो बड़े-बड़े महर्षि। साम्यवाद की यह मौलिक प्रवृत्ति अन्यत्र दुर्लभ है। राम जटायु से लेकर बन्दर, भालू सबको परम धाम देते हैं। इसमें सिद्धान्त या अवसरवादिता की गन्ध भी नहीं है। यह भक्ति का व्यावहारिक रूप है। सिद्धान्त तथा व्यवहार का पूर्ण समन्वय।

रामानुज के अनुयायियों के दो दल हैं—पहला तिंगल तथा दूसरा बड़गल। तिंगल के अनुसार राम कृपा करनेवाले हैं। उनसे कृपा के लिए प्रार्थना या याचना करने की आवश्यकता नहीं। वे स्वभावतः कृपालु हैं। उसके लिए भक्त याचना या अभिलाषा करे या न करे पर राम कृपा करेंगे ही। इसके विपरीत बड़गल के अनुसार राम अनुग्रह करते हैं। अनुग्रह में इच्छा या याचना करनी पड़ती है। तब वह प्राप्त होता है। गोस्वामी जी तिंगल के अनुसार राम को कृपालु मानते हैं।[93]

गोस्वामी जी ने वैष्णव दर्शनानुमोदित भगवान् राम के नाम, रूप, लीला और धाम चारों का उल्लेख अपनी रचनाओं में किया है। किसी के परिचय के लिए पहले नाम की आवश्यकता पड़ती है। नाम के अभाव में व्यक्तित्व का लोप हो जाता है। अतः नाम का महत्त्व नामी से बढ़कर है। गोस्वामी जी ने मानस में पहले नाम की महत्ता दिग्दर्शित की है। नाम के आधार पर शंकर जी भी काशी में मुक्ति बाँटते हैं। नाम ने अनेक पापियों का उद्धार किया। मानव प्रवृत्ति है कि नाम के पश्चात् वह रूप की ओर आकर्षित होती है। गोस्वामी जी ने नाम-महिमा के पश्चात् उनके स्वरूप का वर्णन किया है। उनके रूप में सौन्दर्य, सद्गुण, स्वभाव, प्रवृत्ति आदि सभी का वर्णन यथास्थान मिलता है। राम की लीला का वर्णन तो रामचरितमानस की आधारशिला है। प्रारम्भ में अन्त तक उनकी लीला का मनोहर रूप रखकर गोस्वामी जी ने भक्त-मन-रंजन किया है। धाम की चर्चा जटायु तथा बालि के प्रसंग में आयी है। साकेत ही उनका धाम है जहाँ वे नित्य लीला किया करते हैं। आवश्यकतानुसार नैमित्तिक लीला के लिए पृथ्वी पर अवतार धारण करते हैं। धाम की लीला सर्वजनसुलभ नहीं है। वहाँ उसके अधिकारी अनन्य भाव से राम के चरण में अनुराग रखनेवाले ही होते हैं।

संसार में दो प्रकार के व्यक्ति हैं—एक प्रकृतस्थ साधु दूसरे प्रकृतस्थ दुष्ट। वे प्रकृतस्थ साधु को दण्डित नहीं करते। स्वयं अन्य किसी के द्वारा वे उसकी भूल की ओर संकेत करके परिमार्जन कर देते हैं। उन्होंने सुग्रीव के पास लक्ष्मण को भेजकर उसके भोग-विलासमय जीवन में सुधार किया। वे प्रकृतस्थ दुष्ट पर भी कृपा करते हैं। उनके लिए दण्ड विधान है। किन्तु प्रकृतस्थ साधु को सुधारकर उसे भक्ति का वरदान देते हैं। इससे वह जन्म-जन्मान्तर तक भक्ति का आनन्द लेता है। पर राक्षसों को मुक्त कर

देते हैं। आवागमन के बन्धन से मुक्त हो जाने के कारण उन्हें बारम्बार लोक-उत्पीड़न का अवसर नहीं मिलता।

गोस्वामी जी की भक्ति में आशावाद की स्पष्ट झलक है। उनके समय में अत्याचार, अनाचार तथा कदाचार की वृद्धि हो चुकी थी। अधिकांश व्यक्ति पापों में लिप्त थे। एक बार दुर्गुण या दुर्व्यसन में पड़ जाने पर मनुष्य का सुधार असम्भव हो जाता है। वह मन में सोचता है कि पापों का फल भोगना ही पड़ेगा। अतः पापपूर्ण दुष्कर्मों से विरत होने की प्रवृत्ति उसमें नहीं जगती। पर पाप के क्षमा होने का भरोसा उसकी मनोवृत्ति को बदल देता है। राम पापियों को भी क्षमा कर देते हैं यह सोचकर पापी-से-पापी व्यक्ति उनकी आराधना में लगने को उत्सुक हो उठता है। यह सुनिश्चित है कि ऐसा व्यक्ति फिर दुष्कर्मों के पास भी नहीं फटक सकता। वह उत्तम-से-उत्तम आचरण करके भगवान् का प्रिय बनने का प्रयत्न करेगा। इस प्रकार राम की भक्ति से कितने ही व्यक्तियों का उद्धार सम्भव है।

व्यक्ति के दो रूप होते हैं—प्रथम उसका बाह्य रूप और दूसरा आभ्यन्तर। बाह्य रूप समानुपातिक गठन तथा सौष्ठव है। दर्शन मात्र से इसका प्रभाव पड़ता है। यह कार्य सम्पादन की क्षमता प्रदान करता है। आभ्यन्तर रूप के भी दो पक्ष हैं—प्रथम पक्ष यह कि उसके विचार कैसे हैं तथा दूसरा पक्ष उसका आचरण कैसा है। यदि दोनों में समन्वय है तो ठीक अन्यथा आभ्यन्तर श्रेयस्कर नहीं। राम में दोनों का श्रेष्ठ सामंजस्य है। राम के बाह्य तथा आभ्यन्तर दोनों रूपों के सर्वांगीण विवेचन से गोस्वामी जी ने आदर्श जीवन अपनाने की प्रेरणा दी।

गोस्वामी जी भक्ति को व्यक्तिगत साधना की वस्तु नहीं मानते। वे प्रत्येक के लिए उसे अनिवार्य मानते हैं। उसके अभाव में जीवन का लक्ष्य पूर्ण नहीं होता। जिस प्रकार जीवन में अन्न-वस्त्र की आवश्यकता है उसी प्रकार भक्ति की। हृदय के परिष्कार के लिए भक्ति से बढ़कर दूसरा कोई मार्ग नहीं। इसीलिए भक्ति को वे राज-पथ मानते हैं। इस पर चलने का अधिकार सबको है। गोस्वामी जी ने रामचरित का व्यापक प्रचार इसी सिद्धान्त से प्रेरित होकर किया। वे स्वयं वैरागी थे। यदि चाहते तो एकान्त साधना में व्यक्तिगत उत्थान का विधान करते। पर उन्होंने रामचरित के प्रचार का ऐसा बन्धन बाँधा कि सारा उत्तर भारत राममय हो गया। इस प्रयत्न में उन्होंने अथक परिश्रम किया। कथा, कीर्त्तन, रामलीला, कवि-कर्म, हनुमत्पूजा आदि इतने उपायों का अवलम्बन किया जिसे देखकर उनके अध्यवसाय पर चकित रह जाना पड़ता है। प्रचार की धुन में मर्यादा का भी ध्यान न रखकर उन्होंने रामललानहछू जैसी रचनाएँ भी कीं। इसका उद्देश्य समाज के अनुकूल भावनाओं में भी किसी प्रकार राम की भक्ति का प्रचार करना ही था। भारत के आधुनिक उत्थान के मूल पर विचार किया जाय तो सारा श्रेय गोस्वामी जी को ही देना पड़ेगा। उनके धनुर्धर राम ने देश को ऐसा अनुप्राणित किया कि भारत की गणना विश्व के महान् राष्ट्रों में होने लगी है।

उनके विचारों में भक्ति करने का अधिक-से-अधिक सुअवसर मिलने की भावना निहित है। वे ज्ञानियों की भाँति मुक्ति का अभिलाष करके आवागमन के बन्धन से मुक्त होना नहीं चाहते। उनकी इच्छा जन्म-जन्मान्तर तक भगवान् राम के चरणों में प्रेम करने की है। वे संसार के कार्य-व्यापार में प्रभु की लीला के दर्शन करते हैं। इस दर्शन का आनन्द इतना उच्चकोटि का है कि इसके सम्मुख वे अर्थ, धर्म, काम तथा मोक्ष को तुच्छ या उपेक्षणीय मानते हैं। मानव-जीवन के इन चार पुरुषार्थों को वही व्यक्ति त्याग सकता है जो राम की भक्ति में पूर्णरूपेण रम गया हो।

अहन्ता स्वभाव का बहुत बड़ा दुर्गुण है। जिस व्यक्ति में इस भावना का उदय होता है वह विवेक खो देता है। उसके नेत्रों के सामने ऐसा परदा पड़ जाता है कि उसे तथ्य का पता नहीं चलता। इससे अज्ञान की वृद्धि होती है। इसका परिणाम दुःख होता है। अतः गोस्वामी जी ने इस विकार के विनाश

का संकेत मानस के प्रारम्भ में ही दिया है। बड़ी विनम्रता के साथ वे कहते हैं कि मुझमें कविता का विवेक नहीं है। फिर भी राम के उदात्त चरित्र का वर्णन करने का साहस इसलिए करता हूँ कि बाल-वाणी सुनकर सभी प्रसन्न होते हैं। मुझे भी बालक समझकर लोग आदर करेंगे। वे अन्य व्यक्तियों की भाँति बहुत बड़े ज्ञानी होने का दावा नहीं करते। यह भावना उनमें कहाँ से आयी? उनके अनुसार दास्य या सेव्य-सेवक भाव की उपासना सर्वश्रेष्ठ है। श्रीमद्भागवत भक्ति का मूल ग्रन्थ है। इसमें भक्ति के विभिन्न रूपों का विवेचन मिलता है। अतः परवर्ती सभी सम्प्रदाय के लोग अपने मत के अनुकूल उसकी व्याख्या करते हैं। इसी ग्रन्थ के आधार पर कान्त, वात्सल्य तथा सख्य-भाव की उपासना पुष्ट हुई है। दास्य-भाव अन्य तीनों उपासनाओं में भी है पर विशुद्ध दास्य-भाव का समर्थन रामानुजाचार्य ने ही किया। गोस्वामी जी भी भवसागर पार करने का एकमात्र उपाय दास्य-भाव की उपासना ही मानते हैं।[94] जन-जीवन के विकास-क्रम में दास्य-भाव सर्वोच्च है। उस अवस्था में पहुँचकर मनुष्य सबके साथ आत्मीयता का अनुभव करता है। यह अन्तःकरण के चरम विकास ही अवस्था है। ऐसा उपासक 'वसुधैव कुटुम्बकम्' का सिद्धान्त मानने लगता है। आत्मा के विकास के कारण अज्ञान का विनाश तो होता ही है वह आनन्द के सागर में अवगाहन कर अपने को धन्य मानता है।

निर्बल तथा पराधीन राष्ट्र का जीवन परमुखापेक्षी तथा यन्त्रवत् हो जाता है। उसमें अनुत्साह छाया रहता है। उसे चारों ओर अन्धकार ही दिखलायी पड़ता है। इस स्थिति में यदि उसे विश्वास हो जाय कि शरण में जाने पर भगवान् उसे अपना लेंगे तो उसी जीवन-धारा में नयी प्रगति की उद्भावना होती है। अतः गोस्वामी जी ने राम की भक्ति में शरणागतवत्सलता का प्रमुख स्थान रखा। राम ने विभीषण, सुग्रीव, जटायु आदि को शरण देकर सब प्रकार की सहायता की। राम के इस गुण ने राष्ट्र में नव चेतना का मन्त्र फूँक दिया। सारा राष्ट्र राम की भक्ति में लीन हो गया। उसने राम का भरोसा कर उत्थान के विभिन्न ढंग अपनाये।

गोस्वामी जी ने भक्ति का आश्रय लेकर सबके अधिकारों की सम्यक् विवेचना की। वे अधिकार चर्चा के विरोधी थे। छोटे-बड़े, ऊँच-नीच, मूर्ख-विद्वान्, राजा-रंक आदि सबका विश्व-यन्त्र में अपना स्थान है। जिसका जो स्थान है, जिसमें जितनी योग्यता, शक्ति, ज्ञान तथा प्रतिभा है उसके अनुसार प्राप्य अधिकार उसे मिलना चाहिए। सामन्त-युग में वे दीन-हीन अकिंचन का भी महत्त्व स्थापित करते हैं। ज्ञानी, विद्वान्, मेधावी व्यक्तियों का आदर ही होना चाहिए। इससे उन्हें प्रोत्साहन मिलेगा तथा समाज में ये गुण व्यापक रूप में प्रचलित होंगे। इसके विपरीत अवस्था में सारी व्यवस्था उसी प्रकार ठप पड़ जायेगी जिस प्रकार मस्तिष्क विकृत होने पर शरीर की व्यवस्था। इसके साथ ही छोटों तथा अशक्तों के प्रति स्नेह आवश्यक है। उन्हें भी प्रोत्साहन की उतनी ही आवश्यकता है। शबरी, निषाद आदि के चरित्र द्वारा गोस्वामी जी ने इस तथ्य का आभास दिया है।

ब्रह्माण्ड में सभी नियम में आबद्ध हैं। उसकी मर्यादा का पालन करते हुए अपना अस्तित्व बनाये रखते हैं। वेद-शास्त्र पूर्व ऋषि-महर्षियों के अनुभव तथा ज्ञान के अनुपम भाण्डार हैं। आनन्दमय जीवन के लिए उनका आश्रय अनिवार्य है। अतः गोस्वामी जी ने शास्त्र-मर्यादा का संकेत निरन्तर किया है। गोस्वामी जी की राम-भक्ति वैयक्तिक विकास के साथ-साथ लोक-मंगल की भावनाओं से ओत-प्रोत है। उन्होंने राम-भक्ति के प्रसार के लिए प्रशंसनीय उद्योग किया।

गोस्वामी तुलसीदास द्वारा रामभक्ति का प्रचार

गोस्वामी जी की लोक-संग्रह की भावना ने उन्हें राम-भक्ति के प्रचार के लिए प्रेरणा दी। उनकी भक्ति व्यक्तिगत साधना मात्र नहीं थी वे तो सारे जगत् को राममय देखना चाहते थे। निर्गुण धारा के भक्त भगवान् की अव्यक्त सत्ता का प्रचार कर रहे थे पर उनका व्यापक प्रभाव समाज पर नहीं पड़ रहा था।

निर्गुणवादियों के अनुसार भगवान् ज्ञान का विषय है, इसलिए वह भक्ति का विषय भी हो सकता है। यदि उसे भक्ति का विषय मान भी लिया जाय तो वह सार्वजनीन नहीं हो सकता। मन को रमण करने के लिए कोई मूर्त आधार आवश्यक है। यह आधार सगुण उपासना में ही प्राप्त हो सकता है। जनता नैराश्य के अन्धकार में उस समय ऐसे भगवान् की खोज कर रही थी जिसका लोक-रक्षक स्वरूप उसे जीवन की प्रेरणा दे सके। सूरदास के लोक-रंजक भगवान् ने जन-मानस में उल्लास का संचार किया। पर कर्मक्षेत्र में प्रविष्ट करानेवाले लोक-रक्षक भगवान् की आवश्यकता बनी रही। इसे गोस्वामी जी ने राम-भक्ति के द्वारा पूरा किया। धार्मिक, सामाजिक तथा राजनीतिक क्षेत्र में फैली हुई अव्यवस्था को उन्होंने राम-भक्ति के द्वारा दूर करने की चेष्टा की।

उन्होंने राम-भक्ति के प्रचार की दृष्टि से ही लोक-भाषा हिन्दी को अपनाया। संस्कृत में लिखे धर्म-ग्रन्थों से जनसाधारण लाभ नहीं उठा सकता था। वे संस्कृत के विद्वान् थे। यदि चाहते तो उसमें रचना कर सकते थे, पर उन्होंने राम का सन्देश जन-जन तक पहुँचाने के उद्देश्य से हिन्दी में लिखा। मानस की भाषा ऐसी सरल तथा सुबोध रखी कि साधारण व्यक्ति उसका आस्वादन कर लेता है। साथ ही वह विद्वानों को भी आनन्द प्रदान करती है।

गोस्वामी जी ने समाज की सभी श्रेणियों के लिए काव्य-रचना की। भक्तों तथा विद्वानों के लिए 'विनय-पत्रिका', संगीतज्ञों के लिए 'गीतावली', साहित्यिक एवं साधारण जन के लिए 'रामचरितमानस', वीरता-प्रेमी व्यक्तियों के लिए 'कवितावली' तथा स्त्रियों के लिए 'रामललानहछू', 'जानकी मंगल', 'पार्वती मंगल' आदि की रचना की। उन्होंने काव्य की किसी प्रचलित शैली को छोड़ा नहीं। एक ओर अवधी में रचना की तो दूसरी ओर ब्रजभाषा में। उन्होंने श्रीमद्भागवत की कथा की शैली के अनुरूप रामकथा का प्रवचन प्रारम्भ किया। गोस्वामी जी रामकथा के सर्वप्रथम व्यास थे।[95] भक्ति-प्रचार का यह साधन अत्यन्त सफल सिद्ध हुआ। यह प्रणाली दिन-प्रतिदिन उन्नत होती गयी। लाखों व्यक्ति व्यास-परम्परा के द्वारा देश के कोने-कोने से राम-भक्ति का प्रचार कर रहे हैं। इन पर जनता बड़ी श्रद्धा रखती है और तन-मन-धन से इनकी सेवा करती है। इनके कथामृत का पान करने के लिए व्यक्ति बड़ी दूर से आते हैं। वे मार्ग की कठिनाइयों तथा ऋतुओं के उपद्रव का कष्ट भी सहन कर विचलित नहीं होते। राम-भक्ति की अमिट छाप उनके मन पर पड़ती है और कथा सुनकर अपना जन्म सफल मानते हैं।

तीसरा साधन सत्संग का था। गोस्वामी जी सबके साथ बड़े प्रेम का व्यवहार करते थे। सब में राम-सीता का दर्शन करते तथा उन्हें सम्मान प्रदान करते थे। जैसा उनकी वाणी से सिद्ध है–

सीय राममय सब जग जानी। करौं प्रनाम जोरि जुग पानी।[96]

सम्पर्क में आने के पश्चात् मनुष्य उनकी भक्ति से इतना प्रभावित होता था कि उनके सत्संग के लिए व्याकुल रहता था। मेघा भगत के जीवन से यह स्पष्ट परिलक्षित होता है। उनके प्रभाव में न केवल हिन्दू अपितु मुसलमान भी आ जाते थे। गौतम चन्द्रिका में उनके सत्संगियों की नामावली से सिद्ध होता है कि वे किसी को घृणा की दृष्टि से नहीं देखते थे। समाज के सभी श्रेणी के लोग उनके सत्संग से लाभान्वित होते थे।[97]

गोस्वामी जी का चौथा प्रचार साधन रामलीला थी। काशी की रामलीलाओं का इतिहास देखने से सिद्ध है कि गोस्वामी जी ने रामलीला का प्रारम्भ बड़े उत्साह से किया। रामलीला के द्वारा उन्होंने राम का प्रत्यक्ष स्वरूप जनता के सामने रखा। लाटभैरव की आदि रामलीला तथा अस्सी की रामलीला इन्हीं द्वारा स्थापित की गयी है। इन्होंने बड़ी लगन से लोक-रंगमंच का उपयोग रामलीला के लिए किया। रामनगर की सुप्रसिद्ध रामलीला की प्रेरणा भी इन्हीं से मिली। महाराज काशीनरेश भी अस्सी की रामलीला देखने आते थे। इससे स्पष्ट है कि साधारण श्रेणी के व्यक्तियों से लेकर राजाओं तक राम-भक्ति का सन्देश सफलता

से पहुँचाया गया। रामलीला का प्रयोग इतना सफल रहा कि काशी की सभी लीलाएँ रामचरितमानस के आधार पर होती हैं। आज भी जनता बड़े उत्साह से इन लीलाओं का अवलोकन करती है। गोस्वामी जी की भावना के अनुकूल आज भी वह राम, लक्ष्मण, भरत, सीता आदि के स्वरूप में भगवान् की कल्पना कर फूला नहीं समाती।

पाँचवाँ साधन तीर्थ-यात्रा का था। गोस्वामी जी प्रायः अयोध्या, चित्रकूट तथा जनकपुर की यात्रा किया करते थे। राम-सम्बन्धित स्थानों में ये तीनों प्रधान केन्द्र हैं। यात्रा के बीच में सत्संग, रामलीला तथा कथा-वाचन की व्यवस्था अवश्य होती रही होगी। इसीलिए इन स्थानों की रामलीलाएँ गोस्वामी जी के मानस के आधार पर होती हैं। शृंगार, संवाद-प्रणाली, अभिनय आदि में काशी की लीलाएँ इन स्थानों में आदर्श मानी जाती हैं। इससे यह विदित है कि इन लीलाओं की प्रेरणा गोस्वामी जी ने ही दी।

गोस्वामी जी ने हनुमत्पूजा की परम्परा प्रतिष्ठित की। इनके पूर्व हनुमान् की मूर्ति प्राप्त नहीं होती। ऐसा कहा जाता है कि काशी में उन्होंने हनुमान् की लगभग बारह मूर्तियाँ स्थापित की थीं।[98] यह कार्य भी गोस्वामी जी ने राम-भक्ति के प्रचार हेतु किया। जिस प्रकार ऊँचे पहुँचने के लिए पहली सीढ़ी चढ़ना पड़ता है, उसी प्रकार भगवान् तक पहुँचने की प्रथम सीढ़ी उसके भक्त से मिलना है। हनुमान् राम के अनन्य भक्त हैं। उनके हृदय में राम का निवास है। अतः हनुमान् की भक्ति में लीन साधक उन तक पहुँचने में नहीं झिझकेगा। हनुमत्पूजा का प्रचार केवल उत्तरी भारत में ही नहीं हुआ अपितु वह दक्षिण में भी पहुँच गयी। समर्थ गुरु रामदास ने वहाँ मारुति-मन्दिर की स्थापना गाँव-गाँव में की। उनको यह प्रेरणा गोस्वामी जी से मिली। उन मन्दिरों के साथ अखाड़े भी रखे गये। इन अखाड़ों में बल-वर्द्धन तथा शक्ति-संचय के कार्य-क्रम चलते थे। इनका मुख्य कार्य मल्ल-युद्ध, तलवार, बल्लम, लाठी आदि का अभ्यास था। दक्षिण में मुसलमानों का जोर उतना न था इसलिए वहाँ उन्हें इस संघटन में पूर्ण सफलता मिली। मरहठों के उत्थान तथा राज्य-स्थापना का श्रेय बहुत-कुछ इसको देना चाहिए।[99]

तत्कालीन समाज की दशा को देखते हुए गोस्वामी जी ने सोचा कि अत्याचार की लंका को विनष्ट करने के लिए हनुमान् सबसे उपयुक्त देवता हैं। वे श्रद्धा, भक्ति, सेवा, आत्मविश्वास, ब्रह्मचर्य, शक्ति, कर्मठता, सदाचार तथा विवेक के प्रतीक हैं। अतः समाज में उन गुणों की प्रतिष्ठा के लिए हनुमत्पूजा आवश्यक है।

उस युग में मुसलमानों की नंगी तलवार सिर पर नाचती रहती थी। भक्त-महात्माओं को इसकी चिन्ता न थी पर साधारण जनता शासन के विरुद्ध चूँ भी नहीं कर सकती थी। राजनीतिक रूप में प्रजा का सैनिक संघटन नहीं हो सकता था। उन्होंने हनुमत्पूजा के रूप में यह संघटन किया। हनुमान् मन्दिर के साथ अखाड़ों की व्यवस्था का यह तात्पर्य था कि इन अखाड़ों में आकर जनता अपना शारीरिक बल बढ़ाने का अभ्यास करे। जनता में संघटन हो। समय आने पर उससे लाभ उठाया जाय। इस प्रकार के सैनिक संघटन से जहाँ एक ओर स्वास्थ्य और शक्ति-संवर्द्धन हुआ वहीं आत्मविश्वास की भावना तथा पारस्परिक सहयोग में वृद्धि हुई। शारीरिक बल को प्रधानता देनेवाले व्यक्ति प्रायः भक्ति तथा धार्मिक भावना से दूर भागते हैं। अखाड़ों के साथ हनुमान् का सम्बन्ध जुड़ जाने से दो लाभ हुए—पहला लाभ तो यह हुआ कि मल्लविद्या के प्रेमी हनुमान् को आदर्श मानकर बल-वर्द्धन में तत्पर हुए। दूसरी ओर उनके माध्यम से राम-भक्ति की ओर झुके। इस प्रकार गोस्वामी जी ने जहाँ राजनीतिक दृष्टि से जनता में शक्ति का संचार किया वहाँ भक्ति से दूर रहनेवाले वर्ग में राम की भक्ति का प्रचार किया।

ऐसे व्यक्तियों को प्रभावित करने के लिए रामलीला में विकास होने पर व्यवस्था की गयी। नककटैया के मेले में लाठी, तलवार, बल्लम आदि के अखाड़े आमन्त्रित किये जाने लगे। इससे जहाँ उन्हें अपनी कला-प्रदर्शन का अवसर मिलता रहा, वहीं वे रामलीला का अवलोकन कर धार्मिक प्रवृत्ति में डूबने लगे।

जन-मानस में आत्मविश्वास जग पड़ा कि राम की भाँति वे भी अपनी शक्ति से अत्याचारियों का दमन कर सकते हैं। इसके पूर्व ये अखाड़े मुहर्रम के मेले में जाते थे। वहाँ उन्हें केवल बल एवं कला-प्रदर्शन का अवसर मिलता था। वे धार्मिक, सांस्कृतिक तथा सामाजिक आदर्शों के प्रतीक से वंचित रह जाते थे। अतः इस व्यवस्था से उन्हें धार्मिक एवं सामाजिक दोनों वातावरण उपलब्ध हुए।

गोस्वामी जी ने विभिन्न उपायों से राम-भक्ति का प्रचार किया। आचार्य शुक्ल जी कहते हैं–'लोक विहित आदर्शों की प्रतिष्ठा फिर से करने के लिए, भक्ति के सच्चे सामाजिक आधार फिर से खड़े करने के लिए उन्होंने रामचरित का आश्रय लिया जिसके बल से लोगों ने फिर धर्म के जीवनव्यापी स्वरूप का साक्षात्कार किया और उस पर मुग्ध हुए। 'कलिकलुष विभंजिनी' रामकथा घर-घर धूम से फैली। हिन्दू धर्म में नयी शक्ति का संचार हुआ।'[100]

रामचरित-प्रचार की तात्कालिक उपयोगिता

गोस्वामी तुलसीदास ने तात्कालिक परिस्थितियों का सूक्ष्म निरीक्षण किया था। शासन के कठोर नियन्त्रण के कारण प्रत्यक्ष रूप से कोई आन्दोलन सम्भव न था। गोस्वामी जी भारतीय धर्म, सभ्यता और संस्कृति का ह्रास सहन नहीं कर सकते थे। अतः उन्होंने रामचरित को जनता के उत्थान का साधन बनाया। राम में अपार गुण पुंजीभूत हैं अतः उनके चरित से बढ़कर आदर्श उन्हें अन्यत्र दृष्टिगोचर न हुआ।

कबीर के निर्गुण भगवान् से निराश जनता के हृदय को शान्ति नहीं मिल सकी। सूर ने कृष्ण का अत्यन्त रंजनकारी स्वरूप प्रतिष्ठित किया। उससे जनता में उल्लास का प्रादुर्भाव तो अवश्य हुआ, किन्तु कर्त्तव्य-पालन की प्रेरणा के लिए वह अपर्याप्त था। यदि उनके लोक-रक्षक स्वरूप को ग्रहण किया जाता तो उत्साह का संचार हो सकता था पर उसकी उपेक्षा की गयी। समाज के लिए अत्याचार का दमन करनेवाले तथा मर्यादा का पालन करनेवाले भगवान् की आवश्यकता थी। ये गुण रामचरित में ही मिल सकते थे। अतः उस समय रामचरित सर्वाधिक उपयोगी सिद्ध हुआ। राम सौन्दर्य के भाण्डार हैं। परिजन-पुरजन तथा प्रजा उनके सौन्दर्य से प्रभावित हैं। ग्राम-वधुएँ भी उन्हें देखकर मुग्ध हो जाती हैं। वे उनके दर्शन से अपने को कृतार्थ मानती हैं। वन जाते समय ग्रामीण स्त्रियाँ उन्हें देखती हैं। वे उनके सौन्दर्य से प्रभावित होकर कहती हैं–

साँवरे-गोरे सलोने सुभाय मनोहरता जिति मैन लियो है।
संग लिए विधु वैनी वधू रति को जेहिं रंचक रूप दियो है।[101]

वे केवल मुग्ध ही नहीं होतीं अपितु राम के दुःख से दुःखी हैं। उनके साथ पूर्ण सहानुभूति रखती हैं–

पायन तो पनहीं न पयोदहिं क्यों चलिहैं सकुचात हियो हैं।

* * *

रानी मैं जानी अयानी महा पवि पाहन हूते कठोर हियो है।।
राजहु काज अकाज न जान्यो, कह्यो तिय को जिन कान कियो है।[102]

वे राजा दशरथ तथा कैकेयी की आलोचना भी करती हैं। इस प्रकार राम का सौन्दर्य लोक-मत प्राप्त करने में समर्थ होता है। वह आकर्षण का ऐसा केन्द्र-बिन्दु है जो अनायास ही सबको अपनी ओर खींच लेता है।

राम की भुजाओं में अनुपम शक्ति है। बाल्यावस्था में ही वे राक्षसों का वध करके विश्वामित्र के यज्ञ की रक्षा करते हैं। धनुष-यज्ञ में अनेक शक्तिशाली राजा अपने बल की परीक्षा करते हैं। पर राम धनुष को सहज ही उठा लेते हैं–

लेत चढ़ावत खैंचत गाढ़े, काहु न लखा देख सबु ठाढ़े ।[103]

उनकी शक्ति देखकर सब चकित रह जाते हैं। शक्तिशाली होने के कारण उनमें आत्मविश्वास है। वे सुग्रीव से कहते हैं–

सुनु सुग्रीव मैं मारिहौं बालिहि एकहिं बान ।[104]

बालि-वध के लिए उन्हें कोई परिश्रम नहीं करना पड़ता। वे शक्ति को लोक-रक्षा के कार्यों में प्रयुक्त करते हैं। रावण संसार में सबसे प्रबल लोक-उत्पीड़क है। अतः राम उसका वध करते हैं। सीताहरण तो निमित्त मात्र है। साधनहीन पीड़ित समाज को ऐसे चरित्र की आवश्यकता थी। रामचरित से इष्ट आदर्श की प्राप्ति हुई। यह जन-मानस में धारणा उत्पन्न कर सकता है कि आत्म-विश्वास के साथ शक्ति-प्रयोग से अनाचार का नाश सम्भव है। समाज की उद्दण्डता, अव्यवस्था अथवा मर्यादाहीनता उसे विनाश की ओर उन्मुख करती है। इन दुर्गुणों से मुक्त करने का एकमात्र उपाय शीलवान् व्यक्ति का चरित्र-दर्शन है। राम अत्यन्त शीलवान् हैं। गुरुजन, आत्मीय, मित्र, प्रजा तथा अन्य जो कोई व्यक्ति उनके सम्पर्क में आया, वह उनके शील से प्रभावित हुआ। कैकेयी के साथ उनका व्यवहार माता से बढ़कर था। वनवास की आज्ञा के पश्चात् भी वे कैकेयी का ध्यान सबसे अधिक रखते हैं। चित्रकूट में वे सबसे पहले कैकेयी से ही मिलते हैं।

प्रथम राम भेंटी कैकेई। सरल सुभायं भगति मति भेई।।
पग परि कीन्ह प्रबोधु बहोरी। काल करम बिधि सिर धरि खोरी।।[105]

उनके पैर पड़ते हैं। सभी उपद्रवों के लिए वे भाग्य को दोषी ठहराते हैं।

पिता का आज्ञा-पालन उन्होंने बड़ी निष्ठा से किया। कैकेयी के द्वारा विदित होने पर भी वनवास को अंगीकार किया। क्रीड़ा में कनिष्ठ भ्राताओं को विजयी बनाना, परशुराम के कठोर वचनों को सुनकर शान्त रहना, विभीषण के साथ सद्व्यवहार आदि उनके शील के उदाहरण हैं। उनके चरित्र से समाज के चित्त का परिष्कार हुआ। मन में उमंग की लहर दौड़ी। सब में आत्मविश्वास का उद्रेक हुआ। एक-दूसरे के साथ शील के व्यवहार की प्रेरणा मिली।

रामचरित में मर्यादा-पालन की अपूर्व छटा मिलती है। राम प्राचीन संस्कृति के अनुसार मर्यादा का महत्त्व स्थान-स्थान पर स्थापित करते हैं। परशुराम उनसे अधिक वय के हैं। ब्राह्मण हैं। इसलिए पूज्य हैं। अतः वे उनके कठोर वचन सुनते रहे। अन्त में बड़ी संयत भाषा में कहते हैं–

सब प्रकार हम तुम्ह सन हारे। छमहु बिप्र अपराध हमारे।[106]

इससे उनकी प्रवृत्ति का परिचय मिल जाता है। लंका पर चढ़ाई करने के पूर्व राज-मर्यादा का पालन करने के लिए अंगद को दूत बनाकर रावण के पास भेजते हैं। यदि चाहते तो सीधे आक्रमण कर देते पर मर्यादा के विपरीत कार्य करने का विचार उनमें नहीं है। इसलिए वे मर्यादा पुरुषोत्तम कहे जाते हैं। मर्यादा का पालन समाज की अव्यवस्था, द्वेष तथा अहंकार विनष्ट करता था। यह कार्य रामचरित के द्वारा सरलता से हो सकता था। राम ज्ञानियों का आदर करते हैं। कर्म में सदैव तत्पर हैं और भगवान् की उपासना में लीन हैं। वैदिक भावनाओं के अनुकूल नित्य सन्ध्या-वन्दन करते हैं। जनकपुर के प्रसंग से स्पष्ट है कि वे धर्म का आचरण पूर्ण रूप से करते हैं।

बिगत दिवसु गुरु आयसु पाई। संध्या करन चले दोउ भाई।।[107]

उनकी भक्ति में गोस्वामी जी ने ज्ञान, कर्म तथा उपासना तीनों का समन्वय किया। जीवन की पूर्णता के लिए उक्त तीनों गुणों की आवश्यकता है। इस प्रकार रामचरित से जन-जीवन पूर्णता की ओर अग्रसर होता है।

रामचरित से सदाचार की उच्चकोटि की शिक्षा मिलती है। वन-गमन के समय ग्रामीण वधुओं की ओर वे देखते भी नहीं। वे सीता से राम का परिचय पूछते हुए कहती हैं—

'चितै तुम त्यों हमरौ मन मोहे'[108]

उनके आचरण का दूसरा उज्ज्वल स्वरूप जनक की फुलवारी में दिखलायी पड़ता है। सीता के सौन्दर्य को देखकर उनके मन में प्रेम का प्रादुर्भाव होता है। यह प्रेम इतना पवित्र है कि वे उसे भ्राता लक्ष्मण से भी कहने में संकोच नहीं करते।

राम के ही चरित का प्रभाव है कि लक्ष्मण शूर्पणखा के रूप-सौन्दर्य अथवा प्रेम-प्रस्ताव से विचलित नहीं होते। वे सीता को माता के समान मानते हैं। उनकी ओर कभी दृष्टि नहीं डालते।

सदाचार जीवन को सुखी तथा शान्तिमय बनाता है। रामचरित सदाचार के उदाहरणों से पूर्ण है।

राम सभी के साथ आत्मीयता की भावना रखते हैं। उनकी लोकप्रियता का मूर्त रूप उस समय स्पष्ट दिखलायी पड़ता है जिस समय वन-गमन का समाचार पाकर सभी एकत्र होते हैं। राम बड़ी विनम्रता से उनका परितोष करके उन्हें लौटाने का प्रयास करते हैं—

'कहि सप्रेम मृदु बचन सुहाये। बहु बिधि राम लोग समुझाये।।'[109]

सुग्रीव के साथ उनकी मित्रता अभूतपूर्व है। मित्र के दुःख के समक्ष उन्हें अपना दुःख विस्मरण हो जाता है। राम कहते हैं—

जे न मित्र दुख होहिं दुखारी। तिन्हहि बिलोकत पातक भारी।।
निज दुख गिरि सम रज करि जाना। मित्रक दुख रज मेरु समाना।।[110]

वे पहले बालि-वध करते हैं। तदनन्तर सीता का अन्वेषण होता है। विषम-से-विषम परिस्थिति में वे सत्य से नहीं डिगते। अपनी प्रतिज्ञा का पालन पूर्णरूपेण करते हैं। लक्ष्मण शक्ति प्रहार से मूर्च्छित हैं। उनके एकमात्र सहायक की चिन्ताजनक स्थिति है पर उस समय भी उन्हें विभीषण को लंकेश बनाने की प्रतिज्ञा स्मरण रहती है—

कानन वासु, दसाननु सो रिपु, आनन श्री ससि जीत लियो है।
बालि महा बल सालि दल्यो कपि पालि विभीषनु भूपु कियो है।।
तीय हरी, रन बंधु पर्‌यो पै भर्‌यो सरनागत-सोच हियो है।
बांह पगार उदार कृपालु कहां, रघुवीरू से बीरु बियो है।।[111]

कोई उनकी मित्रता का अनुकरण करके घोर विपत्ति में सच्चे सहायक प्राप्त कर सकता है। सत्य का महत्त्व पग-पग पर दृष्टिगोचर होता है। समाज के शान्तिमय संचालन के लिए इसकी परम आवश्यकता पड़ती है।

राम निषाद जैसे निकृष्ट कर्म करनेवाले तथा समाज में उपेक्षित व्यक्तियों को अपनाते हैं। उनके साथ सगे सम्बन्धी जैसा प्रेम करते हैं। इससे समाज में फैली हुई विषमता तथा वर्ग-भेद की भावना विनष्ट हो जाती है। समाज के उपेक्षित व्यक्ति जो अन्य मतों की ओर आकर्षित हो रहे थे आश्वस्त होते हैं और उन्हें अपनी स्थिति से सन्तोष होता है। इससे समाज के संघटन को बल मिलता है।

राम त्याग-मूर्ति हैं। राजा दशरथ के इतने विशाल राज्य का उन्हें मोह नहीं है। भरत का अभिषेक सुनकर वे कहते हैं—

भरतु प्रान प्रिय पावहिं राजू। बिधि सब बिधि मोहिं सनमुख आजू।।[112]

भरत के हृदय में राम के प्रति प्रगाढ़ श्रद्धा है। वे राज्य-त्याग करने को प्रस्तुत हो जाते हैं। उत्तराधिकार के नियम के अभाव में मुसलिम शासकों के उत्तराधिकारी सत्ता-ग्रहण करने में जिस बर्बरता

का परिचय देते थे उसे दूर करने के लिए राम तथा भरत का त्याग संजीवनी है। रामचरित के द्वारा तत्कालीन शासकों के गृह-कलह को शान्त किया जा सका। यह शान्ति अनेक वर्षों तक बनी रह सकी।

सीता ने विषम परिस्थितियों में पातिव्रत धर्म का पालन किया। सीता की सुकुमारता का इतना ध्यान रखा जाता है कि उन्हें दीपक की बत्ती बढ़ाने को भी नहीं कहा गया[113], जो इतनी कोमल हैं कि–

पलँग पीठ तजि गोद हिंडोरा। सिय न दीन्ह पग अवनि कठोरा।।[114]

वे पति के साथ वन के नाना प्रकार के कष्ट सहती हैं। रावण के त्रास तथा आतंक से विचलित नहीं होतीं अपितु सर्वस्व त्यागकर भी सतीत्व की रक्षा में तत्पर हैं। दाम्पत्य-जीवन की सफलता ऐसे ही चरित्र पर आश्रित है।

रामचरित से शिक्षा मिलती है कि अत्याचार, अनाचार, पाप आदि का परिणाम विनाशकारी होता है। रावण ने ऋषि-मुनि को सताया। सीता पर कुदृष्टि डाली और नारी अपहरण का जघन्य पाप किया। यद्यपि वह बड़ा विद्वान्, पण्डित तथा चतुर राजनीतिज्ञ था, पर उसका आचरण विद्यानुकूल नहीं था। अतः उसका पतन हुआ। सारा राज्य परिवार तथा सहायक विनष्ट हो गये। साधनविहीन निर्वासित राम को सफलता मिली। रामचरित से जनता में नयी चेतना जगती है। विदेशियों अथवा विधर्मियों के शासन में त्रस्त तथा उत्पीड़ित प्रजा में आत्म-गौरव तथा विश्वास जगाने के लिए राम से बढ़कर आदर्श कहाँ मिल सकता है? रावण के सर्वनाश को देखकर उक्त कुकर्मों से विरत होने की भावना अनायास ही उद्भूत होती है।

राम आदर्श राजा हैं। उनके राज्य में किसी प्रकार की अनीति अथवा अत्याचार के दर्शन नहीं होते। शासक होते हुए भी राम लोक-मत के नियन्त्रण में आबद्ध हैं। चित्रकूट में गुरु वसिष्ठ से स्पष्ट कहते हैं–

भरत बिनय सादर सुनिअ करिअ विचारु बहोरि।
करब साधुमत, लोकमत नृपनय निगम निचोरि।।[115]

वे सज्जनों के मत तथा लोक-मत को प्राथमिकता देते हैं। उनके ये विचार केवल सिद्धान्त मात्र नहीं हैं अपितु वे उसे कार्य रूप में परिणत करते हैं। एक धोबी के लांछन पर उन्होंने सीता को वनवास दे दिया। इस स्थिति में अन्य शासक धोबी को मृत्यु दण्ड दे देता। पर राम ने लोक-मत का आदर व्यक्तिगत जीवन में भी किया। उनकी दृष्टि में राजा का धर्म है कि प्रजा के हित के लिए सर्वदा प्रयत्नशील रहे। यदि राजा प्रजा के दुःख को दूर नहीं करता तो वह कर्त्तव्यच्युत होकर नरकगामी होता है–

जासु राज प्रिय प्रजा दुखारी। सो नृप अवसि नरक अधिकारी।।[116]

रामराज में सब में एकता थी। परस्पर इतना प्रेम था कि स्वाभाविक वैर का भी पता न था।

यह विषमता राम के व्यक्तिगत प्रभाव से नष्ट हो गयी। सभी स्त्री-पुरुष धर्म का पालन करते थे। धर्म-पालन से जीवन में सुख आनन्द मिलता है। जीवन के प्रकाम्य की सिद्धि होती है। यहाँ तक कि धर्म, अर्थ, काम तथा मोक्ष भी सुलभ हैं।

राम-राज राजत सकल, धरम निरत नर-नारि।
राग न द्वेष न दोष दुख, सुलभ पदारथ चारि।।[117]

प्रजा को किसी प्रकार का कष्ट न था। सभी सुखी तथा सम्पन्न थे।

दैहिक, दैविक, भौतिक तापा। राम राज नहिं काहुहि ब्यापा।।[118]

राम के इन आदर्शों के द्वारा राज्य का भारतीय रूप सामने रखा जा सकता है जिससे अन्य राज्यों से तुलना करके तथ्य तक पहुँचा जा सकता है।

राम का व्यवहार माता-पिता, भाई, सेवक, सखा आदि सभी के साथ ऐसा है कि प्रजा उसकी उच्चता को देखकर प्रसन्न होती है और धन्य-धन्य कहती है। राम बड़े प्रेम से कृतज्ञतापूर्वक सुग्रीव, विभीषण, निषाद आदि को विदा करते हैं। इसे देखकर सब गद्गद हो जाते हैं।

आचार्य रामचन्द्र शुक्ल लिखते हैं—

'रामचरित के सौन्दर्य द्वारा तुलसीदास जी ने जनता को लोक-धर्म की ओर फिर से आकर्षित किया वह निष्फल नहीं हुआ।'[119]

दक्षिण में रामदास स्वामी ने इसी लोक-धर्माश्रित भक्ति का संचार करके महाराष्ट्रशक्ति का अभ्युदय किया। पीछे से सिक्खों ने भी लोक-धर्म का आश्रय लिया और सिक्ख-शक्ति का प्रादुर्भाव हुआ। हिन्दू जनता शिवाजी और गुरु गोविन्दसिंह को राम-कृष्ण के रूप में और औरंगजेब को रावण और कंस के रूप में देखने लगी। जहाँ लोक ने किसी को रावण और कंस के रूप में देखा कि भगवान् के अवतार की सम्भावना हुई।[120]

रामलीला का प्रचार-विस्तार

गोस्वामी जी के राम-भक्ति प्रचार के साधनों में रामलीला-प्रणाली का मुख्य स्थान है। गोस्वामी जी ने इस क्षेत्र को इतना प्रभावित किया कि वाल्मीकि-रामायण के स्थान पर रामचरितमानस् की रामलीला स्वीकृत हुई। रामलीला को वर्तमान रूप देने का श्रेय गोस्वामी जी को है। गोस्वामी जी जिन स्थानों पर गये अथवा जहाँ से रामकथा का सम्बन्ध रहा उन स्थानों में रामलीला कराने की प्रेरणा दी।

गोस्वामी जी का सम्बन्ध काशी से विशेष रूप से रहा है। रामलीला का प्रचार काशी में सर्वाधिक होने से सिद्ध है कि यह गोस्वामी जी के प्रयास का फल है। मेघा भगत उनके परम भक्त थे। वाराणसी के उत्तरी भाग 'काशी खण्ड' में उन्होंने मेघा भगत के द्वारा यह कार्य सम्पादित कराया। दक्षिणी भाग 'केदार खण्ड' में इस कार्य को उन्होंने स्वयं किया।[121] 'काशी खण्ड' की दो रामलीलाएँ सर्वाधिक प्रसिद्ध हैं। पहली आदि रामलीला लाटभैरव तथा दूसरी चित्रकूट की रामलीला है। चित्रकूट की रामलीला में नगर के धनी-मानी व्यक्तियों की प्रमुखता रही है। काशीनरेश भी इसके भरत-मिलाप की लीला में पधारते हैं अतएव इस रामलीला का महत्त्व अधिक हो गया है। चित्रकूट की रामलीला के सम्बन्ध में धारणा है कि यह रामलीला वाल्मीकि-रामायण से होती थी।[122] पर मेघा भगत के प्रयास से तुलसीकृत रामचरितमानस के अनुसार होने लगी। इधर लाटभैरव की रामलीला के पहले 'आदि' शब्द प्राचीनता की ओर संकेत करता है। गोस्वामी तुलसीदास प्रथम हनुमान् फाटक में रहते थे।[123] वहाँ हनुमान् की मूर्ति गोस्वामी जी द्वारा स्थापित कही जाती है। यहाँ के अधिकारियों का कथन है कि 'आदिरामलीला' यही है। हनुमान् जी के वरुणोल्लंघन की कथा इस लीला के साथ इस आधार पर जोड़ी जाती है कि इसकी लंका गंगा तथा वरुणा के संगम पर वरुणा के पार स्थित है। आदि शब्द से यह भी अनुमान होता है कि जिस प्रकार वाल्मीकि की रचना को आदिकाव्य कहते हैं उसी प्रकार उसके आधार पर की गयी लीला आदिरामलीला कहलाती रही हो। तथ्य जो कुछ भी हो पर गोस्वामी जी के द्वारा या उनकी प्रेरणा से रामलीला का यह रूप गठित हुआ है, इसमें सन्देह नहीं।

गोस्वामी जी के निवास का दूसरा स्थान प्रह्लाद घाट है। यहाँ नृसिंहलीला बड़े धूम-धाम से होती है। इसका प्रारम्भ चाहे जब से हो पर वर्तमान रूप स्पष्ट ही गोस्वामी जी द्वारा संघटित है। यह लीला रामचरितमानस की शैली तथा भाषा में होती है। वन्दना का प्रथम चरण 'गाइये गणपति जग वन्दन' की शैली ही में नहीं है अपितु शब्दावली भी विनय-पत्रिका की है। दोहे, चौपाई, छन्द आदि का क्रम उसी प्रकार है। प्रह्लाद-चरित के गायन की प्रणाली संवाद शैली तथा संवाद-भाषा सभी गोस्वामी जी की देन है।

अस्सी की रामलीला के संस्थापक वे स्वयं हैं। समाज की विभिन्न रुचि का ध्यान रखते हुए उन्होंने कृष्णलीला का भी आयोजन किया। इसकी 'नागनथैया' में काशीनरेश का आगमन चित्रकूट की रामलीला के समान इसका महत्त्व स्थापित करता है।

काशी में लीला का यह आयोजन गंगा पार करके कब रामनगर पहुँचा इसका निश्चयात्मक समय विवादास्पद है पर है वह तुलसीदास जी का प्रसाद। काशी की लीला के अवसर पर काशीनरेश का सम्मिलित होना इस तथ्य का द्योतक है कि तुलसीदास जी की प्रेरणा से रामनगर राममय हुआ और विश्व-प्रसिद्ध रामलीला का आयोजन इतने उच्च स्तर पर किया गया। गोस्वामी जी के पूर्व रामलीला अवश्य होती रही होगी पर तुलसीदास का रंग ऐसा छा गया कि काशी में लगभग पचीसों स्थानों की रामलीला उनके ग्रन्थ के आधार तथा प्रणाली के अनुसार आज भी होती है।

गोस्वामी जी के कार्य क्षेत्रों में द्वितीय स्थान अयोध्या का है। अयोध्या में चार स्थान की रामलीला प्रसिद्ध है। वहाँ के महात्माओं का कथन है कि गोस्वामी जी के अयोध्या-आगमन पर रामलीला का आयोजन होता था। उनकी प्रेरणा से वहाँ रामलीला का प्रारम्भ हुआ। सर्ग द्वार की प्रमुख लीला के सभी स्थल 'तुलसीचौरा' के आस-पास स्थित हैं। इससे भी सहज ही अनुमान हो सकता है कि रामलीलाओं के मूल में गोस्वामी जी का हाथ रहा है।

अब चित्रकूट की ओर प्रस्थान कीजिये। तीर्थ-यात्रा के उपक्रम में गोस्वामी जी वहाँ प्रायः जाया करते थे। जनश्रुति के आधार पर चित्रकूट में उन्हें राम के दर्शन हुए थे। वहाँ के प्रसिद्ध महात्मा गूदरदास के स्थान पर रामचरितमानस के आधार पर होनेवाली रामलीला सबसे प्राचीन है। इसका ढंग भी अन्य लीलाओं के समान है। आजकल कामद गिरि तथा करवी जैसे कस्बों में रामलीला का आयोजन होता है। रामलीला का यह स्वरूप केवल उत्तर प्रदेश तक परिमित नहीं रहा। गोस्वामी जी के सम्पर्क के कारण वह जनकपुर भी पहुँच गया। जनकपुर में अगहन मास में राम ब्याह तक की लीला होती है। इसका मुख्य आधार रामचरितमानस है। कालान्तर में अन्य ग्रन्थों के आकर्षक अंशों को भी लीला में स्थान मिला। जैसे मोद लता जी की मोदलता-पदावली। गौतम चन्द्रिका से ज्ञात होता है कि गोस्वामी जी भक्त-मण्डली को साथ लेकर प्रायः तीर्थाटन को जाया करते थे।[124] उनका उद्देश्य रामचरित सम्बन्धी स्थानों के दर्शन करने का तो था ही, वे राष्ट्र को राममय करके एक सूत्र में आबद्ध करना भी चाहते थे। इन यात्राओं के समय वे रामलीला, रामकथा वाचन तथा संकीर्त्तन की व्यवस्था अवश्य करते रहे होंगे। उनका यह आयोजन अत्यन्त सफल रहा। इस विज्ञान तथा विदेशी संस्कृति में आप्लावित देश में तुलसी के धनुर्धर राम का महत्त्व बढ़ता ही जा रहा है। सारा राष्ट्र राममय हो गया है। इस आयोजन का प्रभाव विदेशियों तथा विधर्मियों पर भी पड़ा है। वे राम को भगवान् भले ही न मानें पर उदात्त रामचरित के दर्शन से लाभान्वित अवश्य होते हैं।

प्राचीन तथा तत्कालीन समाज में स्वरूप भेद

प्राचीन काल में समाज का आधार धर्म था। वेद-शास्त्र के आधार पर सामान्य धर्म का पालन होता था। विशेष धर्म की प्रेरणा का स्रोत भी शास्त्रानुमोदित विचारधारा थी। इसके अनुसार यहाँ के निवासी परलोक-साधन की ओर उन्मुख रहते थे। लौकिक वैभव की ओर उनका ध्यान नहीं जाता था। परोपकार, अहिंसा, सदाचार तथा सद्विचार उनके जीवन के मूल मन्त्र थे। वे सामाजिक हित के लिए व्यक्तिगत स्वार्थ को निछावर कर देते थे। महर्षि दधीचि और कर्ण इसके प्रमाण हैं। 'सादा जीवन तथा उच्च विचार' उनके जीवन का प्रधान लक्ष्य था। समाज की उन्नति में सब दत्तचित्त होकर कार्य करते थे। वैदिक व्यवस्था के अनुसार समाज चार वर्णों में विभक्त था। ब्राह्मण ज्ञान-विज्ञान के ग्रन्थों का आलोड़न करते और निस्पृह जीवन व्यतीत करते थे। क्षत्रियों का मुख्य कार्य देश में शान्ति सुव्यवस्था स्थापित करना तथा सुरक्षा करना था। निर्बलों एवं असहायों की रक्षा का भी भार इन्हीं पर था। वैश्य देश के धन-धान्य की वृद्धि में संलग्न थे। उनका मुख्य कार्य कृषि तथा व्यापार था। कुछ व्यक्ति ऐसे थे जो इनमें से कोई कार्य नहीं कर सकते थे। उनमें बुद्धि, बल, शारीरिक शक्ति अथवा व्यापारिक चातुर्य न था। अतः वे

दूसरों की सेवा करते थे। वे शूद्र कहलाते थे। इन चारों वर्णों में ऊँच-नीच की भावना न थी। सब परस्पर प्रेम से रहते थे। उनमें ईर्ष्या या द्वेष न था। मनुष्य जीवन के चार भाग ब्रह्मचर्य, गार्हस्थ्य, वानप्रस्थ तथा संन्यास थे। इनके अनुसार व्यक्ति अवस्थानुसार जीवन के उपयोगी साधनों को एकत्र करता था।

राज्य-व्यवस्था समाज के सुख और समृद्धि के लिए थी। राजा प्रजा का स्वामी होते हुए भी अपने को सेवक मानता था। वह निरंकुश नहीं था। समाज के मेधावी और बुद्धिमान् व्यक्ति उस पर नियन्त्रण रखते थे। प्रायः राज्य-परिषदें बना दी जाती थीं और राजा उनके परामर्श से शासन चलाता था। लोक-मत का आदर किया जाता था। श्री रामचन्द्र ने धोबी के कहने पर सीता को वनवास दे दिया। लोक-मत के आदर का इससे बढ़कर उदाहरण क्या हो सकता है? स्वतन्त्र देश का नागरिक होने से जनता में आत्मगौरव की भावना थी। सबको धार्मिक स्वतन्त्रता थी। व्यक्ति अपने विचारों को निःसंकोच व्यक्त कर सकते थे। राज्य की ओर से मनोरंजक अथवा सांस्कृतिक कार्यों में बाधा नहीं दी जाती थी। राज्य लोक-हित के कार्यों में सहायक होता था। व्यक्तिगत स्वतन्त्रता में हस्तक्षेप नहीं किया जाता था। हाँ, लोक-विरोधी कार्य कोई नहीं कर सकता था। देश धन-धान्य से परिपूर्ण था। राज्य की ओर से व्यापार, कला-कौशल को प्रोत्साहन मिलता था। आर्थिक दृष्टि से सब स्वतन्त्र थे। सम्पन्नता तथा सुविधा के कारण लोग निश्चिन्त रहते थे। इसलिए स्वास्थ्य अच्छा था। शारीरिक संवर्द्धन तथा शक्ति-संचय की सुविधा थी। मल्लविद्या तथा व्यायाम का प्रचार था। सभ्यता और संस्कृति की उन्नति में किसी प्रकार का व्यवधान नहीं आने पाता था। इस युग में साहित्य, संगीत तथा कला की उन्नति हुई। एक-दो नहीं चौंसठ प्रकार की कलाएँ थीं। सदाचार जीवन का मूल मन्त्र था। समाज में आदर का मापदण्ड आचरण माना जाता था।

धीरे-धीरे परिवर्तन होता रहा। वैदिक भावनाओं से हटकर व्यक्ति हिंसात्मक यज्ञों में फँस गये। समाज में नाना प्रकार के व्यवधान उपस्थित होने लगे। प्राचीन मान्यताएँ तथा परम्पराएँ क्रमशः शिथिल होने लगीं। गौतम बुद्ध ने धर्म के तात्कालिक स्वरूप का विरोध किया। उन्होंने जीवों पर दया करने का उपदेश दिया। वर्णाश्रम धर्म की व्यवस्था के उद्देश्य पर ध्यान न देकर उसका विरोध किया। बौद्धधर्म में भिक्षु और भिक्षुणी होने की अवस्था निर्धारित नहीं की गयी थी। फल यह हुआ कि अपरिपक्व बुद्धि के अल्पायु जन कर्त्तव्य-पालन तथा जीवन-संघर्ष से भागकर भिक्षु बने। उनमें वह त्याग, तपस्या एवं आत्मसंयम न रहा जो बुद्ध में था। बौद्ध-विहार आदर्शच्युत हो गये। एक नया गार्हस्थ्य-जीवन प्रारम्भ हुआ। समाज में अव्यवस्था बढ़ी। वीरता, पराक्रम, संघर्ष, सहिष्णुता आदि वीरोचित गुण धीरे-धीरे लुप्त होने लगे। सामाजिक संघटन छिन्न-भिन्न हो गया। उत्तरदायित्व की भावना समाप्त हो गयी। शंकराचार्य ने बौद्धधर्म का विरोध किया। पर उन्होंने वेदान्त के द्वारा केवल ज्ञान का उपदेश दिया। इससे जीवन में न तो कर्मठता आयी और न सामाजिक संघटन ही दृढ़ हुआ।

इसके अनन्तर मुसलमान आक्रामकों ने देश को रौंद डाला। इस समय देश में संघटन का अभाव था। शक्ति एवं साधन रहते हुए भी हिन्दू परास्त हुए। मुसलमानों का शासन स्थापित हो गया। उनके साथ ही उनका धर्म तथा संस्कृति आयी। मुसलमान विदेशी थे। उनका मुख्य ध्येय द्रव्य तथा मत-प्रचार था। इस कार्य को वे उचित या अनुचित ढंग से सम्पादित करने में संलग्न थे। बौद्ध-धर्म के विकृत रूप तथा इस्लाम ने मिलकर धार्मिक क्षेत्र में अव्यवस्था उत्पन्न कर दी। पारिवारिक जीवन सर्वदा भयपूर्ण रहने लगा। पारिवारिक सम्मान की सुरक्षा न थी। प्राचीन आदर्शों के अनुसार पारस्परिक प्रेम तथा आदर का भाव लुप्त हो गया।

शासक की मृत्यु होने पर अथवा रुग्णावस्था में उत्तराधिकारियों का गृह-कलह प्रारम्भ हो जाता था। प्रत्येक व्यक्ति शक्ति-वृद्धि अथवा अधिकार-प्राप्ति के लिए प्रयत्नशील हो जाता था। कभी-कभी भाई,

भाई के प्राण का ग्राहक हो जाता और पुत्र पिता को बन्दी बनाने में संकोच न करता था। पारिवारिक सम्बन्ध में शील का स्थान नहीं रह गया। समाज में महिलाओं का कोई महत्त्वपूर्ण स्थान न था। व्यक्तियों में भौतिकवाद बढ़ने लगा। सभी की शक्तियाँ स्वार्थ पर केन्द्रित हो गयीं। त्याग-तपस्या का जीवन स्वप्न हो गया। मुसलिम-सभ्यता के सम्पर्क से विलासिता बढ़ने लगी। भारतीय राजा भी उसके शिकार हुए। 'सादा जीवन, उच्च विचार' की भावना कल्पना मात्र रह गयी। सामाजिक ढाँचा लड़खड़ा गया। लोक-हित अथवा लोक-धर्म का कहीं पता न रहा। समाज पर शासक वर्ग के अनेक प्रकार के अत्याचार होने लगे।[125] काजी और मुल्लाओं ने उन पर व्यवस्था की मुहर लगाकर वैधानिक बना दिया। प्रताड़ित प्रजा में आत्मविश्वास न रहा। प्राचीन गौरव तथा शौर्य में आस्था न रही। शासक भोग-विलास तथा ऐश्वर्य में निमग्न थे। प्रजा का उन्हें कुछ ध्यान न रहा।[126] शासक प्रजा के प्रति कोई उत्तरदायित्व नहीं समझते थे। प्रायः शासकों ने अल्पमतावलम्बियों पर 'जजिया' कर लगाया। प्रजा को चूसकर गुलछर्रे उड़ाये जाते थे।[127] देश की आर्थिक स्थिति बिगड़ती जा रही थी। राज्य-संरक्षण न मिलने से व्यापार तथा कला-कौशल की उन्नति न हो पाती थी। किसान कर-बोझ से व्याकुल थे। सारांश यह कि शासकों के हृदय में प्रजा के कल्याण का ध्यान न था।[128]

यद्यपि इस काल में स्थापत्य के अनेक कार्य हुए पर उनका उद्देश्य केवल शासकों की अभिलाषा पूर्ण करना था। जब धार्मिक तथा सामाजिक परतन्त्रता इतनी अधिक थी तो व्यक्तिगत स्वतन्त्रता की तो बात ही क्या? धार्मिक कृत्यों के साथ सामाजिक उत्सवों पर भी प्रतिबन्ध लग गये। नाटक संगीत आदि की कला तो प्रायः लुप्त हो गयी थी। सभ्यता और संस्कृति का ह्रास होने लगा। देश की विपन्नावस्था में साहित्य की उन्नति सम्भव न थी। प्राचीन साहित्य नष्ट किया गया। पोथियों को जलाकर हम्माम गरम किये गये फलस्वरूप ज्ञान-भाण्डार का अधिकांश नष्ट हो गया। शारीरिक शक्ति-संवर्द्धन एवं शस्त्रास्त्र विद्या के लिए स्थान नहीं रह गया।

समाज नैराश्य में डूबा हुआ था। मनुष्य जब सब ओर से निराश हो जाता है तो उसका ध्यान अखिल लोक-रक्षक भगवान् की ओर अनायास आकर्षित होता है। ऐसी अवस्था में भक्ति-भावना का उदय स्वाभाविक है। कबीर ने वर्गों के वैमनस्य को दूर करने तथा सर्वसाधारण को भक्ति की ओर लाने का प्रयास किया। पर निर्गुण ब्रह्म की उपासना का उपदेश देने के कारण उनका सिद्धान्त लोकप्रिय न हो सका। उस समय भगवान् के उस सगुण रूप की आवश्यकता थी जो विपत्ति में धैर्य दे। असहायावस्था में सहायता के लिए हाथ बढ़ावे तथा स्वय शस्त्रास्त्र धारण कर अत्याचारियों का विनाश कर सके।

सूर ने भगवान् का सौन्दर्यमय रूप रखा। इससे जीवन में आनन्द की अनुभूति हुई। उनके पराक्रमी तथा लोक-रक्षक स्वरूप की उपेक्षा की गयी। सूर की भक्ति में उत्साह का वह रूप नहीं मिल सका जो मानव को जीवन-संघर्ष में कर्त्तव्य-पालन की प्रेरणा देता है। तुलसीदास ने अपनी सूक्ष्म दृष्टि तथा विवेक से जनता की आवश्यकता का अनुभव किया। उन्होंने रामचरित की उपयोगिता का महत्त्व समझा और राम-भक्ति के द्वारा समाज में नयी स्फूर्ति तथा कर्मठता लाने का निश्चय किया।

गोस्वामी तुलसीदास की सामाजिक दृष्टि

विशेष उद्देश्य से संघटित जन समूह समाज कहलाता है। सामाजिक जीवन मनुष्य का स्वभाव है। समाज का निर्माण व्यक्ति से होता है। अतः व्यक्ति इसकी इकाई हुआ। विकास-क्रम के अनुसार प्रथम परिवार बना उसके अनन्तर समाज। समाज की व्यवस्था के लिए राज्य की आवश्यकता पड़ी। राज्यों का विकास या संघटन राष्ट्र के रूप में हुआ। मानव-व्यवहार के दो पक्ष हैं। प्रथम पक्ष, जिन व्यक्तियों के सम्पर्क में आता है उनके प्रति क्या व्यवहार हो। दूसरा, जिन स्थानों के साथ उसका सम्बन्ध है उसके प्रति क्या करना चाहिए। गोस्वामी जी की व्यापक दृष्टि जीवन के इन सभी रूपों के ओर रही है।

व्यक्तिगत जीवन में उन्होंने सदाचार का महत्त्व सबसे अधिक माना है। सदाचार वास्तव में मानव-कल्याण की आचारावली है। राम का आदर्श रखकर गोस्वामी जी ने जन-मानस को आकर्षित किया। राम जनक की फुलवारी में सीता को देखकर मुग्ध होते हैं पर अपने आचरण पर दृढ़ विश्वास है कि परायी स्त्री का ध्यान उन्हें स्वप्न में भी नहीं हो सकता। सदाचारी व्यक्ति बड़े-से-बड़े प्रलोभन को ठुकरा देता है। अपने प्राणों की आहुति देकर भी वह विचलित नहीं होता। शूर्पणखा के प्रणय-प्रस्ताव को ठुकराने से राम को कितनी भयंकर परिस्थितियों का सामना करना पड़ा पर वे अडिग रहे, हिमालय की भाँति अडिग। सदाचार की विजय हुई। सदाचारी लोक-पूज्य होता है। सभी उसे आदर की दृष्टि से देखते हैं। उसके प्रति श्रद्धा रखते हैं। यह श्रद्धा या भक्ति स्वयमेव स्थापित होती है। वन-मार्ग में राम के सदाचार के कारण ग्रामीण तथा वन्य व्यक्ति भी उन पर श्रद्धा रखते हैं। उनके दुःख से दुःखी होते हैं। यह सहानुभूति मात्र नहीं है अपितु उन्हें कर्त्तव्य-पालन की ओर अग्रसर करनेवाली है। वे राम की सेवा कर धन्य होते हैं। तुलसीदास जी ने तत्कालीन आचारहीनता का विरोध किया। राम का आदर्श रखकर उन्होंने जन-मानस की मनोवैज्ञानिक चिकित्सा की। सदाचार का कोरा उपदेश रुचिकर नहीं होता और न उसके प्रति उत्साह की भावना ही उत्पन्न होती है। सदाचारी व्यक्ति को देखकर तदनुरूप बनने की प्रेरणा मिलती है। मनुष्य श्रद्धास्पद व्यक्ति का कृपा-पात्र बनने में सौभाग्य समझता है। वह आनन्द से उस मार्ग पर चल पड़ता है।

सदाचार के दो अंग हैं—उत्तम कार्य तथा उच्च विचार। जो उच्च विचार रखता हुआ उत्तम कर्म करता है वही सदाचारी है। उसमें मन, वचन तथा कर्म तीनों की उच्चता पायी जाती है। व्यक्तिगत जीवन के विकास के लिए अनिवार्य है कि मनसा, वाचा, कर्मणा तीनों दृष्टियों से उच्चता का सम्पादन किया जाय। गोस्वामी जी ने राम के आदर्श द्वारा इसे मूर्त रूप दिया। जो मन में है वही राम कहते हैं और उसी के अनुसार कार्य भी करते हैं। सुग्रीव को एक बार अपना लिया तो जीवनपर्यन्त उसका निर्वाह किया।

गोस्वामी जी सद्गुण का प्रचार करना चाहते थे। राम में उन्होंने सभी सद्गुणों का समावेश किया। प्राचीन मर्यादा तथा स्वास्थ्य-विधान की दृष्टि से राम प्रातःकाल ब्रह्म मुहूर्त्त में उठते हैं। नित्य कर्म से निवृत्त हो सन्ध्या-वन्दनादि करते हैं। ध्यान से हृदय पवित्र होता है। पवित्र हृदय में सर्वदा सद्गुण ग्रहण करने की लालसा रहती है। अतः मानव-जीवन में सद्गुण की प्रवृत्ति उत्पन्न करने के लिए ईश-वन्दना या ध्यान करना आवश्यक है। उपास्यदेव होने पर भी राम सन्ध्या-वन्दनादि करते हैं तो भक्त अवश्यमेव ध्यानमग्न होकर अन्तःकरण की पवित्रता के लिए प्रयत्न करेगा। धर्म की व्यापक साधना में कर्त्तव्य का महत्त्वपूर्ण स्थान है। विश्व कर्मक्षेत्र है। यहाँ करणीय कर्म प्रधान लक्ष्य होना चाहिए। राम प्रत्येक परिस्थिति में कर्त्तव्य का पालन करते हैं। घोर विपत्ति में भी उन्हें अपने कर्त्तव्य का ध्यान रहता है। लक्ष्मण-शक्ति के समय उन्हें सबसे अधिक ध्यान विभीषण के प्रति कर्त्तव्य का है। कर्त्तव्य-पालन में प्रायः धैर्य छूट जाता है पर राम कभी विचलित नहीं होते। विषम परिस्थिति का सामना धैर्यपूर्वक करते हैं। इससे प्रत्येक व्यक्ति को प्रेरणा मिलती है। वह जीवन-संघर्ष से अभिभूत नहीं होता अपितु रात की भाँति दुःख तथा सुख में सम भाव रखता है। मोह जीवन को घेरे रहता है। वह सारे अनर्थों की जड़ माना जाता है पर राम मोह के चक्कर में पड़ते ही नहीं। राज्याभिषेक का समाचार पाकर न तो उसके प्रति राग की भावना उत्पन्न होती है और न वनवास की आज्ञा सुनकर उन्हें दुःख होता है। यदि वे मोह में फँसते तो अयोध्या का दृश्य बदल जाता। निर्लिप्तता की जो पावन धारा राम तथा भरत के चरित्र में प्रवाहित होती है उसका कहीं पता भी न चलता। इस मोह-त्याग का मूलाधार निःस्वार्थ भावना है। संसार के इतिहास में मोह तथा स्वार्थपरता का नग्न ताण्डव विनाश का प्रधान कारण है। पर तुलसीदास जी व्यक्ति के जीवन को इन क्षुद्र प्रवृत्तियों से ऊपर उठाना चाहते हैं।

आत्मा की शान्ति जीवन की प्रबल लालसा है। इसके लिए सद्भावना की आवश्यकता पड़ती है। ईर्ष्या, द्वेष, लोभ, क्रोध तथा मात्सर्य मन में अनेक दुर्भावनाएँ उत्पन्न करते हैं। मनुष्य इनसे पिण्ड छुड़ाना

चाहता है पर इस प्रकार की साधना अत्यन्त कठिन होती है। इसके लिए चित्त पर अधिकार करना पड़ता है। इनकी ओर मन की स्वाभाविक प्रवृत्ति रहती है। अतः यह कार्य और भी दुष्कर हो जाता है। गोस्वामी जी ने रामचरित के द्वारा इन प्रवृत्तियों का परिष्कार करने के लिए सद्भावना का सहारा लिया है। राम की सद्भावना सार्वजनीन है। उनका चित्त इतना सरल है कि कुटिल कैकेयी के प्रति भी उसमें आक्रोश नहीं आता। व्यक्तिगत जीवन के लिए यही साधना श्रेयस्कर है। पर धर्म की अथवा यों कहें कि सार्वजनिक हित-हानि की अवस्था में ही वे क्रोध करते हैं। राम के क्रोध में विशेषता है कि सबके अपकारी व्यक्ति की दुष्टता रोकते हैं पर उसकी हानि का विचार तक उनके मन में नहीं आता। असद् के प्रति ईर्ष्या, द्वेष या वैमनस्य कर्त्तव्य का अंग है। वह धर्म का रक्षक है। इस प्रकार सन्मार्ग पर लाकर इन प्रवृत्तियों का परिष्कार तुलसीदास की अद्भुत सूझ है। सबके प्रति सद्भावना का यह मनोवैज्ञानिक उपचार अन्यत्र दुर्लभ है।

उपकार की स्वीकृति स्वभाव को उच्चता की ओर ले जाती है। राम का स्वभाव इसकी ओर सदैव उन्मुख है। वे उपकारी के प्रति कृतज्ञता-ज्ञापन में कभी नहीं हिचकते। साधारण-से-साधारण उपकार के प्रति आभार प्रदर्शित करते हैं। हनुमान् के उपकारों का कथन किस आनन्द से करते हैं। इसे देखकर कौन राम के कार्यों में योग देने की साध न रखेगा? जीवन में यदि कृतज्ञता-प्रकाश का उचित स्थान रहे तो किसी काम में बाधा नहीं पड़ सकती, अपितु सभी व्यक्ति योग देने के लिए प्रस्तुत हो सकते हैं। सर्वप्रथम व्यक्ति परिवार के सम्पर्क में आता है। पारिवारिक जीवन सामाजिक जीवन की पूर्व पीठिका है। परिवार में सर्वोच्च स्थान माता का है।[129] इसका प्रतिपादन गोस्वामी जी ने बड़े उपयुक्त अवसर पर किया है। कौसल्या जी वनवास की आज्ञा पर कहती हैं यदि पिता ने वन की आज्ञा दी है तो मैं माता के अधिकार से मना करती हूँ। यदि पिता तथा माता कैकेयी दोनों की आज्ञा हो तो वन अवश्य जाओ। वन तुम्हारे लिये सैकड़ों अवध से बढ़कर है।[130] प्रश्न उठ सकता है कि भरत ने माता को फटकार क्यों बतलायी? इसका उत्तर अत्यन्त सीधा है। सामाजिक जीवन में भक्ति का महत्त्व वहीं तक होता है जहाँ तक उसके कार्य समाज-विरोधी न हों। समाज का नाश करनेवाला पूज्य व्यक्ति भी उपेक्षणीय है। इसी का आभास 'जाके प्रिय न राम वैदेही' में स्पष्ट मिल जाता है।

भ्रातृत्व का उदाहरण रामचरितमानस की अपनी विशेषता है। राम छोटे भाई भरत के लिए राज्य छोड़ने में अपना सौभाग्य समझते हैं। जिस भरत के लिए सारा षड्यन्त्र रचा गया वे राज्य को ठोकर मार देते हैं। ऐसी दशा में भ्रातृ-द्रोह के लिए कहाँ स्थान रह सकता है? लक्ष्मण का त्याग तथा लक्ष्मण-शक्ति के समय राम का विलाप हृदय को पवित्र प्रेम से परिपूर्ण कर देता है।

सीता के द्वारा सास-ससुर की पूजा का विधान करके पातिव्रत धर्म का कैसा अनूठा निरूपण हुआ है। सास-ससुर पूज्य हैं[131] उनकी सेवा नारी का धर्म है पर परम धर्म कुछ और है और उसके अभाव में जीवन के सब सम्बन्ध 'तरनि ते ताते' हैं।[132]

दाम्पत्य जीवन का निखार विपत्ति में होता है। सम्पत्ति में प्रेम की वास्तविकता की जाँच का अवसर नहीं आता। पर विपत्तिरूपी कसौटी प्रेम के खरे-खोटे होने की घोषणा स्पष्ट रूप से कर देती है। अयोध्या में रहकर सीता के पति-प्रेम का घनत्व प्रच्छन्न ही रह जाता है। वह वन में जाने पर निखर उठता है। राजकुमारी ने पलँग, गोद या हिंडोले को छोड़कर कठोर अवनि पर पैर भी नहीं रखा वह वन में स्वयं गृह-परिचर्या करती हैं। इस आदर्श ने न जाने कितने घरों में शान्ति स्थापित की होगी। स्त्री के लिए पातिव्रत धर्म की महत्ता सबसे अधिक है। उसका पालन न करने से लोक-परलोक दोनों बिगड़ते हैं। रावण द्वारा त्रस्त होने पर भी सीता की दृढ़ता ने कितनी नारियों के सतीत्व की रक्षा की। उनमें आत्म-बल का संचार हुआ। समाज के इस अर्द्धांग के सुधारने से उद्देश्य की पूर्णता नहीं हो सकती। पुरुषों के लिए

भी राम की भाँति एकनारी-व्रत धारण करना उतना ही आवश्यक है। नर तथा नारी जीवन-रथ के दो पहिये हैं। सुचारु गति के लिए दोनों का उत्तम होना आवश्यक है। गोस्वामी जी ने समाज की धारणा के अनुरूप नारी-चित्रण किया है पर 'सिया राम' का आदर्श रखकर संकेत इसी लक्ष्य की ओर किया।

चित्रकूट की सभा में गुरु-शिष्य, श्वसुर-जामाता, छोटे-बड़े के व्यवहार का जो आदर्श उपस्थित किया गया है वह अत्यन्त उत्कृष्ट है। सामाजिक जीवन के प्रायः सभी अंगों का चित्रण करके आदर्श समाज का चित्र उपस्थित किया गया।

राम ने सारा भार ज्ञानी जनक तथा गुरु वसिष्ठ पर रख दिया। भरत का भी परितोष कर दिया। पर पिता के वचनों का पालन करने के प्रस्ताव पर सबको सहमत कर लिया। समाज में व्यवहारकुशलता का यह उत्कृष्ट उदाहरण है।[133]

वैदिक युग से समाज में वर्णाश्रम-व्यवस्था का विधान है। गुण, कर्म तथा स्वभाव के अनुकूल ब्राह्मण, क्षत्रिय, वैश्य तथा शूद्र का विभाजन है। समाज को सुचारु रूप से संचालित करने के लिए बुद्धि तथा कार्यक्षमता की दृष्टि से बाँटना आवश्यक है। इसीलिए अत्यन्त प्राचीन काल से यह व्यवस्था चली आ रही है। कार्य की महत्ता, त्याग तथा उत्तरदायित्व के अनुसार इनके मान-सम्मान तथा सुविधाओं में अन्तर कर दिया गया। इसका तात्पर्य यह कदापि नहीं है कि कोई ऊँचा तथा दूसरा नीचा है। आवश्यकतानुसार सबका प्राप्य तो मिलना ही चाहिए। धीरे-धीरे ऊँच-नीच की भावना में अवांछनीय वृद्धि होती गयी। इस भावना ने देश के संघटन में अनेक व्यवधान उपस्थित किया। गोस्वामी जी ने निषाद, शबरी, जटायु आदि के साथ राम का आत्मीय व्यवहार दिखाकर इस गत्यवरोध को दूर करने का प्रयत्न किया। सामाजिक संघटन की दृष्टि से उनका यह कार्य अत्यन्त महत्त्वपूर्ण रहा। इसके द्वारा केवल हिन्दू ही नहीं यवन श्वपच आदि भी आश्वस्त हुए। सभी एकता के सूत्र में बँध गये। राष्ट्र में नव चेतना की लहर फैल गयी।

नियम तो समाज के द्वारा बनाये जाते हैं। उनका उद्देश्य व्यक्तिगत जीवन के साथ-साथ समाज का उत्थान रहता है। सामाजिक हित के लिए कभी व्यक्ति को त्याग करना पड़ता है कभी उसे स्वयं कष्ट उठाकर भी सर्वहितकारी कार्यों में योग देना पड़ता है। सभी मनुष्य एक-सी प्रवृत्ति के नहीं होते। अतः कुछ व्यक्ति उन नियमों में आबद्ध होना नहीं चाहते। उनके ऊपर नियन्त्रण के लिए राज्य-शासन की आवश्यकता पड़ती है अर्थात् राज्य-व्यवस्था सामाजिक संघटन का वह रूप है जिसमें नियमों का पालन अनिवार्य रूप से करना ही पड़ता है। नियमोल्लंघन के लिए दण्ड का विधान है। पर उसका भी लक्ष्य समाज-कल्याण ही है। गोस्वामी जी ने राज्य का भी आदर्श हमारे सम्मुख रखा। वह राजाओं का युग था। राजा और प्रजा का सम्बन्ध कैसा होना चाहिए उसका निरूपण राजा राम के व्यवहार में मिलता है। सर्वप्रथम राज्याभिषेक में उन्होंने प्रजातान्त्रिक भावना का आभास दिया। दशरथ जी मन्त्रियों तथा गुरु से परामर्श करने के उपरान्त निर्णय पर पहुँचते हैं। यह स्वेच्छाचारी तथा निरंकुश मुसलमानी शासन में गोस्वामी जी का बहुत बड़ा साहस है। राम इतने लोकप्रिय शासक हैं कि वन-गमन के समय लाख समझाने पर प्रजा उनके साथ वन को चल देती है। विवश होकर सारथी को रथ इस प्रकार हाँकना पड़ता है कि लीक का पता न चले। उसी राजा का शासन सफल है जिसके राज्य में प्रजा सुखी हो। यदि प्रजा दुःखी है तो राजा को नरक यातना भोगनी पड़ेगी। उसका कर्त्तव्य है कि वह प्रजा को दैविक, दैहिक तथा भौतिक तापों से मुक्त करे। उसकी सब प्रकार की उन्नति की व्यवस्था करे चाहे वह लौकिक हो या आध्यात्मिक। आज धर्म का राजनीतिक क्षेत्र में स्थान नहीं है पर यह भ्रम धर्म के संकुचित अर्थ के कारण उत्पन्न हो गया है। वास्तव में धर्म का अर्थ बहुत व्यापक है। आज क्या सभी समय धर्म की आवश्यकता जीवन के प्रत्येक क्षेत्र में पड़ती है। अतः धर्म तथा राज्य अन्योन्याश्रय हैं। भारतीय संस्कृति में इनके यही रूप हैं। राजदण्ड की व्यवस्था के मूल में कल्याण की भावना होनी चाहिए। गोस्वामी जी तत्कालीन

राज्य की कठोर दण्ड-व्यवस्था को अनुचित मानते हैं। उनका उद्देश्य केवल दण्ड देना प्रतीत होता है। राज्य को प्रजा के सुख तथा ऐश्वर्य के लिए प्रयत्नशील होना चाहिए। रामराज्य का आदर्श देश-काल तथा परिस्थिति की सीमा का अतिक्रमण करता है अतः वह शाश्वत है।

सामाजिक तथा राजकीय नियमों के अतिरिक्त कुछ नियम ऐसे हैं जो हमें भिन्न-भिन्न परिस्थितियों में कर्त्तव्याकर्त्तव्य का ज्ञान कराते हैं। इनका पालन करना पूर्णतः स्वेच्छा पर निर्भर है। मनीषी एवं मेधावी व्यक्तियों ने अनुभवगम्य इन नियमों का कथन सूक्ति या नीति के रूप में किया। बुद्धिमान् के लिए इनकी उपयोगिता भले ही न हो पर अबुध के लिए तो ये पथ-प्रदर्शक का कार्य करते हैं। गोस्वामी जी ने इस प्रकार की सूक्ति या नीति का उल्लेख स्थान-स्थान पर किया है। जटिल परिस्थिति में मनुष्य किंकर्त्तव्यविमूढ़ हो जाता है। उसे या तो सोचने का अवसर नहीं मिलता या वह विवेक खो बैठता है उस समय इनकी उपयोगिता स्वयं सिद्ध हो जाती है। किसी सूक्ति या नीति का अवलम्बन ग्रहण कर वह कर्त्तव्य पर चल पड़ता है। बुद्धि का थोड़ा-सा उपयोग करके वह सफलता प्राप्त कर सकता है। गोस्वामी जी की नीति तथा सूक्ति आज भी हमारा पथ-प्रदर्शन कर रही है। समाजोत्थान के लिए उन्होंने रामचरितमानस का आदर्श रखा और बड़ी धूम-धाम से रामचरित का प्रचार करने में जुट गये। गोस्वामी जी की कुशाग्र बुद्धि ने जितने उपाय सोचे उन सबको उन्होंने मूर्त रूप प्रदान किया। इससे तत्कालीन समाज का ही नहीं भावी पीढ़ी का भी कल्याण हुआ। उनकी सामाजिक धारा भविष्य में भी सम्यक् रूप से प्रवाहित होती रहेगी।

सन्दर्भ-सूची

1. अभ्यूर्णोति यन्नग्नंऽभिषक्ति विश्वं यत्तुरम्। प्रेमन्धः स्यत् निःश्रोणोऽभूत। (ऋग्वेद, 8/19/2)
2. चरन कमल बन्दौं हरि राइ।
   जाकी कृपा पंगु गिरि लंघै, अंधरे को सब कछु दरसाइ। (सूरदास)
   मूक होहिं बाचाल, पंगु चढ़ै गिरिवर गहन।
   जासु कृपा सो दयाल, द्रवौ सकल कलिमल दहन।।
   तुलसीदास : रामचरितमानस (काशिराज संस्करण, पृ. 1, सो. 2)
   मूकं करोति वाचालं पंगुं लंघयते गिरिम्।
   यत्कृपा तमहं वन्दे परमानन्द माधवम्।।(व्यास जी)
3. त्वं महीभवनिं विश्वयेनाम्, तुर्वीतये वैयाय क्षरन्तीम्।
   अरमयो नमसेज दर्णः, सुतरणां अकृणोः इन्द्र सिन्धून्।। (ऋग्वेद 4/19/6)
4. नाम अजामिल से खल कोटि, अपार नदी भव बूड़त काढ़े।
   जो सुमिरे गिरि मेरु सिलाकन होत, अजासुर बारिधि बाढ़े।।
   तुलसी जेहि के पद-पंकज तें प्रगटी तटिनी, जौ हरे अघ गाढ़े।
   ते प्रभु या सरिता तरिये कहुं, माँगत नाव करारे ह्वै ठाढ़े।।
   (तुलसीदास : कवितावली, पृ. 23, सवैया सं. 5)
5. समः पितेव सूनये। (ऋग्वेद 3/53/2)
6. सखे बज्रिन सखिनाम्। (ऋग्वेद 1/30/11)
7. पतीव पत्नी रूशतीरुशन्नं स्पृशन्ति त्वा शवसावन् मनीषाः। (ऋग्वेद 1/57/11)
8. वैष्णव धर्म : परशुराम चतुर्वेदी, पृ. 9.
9. गोस्वामी : द भक्ति कल्ट इन ऐन्शिएण्ट इण्डिया, पृ. 6.
10. इन्द्रं मित्रं वरुणमग्निमाहुरथो दिव्यः स सुपर्णो गरुत्मान्।
    एकं सद्विप्रा वदन्ति वदन्त्यग्निं यमं मातरिश्वानमाहुः।। (ऋग्वेद 1/164/143)

11. भारतीय साधना और सूर साहित्य : डॉ. मुन्शीराम शर्मा, पृ. 5.
12. कर्माणि, दान, यज्ञाश्च स्वाध्यायो योग एव च।
हरिं विना न सिध्यन्ति काम्यानपि मुनीश्वरा।। (वृहद् संहिता चतुर्थ पाद)
13. इमं विवस्वते योगं प्रोक्तवानहमव्ययम्।
विवस्वान्मनवे प्राह मनुरिक्ष्वाकवेऽब्रवीत्।।
एवं परम्पराप्राप्तमिमं राजर्षयो विदुः।
स कालेनेह महता योगो नष्टः परन्तप।। (गीता 4/1-2)
14. डॉ. मुन्शीराम शर्मा : भारतीय साधना और सूर साहित्य, पृ. 5.
15. अग्नि, वायु, रविभ्यस्तु त्रयं ब्रह्म सनातनम्।
दुदोह यज्ञ सिद्धयर्थम् ऋग्, यजुः साम लक्षणम्।। (मनु. 1/23)
16. यो वै भूमा तत्सुखम् नाल्पे सुखमस्ति।। (छान्दोग्य उपनिषद् 7/23)
17. अक्षर पर्यन्तं गणितानन्दत्वात् पुरुषोत्तमस्य एवं आनन्दमयत्वेन निरवधि सुखात्मकत्वात् एव भूमा।। (ब्रह्मसूत्र 3/3/47 का अणुभाष्य, पृ. 1136)
18. यतोऽभ्युदय निःश्रेयस् सिद्धिः स धर्मः। (कणाद वैशेषिक, 1-2)
19. त्रिविध दुःखात्यन्त निवृत्तिरत्यन्त पुरुषार्थः। (कपिल सांख्य 1-1)
20. लोकेऽस्मिन्द्विविधा निष्ठा पुरा प्रोक्ता मयानघ।
ज्ञानयोगेन सांख्यानां कर्मयोगेन योगिनाम्।। (श्रीमद्‌भगवद्‌गीता 3/3)
21. योगास्त्रयो मया प्रोक्ता नृणां श्रेयोविधित्सया।
ज्ञानं कर्मं च भक्तिश्च नोपायोऽन्योऽस्ति कुत्रचित्।। (श्रीमद्‌भागवत, 11/20/6)
22. सर्वं कर्माखिलं पार्थ ज्ञाने परिसमाप्यते। (भगवद्‌गीता, 4/33)
सर्वं ज्ञानप्लवेनैव वृजिनं सन्तरिष्यसि। (भगवद्‌गीता, 4/36)
ज्ञानाग्निः सर्वकर्माणि भस्मसात्कुरुते तथा। (भगवद्‌गीता, 4/37)
श्रद्धावाँल्लभते ज्ञानं तत्परः संयतेन्द्रियः।
ज्ञानं लब्ध्वा परां शान्तिमचिरेणाधिगच्छति।। (भगवद्‌गीता, 4/39)
23. यस्य देवे पराभक्ति यथा देवे तथा गुरौ।
तस्यै ते कथिता ह्यर्थाः प्रकाश्यन्ते महात्मनः।। (श्वेताश्वतर उपनिषद् ।।23।।)
24. डॉ. मुन्शीराम शर्मा : भारतीय साधना और सूर साहित्य, पृ. 28.
25. नायमात्मा प्रवचनेन लभ्यो न मेधया न बहुना श्रुतेन।
यमेवैष वृणुते तेन लभ्यस्तस्यैष आत्मा वृणुते तनूँ स्वाम्।। (कठोपनिषद् 2/3)
26. यामियां पुष्पितां वाचं प्रवदन्त्यविपश्चितः।
वेदंवादरताः पार्थं नान्यदस्तीति वादिनः।।
कामात्मानः स्वर्गपरा जन्मकर्मफलप्रदाम्।
क्रियाविशेषबहुलां भोगैश्वर्यगीतिं प्रति।।
भोगैश्वर्यप्रसक्तानां तयापहृतचेतसाम्।
व्यवसायात्मिका बुद्धिः समाधौ न विधीयते। (गीता 2/42-44)
27. वही, 2/47
28. वही, 2/48
29. भक्त्या मामभिजानाति यावान्यश्चास्मि तत्त्वतः।
ततो मां तत्त्वतो ज्ञात्वा विशते तदनन्तरम्। (गीता 18/55)
30. सर्वकर्माण्यपि सदा कुर्वाणो मद्व्यपाश्रयः।
मत्प्रसादादवाप्नोति शाश्वतं पदमव्ययम्। (वही 18/56)

31. डॉ. मुन्शीराम शर्मा : भारतीय साधना और साहित्य, पृ. 32.
32. ब्राह्मं, शैवं, वैष्णवं च सौरं शाक्तं तथार्हतम्।
षड्दर्शानि चोक्तानि स्वभाव नियतानि च।।16।।
एतदन्यच्च विविधं पुराणेषु निरूपितम्।।17।। (वायुपुराण, द्वितीय खण्ड, अध्याय 42)
33. न साधयति मां योगो न सांख्यं धर्म उद्धव।
न स्वाध्यायस्तपस्त्यागो यथा भक्तिर्मभोर्जिता।।20।। (भागवत स्कन्ध 11, अध्याय 14)
34. भक्त्याहमे वया ग्राह्यः श्रद्धयाऽऽत्मा प्रियः सताम्
भक्तिः पुनाति मन्निष्ठा श्वपाकानपि सम्भवात्।।21।।
वाग्गद्गदा द्रवते यस्य चित्तं रुदत्यभीक्ष्णं हसति क्वचिच्च।
विलज्ज उद्गायति नृत्यते च मद्भक्तियुक्तो भुवनं पुनाति।।24।।
यथाग्निना हेम मलं जहातिध्मातं पुनः स्वं भजते च रूपम्।
आत्मा च कर्मानुशयं विधूय मद्भक्तियोगेन भजत्यथौ माम्।।25।।
यथा यथाऽऽत्मा परिमृज्यतेऽसौ मत्पुण्यगाथाश्रवणाभिधानैः।
तथा तथा पश्चति वस्तु सूक्ष्मं चक्षुर्यथैवाञ्जन सम्प्रयुक्तम्।।26।। (श्रीमद्भागवत, स्कन्ध 11, अध्याय 14)
35. नारायण परोधर्मः पुनरावृत्ति दुर्लभः।
प्रवृत्ति लक्षणश्चैव धर्मो नारायणात्मकः।। (महाभारत, नारायणीय उपाख्यान)
36. स वै पुंसां परो धर्मो यतो भक्तिरधोक्षजे।
अहैतुक्यप्रतिहता ययाऽऽत्मा सम्प्रसीदति।। (श्रीमद्भागवत 1/2/6)
37. सा परानुरक्तिरीश्वरे। (शाण्डिल्य भक्तिसूत्र)
38. गीता (11/48, 53-54)
39. नारदभक्तिसूत्र 7.
40. वही, 25.
41. वही 38 (मुख्यतस्तु महत्कृपयैव भगवत्कृपालेशाद्वा।)
42. श्रवणं कीर्तनं विष्णोः स्मरणं पादसेवनम्।
अर्चनं वन्दनं दास्यं सख्यमात्मनिवेदनम्।। (श्रीमद्भागवत 7/5/23)
43. आचार्य विश्वनाथप्रसाद मिश्र : हिन्दी साहित्य का अतीत, पृ. 149.
44. वही, पृ. 155.
45. राय चौधरी : अर्ली हिस्ट्री ऑफ वैष्णविज्म, पृ. 110-111.
46. आचार्य विश्वनाथप्रसाद मिश्र : हिन्दी साहित्य का अतीत, पृ. 226.
47. सेवक सेव्य भाव बिनु भव न तरिय उरगारि। (तुलसी : रामचरितमानस)
48. डॉ. भगवतीप्रसाद सिंह : राम-भक्ति में रसिक सम्प्रदाय, पृ. 277.
49. वही, पृ. 277.
50. स. सिं. चन्द्रिका, पृ. 55.
51. राघवेन्द्र रहस्य रत्नाकर पत्रक 5.
52. 'जीवन के उद्धार हित लीला तन अनुमान'। (अनन्य तरंगिनी, पृ. 2)
53. बिना श्री मंत्र राजेन श्री चिन्तामणि संज्ञिना,
बिना द्वयानुसंधानमनन्य शरणं बिना।।
बिना चायूर्य प्रसादेन बिना बननिषेवया।
श्री नारायण संभोग लीला नैवावलोक्यते।। (वृहद् ब्रह्म संहिता, पृ. 69-70)
54. मधुराचार्य–(रामतत्त्व प्रकाश, पृ. 186)
55. डॉ. भगवतीप्रसाद सिंह : राम-भक्ति में रसिक सम्प्रदाय, पृ. 281.
56. मधुराचार्य–रामतत्त्व प्रकाश, पृ. 271.

57. डॉ. भगवतीप्रसाद सिंह : राम-भक्ति में रसिक सम्प्रदाय, पृ. 281.
58. द्रष्टव्य, वृहद् कोसल खण्ड।
59. श्रवणं कीर्तनं विष्णोः सख्यमात्मनिवेदनम्। (श्रीमद्‌भागवत 7/5/23)
60. रामचरितमानस, काशिराज संस्करण, पृ. 15, 30/3-4.
61. ए. बी. कीथ, इण्डियन ऐण्टिक्वेरी, भाग 23, पृ. 52.
62. यच. याकोबी : हंस रामायण, पृ. 101.
63. फादर कामिल बुल्के : रामकथा, पृ. 436.
64. ए. डब्ल्यू. श्लेगेल : जर्मन ओरिएण्टल जर्नल, भाग 3, पृ. 372.
65. जी. गोरेसियो : रामायण, भाग 10 भूमिका।
66. फादर कामिल बुल्के : रामकथा, पृ. 153-159.
67. पद्‌म पुराण उत्तरखण्ड, रामरक्षा स्तोत्र, अध्याय 74.
68. कामिल बुल्के : रामकथा, पृ. 164.
69. यः पृथ्वी भरवारणाय दिविजैः संप्रार्थितश्चिन्मयः।
संजातः पृथिवी तले रविकुले माया मनुष्यो व्ययः।।
निश्चक्रं हत राक्षसः पुनरगाद् ब्रह्मत्वमाद्यं स्थिरां।
कीर्तिं पाप हरां विधाय जनतां तां जानकी शंभजे।। (अध्यात्म रामायण)
70. बलदेव उपाध्याय : भागवत सम्प्रदाय, पृ. 292.
71. दशरथस्य सुतं तं बिना अन्यं शरणावान्नास्मि। (आचार्य रामचन्द्र शुक्ल : हिन्दी साहित्य का इतिहास, पृ. 109)
72. कामिल बुल्के : रामकथा, पृ. 150.
73. भण्डारकर : वैष्णविज्म ऐण्ड शैविज्म, पृ. 47.
तथा, बलदेव उपाध्याय : भागवत सम्प्रदाय, पृ. 192-193, 262.
74. हूपर : ह्विम्स ऑफ दि आलवार्स, पृ. 12-13.
75. नाभादास : भक्तमाल, छप्पय 44.
76. डॉ. मुन्शीराम शर्मा : भक्ति का विकास, पृ. 360.
77. जर्नल श्री वेंकटेश्वर ओरिएण्टल इन्स्टीट्यूट तिरुपति, भाग 3, 1942, पृ. 166.
78. कामिल बुल्के : रामकथा, पृ. 150.
79. बलदेव उपाध्याय : भागवत सम्प्रदाय, पृ. 262.
80. वही, पृ. 267.
81. आचार्य रामचन्द्र शुक्ल : हिन्दी साहित्य का इतिहास, पृ. 109.
82. बलदेव उपाध्याय : भागवत सम्प्रदाय, पृ. 243.
83. वन्दे राघवाचार्यं रामानुज कुलोद्‌भवम्।
याम्यादुत्तरमागत्य राम मन्त्र प्रचारकम्।।(मन्त्र प्रकाश, चौथी तरंग)
84. आचार्य विश्वनाथप्रसाद मिश्रः हिन्दी साहित्य का अतीत, पृ. 226.
85. डॉ. ईश्वरी प्रसाद : हिस्ट्री ऑफ मेडिवल इण्डिया, पृ. 465-470.
86. आचार्य रामचन्द्र शुक्ल : हिन्दी साहित्य का इतिहास, पृ. 109.
87. परशुराम चतुर्वेदी : वैष्णव धर्म, पृ. 111.
88. दसरथ सुत तिहुं लोक बखाना। रामनाम का मरम है आना। (कबीर)

89. आचार्य विश्वनाथप्रसाद मिश्र : हिन्दी साहित्य का अतीत, पृ. 226.
90. आचार्य रामचन्द्र शुक्ल : गोस्वामी तुलसीदास, पृ. 15.
91. निर्गुन रूप सरल अति सगुन न जानै कोय।
    सुगम अगम नाना चरित सुनि मुनि मन भ्रम होय।।
92. सीय राममय सब जग जानी। करौं प्रनाम जोरि जुग पानी।।
    रामचरितमानस (काशिराज संस्करण), (बालकाण्ड 8/2)
93. ऐसो को उदार जग माहीं।
    बिनु सेवा जो द्रवै दीन पर राम सरिस कोउ नाहीं। (विनय-पत्रिका, पद 162)
94. सेवक सेब्य भाव बिनु, भव न तरिय उरगारि।
    (रामचरितमानस (काशिराज-संस्करण) उत्तरकाण्ड 119, पृ. 451)
95. आचार्य विश्वनाथप्रसाद मिश्र : 'हिन्दी साहित्य का अतीत', पृ. 235.
96. रामचरितमानस (काशिराज संस्करण), बालकाण्ड, 8/2.
97. नागरी प्रचारिणी पत्रिका, वर्ष 60 संवत् 2012, अंक 1 में 'गौतम चन्द्रिका में तुलसीदास का वृत्तान्त' आचार्य विश्वनाथप्रसाद मिश्र का लेख।
98. आचार्य विश्वनाथप्रसाद मिश्र : 'हिन्दी साहित्य का अतीत', पृ. 233-34.
99. वही, पृ. 249-50.
100. आचार्य रामचन्द्र शुक्ल : 'तुलसीदास', पृ. 29.
101. कवितावली (गीताप्रेस), पृ. 32 अयोध्याकाण्ड, पद 19.
102. कवितावली (गीताप्रेस), अयोध्याकाण्ड, पद 19-20, पृ. 33.
103. रामचरितमानस (का. रा. सं.) बालकाण्ड सो. 261/7, पृ. 104.
104. वही, किष्किन्धाकाण्ड दो. 6, पृ. 296.
105. वही, अयोध्याकाण्ड, दो. 243, चौ. 7/8, पृ. 233.
106. वही, बालकाण्ड, दो. 282/8, पृ. 112.
107. वही, दो. 237/6 पृ. 95.
108. कवितावली (गीताप्रेस) अयोध्याकाण्ड, पद 21, पृ. 33.
109. रामचरितमानस (का. रा. सं.) अयोध्याकाण्ड, दो. 85/3, पृ. 176.
110. वही, किष्किन्धाकाण्ड, दो. 7/12।
111. कवितावली (गीताप्रेस) लंकाकाण्ड, पद 53, पृ. 100.
112. रामचरितमानस (काशिराज संस्करण) अयोध्याकाण्ड, दो. 42/1, पृ. 160.
113. वही, दो. 59/6, पृ. 166.
114. वही, दो. 59/5, पृ. 166.
115. वही, अयोध्याकाण्ड, दो. 258, पृ. 239.
116. वही, दो. 71/6.
117. दोहावली—लाला भगवानदीन 182.
118. रामचरितमानस (का. रा. सं.) उत्तरकाण्ड दो. 21/1, पृ. 406.
119. आचार्य रामचन्द्र शुक्ल 'गोस्वामी तुलसीदास', पृ. 36.
120. वही, पृ. 37.
121. आचार्य विश्वनाथप्रसाद मिश्र : 'हिन्दी साहित्य का अतीत', पृ. 250.
122. श्री रामदास गौड़ : रामचरितमानस की भूमिका, पृष्ठ 33.

123. श्री हरिहर विट्ठल दुगवेकर : श्री तुलसी जीवनी, पृ. 19.
124. नागरी प्रचारिणी पत्रिका वर्ष 60, अंक 1 में 'गौतम चन्द्रिका' में तुलसीदास का वृत्तान्त' शीर्षक लेख।
125. फ्रान्सिस्को का 'जहाँगीर्स इण्डिया, मोरलैण्ड द्वारा अनूदित, पृ. 47 से 54.
126. वदाऊनी की तारीख (रेकिंग द्वारा अनूदित) पृ. 549-551.
     तुजुक जहाँगीरी (रोजर्स तथा ब्रेवरिज द्वारा सम्पादित), पृ. 330-340.
127. सर यदुनाथ सरकार : मुगल एडमिनिस्ट्रेशन, पृ. 175.
128. इलियट : हिस्ट्री ऑफ इण्डिया, जिल्द 6, पृ. 406.
129. मातृमान्, पितृमान्, आचार्यमान्, पुरुषोवेद।
130. रामचरितमानस (काशिराज संस्करण) अयोध्याकाण्ड, 56/1-2.
131. वही, अयोध्याकाण्ड 61/5.
132. वही, 65/3.
133. वही, दोहा 253 से 306 तक।

रामलीला की उत्पत्ति तथा विकास

रामलीला का आदि स्रोत

रामकथा अत्यन्त प्राचीन काल से भारत में लोकप्रिय रही है। वैदिक युग में राम, सीता, दशरथ आदि नाम ग्रन्थों में आये हैं पर उनसे यह सिद्ध नहीं होता है कि वहाँ दाशरथि राम की चर्चा है। उपनिषद् तथा ब्राह्मण-काल में भी यही स्थिति है। रामकथा का सुगठित रूप सर्वप्रथम वाल्मीकीय रामायण में मिलता है। नाटकों के विकास में लिखा जा चुका है कि नाटक का मूल धार्मिक कृत्यों में मिलता है। वाल्मीकि के समय भी यज्ञादि के अवसर पर नाटक अवश्य होते रहे।[1]

नाटक के दो मुख्य रूप तो प्रायः संसार के सभी देशों में प्राप्त होते हैं। कुछ का सम्बन्ध धर्म-कथाओं तथा धार्मिक उत्सवों से रहा है। दूसरी श्रेणी उन प्रदर्शनों की है जिन्हें लौकिक कह सकते हैं। रामलीलाओं में कथोपकथन को संवाद कहते हैं। 'संवाद' शब्द लीला की परम्परा को वैदिक युग से जोड़ता है। वैदिक युग में यज्ञ के समय नाचने, गाने तथा संवाद का उल्लेख मिलता है। रामायण-काल में नाटकों का उल्लेख है। यही नहीं अपितु नटों का संघ भी होता था।[2] अतः रामचरित सम्बन्धी नाटक अवश्य अभिनीत होते रहे होंगे। वाल्मीकि के आश्रम में लव-कुश रामायण का गान करते थे। शत्रुघ्न अपने उपनिवेश से राम-दर्शन के लिए जाते समय ऋषि के आश्रम पर पहुँचे। ताल-लययुक्त रामचरित का गान सुनकर वे तथा अन्य सभी आश्चर्यान्वित हो गये। वे कहने लगे 'हम कहाँ हैं, क्या देख रहे हैं? क्या स्वप्न देख रहे हैं।'[3] इस गान में केवल संगीत मात्र न था। यदि होता तो वे कहते 'क्या सुन रहे हैं।' पर देखना शब्द कुछ विशेष दर्शनीय स्थिति की ओर संकेत करता है।

इसके अनन्तर अश्वमेध के समय वाल्मीकि ऋषि लव-कुश के साथ अयोध्या गये। उन्होंने दोनों शिष्यों को आज्ञा दी कि प्रसन्न तथा निर्भय हो रामायण का गान करो। उस आदेश में उन स्थानों का संकेत है जहाँ विशेष रूप से गान करना था।[4] अनुसन्धायक कुशीलव का सम्बन्ध लव-कुश से जोड़ते हैं। 'कुश-लव' 'नट' को कहते हैं।[5] अतः रामचरित के अभिनय का अनुमान स्वाभाविक है। रामचरित अभिनय का प्रभाव इतना अधिक बढ़ा कि अभिनेता नट को कुशीलव कहने लगे। लोकप्रियता के कारण इस प्रकार का नामकरण प्रायः होता है।

प्रचलित वाल्मीकीय रामायण के बालकाण्ड तथा उत्तरकाण्ड में राम-भक्ति का स्पष्ट उल्लेख है। इसके अनुसार भगवान् राम ब्रह्म के अवतार हैं। यदि उस समय रामचरित का अभिनय हुआ तो रामलीला का आदि स्रोत उसी को मानना चाहिए। पर उक्त दोनों काण्ड प्रक्षिप्त माने जाते हैं। अतः यह निर्भ्रान्त है कि राम अवतार की कल्पना के साथ ही रामलीला अस्तित्व में आयी।

वाराह और नृसिंह अवतार की लीलाओं का प्रदर्शन काशी तथा मथुरा में सम्यक् रूप से होता रहा है। यह निश्चित है कि ये अवतार राम के पहले के माने जाते हैं। अतः रामलीला का प्रचलन इस प्रकार लीलाओं के अनुकरण पर भी माना जा सकता है, यदि यह सिद्ध हो जाये कि ये लीलाएँ प्राचीन हैं।

राम का अवतार इतना प्रभावशाली माना जाता रहा है कि बौद्ध तथा जैन धर्मावलम्बियों ने राम को बोधिसत्त्व तथा आठवाँ बलदेव माना है। इन दोनों धर्मों की रामकथाओं में बड़ा अन्तर है। यह भी विचारणीय है कि अत्यन्त प्राचीनता के कारण ही ऐसे अन्तर सम्भव हैं। बौद्ध तथा जैन धर्म के बहुत पहले से ही रामचरित इतना लोकप्रिय रहा है कि उन्हें बोधिसत्त्व तथा बलदेव का रूप देने का लोभ संवरण नहीं किया जा सका। इसका कारण जनता के श्रद्धास्पद देवों को अपनाकर अपने धर्म का गौरव बढ़ाना था। जैन मन्दिरों में तो तीर्थङ्करों के जीवनचरित अभिनीत होते रहे।[6] बौद्ध भी भगवान् बुद्ध के जीवन की घटनाओं का अभिनय करते रहे।[7] सोचने की बात है कि जब राम को उन्होंने इतना महत्त्व दिया तो उनके चरित का अभिनय भी अवश्य होता रहा होगा। दूसरी सम्भावना यह भी है कि रामलीलाभिनय के आधार पर उन्होंने अपने यहाँ बुद्ध-चरित या तीर्थङ्करों के चरित का अभिनय जनता को आकृष्ट करने के लिए किया हो।

नाटक और लीला में मुख्य भेद यह है कि लीला में धार्मिक भावना और इष्ट के प्रति पूज्य भावना रहती है। नाटक की भाँति केवल शिक्षा या मनोरंजन की भावना इसमें नहीं है। बोधिसत्त्व या तीर्थङ्कर अवतार की भाँति ही पूज्य हैं। अतः आश्चर्य नहीं कि रामलीला से प्रेरणा ग्रहण करके उन्होंने अपने इष्ट-देवों की लीला की व्यवस्था की हो। पौराणिक युग में राम अवतार रूप में प्रतिष्ठित हो चुके थे। पद्म पुराण, हरिवंश पुराण तथा श्रीमद्भागवत में राम को विष्णु का अवतार माना गया है। उस युग में जहाँ नाटकों का प्रचलन था वहीं लीला नाम से प्रभु चरित अभिनय की भी व्यवस्था थी। हरिवंश पुराण के 93वें अध्याय में राम सम्बन्धी नाटक के अभिनय का उल्लेख मिलता है।[8] यह नाटक आदिकाव्य वाल्मीकि रामायण के आधार पर किया गया था। साहित्यिक सरस रचनाओं को अभिनीत करते तथा लेखबद्ध करते हैं। इसकी आलोचना भी होती है। अतः साहित्यिक परम्पराओं के अध्ययन का आधार मिल जाता है। पर भगवान् के लीलावलोकन द्वारा भक्ति-सागर में निमग्न होनेवाले भक्त इसकी आलोचना-प्रत्यालोचना से परे उसके दर्शन से ही प्रयोजन रखते हैं। अतः भक्तों के लीलावलोकन के आधार पर लीला के क्रमिक विकास का पता लगाना दुरूह है।

श्रीमद्भागवत में कृष्ण के अन्तर्धान हो जाने पर गोपिकाओं द्वारा कृष्णलीला करने की चर्चा आयी है।[9] इसके 'नारायणीयोपाख्यान' में राम को विष्णु का अवतार माना गया है। श्रीकृष्णावतार उनके बाद माना जाता है। श्रीकृष्ण के युग में राम के प्रति पूज्य एवं श्रद्धापूर्ण भावना विद्यमान थी। उस युग में रामलीला के आधार पर ही कृष्णलीला की भावना का उत्पन्न होना बहुत सम्भव है। गोपियों के मन में अचानक कृष्णलीला की भावना उत्पन्न होना सम्भव प्रतीत नहीं होता। यह दूसरी बात है कि कृष्ण-भक्ति की लहर इतनी तीव्र रही हो कि राम-भक्ति का विशद रूप सामने न आया हो पर उसका अस्तित्व ही न रहा हो ऐसी सम्भावना नहीं है।

दक्षिण के आलवार भक्तों का समय ईसा की प्रथम शताब्दी माना जाता है। कुलशेखर आलवार के कार्य-कलापों का वर्णन रामलीला अभिनय या समार्चन-पद्धति के अनुरूप हुआ है। रामार्चन में पूजा, आरती, गुण-गान संकीर्त्तन, नृत्य आदि का विधान है।[10] संकीर्त्तन, नृत्य तथा गान का विकसित रूप ही लीला का अभिनय है। जब इन कार्यों की व्यवस्था थी तो अभिनय की अवस्था भी अवश्य रही होगी। यही अभिनय रामलीला है।

पर्वोत्सव में भी रामलीला की भावना बीज रूप में निहित है। राम सम्बन्धी दो पर्व अत्यन्त महत्त्वपूर्ण हैं—पहला राम-जन्म (रामनवमी) तथा दूसरा विजयादशमी। रामजन्मोत्सव का विधान अनेक ग्रन्थों में

मिलता है। पारमेश्वर तन्त्र में रामजन्मोत्सव की विधि में लीला का भी संकेत है।[11] विष्वक्सेन संहिता के अनुसार राम-जन्म उत्सव में तेल चन्दन आदि का अंगराग लगाना, हल्दी के चूर्ण आदि के लेपन, नये वस्त्रों का धारण करना, नृत्य-गान, शंख, दुन्दुभी आदि से घोष करते हुए ग्राम की परिक्रमा का वर्णन है।[12] इसी प्रकार की विधि अन्य अनेक ग्रन्थों में मिलती है जैसे अगस्त्य संहिता, विष्णु सिद्धान्त, विष्णु संहिता आदि में।[13]

विष्णु धर्मोत्तर में विजयादशमी के उत्सव का उल्लेख है। उसमें राम, सीता, लक्ष्मण, सुग्रीव आदि को रथ पर चढ़ाकर शोभा-यात्रा की व्यवस्था बतलायी गयी। शमी की पूजा का निर्देश है।[14] आज भी भारतीय नरेश सारी सेना के साथ विजयादशमी को इस प्रकार की शोभा-यात्रा करते हैं और शमी वृक्ष की पूजा करने के पश्चात् राज-भवन में लौटते हैं।

इन उत्सवों के मूल में रामलीला की भावना निहित है। विजयादशमी की यात्रा दक्षिण दिशा में होती है और नरेशों की यही भावना रहती है कि हम भगवान् राम की सहायता के लिए जा रहे हैं।[15] विशेष अवसरों पर भी इस प्रकार के उत्सव होते रहे हैं। उनका विकसित रूप रामलीला है। भक्त रामलीला अनुकरण को सब पापों का हरनेवाला तथा श्रीराम में भक्ति उत्पन्न करनेवाला मानते हैं।[16] रामलीला का समय निश्चित रहता है। यह प्रायः रामनवमी अथवा विजयादशमी के अवसर पर की जाती है। यह हमारी धार्मिक परम्परा की अविश्रृंखल कड़ी है। इस लीला-सागर में युग-युग की भावनाओं का मौक्तिक कोश छिपा है।

रामलीला का विकास

रामलीला का प्राथमिक रूप लव-कुश के गान के रूप में आता है। लव-कुश का सम्बन्ध राम से था अतः रामायण में उनके गान का उल्लेख आवश्यक है। पर वह गान केवल गान की दृष्टि से नहीं है। उसका उद्‌देश्य तत्कालीन समाज को प्रभावित करना है। काव्य के भेद में दृश्यकाव्य श्रव्य की अपेक्षा अधिक सामाजिक है। अतः लव-कुश ने उद्‌देश्य की पूर्ति के लिए जनता के सामने अभिनय का भी रूप अवश्य रखा। इनकी अभिनय कुशलता के कारण नट को 'कुशीलव' संज्ञा प्रदान करने की चर्चा पहले हो चुकी है। तत्कालीन नाटकों या नट-संघों में रामचरित के अभिनय की चर्चा न आने का कारण स्यात् यही है कि किसी अभिनीत नाटक की चर्चा नहीं हुई है। अतः इसके सम्बन्ध में भी मौन धारण किया गया है।

पौराणिक युग में रामलीला के दो रूप थे। प्रथम साधारण—श्रद्धालुओं में प्रचलित था जिसका विशुद्ध धार्मिक स्वरूप था। भगवान् के चरित का अवलोकन कर तथा गुणों का श्रवण कर भक्ति-सागर में गोते लगाना भक्त का पुरुषार्थ माना जाता है। अतः भक्त उसके आयोजन में दत्त-चित्त रहते हैं। उनका संसार में कोई सरोकार नहीं रहता। साधना में लीन रहने के कारण वे किसी परम्परा के ऊहापोह में प्रायः नहीं पड़ते। रामलीला का यह स्वरूप इतिहास में उसी प्रकार अन्तर्हित रहता है जिस प्रकार विश्व में भगवान्।

पर इसका दूसरा रूप नाटक है। नाटक का बहुत उत्कृष्ट उदाहरण हरिवंश पुराण में मिलता है। यह नाटक आदिकाव्य रामायण के आधार पर किया गया था। पात्रों का अभिनय संस्कार तथा हाव-भाव इतनी उच्चकोटि का था कि सभी चकित रह गये।[17] नाटकों की यह परम्परा संस्कृत साहित्य में अक्षुण्ण बनी रही। सभी श्रेष्ठ कवियों ने रामचरित पर नाटक लिखे।

संस्कृत साहित्य के स्वर्णयुग में रामचरित पर सबसे अधिक नाटक लिखे गये। परिलक्षित होता है कि राम का महत्त्व इस युग में अन्य देवों की अपेक्षा अधिक था। उनमें अनेक नाटकों के अभिनीत होने का स्पष्ट उल्लेख मिलता है।[18] उस समय अभिनय की प्रतियोगिता का भी प्रचलन था।[19] अपभ्रंश साहित्य में भी रामचरित अभिनय का उल्लेख मिलता है। सन्देश रासक नामक ग्रन्थ में एक यात्री परिचय देते

हुए कहता है कि मैं उस नगरी से आ रहा हूँ जहाँ कथादि होती रहती है। इसी सिलसिले में उसने यह भी कहा है कि वहाँ रामचरित अभिनीत किया जाता है।[20]

रामलीला की जन-प्रचलित परम्परा अबाध गति से चलती आ रही थी। इसका आयोजन इतने धूम-धाम से होता रहा कि केवल भारत में ही नहीं अपितु आस-पास के सभी देशों में रामलीला किसी-न-किसी रूप में ग्रहण की गयी। दक्षिण भारत की नृत्य परम्परा में इसका प्रवेश हुआ। वहाँ से वृहत्तर भारत के द्वीपों में यह जा पहुँची। इन द्वीपों में कहीं यह नृत्य के रूप में है तो कहीं छायानाटक के रूप में।[21] इसका प्रचार तथा प्रभाव इतना अधिक है कि कई द्वीपों में तो धर्म-परिवर्तन करने के पश्चात् भी बड़ी श्रद्धा के साथ रामलीला करते तथा देखते हैं। ब्रह्मा, स्याम, हिन्द चीन आदि देश राम के पावन चरित से पवित्र हो उठे। कुछ विद्वानों का मत है कि सारे एशिया के नाटक भारतीय नाटकों से प्रभावित हैं।[22] विदेशों में प्रचलित नाट्य-परम्परा का अध्ययन किया जाता है तो अनुपात में रामचरित सम्बन्धी नाटक अधिक मिलते हैं। इससे सहज ही अनुमान किया जा सकता है कि रामचरितयुक्त नाटक अथवा रामलीला का प्रभाव सर्वव्याप्त है।

आज से कई हजार वर्ष पूर्व अमेरिका के रेड इण्डियन भारत से गये। भारतीय संस्कृति जिस प्रकार अन्य देशों में फैली उसी प्रकार अमेरिका के पल्ले भी पड़ी। मैक्सिको के पास रामलीला की चर्चा श्री चमनलाल ने 'हिन्दू अमेरिका' में की है।[23] डॉ. मुन्शीराम शर्मा मैक्सिको के 'राम-सीतोत्सव' का उल्लेख करते हैं। इन स्थानों की लीला का विस्तृत विवेचन अपेक्षित है।[24]

मुसलिम आक्रमणों के साथ ही देश की साहित्यिक, सांस्कृतिक तथा धार्मिक प्रगति को गहरा धक्का लगा। जन-जीवन विपत्ति तथा अवसाद से घिर गया। उस समय धार्मिक कृत्यों पर प्रतिबन्ध था। हिन्दू रहना अपराध माना गया और 'जजिया' कर वसूल किया जाने लगा। मन्दिरों का विनाश तथा अनेक अमानवीय अत्याचार होने लगे। ऐसे समय धार्मिक उत्सवादि का बन्द हो जाना स्वाभाविक था। पूजा-अर्चन तथा धार्मिक कृत्य मन्दिरों में किसी प्रकार सम्पन्न होने लगे। अतः रामलीला का क्षेत्र संकुचित होकर मन्दिरों तक रह गया।

स्वामी रामानन्द के प्रयास से जनता में धार्मिक चेतना आयी। भक्ति के आन्दोलन ने जनता की सामाजिक, आध्यात्मिक और आर्थिक उन्नति की। ऐसे समय गोस्वामी जी ने रामलीला का पुनरुद्धार किया। उसके अनन्तर यह विकास के पथ पर अग्रसर हुई है। काशी, प्रयाग, अयोध्या, जनकपुर, चित्रकूट आदि स्थानों में रामलीलाएँ धूम-धाम से होने लगीं।

लीला का प्रचार करने की दृष्टि से कुछ भक्तों ने मण्डलियाँ स्थापित कीं। यह आयोजन मथुरा से प्रारम्भ हुआ। कालान्तर में उनका उद्देश्य परिमित हो गया और अर्थ-साधना की दृष्टि से लोग लीला का आयोजन करने लगे।

लीला-मण्डलियाँ

देश में लीला करनेवालों के समूह हैं जिन्हें 'लीला-मण्डलियाँ' कहते हैं। उसमें कुछ व्यक्ति मिलकर लीला की व्यवस्था करते हैं। इनका मुख्य कार्य विभिन्न अवतारों की लीलाओं का आयोजन है। इनमें कुछ मण्डलियाँ धार्मिक भावना प्रधान विरक्त व्यक्तियों की हैं। इनके सदस्य श्रद्धालु व्यक्ति हैं जो जीवन का लक्ष्य बना लेते हैं कि हम भगवान् की लीला में सम्मिलित होने का परम सौभाग्य तथा आनन्दपूर्ण भजन का सुअवसर प्राप्त करें। इसके साथ ही उनमें परमार्थ की भावना रहती है। भक्तों को लीलावलोकन का अवसर प्रदान करना उनका पुनीत कर्त्तव्य है। इस प्रकार वे परमार्थ तथा स्वार्थ दोनों की साधना में संलग्न रहते हैं। स्वार्थ तथा परमार्थ की अन्विति मनुष्य के हृदय का परिष्कार करने का बहुत बड़ा साधन

है। अतः इस प्रकार के व्यक्ति हृदय-परिष्कार के द्वारा शनैः-शनैः उदात्त मानवता की ओर अग्रसर होते हैं। अन्त में साधना की उच्चतम चोटी पर पहुँचकर आनन्द का सम्यक् उपभोग करते हैं।

पर सभी उक्त प्रकार की साधना में लीन नहीं हो सकते। भिन्न परिस्थितियों में रहते हुए एक मार्ग का अवलम्बन सबके लिए असम्भव है। जिन व्यक्तियों में त्याग की भावना नहीं है अथवा जिनकी आर्थिक स्थिति ऐसी नहीं है कि वे अपना पूरा समय इस धार्मिक यज्ञ में लगा सकें उनके समक्ष जीविकोपार्जन की विकट समस्या आ जाती है। यदि वे अन्य व्यवसाय में लगें तो मानस की प्रबल इच्छाओं का हनन करना पड़े। भक्ति में इच्छाओं का दमन न होकर उन्नयन होता है। अतएव उन्हें ऐसे उपाय निकालने पड़ते हैं कि दोनों उद्देश्यों की पूर्ति हो। इस प्रकार की मण्डलियाँ जीवन-निर्वाह मात्र अर्थोपार्जन का लक्ष्य रखती हैं। यह भावना भी कम श्रेयस्कर नहीं है।

तीसरे प्रकार की मण्डलियाँ ऐसी हैं जो अर्थ को धर्म से अधिक महत्त्व देती हैं। व्यवसाय का अभाव या धनलिप्सा की प्रेरणा उनका आधार होता है। इस प्रकार की मण्डलियाँ अधिक नहीं हैं। आधुनिक धर्म-निरपेक्षता के युग में उनके लिए अत्यन्त कठिनाई उपस्थित हो जाती है क्योंकि जनता का उत्साह इस क्षेत्र में नहीं है। इन मण्डलियों का उत्तम प्रभाव नहीं पड़ता। सर्वप्रथम तो जनता में ऐसे धन-लोलुपों के प्रति श्रद्धा नहीं रहती। मण्डलियों एवं दर्शकों में लौकिक व्यवहार की प्रधानता हो जाती है। धार्मिक भावना क्षीण होने से इन मण्डलियों की लीलाएँ मनोरंजन का साधन बन जाती हैं। जहाँ मनोरंजन का प्रश्न आया, आदर्श की भावना संकुचित होने लगती है। प्रायः उसका लोप हो जाता है। फलतः वे विशुद्ध मनोरंजन की वस्तु हो जाती हैं। फिर जिस प्रकार अन्य मनोरंजनों अथवा प्रदर्शनों में शील, सदाचार, आदर्श आदि का ध्यान नहीं रखा जाता उसी प्रकार इन लीलाओं की भी दुर्गति होती है। मण्डली के व्यवस्थापक जनरुचि का अधिक ध्यान रखते हैं। साधारण जन की रुचि उतनी परिष्कृत नहीं होती अतः उनकी रुचि के अनुकूल प्रदर्शन में आदर्श की हत्या अवश्यम्भावी है। अतएव लीला-मण्डलियों को जीविकोपार्जन की दृष्टि से गठित करना न तो प्रेय है और न श्रेय।

विशुद्ध धार्मिक या त्याग की भावनायुक्त मण्डलियों का सामाजिक जीवन में बड़ा महत्त्व है। ये मण्डलियाँ प्रचार का बहुत बड़ा साधन हैं। लीलाएँ प्रायः निश्चित स्थान तथा काल में होती हैं। समाज के बहुत-से व्यक्ति अनेक अनिवार्य कारणों से लीला-स्थल तक नहीं जा सकते। लीलाओं के समय पारिवारिक अथवा व्यावसायिक जटिलताएँ भी उपस्थित हो सकती हैं। यदि किसी प्रकार जाने की व्यवस्था हो भी तो मन की अस्थिरता आस्वादन में बाधक होती है। इस प्रकार के जनों के लिए लीला-मण्डलियों का आगमन सौभाग्य मानना चाहिए।

कुछ ऐसे भी जीव हैं जो लीला से उदासीन रहते हैं। उनके लिए लीला में जाने का प्रश्न ही नहीं उठता। निवास-स्थान के आस-पास मण्डलियों द्वारा लीला का आयोजन होने पर उनमें दर्शन की लालसा उत्पन्न हो सकती है। अतः इससे वे भी लाभ उठा सकते हैं।

मनुष्य स्वभाव है कि लभ्य वस्तु की अपेक्षा अलभ्य के लिए वह अधिक उत्सुक होता है। इसलिए नवीन मण्डली की लीलाओं को देखने के लिए अधिक उत्सुकता जगती है। तुलनात्मक आलोचना की धारणा उत्सुकता बढ़ाने में बड़ी सहायक होती है। नवीनता के प्रति उत्सुकता के कारण कभी-कभी ऐसे स्थान पर उसकी लीलाओं का प्रदर्शन होता है जहाँ की कल्पना भी नहीं की जा सकती। अतः मण्डलियों का क्षेत्र बहुत व्यापक है।

पारस्परिक स्पर्द्धा के कारण सभी मण्डलियाँ अपनी कला को सर्वोत्तम सिद्ध करने की चेष्टा करती हैं। यदि सुविख्यात मण्डली किसी नगर में पहुँच जाती है तो उसके द्वारा लीला-प्रदर्शन का आयोजन अधिक-से-अधिक स्थानों पर होता है। इस प्रकार जनता को लीलावलोकन के अधिक अवसर प्राप्त होते

हैं। गुणोद्भूत श्रद्धा के कारण दर्शकों पर उत्तम तथा स्थायी प्रभाव पड़ता है। इससे लीला की लोकप्रियता बढ़ती है।

देश में प्रायः रामलीला तथा कृष्णलीला का बाहुल्य है। अन्य अवतारों की लीलाएँ बहुत कम तथा कतिपय स्थानों पर ही होती हैं। अतः मण्डलियाँ प्रायः रामलीला अथवा कृष्णलीला का आयोजन करती हैं। इनमें एक अधिष्ठाता या गुरु होता है। गुरु प्रायः वही व्यक्ति नियुक्त किया जाता है जो स्वयं लीलाओं में स्वरूप बना हो। इसका सबसे बड़ा लाभ यह है कि परम्परागत सूक्ष्मताओं, मण्डन-शिल्प तथा संवादों को वह भली-भाँति जानता है। धार्मिक भावना के कारण उनमें परिवर्तन नहीं किया जाता। इस व्यवस्था के कारण युग-युग से प्राप्त परम्परा अक्षुण्ण बनी रहती है। दूसरा लाभ है कि अभिनय-कुशलता के लिए अधिक प्रयत्न नहीं करना पड़ता। गुरु स्वयं अभिज्ञ कलाकार रहता है। कहीं-कहीं तो ये लीला-मण्डलियाँ वंशगत आधार पर गठित होती हैं। अन्य मण्डलियों के गठन में शिथिलता आ सकती है या वे टूट भी सकती हैं पर वंशगत परम्परा की शृंखला अनेक पीढ़ियों तक चलती रहती है।

राम तथा कृष्ण की लीलाओं की प्रधानता के कारण अधिकांश लीला-मण्डलियों का संघटन अयोध्या या मथुरा में हुआ है। अयोध्या के सन्त तथा महन्त अपने यहाँ स्थायी रूप से राम-लक्ष्मण-सीता आदि के स्वरूप बननेवाले बालकों को रखते हैं। कभी-कभी उनकी झाँकी होती है। यह झाँकी मन्दिर में या किसी श्रद्धालु भक्त के घर अथवा नौका पर आयोजित होती है। अयोध्या की मण्डलियों के संघटनकर्त्ता वैरागी हैं। अतः उनकी लीला में सादगी तथा त्याग की भावना प्रधान रहती है।

दूसरा स्थान मथुरा है। यहाँ पर रामलीला तथा कृष्णलीला करनेवाली मण्डलियाँ हैं। कुछ दोनों लीलाओं का प्रदर्शन करती हैं। इनका समय निर्धारित रहता है। उन दिनों वे परिभ्रमण करती हैं। ये स्थान-स्थान पर लीलाओं का प्रदर्शन करती हुई गुजरात, महाराष्ट्र, सिन्ध, राजस्थान तथा पंजाब तक पहुँचती हैं। देश को राममय करने में इनका बहुत हाथ है। इनके द्वारा प्रदर्शन की चर्चा बराबर हुई है। डॉ. रिजवे ने अपनी प्रसिद्ध पुस्तक 'ड्रामा ऐण्ड ड्रामेटिक डान्सेज़ ऑफ नान-यूरोपियन रेसेज' में इनका उल्लेख अनेक स्थानों पर किया है।[25]

ये धर्म-प्रचार, समाज-सुधार तथा हृदय-परिष्कार के साथ मनोरंजन करने के प्रमुख साधन हैं। गतिशील प्रचार की दृष्टि से इनके कार्य अत्यन्त महत्त्वपूर्ण हैं।

गोस्वामी जी के पूर्व रामलीला की अवस्था

गोस्वामी जी के पूर्व रामलीला की अवस्था उन्नत नहीं थी। रामलीला का जो रूप परम्परा से चला आ रहा था वह विषय परिस्थितियों के कारण विकसित न हो सका। धार्मिक तथा राजनीतिक प्रतिकूलताओं के कारण उसके प्रचलित रूप का ह्रास अवश्यम्भावी हो गया। जब देश में अशान्ति एवं असन्तोष का वातावरण रहता है उस समय दैनिक कार्य भी अव्यवस्थित हो जाते हैं। धार्मिक उत्सव तथा धार्मिक कृत्यों के लिए अनेक बाधाएँ उपस्थित हो जाती हैं। पर भारतीय संस्कृति की जड़ इतनी गहरी है कि उसे निर्मूल करना असम्भव है।

बौद्ध तथा जैनधर्म निवृत्ति प्रधान हैं। भक्ति में प्रवृत्ति प्रधान है। अतः इनके कारण भक्ति की प्रगति में अवरोध आना स्वाभाविक था। तदनन्तर मुसलमानी शासन के कारण उसमें और बाधा पड़ी। धार्मिक दृष्टि से ये अभिनय या रूपक के कट्टर विरोधी थे। अतएव धार्मिक कृत्य, कथा-वार्त्ता, लीलाभिनय, कीर्त्तन आदि मन्दिरों तक ही परिमित रह गये। उन दिनों पर्वों पर देवताओं की विशेष झाँकी होती थी या किसी विशेष घटना को लेकर राम या कृष्ण का तदनुरूप शृंगार किया जाता था। यह लीला का एक रूप हुआ।

दूसरा रूप पर्वों से सम्बद्ध था। विजयादशमी या रामनवमी के पर्व पर विशेष झाँकी का आयोजन होता था। उसमें पर्व सम्बन्धी भावाभिनय प्रदर्शित करने की चेष्टा की जाती थी। उदार मुसलिम शासकों के दरबार में विजयादशमी, दीपावली तथा होली के उत्सव होते थे।[26] ऐसे शासकों में शेरशाह सूरी तथा अकबर का नाम आदर से ले सकते हैं। तीसरा रूप पर्वों या विशेष धार्मिक अवसरों पर शोभा-यात्रा का था। इसमें देवताओं के जीवन से सम्बद्ध विशेष घटनाओं के प्रदर्शन किये जाते थे। इस रूप में अभिनय के लिए अवकाश नहीं रहता था। पर भावों, चेष्टाओं तथा मुद्राओं द्वारा मनोभावों तथा अंग-प्रक्रिया के अभिनय का प्रयास होता था। चौथा रूप बंगाल की यात्राओं में मिलता है। इन यात्राओं में देवताओं को रथारूढ़ करके जुलूस निकालते थे। मार्ग में कीर्त्तन करते चलते थे। पात्रों द्वारा राम-कृष्ण या अन्य देवताओं का अभिनय भी चलता था। गोस्वामी जी के पूर्व इसकी परम्परा बंगाल में बहुत प्रचलित थी। गुजरात के 'भवाई', महाराष्ट्र के 'दशावतारी', दक्षिण भारत के 'कथाकली नृत्य', छायानाटक, चर्म-पुत्तलिका नृत्य तथा आसाम के 'अंकिया' नाटक सब में रामलीला का प्रवेश था। राजस्थान में कठपुतली नृत्य के रूप में रामलीला होती थी। इसमें केवल आंगिक अभिनय होता था। शेष दर्शकों के अनुमान पर छोड़ दिया जाता था। आसाम में 'ग्रान्थिक' अभिनय के साथ ग्रन्थ का पाठ करते थे। स्मरणीय है कि वाल्मीकीय रामायण में लव-कुश ने इसी ढंग से रामायण का गान किया था। इससे अनुमान होता है कि यह परम्परा अत्यन्त प्राचीन काल से चली आ रही है। बंगाल तथा आसाम में चित्राभिनय द्वारा रामलीला का प्रदर्शन होता था। इसमें कागज या कपड़े के परदे पर राम के जीवन की घटनाएँ चित्रित रहती थीं। उनका प्रदर्शन जनता में बड़े उत्साह के साथ किया जाता था। क्रमशः एक के बाद दूसरा परदा खोला जाता था और व्यवस्थापक उसकी व्यवस्था करता था। इस प्रकार प्रारम्भ से अन्त तक कथा का प्रवाह बना रहता था।

धार्मिक दृष्टि से वाल्मीकीय रामायण की रामलीला होती थी।[27] ऐसा अनुमान होता है कि इसमें वाल्मीकीय रामायण का पाठ भी होता रहा होगा। इस लीला से सबसे बड़ी कठिनाई थी कि जनता को समुचित आनन्द प्राप्त नहीं होता था। संस्कृत-भाषा का ज्ञान न होने के कारण ध्यान केवल घटनाक्रम पर केन्द्रित रहता था। अतएव ग्रन्थ-पाठ के कारण अभिनय में शिथिलता का आभास मिलता था। श्रद्धा रखने पर भी वह भक्तों के लिए दुरूह थी। वह केवल चक्षु का विषय रह गयी थी। हृदय का स्पर्श उसके द्वारा नहीं हो पाता था। गोस्वामी जी के रामचरित द्वारा यह कठिनाई दूर हो गयी। साहित्यिक दृष्टि से राम सम्बन्धी नाटकों का अभिनय होता था। संस्कृत भाषा में रामकथा सम्बन्धी नाटक अधिक हैं। इससे स्पष्ट है कि संस्कृत के नाटक अभिनय के लिए ही लिखे गये। उनके अभिनय की व्यवस्था प्रायः राजाओं के द्वारा होती थी।[28] कभी-कभी धनी-मानी व्यक्ति भी साहस करते थे। राजा या धनाढ्य वर्ग के परिमित क्षेत्र में उसका आनन्द भी अवरुद्ध हो जाता था। अतएव साधारण जनता उसका आस्वादन नहीं कर पाती थी। उसने अपने लिये लोक नाटक जैसी व्यवस्था कर रखी थी। लोक नाटक जनसाधारण की मनोवृत्तियों के कुशल चित्रकार हैं। कृत्रिम चकाचौंध से दूर जीवन के वास्तविक क्षेत्र में सच्चे स्वरूप के दर्शन जन नाटकों में ही मिलते हैं। रामलीला ने जन नाटकों के लोकप्रिय माध्यम को ग्रहण किया। साधारण परदे तथा चौकी के रंगमंच के द्वारा साधारण जन भी वही रस प्राप्त करता है जो बड़े-बड़े नाटकों में उपलब्ध होता है।

देश की चर्चा छोड़िये भारत के विदेशी उपनिवेशों में रामलीला का लोक नाटक तथा लोक नृत्यवाला रूप पहुँचा। समीपवर्ती देशों में रामलीला की धूम मची हुई थी। बैंकाक में तो आज भी ऐसी अभिनयशाला है जहाँ वर्ष-भर रामलीला का आयोजन होता है।[29] उससे भी अधिक आश्चर्य की बात है कि दर्शकों की कमी नहीं रहती है। स्वाँग तथा नौटंकी के माध्यम से रामलीला की जाती थी। नौटंकी का एक नाम 'भगत'

है।[30] 'भगत' शब्द ही बतला देता है कि मूल रूप में यह धार्मिक लीला ही थी। आगे चलकर इस पर लौकिक प्रभाव पड़ा और शृंगार की भावना आयी।

इनके अतिरिक्त रामलीला करनेवाली मण्डलियाँ भी प्रदर्शन करती थीं। इन मण्डलियों का परिभ्रमण प्रायः वर्षा ऋतु के पश्चात् प्रारम्भ होता था। ये स्थान-स्थान पर पहुँचकर भगवान् राम की लीलाओं का प्रदर्शन करतीं तथा राम के सन्देश सुनाती थीं। मण्डलियों की उत्तमता उनके प्रधान पर आश्रित थी। रामलीला के धार्मिक उद्देश्य या उच्च आदर्श की पूर्ति इन मण्डलियों के द्वारा नहीं हो पाती थी। उनमें न तो एकरूपता थी और न आपस का संघटन ही। अतएव उनका प्रभाव अच्छा नहीं पड़ता था। स्वार्थ-भावना उन्हें आदर्शच्युत कर देती थी।

तात्कालिक परिस्थितियों के अनुकूल विशुद्ध धार्मिक तथा निःस्वार्थ भावना से रामलीला का पुनः संघटन करने की नितान्त आवश्यकता थी जिससे वह लोकप्रिय बन सके। इस पावन उद्देश्य की पूर्ति गोस्वामी जी ने की। लोक-भाषा हिन्दी के माध्यम से रामलीला की व्यवस्था उन्होंने स्वयं की तथा दूसरों से करायी।

नवीन कल्पना के अनुसार एक नियोजित स्वरूप रखा। यही रामलीला का आदर्श रूप बन गया। तुलसीदास जी द्वारा प्रतिपादित तथा संचालित रामलीला का यह रूप सारे उत्तर भारत में सर्वत्र दृष्टिगोचर होता है।

रामचरितमानस की रामलीला

गोस्वामी जी बड़े ही दूरदर्शी तथा कर्मठ व्यक्ति थे। रामचरितमानस की रचना के पश्चात् उन्होंने उसके प्रचार का सदुद्योग प्रारम्भ किया। उनके प्रचार-साधनों में रामलीला का आयोजन प्रमुख है। वे सिद्धान्त का कोरा उपदेश देनेवाले महात्मा नहीं थे अपितु अथक परिश्रम करके योजनाओं को मूर्त रूप देने में भी समर्थ थे। महात्मा तुलसीदास के पहले से रामलीला की परम्परा चली आ रही थी। किसी समय तो उसकी धूम देश-विदेश सर्वत्र थी पर काल-चक्र से उसका रूप शिथिल अवश्य हो गया था। रामलीला के प्रचार में गोस्वामी जी की अनेक भावनाएँ काम कर रही थीं। वे धार्मिक, साहित्यिक, राजनीतिक, सामाजिक तथा सामयिक परिस्थितियों के सूक्ष्म विवेचक थे। रामलीला के मूल में उनकी उक्त भावनाएँ निहित हैं।

श्रीसम्प्रदाय के मुख्य आचार्य रामानुज परमेश्वर के पाँच रूपों में लीला को भी एक रूप मानते हैं। आचार्य वल्लभ ने लीला की भावना का प्रतिपादन नये ढंग से किया। उन्होंने अनुग्रह या पुष्टि को भी भगवान् की लीला माना।[31] अतः लीला का महत्त्व बढ़ने लगा। वैष्णव सम्प्रदाय में नाम, रूप, लीला तथा धाम का स्थान समान है। पर वल्लभाचार्य ने तो अवतार का कारण भी लीला माना है। गोस्वामी जी के समय तक लीला का महत्त्व पूर्णतः स्थापित हो चुका था। गोस्वामी जी ने वैष्णव भक्ति के अनुसार मानस में नाम, रूप, लीला तथा धाम का सम्यक् निरूपण किया। भगवान् का लीलावलोकन भक्त का सबसे बड़ा प्रकाम्य है। अतः रामचरित के प्रत्यक्ष अवलोकन को उन्होंने बहुत महत्त्व दिया।

वे संसार से विरक्त थे। यदि चाहते तो व्यक्तिगत साधना के द्वारा भक्ति का रसास्वादन करते पर वे थे लोकसंग्रही। अतः सारे समाज के हित की भावना उन्हें भगवद्भक्ति से कम आनन्ददायक नहीं प्रतीत होती थी। सामाजिक दृष्टि से यह भी विचारणीय है कि समाज में अशिक्षित वर्ग भी होता है। यदि वे मानस की रचना करने के पश्चात् कर्त्तव्य की इतिश्री समझते तो यह वर्ग मानस के रस से वंचित रह जाता। समाज का जीवन कार्य-व्यापार में यन्त्रवत् चलता रहता है। अतः श्रान्ति को दूर करने तथा नव स्फूर्ति लाने के लिए सामाजिक मेलों का आयोजन किया जाता है। राष्ट्र की जीवन-धारा को प्रगति देने के लिए मेलों की नितान्त आवश्यकता होती है। इससे परस्पर सम्पर्क में आने का अवसर मिलता

है और सामाजिक संघटन दृढ़तर होता है। रामलीला भी इसी प्रकार का मेला है। साहित्यिक दृष्टि से गोस्वामी जी का 'मानस' अत्यन्त उच्चकोटि का ग्रन्थ है। लगभग तीन सौ वर्षों से विद्वान् इसका आलोड़न कर रहे हैं पर उसमें आज भी उतना ही रस प्राप्त होता है। गोस्वामी जी समाज के साहित्य-प्रेमी व्यक्तियों को श्रव्य के साथ-साथ दृश्यकाव्य का भी आनन्द देना चाहते थे। मानस की गुत्थियों को सुलझाने का यह अद्भुत साधन है। महाराज काशीनरेश ने मानस की टीका रूप में अपने यहाँ रामलीला का आयोजन लगभग एक सौ नौ वर्ष पूर्व किया था।[32] मानस-दर्शन से यह सिद्ध हो जाता है कि गोस्वामी जी ने रामचरितमानस में दृश्यकाव्य के तत्त्व रखे थे। काव्य का प्रारम्भ संवाद से होता है। सारा काव्य ही चार व्यक्तियों का संवाद है।

गोस्वामी जी राम का व्यापक प्रचार करना चाहते थे। उनके मत से तात्कालिक व्याधियों का सबसे बड़ा उपचार रामचरित था। जहाँ उन्होंने प्रचार के अनेक साधन अपनाये वहाँ मानस की रामलीला का आयोजन धूम-धाम से किया। यह पहले लिखा गया है कि उन्होंने अन्य लोगों को रामलीला के लिए प्रेरित किया। रामलीला प्रचार का बड़ा उपयुक्त साधन है। कथा-वार्त्ता, मन्दिर या अखाड़ों में तो वह व्यक्ति जाता है जिसमें उस प्रकार की प्रवृत्ति रहती है। किन्तु रामलीला के कारण ऐसे जन भी उनकी ओर आकृष्ट होते हैं जिनकी सम्भावना नहीं की जाती। इसमें मनोरंजन के साथ-साथ शिक्षा भी मिलती है। प्रत्यक्ष दर्शन का प्रभाव श्रव्यकाव्य या उपदेश की अपेक्षा अधिक तथा स्थायी होता है। गोस्वामी जी के पूर्व से वाल्मीकीय रामायण के अनुसार रामलीला होती थी। उसके प्रति जनता में आस्था भी थी। जनसाधारण की दृष्टि से संस्कृत ग्रन्थ का आधार दुरूह था। यद्यपि संवाद हिन्दी भाषा में होते रहे होंगे तथापि जनता की पूर्ण तृप्ति जन-भाषा के काव्य से ही हो सकती थी। मानस की रामलीला इस अभाव की पूर्ति कर सकी। भाषा के अतिरिक्त दूसरा प्रश्न था परिस्थिति का। वाल्मीकीय रामायण के निर्माण काल की सामाजिक, राजनीतिक तथा आर्थिक परिस्थिति तत्कालीन समय से भिन्न थी। वाल्मीकीय रामायण के आधार पर होनेवाली रामलीला में धार्मिक भावना की प्रधानता थी। वह मुसलमानी शासन तथा इस्लाम धर्म के कारण उस युग में उपादेय सिद्ध नहीं हो सकती थी। बहुत प्राचीन परम्परा होने के कारण उसमें विकृति की सम्भावना थी। जन-रुचि के अनुसार अनेक परिवर्तन हो गये थे। गोस्वामी जी उसको नया तथा उपयोगी स्वरूप प्रदान करना चाहते थे। उस युग में कितनी ही नवीन समस्याएँ उद्भूत हो गयी थीं। शासन की निरंकुशता तथा अत्याचार को दूर करने की नितान्त आवश्यकता थी। राजकर्मचारियों को जन-शोषण से विरत करना अनिवार्य था। पर समाज की निरीहता देखकर गोस्वामी जी व्यग्र हो उठते थे। राजनीतिक क्षेत्र में प्रत्यक्ष विरोध या आलोचना करने की शक्ति जनता में न थी। अतः असहायावस्था में पड़ी जनता को चारों ओर अन्धकार दिखायी देता है। गोस्वामी जी का नवनीत-सा हृदय पिघल उठा। उन्होंने धार्मिक आवरण में राजनीतिक तथा सामाजिक आन्दोलन छेड़ दिया। यह रामलीला का आन्दोलन था। रामलीला के आयोजन से जनता में नव चेतना जग पड़ी। उनके सामने एक उदाहरण प्रत्यक्ष रूप में आ गया। राम की भाँति विपत्तियों में धैर्य रखने तथा पराक्रम द्वारा कार्य करने से राक्षसी प्रवृत्तियों का विनाश हो सकता है। भारतीय संस्कृति का मूर्त रूप पाकर जनता ने अपने हृदय का परिष्कार किया तथा चरित्र सुधारा। गोस्वामी जी की रामलीला की लहर सारे उत्तरी भारत में फैलती हुई दक्षिण में भी जा पहुँची। सारा देश राममय हो गया। कश्मीर से लेकर कन्याकुमारी तक तथा अटक से लेकर कटक तक रामलीला का आन्दोलन व्याप्त हो गया। इस क्षेत्र में गोस्वामी जी को अपूर्व सफलता मिली। उस समय से आज तक यह सांस्कृतिक प्रवाह अविच्छिन्न रूप से प्रवाहित है। वर्ष में कम-से-कम एक बार जनता को मानस-सागर में अवगाहन करने को सौभाग्य प्राप्त होता है।

प्रक्षेप

काव्य में कवि की भावनाएँ निहित रहती हैं। उसकी सामग्री भले ही प्राचीन हो पर तात्कालिक वातावरण का समावेश उसमें अनायास हो जाता है। यह स्वाभाविक है। मानव की कल्पना पर उसके विश्वास, धारणा, मान्यता तथा वातावरण का प्रभाव अवश्य पड़ता है। काव्य के रूप में मानव की कल्पना मूर्त होती है। अतः इन सबका प्रभाव काव्य पर पड़ना अनिवार्य है। प्राचीन काल में मुद्रण-प्रथा के अभाव में हस्त-लेख काव्य-प्रचार का साधन रहा है। उसमें प्रक्षेप के अनेक कारण हो सकते हैं। रचना की प्रसिद्धि हो जाने पर विभिन्न व्यक्ति अपने पक्ष में विचारधारा मोड़ने के उद्देश्य से प्रक्षेप कर देते हैं। इसमें साम्प्रदायिक विश्वास तथा परम्पराओं का विशेष हाथ होता है। इससे मूल भावना विशेष विकृत नहीं होती। पर सबसे बड़ी कठिनाई उस समय होती है जब प्रक्षेप के उद्देश्य से प्रक्षेप किया जाता है। इससे मूल भावना में परिवर्तन आ जाता है। इस प्रणाली का अवलम्बन साहित्यिक, ऐतिहासिक एवं सांस्कृतिक दृष्टियों से वांछनीय नहीं कहा जा सकता। पर अन्य प्रक्रियाओं की भाँति यह भी चलती रहती है। रामचरितमानस में ऐसे अनेक प्रक्षेप हैं। वे रामलीला में प्रदर्शित होते हैं। ग्रन्थ की अपेक्षा दृश्यकाव्य (रामलीला नाटकादि) में प्रक्षेप की सम्भावना अधिक रहती है। दृश्यकाव्य का प्रदर्शन प्रगतिशील है। अतः गतिशीलता के कारण प्रक्षेप के लिए अधिक अवकाश मिलता है। कवि को नाटकों में काव्य की अपेक्षा अधिक परिवर्तन करने का अधिकार है। उनके प्रदर्शन में प्रक्षेप की सम्भावना अधिक होती है। नाटकों में दृश्यों के बीच में अन्य असम्बद्ध दृश्यों का अभिनय मनोरंजन अथवा रुचि परिवर्तन के लिए किया जाता है। पर लीला की स्थिति भिन्न है। उसके अभिनय में परिवर्तन अथवा अन्य प्रसंगों या प्रक्षेपों का मेल वांछनीय नहीं कहा जा सकता। लीला का प्रदर्शन धार्मिक परम्परा तथा विश्वास के साथ होता है। उसमें साम्प्रदायिक प्रवृत्तियों एवं धारणाओं का समावेश रहता है। जिस प्रकार धार्मिक संस्कारों में परिवर्तन नहीं किया जाता उसी प्रकार लीला की विधियों में भी परिवर्तन नहीं करना चाहिए। उसका विधान भी नहीं है। धार्मिक या साम्प्रदायिक विश्वासों के आधार पर प्रभावशाली व्यक्ति साधारण परिवर्तन कर दें तो प्रायः आपत्ति नहीं की जाती। यही साधारण परिवर्तन आगे चलकर परम्परा का रूप धारण कर लेते हैं और मूल रूप से बहुत दूर जा पड़ते हैं। उस अवस्था में वे प्रक्षेप माने जाते हैं। कभी-कभी व्यक्ति अपने विश्वास के अनुसार किसी घटना का विस्तार कर देते हैं या उसमें अलग से कोई कथा जोड़ देते हैं। इस प्रकार विशुद्ध प्रक्षेप कुछ समय पश्चात् मूल के रूप में मान्य हो जाते हैं।

कथा-प्रवाह में कवि कुछ घटनाओं का संक्षिप्त संकेत दे देता है। उसे कथा-प्रवाह के साथ आगे बढ़ना रहता है अतः विस्तार नहीं करता। अभिनय की दृष्टि से उस घटना का विस्तार करना पड़ता है या रस की दृष्टि से विस्तार आवश्यक हो जाता है। उस स्थिति में प्रक्षेप के अतिरिक्त कोई मार्ग नहीं रहता।

लीलाभिनय में धार्मिक भावना प्रधान रहती है इसमें सन्देह नहीं। पर मनोरंजन की आवश्यकता पड़ती ही है। मनोरंजन की तृप्ति का साधन जनसाधारण को आकर्षित करने के लिए रखना पड़ता है। धार्मिक उत्सव होने के कारण उसका परिष्कृत रूप रखा जाता है। परिष्कार का स्तर स्थान तथा काल की दृष्टि से भिन्न-भिन्न होता है। अतः मनोरंजन-प्रसूत स्थलों में विभिन्नता आ जाती है। जैसे राम के दरबार के दृश्य में कहीं संगीतज्ञों के शास्त्रीय संगीत की व्यवस्था होती है तो कहीं नर्तकियों के नृत्य की। इनकी व्यवस्था में धन तथा साधन के कारण भी विभिन्नता आती है।

लीला में मण्डन की भावना से प्रक्षेप हो सकता है। मण्डन-शिल्प पर स्थानीय प्रभाव रहता है। मनुष्य अपनी कल्पना तथा सामाजिक मान्यता के अनुसार मण्डन के नये प्रसाधन ढूँढ़ निकालता है। वह प्राचीन में भी उलट-फेर करता है। इस भावना से प्रेरित होकर वह कथानक अथवा घटना-क्रम में कुछ परिवर्तन कर देता है। काशी में चित्रकूट की रामलीला अत्यन्त सादगी से होती है। कुछ चुनी हुई घटनाओं की

लीला की जाती है पर रामनगर की रामलीला अपेक्षाकृत साज-सज्जा तथा विशेष मण्डनयुक्त होती है। वहाँ लीलाओं की संख्या भी अधिक है। एक माह तक लीला का प्रदर्शन होता है। अतः अन्य स्थानों की रामलीला से अन्तर पड़ जाता है।

सामाजिक प्रथा का भी प्रभाव लीलाओं पर पड़ता है। विशेषतः ब्याह की लीला में सामाजिक प्रथा के अनुसार लौकिक कृत्यों का प्रदर्शन किया जाता है। इन कृत्यों का रूप स्थानीय प्रभाव तथा परम्परा के कारण भिन्न होता है। यह भिन्नता रामलीला में भी दृष्टिगोचर होती है। दूसरा कारण यह है कि संस्कारों को कहीं संकुचित तथा कहीं विस्तृत रूप देते हैं। जहाँ विस्तार की भावना आयी कि प्रक्षेप की आवश्यकता पड़ी।

रामलीला अन्य सांस्कृतिक मेलों की भाँति अत्यन्त उपयोगी है। जन-सम्पर्क का ऐसा सुलभ साधन कम मिलता है। अतः यह सामयिक समस्याओं की ओर ध्यान आकृष्ट करने का प्रमुख साधन है। रामलीला विशेष समस्याओं की ओर संकेत तथा व्यंग्य करती है। वह उन समस्याओं के समाधान एवं परिणाम दिग्दर्शित करने का माध्यम बन जाती है। उसकी व्यवस्था में ऐसा कार्यक्रम रख दिया जाता है जिससे उद्देश्य की पूर्ति भलीभाँति हो जाती है। उसमें सामाजिक कुरीतियों की आलोचना, कुपरिणाम तथा उसके परिष्कार का उपाय सरलतापूर्वक प्रदर्शित किया जाता है। काशी की नककटैया तथा प्रयाग की चौकियों के जुलूस में इस प्रकार के सैकड़ों प्रदर्शन मिलते हैं। इनमें कुछ तो स्थायी रूप धारण कर लेते हैं पर सामयिक समस्याओं से सम्बन्धित प्रदर्शन उपयुक्त समय के पश्चात् अदृश्य हो जाते हैं।

रामलीला में मुख्यतः धार्मिक अथवा साम्प्रदायिक, सामाजिक, राजनीतिक तथा सामयिक वातावरण सम्बन्धी प्रक्षेप मिलते हैं। धार्मिक अथवा साम्प्रदायिक भावना के अनुकूल मधुरोपासना में राम का शौर्यमय रूप ग्रहण नहीं किया जाता। उसमें केवल कोमल स्वरूप की उपासना होती है। अतः मधुरोपासक भक्त नारद मोह से राम ब्याह तक की लीला कराते हैं। इसमें राम-जानकी के हाव-भाव, मधुर मिलन, कटाक्ष, प्रेमालाप आदि का भी प्रदर्शन होता है। साम्प्रदायिक दृष्टि से मर्यादा का बन्धन शिथिल कर दिया जाता है। ऐसे प्रदर्शन का प्रभाव सब पर समान नहीं पड़ सकता। पर इस प्रकार की लीलाएँ चलती रहती हैं। इसमें प्रक्षेप के लिए अवसर नहीं ढूँढ़ना पड़ता। कल्पना के अनुसार ब्याह-रीति, कुँवर-कलेवा, गौना आदि का स्वरूप निर्धारित कर लिया जाता है। इसमें स्थानीय प्रभाव के कारण विभिन्नता आ ही जाती है।

सामाजिक दृष्टि से रखे गये प्रक्षेप प्रायः शिक्षाप्रद होते हैं। उनका उद्देश्य समाज सुधार की भावना है। उदाहरण के लिए बहुपत्नी-प्रथा के दुष्परिणाम अथवा मद्य के कुफल आदि का प्रदर्शन करके जनता को उनसे विरत करने की चेष्टा की जाती है। नवीन सभ्यता के प्रति तीखे व्यंग्य का प्रदर्शन भी कहीं-कहीं मिल जाता है। अंग्रेजी शिक्षा का दुष्परिणाम तथा बेकारी की समस्या का प्रदर्शन कर प्राचीन संस्कृति का महत्ता दिखलाने की चेष्टा की जाती है। इसके अतिरिक्त अछूतोद्धार, हरिजन-आन्दोलन, छुआछूत ऐसी अनेक समस्याओं की ओर ध्यान आकृष्ट किया जाता है।

भारतीय स्वतन्त्रता के आन्दोलन के समय रामलीला को प्रचार का साधन बनाया गया था। उस समय रामलीला के जुलूस में राजनीतिक घटना सम्बन्धी प्रदर्शनों की धूम रहती थी। यदि उन जुलूसों का इतिहास ध्यानपूर्वक देखा जाय तो असहयोग आन्दोलन से लेकर सन् 1942 की क्रान्ति तक की सभी प्रमुख घटनाओं, ब्रिटिश शासकों के अत्याचार, भारतीय नौकरशाही का ताण्डव, देश-भक्तों के बलिदान तथा त्याग आदि सबका दृश्य वास्तविक रूप में मिल जायेगा। वैधानिक बन्धनों के अनन्तर भी शासन की स्पष्ट आलोचना, जनता में उमंग तथा देश-भक्ति की भावना भरने के प्रयास तथा जनसाधारण में राजनीतिक चेतना उत्पन्न करने के उद्योग ऐसे सफल रूप में अन्यत्र नहीं मिल सकते हैं।

सामयिक वातावरण का स्पष्ट चित्रण रामलीला के जुलूसों की विशेषता है। प्रत्येक वर्ष कुछ-न-कुछ नवीन घटनाएँ ऐसी होती हैं जिनका प्रभाव सब पर पड़ता है जैसे नये-नये राज कर या पाकिस्तान अथवा चीन की घटनाएँ। इनकी आलोचना-प्रत्यालोचना विद्वान् तथा राजनीतिक तो करते ही हैं किन्तु जनता पर उसकी क्या प्रतिक्रिया होती है, उसका वास्तविक रूप उक्त जुलूसों में मिल जाता है। विज्ञापन को सर्वोत्तम माध्यम समझकर व्यापारी भी इसका लाभ उठाने से नहीं चूकते। वे अपने व्यापार की बुद्धि के हेतु इन जुलूसों में अपनी बैलगाड़ियाँ या मोटरगाड़ियाँ सजाकर भेजते हैं। वे संकेत-पटों तथा नोटिसों के सहारे अपना सन्देश जनता तक पहुँचाने में समर्थ होते हैं।

मानस की रामलीला में भी इस प्रकार के प्रक्षेप मिलते हैं। मानस की समस्या अपने ढंग की अनूठी है। गोस्वामी जी की विजय-वैजयन्ती तथा उज्ज्वल यश से प्रभावित होकर अनेक सज्जनों ने मानस में क्षेपक जोड़े।

अतः ये क्षेपक प्रचलित हो गये। ये कुछ प्रतियों में हैं और कुछ में नहीं। जिन प्रतियों में मिलते हैं उनमें भी उनका रूप भिन्न है।

प्रत्येक के दो रूप परिलक्षित होते हैं। प्रथम वे जिनके कारण कथा का उन्नयन होता है या घटनाओं में क्रमबद्धता आती है। पर जिनके कारण इस सांस्कृतिक परम्परा पर कुप्रभाव पड़ता है वे नितान्त अवांछनीय हैं। इससे एक ओर भक्तों का हृदय सन्तप्त होता है तथा दूसरी ओर सांस्कृतिक धारा के प्रवाह में अनावश्यक व्यवधान उत्पन्न होता है। ऐसे प्रक्षेपों को निर्मूल करना ही श्रेयस्कर है।

सन्दर्भ-सूची

1. वाल्मीकीय रामायण, अयोध्याकाण्ड, सर्ग 69 श्लोक 4.
2. वही, बालकाण्ड, सर्ग 14 श्लोक 5.
3. वही, उत्तरकाण्ड, सर्ग 61 श्लोक 14, 15 तथा 20.
4. स शिष्यावब्रवीद् हृष्टौ युवां गत्वा समाहितौ।
   कृत्स्नं रामायणं काव्यं गायतां परया मुदां।।5।।
   रामस्य भवनद्वारि यत्र कर्म च कुर्वते।
   ऋत्विजामग्रतश्चैव तत्र गेयं विशेषतः।।6।। (वाल्मीकीय रामायण उत्तरकाण्ड सर्ग 93 श्लोक 5/7)
5. आचार्य विश्वनाथप्रसाद मिश्र : हिन्दी साहित्य का अतीत, पृ. 32.
6. डॉ. दशरथ ओझा : हिन्दी नाटक उद्‌भव तथा विकास, पृ. 21.
7. श्री जी. के. नरिमैन : लिटरेरी हिस्ट्री ऑफ संस्कृत बुद्धिज्म, पृ. 220.
8. रामायण महाकाव्यमुद्दिश्य नाटकीकृतम्।
   जन्म विष्णोरमेयस्य राक्षसेन्द्रवधेप्सया।।6।। (हरिवंश पुराण, अध्याय 93)
9. श्रीमद्‌भागवत, पूर्वार्द्ध, 10 स्कन्ध, अध्याय 30, 1-2.
10. रामार्चन चन्द्रिका, पृ. 154-156.
11. अवतार दिनेष्वेवे कुर्यादिकाहमुत्सवम्।
    ग्रामे वा नगरादौ वा सर्वेध्याव रणेषु।।1।।
    शुभलीला समायुक्तमाचरेतु परिभ्रमम्।
    इति पारमेश्वरे उत्सवाध्याये राजन्मोत्सवः।। (श्रीपांचरात्रे महोपनिषदि—उत्सव संग्रह प्रथमो भागः, पृ. 89)
12. श्रीपांचरात्रे महोपनिषदि उत्सव संग्रह प्रथमो भागः, पृ. 91.
13. श्रीपांचरात्रे महोपनिषदि उत्सव संग्रह प्रथमो भागः 5, पृ. 95, 96, 97, 162, 172.
14. 'आश्विन कृत्यम्' रामार्चन चन्द्रिका, पृ. 160.
15. वही, तथा हरिभक्ति विलास, पंचदशविलास, पृ. 998, 996.

16. शिव संहिता अध्याय 20, पृ. 230.
17. रामायण महाकाव्यमुद्दिश्य नाटकी कृतम्।
जन्म विष्णोरमेयस्य राक्षसेन्द्रवधेप्सया।।
लोमपादो दशरथ ऋष्यश्रृंग महामुनिम्।
शान्ता मप्यानयामास गणिकाभिः सहानघ।।
रामलक्ष्मण शत्रुघ्नभरताश्चैव भारत।
ऋष्यश्रृंगश्च शान्ता च तथा रूपैर्नटैः कृता।।
तत्काल जीविनोवृद्ध दानवाः विस्मय गताः।
समाचरद्युश्च तेषां प्रस्तावनां च धारणम्।।
दृष्ट्वा सर्वे प्रवेशं च दानवा विस्मयं गताः।। (हरिवंश पुराण, अध्याय 93)
18. प्रसन्नराघव तथा दूतांगद की प्रस्तावना।
19. प्रसन्नराघव की प्रस्तावना।
20. सन्देश रासक : सारांश (समरी), पृ. 80-84.
21. डान्सेज ऑफ बाली।
22. फाविन बावर्स : ए समरी ऑफ एशियन डान्स एण्ड ड्रामा 'दि थिएटर इन दि ईस्ट', पृ. 4.
23. श्री चमनलाल : 'हिन्दू अमेरिका : अध्याय 6, पृ. 187.
24. मुन्शीराम शर्मा : 'भक्ति का विकास'
25. डॉक्टर रिजवे : ड्रामा एण्ड ड्रामेटिक डान्सेज ऑफ नान-यूरोपियन रेसेज, पृ. 172-181.
26. साप्ताहिक हिन्दुस्तान 8 नवम्बर, 1953 दीपावली अंक में–'मुगल सम्राट् अकबर की दीपावली', लेखक : श्री घनश्याम सेठी तथा इण्डियन एण्टिक्वेरी, मार्च 1894, पृ. 69.
27. रामदास गौड़ : रामचरितमानस की भूमिका, पृ. 812.
28. प्रसन्नराघव तथा दूतांगद की प्रस्तावनाएँ। उत्तररामचरित एवं महावीरचरितम् में नाटककार की इच्छा इन नाटकों को कालप्रिय नाथ की यात्रा के अवसर पर अभिनीत करने की है।
29. श्री प्रेमनारायण अवस्थी, सूबेदार, पी. ए. सी. रामनगर द्वारा प्राप्त सूचना का आधार
30. सेठ गोविन्ददास अभिनन्दन-ग्रन्थ, पृ. 812.
31. बलदेव उपाध्याय : भागवत सम्प्रदाय, पृ. 387.
32. पहिलो तिलक रामलीला वर। जिहिं लखि परत न तिमिर कूप नर।।
'ईश्वर कवि' मानस दीपिका की भूमिका, पृ. 2.

मानस में नाट्य-तत्त्व

रामलीला का संविधानक : कथावस्तु

रामलीला की कथावस्तु सुप्रसिद्ध रामचरित है। इस पर दो दृष्टियों से विचार कर सकते हैं—प्रथम ऐतिहासिक दृष्टि, द्वितीय धार्मिक दृष्टि। ऐतिहासिक दृष्टि से रामकथा अत्यन्त प्राचीन है। इस कथा को लेकर महर्षि वाल्मीकि ने संस्कृत के सर्वप्रथम महाकाव्य रामायण की रचना की। इसके रचना-काल के सम्बन्ध में मतभेद होते हुए भी निर्माण-काल ईसा से लगभग 500 वर्ष पूर्व निश्चित होता है।[1] वाल्मीकि से भी पूर्ववर्ती च्यवन ऋषि-लिखित रामकथा का पता मिलता है।[2] इससे रामकथा की प्राचीनता में सन्देह नहीं रह जाता। वाल्मीकि रामायण के बालकाण्ड तथा उत्तरकाण्ड में राम को विष्णु का अवतार माना गया है पर अधिकांश विद्वान् इन अंशों को प्रक्षिप्त मानते हैं। यदि उनका अनुमान ठीक भी मान लिया जाय तो भी इतना तो मानना ही पड़ता है कि वाल्मीकीय रामायण में राम को ऐतिहासिक महापुरुष के रूप में चित्रित किया गया है। अतः नाटक के लिए रामकथा उपयुक्त कथानक है।

नाटकों के लक्षण के अनुसार कथावस्तु ऐतिहासिक या देवचरित तथा पौराणिक कथा होनी चाहिए। रामकथा की ऐतिहासिकता के पश्चात् उसके देवचरित अथवा पौराणिक कथा के रूप पर विचार आवश्यक है। धार्मिक दृष्टि से राम ब्रह्म के अवतार माने जाते हैं। उनका अवतार त्रेता युग में हुआ था। पुराणों में उन्हें विष्णु का अवतार मानते हैं।[3]

पौराणिक युग के पश्चात् वे अवतारों में प्रमुख माने जाने लगे। उनकी कथा लेकर अनेक साम्प्रदायिक रामायणों की रचना हुई। इनमें योगवासिष्ठ रामायण, अध्यात्म रामायण, अद्भुत रामायण, आनन्द रामायण आद मुख्य हैं। उपनिषद्-साहित्य में पूर्व राम तापनीय तथा उत्तर राम तापनीय का महत्त्वपूर्ण स्थान है। इन ग्रन्थों में राम कहीं विष्णु, कहीं ब्रह्म के अवतार माने गये हैं। अवतार की यह भावना उत्तरोत्तर विकसित होती गयी। गोस्वामी तुलसीदास के पहले ही वे परात्पर ब्रह्म मान लिये गये। अतः उनकी कथा प्रमुख देवचरित है। पौराणिक विचार से रामकथा का महत्त्व अन्य अवतारों की कथा के समान ही है। नाट्यशास्त्र के नियम के अनुसार नाटक में प्रख्यात देवचरित या राजचरित का कथानक होना चाहिए।[4] अतः रामलीला-नाटक के लिए कथा सभी दृष्टियों से सर्वथा उपयुक्त है। नाटक में पाँच से लेकर दस अंक तक की व्यवस्था है।[5] इस दृष्टि से रामलीला की गणना उच्चकोटि के नाटकों में होनी चाहिए।[6] पाँच सन्धियों के अनुसार इसको पाँच अंकों में विभाजित कर सकते हैं। इतिवृत्त के विचार से कथानक के तीन भेद होते हैं प्रख्यात, कल्पित तथा मिश्र।

इस दृष्टि से रामकथा प्रख्यात इतिवृत्त है। इस प्रख्यात इतिवृत्त का निर्वाह गोस्वामी जी ने बड़ी कुशलता से किया है। उन्होंने मुख्यतः अध्यात्म रामायण के आधार पर रामकथा का वर्णन किया है। अन्य

स्थानों से भी कुछ प्रसंग लेकर उन्होंने अपनी कल्पना से उसे अधिक मनोहर बना दिया है जैसे 'प्रसन्नराघव' से जनकपुर में फुलवारी का प्रसंग लेकर धनुष-यज्ञ की रसात्मकता में अभिवृद्धि की है। इसी प्रकार परशुराम को मार्ग में न लाकर धनुष-यज्ञ में उपस्थित करते हैं। इससे घटना की गम्भीरता प्रकट होती है तथा राम का महत्त्व अत्यधिक बढ़ जाता है। कवि-परम्परा के अनुसार राम के गौरव तथा शालीनता का परिष्कृत रूप अनेक स्थान पर रखते हैं। बालि के मोक्ष की कल्पना करके राम के छल से मारने के दोष का परिमार्जन करते हैं। चिरकाल से प्रख्यात रामकथा को गोस्वामी जी ने अपनी अद्भुत कल्पना शक्ति के बल पर ऐसा समुज्ज्वल किया है कि नायक के विचार से राम का रूप निखर उठा है। दिव्य, दिव्यादिव्य तथा अदिव्य के विचार से रामकथा दिव्यादिव्य है। क्योंकि परात्पर ब्रह्म होते हुए भी राम नर-लीला के लिए मनुज-अवतार लेते हैं।

फल की दृष्टि से कुछ कथानक केवल धर्म प्रदान करते हैं। कुछ से केवल अर्थ-प्राप्ति होती है। अन्य कामप्रद होते हैं।[7] रामलीला का कथानक धर्म, अर्थ तथा काम तीनों फलों को कौन कहे मोक्ष भी प्रदान करनेवाला है। सगुणोपासक भक्त मोक्ष नहीं चाहते। उनका मोक्ष कैवल्य की भाँति ब्रह्म में लय हो जाने की भावना से भिन्न है। भक्तों का मोक्ष सालोक्य, सामीप्य, सायुज्य और सारूप्य होता है। इसमें भक्त अनन्त काल तक साकेत वास करके भगवान् के सम्पर्क में आनन्द का उपभोग करता है।

भारतीय नाट्य-परम्परा वस्तु, नेता और रस को मुख्य तत्त्व स्वीकार करती है। वस्तु या कथानक का विचार नायक से प्रधान तथा सम्बद्ध है। नायक से सम्बद्ध कथा 'आधिकारिक' कहलाती है। नाटक का 'फल' 'अधिकार' कहलाता है। उसका उपभोक्ता अधिकारी या नायक होता है। अतः नायक से सम्बन्धित कथा को आधिकारिक कथा कहते हैं।[8] आधिकारिक कथा मुख्य होती है।[9] रामलीला का फल रामराज्य की स्थापना है। उसके उपभोक्ता रामचन्द्र हैं। वे इसके अधिकारी हुए। अतः राम की कथा आधिकारिक कथा है। आधिकारिक कथा के अतिरिक्त उसके प्रयोजन की सिद्धि के लिए कुछ प्रासंगिक कथाएँ होती हैं। वे कथाएँ मुख्य कथा का प्रयोजन तो सिद्ध करती ही हैं साथ ही उनका अपना निजी फल भी होता है।[10] रामकथा के साथ सुग्रीव तथा शबरी की कथाएँ प्रासंगिक हैं। सुग्रीव राम के प्रमुख सहायक हैं। उनके उद्देश्य की भी सिद्धि होती है। बालि-वध के पश्चात् उन्हें राज्य प्राप्त होता है। शबरी राम की भक्ति करती है। इससे राम का गौरव उद्घाटित होता है तथा शबरी को भी राम के दर्शन होते हैं। वह सफल मनोरथ हो जाती है। इस कथा में उसकी सिद्धि निहित है।

लम्बी या बड़ी सहायक कथा पताका होती है।[11] सुग्रीव की कथा रामकथा के बीच प्रारम्भ होती है और रामकथा के साथ निरन्तर चलती रहती है। अतः यह पताका है। सुग्रीव पताका कथा के नायक हैं। शबरी की कथा अपने उद्देश्य की पूर्ति करके समाप्त हो जाती है। अतः यह प्रकरी हुई। प्रकरी छोटी सहायक कथा को कहते हैं। नाटक के प्रयोजन को 'अर्थ' कहते हैं। इस अर्थ की स्थिति पंचधा होती है। इन पाँचों स्थितियों को **'अर्थ प्रकृति'** कहते हैं। अर्थ प्रकृति के पाँच प्रकार होते हैं—बीज, बिन्दु, पताका, प्रकरी और कार्य।[12] रामकथा के बीज पर विचार करने से पहले बीज की व्याख्या आवश्यक है। बीज कथानक का मूल है। रामकथा के मूल पर विचार करें तो इस परिणाम पर पहुँचते हैं कि देवताओं तथा पृथ्वी की प्रार्थना पर भगवान् का अवतार धारण करने का आश्वासन इसका बीज है। अत्याचार तथा अनाचार के दमन के लिए उस समय रामराज्य की स्थापना अनिवार्य हो गयी है। धीरे-धीरे असत् तत्त्वों का उपद्रव बढ़ने लगता है। ऋषि-मुनि सताये जाते हैं। उनके यज्ञादि में बाधा उपस्थित की जाती है। विश्वामित्र के समान प्रतिभाशाली महर्षि को भी यज्ञ-याग में कठिनाई प्रतीत होने लगती है। उन्हें विवश होकर राजा दशरथ से सहायता हेतु याचना करनी पड़ती है तथा राम-लक्ष्मण को उन राक्षसों के विनाश के लिए ले जाना पड़ता है। राक्षसों के विनाश के कार्य से राम का प्रभुत्व सर्वत्र छा जाता है। धनुष-यज्ञ

की घटना से उसमें अभिवृद्धि होती है। अतः अवतार के कार्य तैल बिन्दु के समान फैलने लगते हैं। यही रामलीला का बिन्दु हुआ। पताका तथा प्रकरी—इनके रूप में क्रमशः सुग्रीव तथा शबरी आदि की कथा का उल्लेख हो चुका है। विभीषण तथा जटायु की कथा भी प्रकरी के अन्तर्गत आ सकती है।

महत्कार्य—महत्कार्य रामराज्य की स्थापना है। राम के जीवन की सारी घटना इसी केन्द्र के चारों ओर चक्कर काटती है। महत्कार्य का लक्ष्य अत्यन्त उच्च होता है। रामराज्य का लक्ष्य संसार में फैले अनाचार, अत्याचार, कदाचार अर्थात् राक्षसत्व का विनाश करना है। इस लक्ष्य की उच्चता का अनुमान इसी से हो सकता है कि इस पुण्य कार्य के लिए भगवान् को अवतार धारण करना पड़ता है। महत्कार्य की योजना क्रमशः विकास के विचार से पाँच प्रकार की होती है—आरम्भ, यत्न, प्राप्त्याशा, नियताप्ति तथा फलागम।

आरम्भ—रामराज्य की स्थापना के लिए पहले राम की आवश्यकता है। अतः उसका प्रथम कार्य या आरम्भ राज-जन्म है। राम बड़े होकर उसकी पूर्ति की ओर अग्रसर होते हैं।

यत्न—विश्वामित्र के आने पर राम तथा लक्ष्मण दोनों भाई उनके साथ जाते हैं। वे ताड़का तथा अन्य राक्षसों का विनाश करते हैं। वहाँ से लौटकर वे धनुष-यज्ञ में आते हैं। राम धनुष-भंग करके सीता को ब्याहते हैं। अहल्या का उद्धार उनके प्रयत्नों का सूचक है। अयोध्या में राज्य के अभिषेक का प्रसंग रामराज्य का प्रयत्न है। फिर कुचक्रों के कारण बीज लुप्त हो जाता है।

प्राप्त्याशा—सुग्रीव से राम की मित्रता में प्राप्त्याशा निहित है। वे बालि-वध करते हैं। उनका उद्देश्य अनैतिक एवं उच्छृंखल शासन का अन्त करना है। इसके लिए उन्हें नीति से काम लेना पड़ता है। वे अपने उद्देश्य की पूर्ति में हिचकते नहीं। बालि के स्थान पर सुग्रीव के राज्यारोहण से फल की प्राप्त्याशा जग उठती है।

नियताप्ति—रामराज्य के स्थापित करने में सबसे बड़ा बाधक रावण है। असुर शक्तियों में वह सर्वप्रधान है। अतः उसको समाप्त करने का तात्पर्य है राक्षसत्व का विनाश। राम उस पर चढ़ाई करते हैं। उसका वध करते हैं। इससे रामराज्य की निश्चितता सिद्ध हो जाती है। सभी लोग प्रसन्न होते हैं। देवताओं को भी हर्ष होता है। सब में दृढ़ धारणा उत्पन्न हो जाती है कि रामराज्य का सबसे बड़ा अवरोध नष्ट हो गया।

फलागम—रावण-वध के पश्चात् रामचन्द्र अयोध्या लौटते हैं। बड़े समारोह के साथ उनका राज्याभिषेक होता है। अपने शौर्य तथा कुशल नीति के द्वारा रामराज्य की स्थापना होती है जिसमें प्रजा सब प्रकार से सुखी एवं सम्पन्न दिखायी देती है, यह रामकथा का फलागम है।

पंच सन्धियाँ—नाटक में सन्धियों का महत्त्वपूर्ण स्थान है। ये पाँच अर्थ-प्रकृतियों तथा पाँच कार्य-अवस्थाओं को मिलाती हैं। 'मुख' सन्धि बीज तथा आरम्भ को, 'प्रतिमुख' सन्धि बिन्दु तथा प्रयत्न को, 'गर्भ' सन्धि पताका तथा प्राप्त्याशा को, 'विमर्श' प्रकरी तथा नियताप्ति को एवं 'उपसंहृति' या 'निर्वहण' कार्य तथा फलागम को संयुक्त करती है।[13] इनके भी अनेक उपभेद हैं। यहाँ लक्ष्य यह नहीं है कि रामलीला में सन्धि के भेद-प्रभेद का शास्त्रीय विवेचन किया जाय। फिर भी जहाँ उनका आभास मिलता है उसकी चर्चा करना अनुपयुक्त न होगा। रामलीला का प्रदर्शन भक्ति की दृष्टि से आनन्द-प्राप्ति के लिए किया जाता है। उसमें साहित्यिक सूक्ष्मताओं तथा शास्त्रीय विवेचन की आवश्यकता नहीं मानी जाती। अतः इसके लिए शास्त्र की कसौटी उपयुक्त नहीं है।

विवेचन के अनुसार कार्य-अवस्था तथा सन्धि के समन्वय का वृक्ष इस प्रकार है—

सन्धि समन्विति

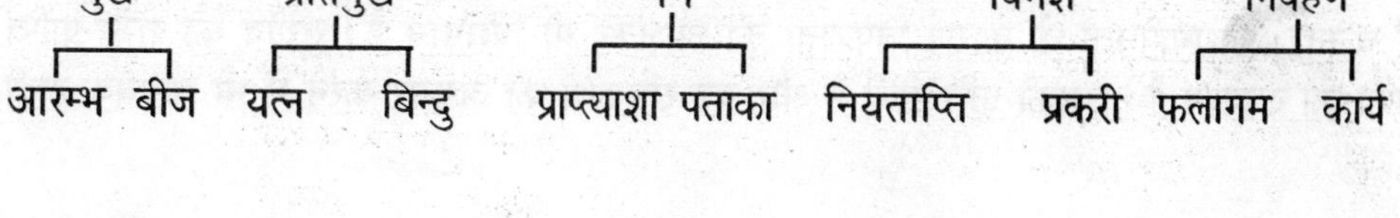

मुख सन्धि—प्रारम्भ नामक अवस्था के साथ संयोग होने से जहाँ अनेक अर्थों और रसों के व्यंजक बीज अर्थ-प्रकृति की उत्पत्ति हो मुख सन्धि है।[14] इसमें बहुत-से रसों की कल्पना होती है।[15]

भगवान् पृथ्वी तथा देवताओं की प्रार्थना पर अवतार लेने का वचन देते हैं। यह रामकथा का बीज है। यही रामलीला में प्रयुक्त सभी रसों का हेतु है। इसका प्रारम्भ राम-जन्म है। मुख सन्धि इनको जोड़ती है। अतः राम-जन्म तक की कथा मुख सन्धि के अन्तर्गत आती है। इस सन्धि में रामलीला के बीज 'अवतार' की सूचना दे दी गयी है। राम के अवतार के कारण आगे अनेक अर्थों तथा रसों का समावेश हो सका है। बीजारम्भ के लिए प्रयुक्त होने के कारण इसके बारह अंग उपक्षेप, परिकर, परिन्यास, विलोभन, युक्ति, प्राप्ति, समाधान, विधान, परिभव या परिभावना, उद्भेद, करण तथा प्रोत्साहन हैं। उदाहरण के रूप में देवताओं द्वारा भगवान् की स्तुति विलोभन है। राम का जन्म प्राप्ति है।

मुख सन्धि में बीज का संकेत देकर कार्य अवस्था का प्रारम्भ हो जाता है। अवतार के अन्य कारणों को प्रदर्शित कर क्रमशः राम-जन्म तक कथा ऋजु गति से अग्रसर होती है। इसकी प्रगति में कोई प्रतिगामी तत्त्व नहीं आता।

प्रतिमुख सन्धि—'मुख सन्धि' में उत्पन्न बीज जहाँ कभी लक्षित और कभी अलक्षित रहता है वहाँ प्रतिमुख सन्धि होती है।[16] इसमें नाटकीय प्रधान फल का साधक इतिवृत्त कभी गुप्त और कभी स्पष्ट होता है।[17] इस प्रकार उसका विकास होता रहता है। राक्षसों के विनाश के सम्बन्ध में राम के अवतार की धारणा उस समय तक अलक्षित रहती है जब तक राम अयोध्या में रहते हैं। पर ताड़का के विनाश से वह लक्षित हो जाती है। धनुष-यज्ञ में जाने के पूर्व राम के सम्बन्ध में धनुष तोड़ने का निश्चय नहीं होता। प्रायः नागरिक, जनक, उनकी धर्म-पत्नी, सीता आदि सभी को आशंका रहती है कि इनसे धनुष कैसे टूट सकता है। पर धनुष-भंग से उनकी शक्ति (अवतारत्व) की अलौकिकता पूर्णतः स्थापित हो जाती है। परशुराम के आने पर फिर राम की शक्ति (अवतारत्व) अलक्षित रूप धारण करती है। किन्तु जब वे राम को धनुष देते हैं तो उनका भ्रम दूर हो जाता है। वे राम के अवतारी रूप तथा अलौकिक शक्ति का प्रमाण पाकर उनकी स्तुति करते हैं। यहाँ राम के अवतार का चरमोत्कर्ष स्थापित हो जाता है। इसके पश्चात् अवतार सम्बद्ध शक्ति का निरन्तर विकास होता परिलक्षित होता है। इस प्रकार बीज 'राम का अवतारत्व' तैल बिन्दु की तरह फैलता जाता है। राक्षस-वध, धनुष-भंग तथा रामाभिषेक के इन प्रयत्नों को यह सन्धि बीज से मिलाती है। इस सन्धि के तेरह अंग विलास, परिसर्प, विधूत, शम, नर्म, धुतिया नर्म-द्युति, प्रगमन, निरोध, पर्युपासन, पुष्प, वज्र तथा वर्ण संहार हैं। इनमें राम के राज्याभिषेक की कामना राज्य-सभा के सदस्य करते हैं अतः यह विलास है।

गर्भ सन्धि—जिस सन्धि में उपाय कहीं दब जाय और खोज करने को बीज का और भी विकास हो उसे गर्भ सन्धि कहते हैं। इसमें फल छिपा पड़ा रहता है। इसमें प्राप्त्याशा और पताका का योग रहता है।[18] किन्तु प्राप्त्याशा के साथ पताका का मेल हो भी सकता है और नहीं भी।[19] प्राप्त्याशा अवस्था में सफलता की सम्भावना के साथ-ही-साथ विफलता की आशंका भी बनी रहती है। पताका अर्थ-प्रकृति में प्रधान फल का सिद्ध करनेवाला प्रासंगिक वृत्तान्त रहता है।[20] सीताहरण होने के कारण राम के अवतारी रूप की धारणा दब जाती है। वे सीता की खोज में जाते हैं तथा बालि के अनीतिपूर्ण राज्य का अन्त करते हैं। सुग्रीव का राज्यारोहण होता है। इससे अवतार के रूप का विकास सिद्ध होता है। रामराज्य की स्थापना का फल दबा रहता है। पर उसके प्राप्त होने की आशा दृढ़ हो जाती है। पर सीता का पता नहीं चलता। साधनहीनता के कारण विफलता की आशंका भी विद्यमान है। सुग्रीव की राज्य-प्राप्ति पताका का उद्देश्य है। उसकी पूर्ति होती है और यह रामकथा को अग्रसर करने में भी सहायक होती

है।[21] गर्भ सन्धि के तेरह अंग-अभूताहरण, मार्ग, रूप, उदाहृति या उदाहरण, क्रम, संग्रह, अनुमान, अधिबल, तोटक, उद्वेग, सम्भ्रम, आक्षेप या उसके स्थान पर प्रार्थना तथा क्षिप्ति माने जाते हैं।[22]

अवमर्श या विमर्श सन्धि—जहाँ पर फल का उपाय तो कुछ और विकसित हो जाता है पर विघ्नों के आ जाने से उसमें आघात पहुँचता है वहाँ विमर्श सन्धि होती है।[23] इसमें विशेष रूप से विचार करने की स्थिति रहती है। अतः इसे विमर्श कहते हैं। इसमें नियताप्ति और प्रकरी की सन्धि होती है। किन्तु प्रकरी की योजना यहाँ अनिवार्य नहीं है। इसमें गर्भ की अपेक्षा बीज का अधिक विस्तार होता है। पर उसके फलोन्मुख होने में शाप, क्रोध, विपत्ति या विलोभन के कारण विघ्न उपस्थित होते हैं।[24]

रामराज्य के स्थापन में बाधक आसुरी प्रवृत्तियों का गढ़ लंका है। रावण उसमें सबसे बड़ा अवरोध है। उस पर राम चढ़ाई करते हैं। वानरों की प्रबल सेना, विभीषण, सुग्रीव, हनुमान् आदि के सहयोग के कारण 'फल' 'रामराज्य' के स्थापित करने के उपाय का विकास होता जा रहा है। पर लक्ष्मण को शक्ति लग जाने से उसमें प्रबल आघात पहुँचता है। हनुमान् के अलौकिक प्रयास से संजीवनी बूटी प्राप्त होती है। लक्ष्मण स्वस्थ होते हैं। इतने प्रबल आघात को विफल करने से रावण-वध का निश्चय हो जाता है। वह निश्चय नियताप्ति है। यहाँ प्रकरी में विभीषण की कथा ले सकते हैं पर वह अन्त तक चलती है अतः पताका के रूप में आभासित होती है। अतएव इसे पताका और प्रकरी के बीच की मध्यम विस्तारवाली प्रासंगिक कथा कह सकते हैं। प्रकरी का होना अनिवार्य नहीं है। अतः इससे कोई बाधा उत्पन्न नहीं होती। इस सन्धि के अपवाद, सफेट, विद्रव, द्रव, शक्ति, द्युति, प्रसंग, छलन, व्यवसाय, विरोधन, प्ररोचना, विचलन तथा आदान ये तेरह अंग हैं।[25]

निर्वहण सन्धि—जहाँ एक ही प्रधान प्रयोजन में कार्य और फलागम के साथ-साथ सब प्रकार के अर्थों का पर्यवसान हो जाता है वहाँ निर्वहण सन्धि होती है। यहाँ प्रधान अर्थ की समाप्ति हो जाती है इसीलिए इसको निर्वहण सन्धि करते हैं।[26] इसमें पूर्व-कथित चारों सन्धियों में यथास्थान वर्णित अर्थों के प्रधान प्रयोजन का समाहार हो जाता है। इसमें फलागम अवस्था और कार्य अर्थ-प्रकृति निहित रहती हैं।[27] महत्कार्य रामराज्य की स्थापना है। रावण-वध के पश्चात् आसुरी शक्तियों की परिसमाप्ति हो जाती है। राम का अभिषेक धूम-धाम से होता है। आदर्श राजनीति तथा कुशल व्यवस्था के परिणामस्वरूप रामराज्य में सब प्रकार के सुख, शान्ति तथा आनन्द छा जाते हैं। जिस शुभ कार्य के लिए सारा कथानक विकसित होता है उसका फल प्राप्त हो जाता है। सभी प्रयोजनों की सिद्धि रामराज्य की स्थापना से हो जाती है। इस दृष्टि से रामराज्य तक की कथा निर्वहण सन्धि के अन्तर्गत आती है। इसके चौदह अंग-सन्धि, विबोध, ग्रथन, निर्णय, परिभाषण, प्रसाद, आनन्द, समय, कृति, भाषण, पूर्व भाव, उपगूहन, काव्य-संहार तथा प्रशस्ति या आशीर्वाद हैं।[28]

सन्धि अंग—रावण-वध के पश्चात् देवताओं द्वारा राम के अवतारत्व का कथन राम की अलौकिक शक्ति की प्रशंसा है। यह बीज अर्थात् उनके अवतारत्व का प्रकाश है। अतः यह सन्धि अंग है।

अभिनय के विचार से कथाभेद

अभिनय के विचार से कथाएँ दो प्रकार की होती हैं—वाच्य और सूच्य। अभी तक 'वाच्य' का विवेचन हुआ है। अब सूच्य को लीजिये। लीला का नाटक जीवनचरित्र नहीं है। अतः इनमें कथाओं का परिष्कार आवश्यक हो जाता है। जिन कथाओं का अभिनय सम्भव नहीं होता अथवा दुष्कर होता है या जो रंगमंच की दृष्टि से अनावश्यक होती हैं उन्हें छाँट देते हैं। इनका सम्बन्ध नाटक के उद्देश्य से नहीं होता पर घटना-क्रम के प्रवाह के लिए उनकी सूचना आवश्यक हो जाती है। रामलीला में ऐसी कथाओं की विशेष स्थिति है। लीला-विधान के अनुसार प्रायः रामचरितमानस का पूरा पाठ होता है। अतः ऐसी कथाओं की सूचना देने की आवश्यकता नहीं पड़ती। दूसरी स्थिति यह है कि जिन कथाओं को दर्शक नहीं जानते

उन साधारण कथाओं को 'सूच्य' के अन्तर्गत रखते हैं। रामकथा लोक प्रचलित है। अतः उसकी कथाओं को प्रायः 'सूच्य' रूप में नहीं रखते। जिन स्थानों में पूरी लीला नहीं होती वहाँ इसकी आवश्यकता पड़ जाती है। ऐसी स्थिति में व्यास या तो स्वयं सूचना दे देते हैं अथवा अवसर के अनुकूल किसी पात्र द्वारा कथन करा देते हैं। रामलीला में प्रस्तावना की प्रथा नहीं है। इसका भी कारण कथा का जनप्रिय होना ही है।

वर्जित दृश्य

रंगमंच की सुविधा, जन-भावना तथा मर्यादा का ध्यान रखकर दृश्यकाव्यों में कुछ दृश्य वर्जित हैं। इनमें दूर से बोलना, वध, युद्ध, विप्लव, विवाह, भोजन, शाप, मल-त्याग, मरण, दाँत काटना, नख-क्षत (इसी प्रकार के अन्य लज्जास्पद व्यवहार) शयन, अधर-चुम्बन, नगर को घेर लेना, स्नाना, चन्दनादि लेपन और किसी बात का अधिक विस्तार है।[29]

रामलीला का अभिनय धर्मपरक है। इसकी अपनी परम्परा है। अतः इसमें सभी शास्त्रीय सिद्धान्तों का पालन सम्भव नहीं है। इसमें दृश्यकाव्य के अनिवार्य तत्त्व अवश्य मिलते हैं। वर्जित दृश्य के कारण का उल्लेख पहले कर चुके हैं। उनमें पहला कारण रंगमंच की सुविधा है। रंगमंच परिमित होता है अतः लम्बी यात्रा, सेना का आक्रमण आदि प्रदर्शित नहीं हो सकते। दृश्यकाव्य हृदय के परिष्कार के अनुपम साधन हैं। इसलिए ऐसे दृश्य जो जन-मानस पर कुप्रभाव डालें वर्जित माने जाते हैं। अशोभनीय या घृणास्पद दृश्यों को भी इसी कारण वर्जित किया गया है। कुछ कार्यों का निषेध इसलिए है कि वे घटना-व्यापार की गति में शिथिलता ला देते हैं। इनमें से कुछ का प्रदर्शन रामलीला में होता है। जहाँ तक परिमित मंच का प्रश्न है रामलीला के मंच बहुत विस्तृत होते हैं। किसी दृश्य के लिए पूरे मैदान का उपयोग किया जाता है। अतएव सैन्य प्रदर्शन तथा लम्बी यात्रा के दृश्य में बाधा नहीं पड़ती। रामलीला का सर्वप्रथम उद्देश्य हृदय का परिष्कार एवं आनन्द है। अतः इस ओर सर्वप्रथम ध्यान दिया जाता है। लोक-निन्दित पात्रों का वध प्रभाव के घनत्व को बढ़ाने की दृष्टि से दिखाया जाता है। रावण-वध, मेघनाद-वध, लंका-दहन, लंका पर आक्रमण के दृश्य आदि इसी भावना से प्रदर्शित होते हैं। भक्ति-भावना के आधिक्य के कारण विवाह भोजन आदि के दृश्य उपस्थित किये जाते हैं। रामचन्द्र मर्यादा पुरुषोत्तम हैं। उनकी लीला में मर्यादा का विशेष ध्यान रहता है। अतः यहाँ मर्यादाहीन वर्जित दृश्य लेशमात्र भी नहीं मिलते।

संवाद के विचार से कथा के भाग

रंगशाला में काम करनेवाले पात्रों के संवाद के विचार से भी कथा के विभाग होते हैं।[30] किसी पात्र की उक्ति को रंगशाला में उपस्थित सब पात्र सुनें तो वह 'सर्वश्राव्य' होता है। जैसे धनुष-यज्ञ के समय जनक के निराशापूर्ण वचन तथा तदनन्तर लक्ष्मण का रोषपूर्ण कथन सर्वश्राव्य है। इन दोनों का तात्पर्य उपस्थित जनों को राम के गौरव को सुनाना है। यदि उपस्थित पात्रों में कुछ ही सुनें तो उसे 'नियत श्राव्य' कहते हैं। जैसे-रावण का मारीच से कथन कि 'तुम स्वर्ण-मृग का रूप धारण करो' अन्य उपस्थित पात्र नहीं सुनते।

जब किसी की उक्ति को अन्य पात्र नहीं सुनता, वह स्वयं ही कहता तथा सुनता है तो उसे 'अश्राव्य' या 'स्वगत' कथन कहते हैं। सीता जी आशोकवाटिका में तारों को देखकर अग्नि की याचना करती हैं उनका यह कथन अश्राव्य है।

इसी प्रकार नाटक के अन्य नियमों का समावेश रामलीला में होता है। जिन स्थानों पर रामलीला नाटक के रूप में होती है उन स्थानों में नाटक के नियमों का अधिक पालन किया जाता है। उनमें वर्जित दृश्य नहीं दिखलाये जाते। रंगमंच के नियमों के अनुकूल परदे के द्वारा दृश्य-परिवर्तन आदि की व्यवस्था रहती

है। अन्य रामलीलाओं में स्थान-परिवर्तन से दृश्य-परिवर्तन का काम लिया जाता है अथवा सूचना देकर दृश्य-परिवर्तन की कल्पना कर ली जाती है।

पात्र-योजना

रामलीला में पात्र-योजना मूलतः सत् तथा असत् भावना पर आधृत है। रामचरितमानस में दो पक्ष हैं—एक साधु पक्ष जिसमें राम तथा उनसे सम्बद्ध अधिकतर पात्र हैं। दूसरा असाधु पक्ष है। इसमें रावण तथा तत्सम्बद्ध पात्र आते हैं। व्यक्तिगत जीवन तथा लोक जीवन चाहे जिसको लें सब में दो प्रकार की वृत्तियाँ होती हैं। कुछ वृत्तियाँ कल्याणप्रद होती हैं। उनसे हृदय की कलुषित भावनाएँ नष्ट हो जाती हैं या कह सकते हैं कि हृदय का परिष्कार होता है। हृदय के परिष्कार के कारण सद्गुणों की ओर आकर्षण स्वाभाविक है। आकर्षण के पश्चात् दूसरी अवस्था उनके ग्रहण की आती है। सद्गुणों के कारण मनुष्य ऊँचे उठता है। यह स्थिति भी आ सकती है कि वह देव-कोटि में गिना जाने लगे। सद्वृत्ति के द्वारा परिष्कार के लिए अभ्यास की आवश्यकता है। उसके विभिन्न साधन युग-युग से चले आ रहे हैं। साहित्य, संगीत तथा कला प्रधान एवं आकर्षक साधन हैं। उपदेश भी एक साधन है पर वह रुक्ष है। उसमें रमणीय तत्त्व नहीं है। इसी से साहित्य संगीत तथा कला माध्यम रमणीय स्वीकार किया गया। रामलीला में उक्त तीनों के समन्वय के साथ भक्ति की रमणीयता भी रहती है। अतः रामलीला के माध्यम से हृदय का परिष्कार शीघ्र एवं स्थायी होता है।

अब उन वृत्तियों पर विचार कर लेना चाहिए जो भक्ति के लिए हानिप्रद होती हैं और समाज के लिए घातक। इन दुर्वृत्तियों का अस्तित्व अन्तःकरण में ही होता है। जिस प्रकार रस के स्थायी भाव मन में अव्यक्तावस्था में रहते हैं और अनुकूल आलम्बन पाकर उद्दीप्त हो उठते हैं उसी प्रकार वृत्तियाँ भी अनुकूल वातावरण पाकर सक्रिय हो उठती हैं। दुर्वृत्तियों को जहाँ अवकाश मिला वे उद्दीप्त हो जाती हैं। वे उद्दीप्त न हों इसके दो उपाय हो सकते हैं—एक तो उन्हें अनुकूल वातावरण न मिले, दूसरे लोक के द्वारा उनकी उपेक्षा हो।

अनुकूल वातावरण का तात्पर्य प्रोत्साहन है। यदि व्यक्तिगत रूप से अथवा समष्टि रूप से कुप्रवृत्तियों का दमन किया जाय तो प्रोत्साहन का प्रश्न ही न उठे। दूसरा उपाय है कि वे मानव को पराभूत न कर सकें। एक तीसरा उपाय भी हो सकता है। लोक के समक्ष उनका ऐसा रूप उपस्थित किया जाय कि वे घृणास्पद मानी जाने लगें। उनके प्रति हृदय की विरोधी प्रतिक्रिया हो।

रामलीला की पात्र-योजना इसी ढर्रे की है। इसमें राम-पक्ष का दिग्दर्शन इसलिए है कि सद्वृत्तियों की ओर आकर्षण हो। उनके प्रति निष्ठा तथा आस्था बढ़े। सद्वृत्तियों की विजय से जन सफलता की प्रेरणा ग्रहण करें। रावण-पक्ष के दिग्दर्शन की दृष्टि भिन्न है। उसके द्वारा कुवृत्तियों का ह्रास तथा पराभव उपस्थित किया जाता है। इससे रावणादि कुवृत्ति के प्रतीकों के प्रति घृणा के भाव उत्पन्न होते हैं। अतः स्वाभाविक रूप से उनकी उपेक्षा होती है।

रामलीला की पात्र-योजना पर दो दृष्टियों से विचार हो सकता है—पहली दृष्टि शास्त्रीय तथा दूसरी धार्मिक या भक्ति सम्बन्धी है। शास्त्रीय दृष्टि से विचार करने के पूर्व स्मरण रखना चाहिए कि नायक राम ईश्वर के अवतार हैं। अतः वे किस कोटि के नायक हो सकते हैं? शास्त्र के अनुसार नायक चार प्रकार के होते हैं—धीर ललित, धीर प्रशान्त, धीरोद्धत तथा धीरोदात्त।[31] मर्यादा पुरुषोत्तम का अवतार होने के कारण राम में शृंगारिक भाव नहीं आ सकते। अतएव वे धीर ललित नहीं हो सकते। अवतार का उद्देश्य 'विनाशाय च दुष्कृताम्' है। अतः धीर प्रशान्त होने पर उद्देश्य की पूर्ति सम्भव नहीं। धीरोद्धत नायक स्वभाव से ही उच्छृंखल होता है। मोह, मद, आत्म-प्रशंसा तथा दुराचरण उसक गुण माने जाते हैं। ये गुण या यों कहें कि दुर्गुण अवतार में होना असम्भव है। अतएव उनके धीरोद्धत होने की कल्पना भी

नहीं की जा सकती। राम सद्वृत्तियों के प्रतीक हैं। उन्हें परिष्कृत तथा उदात्त गुणों से युक्त होना ही चाहिए।[32] वे धीरोदात्त के अतिरिक्त अन्य कोटि में नहीं आ सकते।

भारतीय समाज का विकास चिर संचित अनुभव तथा ज्ञान के आधार पर हुआ है। समाज के ढाँचे में विभिन्न व्यक्तियों के प्रति पृथक् भावनाएँ हैं। माता, भगिनी, स्त्री, पुत्री आदि के प्रति भावों में अन्तर होता है। इसी प्रकार पिता, भ्राता, बन्धु, पुत्र सबके प्रति प्रकाशित प्रेम के प्रकार में एकता नहीं है। इन सामाजिक नियमों का पालन भारतीय सभ्यता और संस्कृति की आधार-शिला है। इसमें विशृंखलता का तात्पर्य समाज का विनाश तथा पशुत्व का आगमन है। राम भारतीय परम्पराओं तथा संस्कृति का स्वयं पूर्ण रूप से पालन करते हैं। उनके विरुद्ध आचरण करनेवाले बालि का विनाश करके वे सामाजिक मर्यादा की रक्षा करते हैं। बालि के संहार के मूल में सुग्रीव की मित्रता तो निमित्त मात्र है, वास्तविकता कुछ और ही है। उसका उद्घाटन बालि के उत्तर में राम ने कर दिया है। राम की युक्ति-युक्त बातों से बालि को भी सन्तोष हो जाता है। वह अपनी भूल का अनुभव करता है। रावण की दशा इससे भी निकृष्ट है। नारि-अपहरण उसकी दिनचर्या का प्रमुख अंग बन गया है। अतः उसका विनाश अनिवार्य हो गया है। राम केवल सीता के लिए नहीं अपितु सीता के समान अनेक सती-साध्वियों के सतीत्व की रक्षा के लिए (परित्राणाय साधूनां) राक्षसों का विनाश करते हैं (विनाशाय च दुष्कृताम्)।

शासक ही दुराचारी हो तो प्रजा का पतन कितना होगा कहा नहीं जा सकता। राम को बालि या रावण की चिन्ता नहीं है। वे तो सारे समाज के लिए तथा लोक के कल्याण के लिए व्यग्र हैं। समाज का उत्थान सज्जनों पर आश्रित है। जिस समाज में सज्जनों की जितनी ही अधिक संख्या होगी वह उतना ही उन्नतिशील होगा। रावण के कारण साधु, ऋषि, मुनि अर्थात् समाज का सज्जन वर्ग त्रस्त एवं विपन्न है। उसने दुराचारियों तथा अत्याचारियों को आश्रय दे रखा है। इससे भारतीय समाज का स्वरूप विकृत हो रहा है। अतः समाजोत्थान तथा लोक-कल्याण के लिए रावणादि खलों का विनाश ही एकमात्र मार्ग है। राम उसका अवलम्बन करते हैं। इसी महत्कार्य में वे अपनी शक्ति का सदुपयोग करते हैं। बाल्यकाल में ताड़का-वध तथा धनुष-भंग से उनकी शक्ति की अलौकिकता स्थापित हो चुकी थी। उनकी शक्ति का सौन्दर्य निखर उठता है राक्षसों के सर्वनाश से। राम के सौन्दर्य की कल्पना वन-मार्ग में जाते समय जन-प्रभाव के आधार पर की जाती है। उस सौन्दर्य में लौकिक दृष्टि से उनका कोई हाथ नहीं है। उनका सौन्दर्य तो उनके आचरण तथा शक्ति के उपयुक्त एवं रमणीय प्रयोग के कारण है। उनकी शक्ति पर विवेक तथा आचार का अंकुश है। अतएव वे शक्ति प्रयोग वहीं करते हैं जहाँ उसकी आवश्यकता पड़ती है। शील राम के जीवन का विशेष गुण है। राम-परिवार के भव्य प्रासाद की आधार-शिला है राम का शील। उनकी दृष्टि में मनुष्य को कौन कहे पशु-पक्षी भी समान आदर के पात्र हैं। वे उसका पालन युग-धर्म या अवसरवादिता के कारण नहीं निसर्गतः करते हैं।

आधुनिक साम्यवाद के सिद्धान्त और व्यवहार पक्ष में भले ही एकरूपता न हो पर उनका जो सिद्धान्त था वही व्यवहार भी। कहने से पुण्य का क्षय होता है। पाप भी कहने से क्षीण होते हैं। पुण्य की चर्चा करने से मनुष्य में गर्व की उद्भावना होती है। गर्व के कारण विवेक मन्द पड़ जाता है। अतः उसके हृदय में उच्चता की भावना उत्पन्न नही होती। उसकी गति विपरीत हो जाती है। इसी से पुण्य का कथन वर्जित है। राम अपनी प्रशंसा कभी नहीं करते। वे रावण को आत्म-प्रशंसा से विरत होने और कर्मठता का मार्ग ग्रहण करने का उपदेश देते हैं।[33] इसके द्वारा राम के स्वभाव का परिचय मिलता है। वे पाटल (गुलाब) रसाल (आम) की भाँति नहीं अपितु पनस (कटहल) के समान हैं। वाक्विलास की अपेक्षा कर्मण्य होना वे श्रेयस्कर समझते हैं। पाप कह देने से क्षीण कैसे होते हैं? पाप को छिपाने से आत्मा कलुषित होती है। पश्चात्ताप अथवा दण्ड-भय, आत्म-मन्थन करता रहता है। पाप को कहने से पश्चात्ताप की

भावना उत्पन्न होती है। अपराध की स्वीकारोक्ति दण्ड से क्रमशः दूर, अति दूर हो जाती है। मनुष्य को शान्ति मिलती है। वह भविष्य के लिए सचेत हो जाता है। राम के रावण को दिये गये उपदेश की ध्वनि है कि उसे पाप नहीं छिपाना चाहिए। पाप को प्रकट कहकर वह शान्ति पा सकता है।

राम संसार में सद्वृत्तियों का संवर्द्धन करना चाहते हैं। अतः वे भक्तों को मोक्ष नहीं देते। वे उन्हें बारम्बार विश्व में आकर भजन, कीर्त्तन तथा लीलावलोकन का अवसर प्रदान करते हैं। उन्हें पापी से नहीं पाप से घृणा है। अतः राक्षसों को भी मोक्ष प्रदान करते हैं पर कैसा मोक्ष? वे जीवन-मरण के बन्धन से मुक्त हो जायँ। संसार में उत्पन्न होकर उसे प्रताड़ित न करें। इसमें जहाँ राम की उदारता है वहीं संसार के कल्याण की भावना भी।

धार्मिक दृष्टि से राम परात्पर ब्रह्म हैं। वे सर्वशक्तिमान् तथा सर्वव्यापक हैं। वे परमेश्वर के साक्षात् अवतार हैं। जीव उनकी शरण में जाकर त्राण पाता है। संसार के माया-मोह आदि प्रपंचों का नाश राम की कृपा से होता है। उसके लिए भगवान् की अराधना अन्तःकरण द्वारा निःस्वार्थ भाव से करनी चाहिए। अन्तःकरण में उन्होंने (गोस्वामी जी ने) रामलीला के विभिन्न पात्रों की कल्पना तक की है।[34] रामलीला में राम ब्रह्म हैं। सारा कार्य व्यापार उनकी भक्ति का पल्लवन है। अध्यात्म रामायण में भी रामकथा का यही रूप पाया जाता है। धार्मिक दृष्टि से राम सारे ब्रह्माण्ड के स्वामी हैं। उनका चरित्र पवित्र तथा भक्तों को आनन्द देनेवाला है। इसी भावना से रामलीला का प्रदर्शन होता है। इससे हृदय के परिष्कार के साथ आनन्द का उपभोग भी होता है।

रावण

शास्त्रीय दृष्टि से रावण प्रतिनायक है। उसमें कुप्रवृत्तियों का समावेश है। पर राम का प्रतिनायक भी उच्चकोटि का होना चाहिए। भारतीय सामाजिक परम्पराओं का विकास इतनी उच्च्य सीमा पर पहुँच गया है कि रावण में आपादमस्तक दुर्गुण नहीं हैं। उसका आचरण जैसा भी रहा हो पर वह अनेक सामाजिक नियमों का उल्लंघन नहीं करता। उदाहरण के लिए सीता को हर लेने के पश्चात् वह उनके साथ बल-प्रयोग करने को स्वतन्त्र था। पर उसने वाचा (मनसा भी सही) ही बल प्रयोग किया। साधारण जन शारीरिक कार्य-कलापों को अधिक महत्त्व देते हैं। संस्कृत व्यक्ति का ध्यान अभ्यन्तर पर अधिक रहता है। रावण में भारतीय संस्कार विद्यमान थे। अतएव वह सीता की अन्तर्वृत्ति पर अधिकर करने का प्रयास करता रहा। सीता की इच्छा के विरुद्ध उसने किसी प्रकार का अतिचार नहीं किया। लम्पटता तथा कामुकता पर इस प्रकार का अंकुश भारतीयता की प्रमुख विशेषता है।

प्रतिनायक के लक्षण के अनुसार वह उद्धत है, कामी, मायावी तथा आत्मप्रशंसक है। उसमें उदात्तता तो मिलती है पर वह धीरोदात्त नहीं था। उसकी श्रृंगारिक प्रवृत्तियाँ कामुकता में परिणित हो गयी थीं, अतः धीर ललित भी नहीं हो सकता। राक्षसी प्रवृत्तियों के कारण धीर प्रशान्त हो नहीं सकता। अपने स्वरूप के निर्वाह के लिए उसे धीरोद्धत[35] बनना चाहिए था। उसका वही रूप समक्ष आता है। यदि केवल उद्धत होता तो इच्छानुकूल कार्य करता परिणाम चाहे जो हो। वह राजदूत समझकर हनुमान् की पूँछ ही नष्ट करने का प्रयत्न करता है, प्राण दण्ड का विचार छोड़ देता है। भारतीय शास्त्र में नायक के भेदों के साथ 'धीर' शब्द जुड़ा है। यह शब्द साभिप्राय है। भारतीय दृष्टि सर्वदा से व्यापक रही है। यहाँ व्यष्टि की अपेक्षा समष्टि का महत्त्व अधिक था। अधीर नायक में स्वभावगत अथवा विचारगत व्यक्ति-वैचित्र्य हो सकता है। पर उसमें रमणीयता का अभाव रहेगा। काव्य सार्वजनीन होता है। उसमें सबका हृदय रमता है। धीर शब्द लगाने का तात्पर्य सामाजिकता या लौकिकता है। भारतीय शास्त्र में ललित, प्रशान्त, उद्धत तथा उदात्त सभी नायकों का धीर होना आवश्यक है।[36] रस की निष्पत्ति में बाधा होने लगेगी यदि ऐसा न होगा।

रावण चारों वेदों का ज्ञाता था। जहाँ तक ज्ञान का प्रश्न है, उसमें कोई कमी न थी। पर कोरा ज्ञान मनुष्य का परिष्कार नहीं कर सकता। ज्ञान मस्तिष्क या बुद्धि का विषय है। हृदय का उससे सरोकार नहीं रहता। मानव-जीवन सर्वांगी है। वह एकांगी होकर नहीं रह सकता। हृदय तत्त्व की उपेक्षा से जीवन एकांगी हो जाता है। रावण की यही स्थिति थी। उसकी विद्वत्ता में राम को सन्देह नहीं था। पर हृदय पक्ष की शून्यता के कारण वह कर्त्तव्याकर्त्तव्य का ध्यान नहीं रख पाता था। अतः उसका पतन हुआ।

भक्ति का सम्बन्ध हृदय से है। हृदय के परिष्कार तथा उन्नयन के लिए भक्ति अनिवार्य मानी गयी है। रावण में निःस्वार्थ भक्ति की भावना नहीं थी। अतएव उसके हृदय का न तो उचित परिष्कार हो सका और न उन्नयन। पात्र-योजना में रावण को रखकर यह बतलाने की चेष्टा की गयी है कि मनुष्य को ज्ञान तथा भक्ति का समन्वयात्मक स्वरूप ग्रहण करना चाहिए। रावण शक्तिशाली था। सारे विश्व में उसकी तूती बोलती थी। पर उस शक्ति का सदुपयोग उसने नहीं किया। यदि चाहता तो उसका आश्रय लेकर वह स्वयं आनन्द उपभोग करता और विश्व के कल्याण-संवर्द्धन में सहायक होता। पर उसने दीन, अशक्त तथा सज्जनों को सताया।

आत्मा का सम्बन्ध परमात्मा से है। परमात्मा उसे कष्ट में नहीं देख सकता। आत्मा की पुकार सुन वह व्याकुल हो उठता है। शास्त्रों में इसका उल्लेख स्थान-स्थान पर है। प्रह्लाद, गज, द्रौपदी आदि की पुकार ऐसी ही थी। रावण के अत्याचारों तथा अनाचारों से पीड़ित आत्माएँ कराह उठीं। उसका सर्वनाश हो गया। 'आत्मवत् सर्वभूतेषु' की स्थापना के लिए रावण-वध आवश्यक था। अतः रावण का चित्रंण अनौचित्य के प्रतीक के रूप में हुआ है।

धर्म की दृष्टि से रावण मोक्षाकांक्षी था। उसने स्वयं इस प्रकार की योजना बनायी जिससे उसका वध हो। इस प्रकार वह भी एक प्रकार से राम-भक्त था।[37] पर उसकी भक्ति सर्वनाशिनी सिद्ध हुई। इसमें रावण की स्वार्थपरक भावना प्रधान है। रावण के माध्यम से स्वार्थमय भक्ति का दुष्परिणाम दिखाकर निःस्वार्थ भक्ति करने का उपदेश दिया गया है। गोस्वामी जी ने रावण को मोह कहा है। मोह चित्त का वैकल्य कहलाता है।[38] उस अवस्था में चित्तवृत्ति वस्तु तत्त्व को ग्रहण नहीं करती। कल्याण-बुद्धि नष्ट हो जाती है या अकल्याण-बुद्धि जगती है। ममता की भावना उत्पन्न होती है।[39] रावण का चित्त सर्वदा व्याकुल रहता है। एक वांछित वस्तु प्राप्त होने पर दूसरी की ओर लपकता है। अपनी आकांक्षाओं की तृप्ति में वह इस प्रकार विवेक खो बैठता है कि वास्तविक तथ्य की ओर उसका ध्यान नहीं जाता। राम के अवतारी रूप की सूचना उसे बराबर मिलती है। कहीं राम के अलौकिक कार्यों के द्वारा कहीं स्वजनों या मन्त्रियों द्वारा पर वस्तुस्थिति की ओर वह ध्यान नहीं देता। अंगद का उपदेश, विभीषण का परामर्श तथा मन्दोदरी की सम्मति उसके कल्याण के मार्ग हैं पर उसकी बुद्धि की पहुँच वहाँ तक नहीं होती। इसके विपरीत वह राम से युद्ध करने की ही ठानता है। उसकी बुद्धि सर्वदा अहित-मार्ग पर चलना चाहती है। लंका के पतन की घटनाओं का प्रभाव उस पर नहीं पड़ता। वह विवेकहीनता का आश्रय लेता है। रावण के कारण जिस प्रकार लंका का सर्वनाश हुआ उसी प्रकार मोह के कारण प्रवृत्ति की लंका भी ढह जाती है।

विभीषण को विनय-पत्रिका के शरीर-लंकावाले रूपक में जीव माना गया है। वह त्रस्त है काम, क्रोध, लोभ, मोह, मद, मत्सर आदि अविद्या से।[40] वह भगवान् की शरण में जाता है। उसकी अविद्या का नाश होता है। अपने सत्स्वरूप को पहचानता है। एब बार भगवद्-शरण में आ जाने पर उसे जीवन का वास्तविक स्वरूप मिल जाता है। वह अचल हो जाता है। गोस्वामी जी ने जीव को ईश्वर का अंश माना है। वह अविद्या माया से आच्छन्न रहने के कारण दुःखी रहता है। माया का पाश राम की कृपा से ही छूट सकता है। अतः जीव के लिए आवश्यक है कि वह भगवान् की शरण में जाय। विभीषण माया या

अविद्या से आच्छन्न लंका में दुःखी है वह चाहता है उसके बन्धन से छूटना। अतः वह राम की शरण में आता है। इसी प्रकार मानव भी यदि शान्ति चाहता है तो उसे काम, क्रोध, मोह, मत्सर आदि से पृथक् होकर भगवान् की शरण में आना चाहिए वहीं उसे सच्ची शान्ति मिल सकती है।

सुग्रीव ध्यान के प्रतीक हैं। ध्यान का महत्त्व उपासना के सभी मार्गों में स्वीकार किया गया है। निर्गुणोपासना में ध्यान के लिए आधार प्राप्त नहीं होता। अतः उसकी साधना अव्यावहारिक नहीं तो कठिन अवश्य है। पर सगुण-भक्ति में भगवान् का रूप प्रत्यक्ष आधार मिल जाता है। पहले मार्ग में मन को हठात् ध्यान में लगाना पड़ता है। मन की चंचल गति के कारण सफलता में सदैव सन्देह रहता है पर दूसरे मार्ग में मन अपने-आप भगवान् के ध्यान में मग्न होता है। अपितु यह भी कह सकते हैं कि ध्यानमग्न होने के लिए उत्सुक रहता है। ध्यान जिस प्रकार भगवान् से दूर चला जाता है उसी प्रकार राज, पुर, कोष तथा नारी के चक्कर में पड़कर सुग्रीव भी भगवान् की उपेक्षा कर बैठता है। लक्ष्मण के क्रोध के द्वारा राम-काज के प्रति उपेक्षा का ज्ञान सुग्रीव को होता है। फिर वह उसमें निरन्तर लगा रहता है और रावण के विनाश का कार्य पूर्ण होता है। उसी प्रकार ध्यान के निरन्तर सहयोग से मोहरूपी रावण का उन्मूलन सम्भव है।

दशरथ तथा कौसल्या को क्रमशः ज्ञान तथा भक्ति का प्रतीक रखा गया है। ज्ञान तत्त्व के सम्यक् परिचय को कहते हैं। भक्ति आराध्य विषयक राग है। गोस्वामी जी ने ज्ञान का महत्त्व स्वीकार किया है। ज्ञान के साथ विज्ञान का निरूपण भी उनकी रचनाओं से मिलता है। राजा दशरथ को उन्होंने ज्ञान का प्रतीक मानकर ज्ञान का महत्त्व तो स्थापित किया है पर प्रधानता भक्ति को दी है। भक्ति की प्रतीक माता कौसल्या हैं। भक्ति से ही भगवान् का उद्भव मानकर उन्होंने भक्तों के समक्ष भगवद्प्राप्ति का स्पष्ट स्वरूप रखा है। ज्ञान के अभाव में भक्ति अन्धी मानी जाती है। जब तक भगवान् के स्वरूप तथा गुणों का ज्ञान नहीं होगा तब तक भक्ति-भावना का उद्भव सम्भव नहीं है। पर केवल ज्ञान में ही सफलता की आशा दुराशा मात्र है। कहा जा चुका है कि ज्ञान-मात्र का अवलम्बन करने के कारण रावण की दुर्दशा हुई। यदि उसमें हृदय पक्ष भी प्रबल होता तो वह भक्ति की पवित्र भूमि में प्रविष्ट कर जीवन के प्रकाम्य की प्राप्ति कर पाता। भले ही वह शक्ति एवं धन सम्पन्न था पर लोक दृष्टि से वह पतित था। गोस्वामी जी ने दशरथ तथा कौसल्या को ज्ञान तथा भक्ति के प्रतीकस्वरूप रखकर उनके समन्वयात्मक सिद्धान्त का प्रतिपादन किया है। दोनों का सहयोग भगवद्प्राप्ति के लिए आवश्यक है पर उन्होंने प्रधानता भक्ति की मानी है।

हनुमान् जी का स्वरूप प्रबल वैराग्य[41] का प्रतीक है। वैराग्य के अभाव में विषय-वासना का दहन सम्भव नहीं है। वैराग्य का अर्थ निवृत्ति मार्ग से न लेना चाहिए। हनुमान् ने सर्वदा प्रवृत्ति का अनुसरण किया पर कैसी प्रवृत्ति? भगवान् की अनन्य सेवा हेतु कार्य में तल्लीन रहने की प्रवृत्ति। मन की चंचल गति तभी रुक सकती है जब हम कुछ उत्तम कार्यों में सर्वदा तल्लीन रहें। हनुमान् ने राम-सेवा को अपने जीवन का लक्ष्य ही बना लिया था। अखण्ड ब्रह्मचर्य का पालन करते हुए वे राम-काज के सम्पादन में लगे रहे अतः उन पर विषय-वासनाओं का जादू नहीं चला। प्रबल वैराग्य के प्रतीक हनुमान् द्वारा गोस्वामी जी ने मनुष्य के लिए विषय से विरक्त होने का उत्तम उदाहरण उपस्थित किया है। इसकी साधना सरल नहीं है। उसके लिए हनुमान् जैसा अटल अनुराग, सेवा-भावना तथा पराक्रम की आवश्यकता पड़ती है। साधना सफल होने पर संजीवनी बूटी जैसा कार्य भी सरल हो जाता है। संजीवनी बूटी से तात्पर्य है जीवन-रस प्रदायिनी बूटी। वैराग्य साधन से वह बूटी सर्वदा सुलभ रहती है।

कुम्भकर्ण तथा मेघनाद को अहंकार[42] तथा काम के प्रतीक के रूप में चित्रित किया गया है। अहंकार अन्तःकरण की अभिमान वृत्ति को कहते हैं। मोहरूपी रावण का यह प्रबल सहायक है। अहन्ता की भावना स्वार्थमूलक प्रवृत्तियों को प्रोत्साहन देती है। शनैः-शनैः ऐसी स्थिति आ जाती है कि व्यक्ति स्वार्थान्ध हो

जाता है। उसे अपने तथा अपने स्वार्थों के प्रति आग्रह बढ़ जाता है। इससे मोह की प्रबलता होती है फिर उसे रावण की भाँति उचित-अनुचित का ध्यान नहीं रहता। विवेक नष्ट होने से विनाश होता है। यही दशा रावण की हुई। कुम्भकर्ण का विनाश तो हुआ ही सारा परिवार नष्ट-भ्रष्ट हो गया।

मेघनाद 'काम' का प्रतीक है। काम[43] की शक्ति प्रबल मानी जाती है। मेघनाद की भयंकरता तथा शक्ति का चित्रण कर काम के स्वरूप का आभास दिया गया है। यही शक्ति जीव को विषय-वासनाओं में लिप्त रहने को बाध्य करती है फिर तो वह भगवान् से विमुख हो जाता है। भगवान् की ओर प्रवृत्ति मोड़ने के लिए आवश्यक है कि काम का समूलोच्छेदन हो। काम के कारण भी मोह की प्रबलता होती है। अतएव मोह के विनाश के लिए काम को नष्ट करना अनिवार्य हो जाता है। रामलीला में इसी क्रम से पहले कुम्भकर्ण तथा मेघनाद का वध होता है तब रावण की बारी आती है। मोक्ष के साधनरूपी रीछ-वानरों की सेना के अभाव में यह कार्य सम्भव नहीं है।

इस प्रकार रामलीला को शरीर पर घटाकर गोस्वामी जी ने प्रत्येक मानव के दैनिक जीवन के लिए रामलीला की उपयोगिता सिद्ध की है। अतः लौकिक, साहित्यिक तथा आध्यात्मिक दृष्टि से गोस्वामी जी की पात्र-योजना अत्यन्त उच्चकोटि की है।

अभिनय

अनुकार्य की नानाविध अनुकृति ही अभिनय है।[44] अनुकृति वेश-भूषा, हाव-भाव, क्रिया-कलाप, वाणी आदि की होती है, जिन्हें अनुकर्त्ता अभिनय द्वारा व्यक्त करता है। अभिनय चार प्रकार के होते हैं—

(1) आंगिक, (2) वाचिक, (3) आहार्य, (4) सात्त्विक।[45]

आंगिक अभिनय के अन्तर्गत दृष्टि, शरीर, मुख आदि की विभिन्न चेष्टाएँ परिगणित होती हैं।[46] रामलीला में यद्यपि आंगिक अभिनय ही प्रधान होता है, तथापि जिस रामलीला में संवादों की व्यवस्था रहती है तथा विस्तृत रंगमंच एवं दर्शकों के बीच दूरी बहुत अधिक होती है, उसमें नेत्र एवं मुख की विविध चेष्टाओं पर विशेष ध्यान नहीं दिया जाता। विशेषतः शृंगारी प्रसंगों में तो ऐसी चेष्टाएँ अमर्यादित भी मानी जाती हैं।

इसके विपरीत मूकाभिनय प्रधान रामलीला में आंगिक अभिनय का महत्त्व सर्वाधिक होता है क्योंकि उसमें कायिक चेष्टाओं द्वारा ही भावाभिव्यंजना सम्भव है। चित्रकूटस्थ बाबा गूदरदास की रामलीला में सारी रामकथा विभिन्न अंगों के परिचालन द्वारा ही व्यक्त की जाती है, अभिनेतागण पूर्णतः मूक ही रहते हैं। किन्तु रंगमंचीय रामलीलाओं में शरीर, मुख, दृष्टि आदि सभी कायिक चेष्टाओं का अभिनय यथावसर पूर्णरूपेण होता है। जिन रामलीलाओं में मूकाभिनय ही होता है, उनमें कायिक अभिनय का विशेष महत्त्व है।

नृत्य नाट्य द्वारा अभिनीत रामलीला में आंगिक अभिनय द्वारा वाचिक अभिनय का भी भाव-प्रकाशन होता है। इसके लिए कला की विशेष योग्यता अपेक्षित है। अतः उसमें सूक्ष्मातिसूक्ष्म हाव-भाव, मुख-मुद्रा, अंग-संचालन, दृष्टि-प्रक्षेपण आदि का विशेष ध्यान रखा जाता है।

वाचिक अभिनय

वाणी के द्वारा किये गये अभिनय को वाचिक अभिनय कहते हैं। इसमें उच्चारण की शुद्धता का विशेष ध्यान न रखने से अर्थ का अनर्थ हो जाता है। कभी-कभी अशुद्ध उच्चारण के कारण सामाजिक की धर्म-भावना को ठेस लग सकती है। ऐसी स्थिति में रस निष्पत्ति में भी बाधा उत्पन्न हो जाती है। रंगमंचीय अथवा शास्त्रीय नृत्य-नाट्य की रामलीलाओं के लिए पात्रों को पर्याप्त पूर्वाभ्यास भी कराया जाता है। किन्तु अर्थ परिमित पूर्वाभ्यास में प्रायः बाधक होती है। जहाँ आर्थिक बाधा नहीं होती वहाँ पूर्वाभ्यास प्रायः एक मास पहले से ही आरम्भ हो जाता है। रामनगर की रामलीला में ऐसी ही व्यवस्था है। वहाँ नियुक्त

व्यास लगभग एक मास पूर्व से ही पात्रों को संवाद का अभ्यास कराते हैं। अभिनेताओं को स्वर के आरोह-अवरोह, शब्दों के शुद्ध उच्चारण एवं वाक्यार्थ के अनुकूल स्वर-परिवर्तन की शिक्षा पूर्ण रूप से दी जाती है।

रंगमंचीय रामलीला में वाणी को स्वाभाविक रूप दिया जाता है पर अन्य धार्मिक रामलीलाओं में स्वर-साधना का स्वाभाविक रूप न रखकर परम्परागत रूप रखा जाता है। ये रामलीलाएँ बड़े-बड़े रंगमंच पर अथवा मैदान में होती हैं। अतः इनमें अभिनेताओं को इतने ऊँचे स्वर से बोलना पड़ता है जितने में उपस्थित सामाजिक सभी संवाद सुगमतापूर्वक सुन सकें। इस प्रयास के कारण स्वर की स्वाभाविकता विकृत हो जाती है। इन रामलीलाओं में संवाद की सुनिश्चित प्रणाली का पूर्णतः पालन किया जाता है। अतः वाणी के स्वर स्वाभाविक न होने पर भी परम्परा के कारण खटकते नहीं। बीच-बीच में दोहे, छन्द या चौपाइयों का भी सुनिश्चित ढंग से सस्वर पाठ होता है। भक्ति-भावनायुक्त तथा परम्परागत होने के कारण ये संवाद अत्यन्त प्रिय तथा प्रभावशाली होते हैं। संवाद में उपयुक्त सम्बोधनों के प्रयोग का समर्थन नाट्यशास्त्र भी करता है। जैसे सीता अपने पति राम को 'आर्य पुत्र'[47] कहती हैं और राम स्वभ्राता लक्ष्मण को 'तात'[48] कहकर सम्बोधित करते हैं।

सात्त्विक अभिनय

भाव और रस के संश्रय से सात्त्विक अभिनय होता है।[49] सत्त्व से भाव, भाव से हाव तथा हाव से हेला की उत्पत्ति मानी जाती है।[50] रामलीला में वाणी, अंग तथा मुख से भावव्यंजना की जाती है। हाव तथा हेला का सम्बन्ध मुख्यतः शृंगार से है अतः रामलीला में इसके लिए स्थान नहीं है। किन्तु जन-रंजन के विचार से कहीं-कहीं प्रक्षेप रूप में इसकी व्यवस्था भी कर दी जाती है। कभी-कभी प्रसंगानुसार वीर, रौद्र, भयानक आदि रसों में मुख का लाल हो जाना, भौंहों का चढ़ना, कम्पन, स्वेद आदि का भी अभिनय किया जाता है। उदाहरण के लिए धनुष-यज्ञ में लक्ष्मण का क्रोध, लंकादहन के समय हनुमान् का विकराल स्वरूप तथा जलती हुई लंका का दृश्य आदि ले सकते हैं।

आहार्य

नेपथ्य (वेश-भूषा) की विधि को आहार्य अभिनय के अन्तर्गत मानते हैं।[51] नेपथ्य नाटक का अंलकार है। आहार्य चार प्रकार का होता है—

(1) पुस्त (2) अलंकार (3) अंग-रचना (4) संजीव।[52]

रंगमंचीय रामलीलाओं में नाट्यशास्त्र के विधानानुसार नेपथ्य-रचना होती है। इसमें आधुनिक रंगमंचों के सभी उपलब्ध उपकरणों का प्रयोग किया जाता है। नृत्य-नाट्य में भी इसी प्रणाली का अनुगमन होता है।

धार्मिक रामलीलाओं में रंगमंच के लिए चौकी या सिंहासन का उपयोग किया जाता है। नेपथ्य आदि की रचना फूल-पत्ती की सजावट से की जाती है। कहीं-कहीं अधिक उत्साह रहने पर सजावट में कागज, अभ्रक तथा रुपहले या सुनहले कागजों का सहारा लिया जाता है। विशेष अवसरों पर साधन के अनुसार अधिकाधिक सजावट होती है। शैल, यान, विमान आदि कागज या लकड़ी के बनाये जाते हैं। वर्म आदि हलके टीन या कपड़े के बना लिये जाते हैं।

वेश-विन्यास

इसकी गणना भी अभिनय के अन्तर्गत होती है। अलंकरण मानव की साधारण प्रवृत्ति है। स्वभावतः सौन्दर्योपासक होने के कारण साधारण-से-साधारण मनुष्य भी अलंकरण की भावना से प्रेरित हो किसी-न-किसी प्रकार का अलंकार धारण करता है। नाटक में समाज के विशिष्ट जनों के अभिनय के लिए विशेष अलंकरण की आवश्यकता पड़ती है। इस विषय पर नाट्यशास्त्र में पूरा अध्याय ही लिखा गया है। उसमें प्रत्येक अंग के आभूषणों का विशद विवेचन मिलता है।[53]

रामलीला के रंगमंचीय स्वरूप तथा नृत्य-नाट्य में अलंकरण की विशेष प्रवृत्ति पायी जाती है। साधन के अनुसार सभी पात्र आभूषण धारण करते हैं। पर धार्मिक रामलीलाओं में भगवान् का परम सौन्दर्यमय स्वरूप ही भक्तों के नेत्र तथा हृदय में छाया रहता है जिसके समक्ष अलंकारों का कोई महत्त्व नहीं है। फिर भी रामलीला में वर्णन के अनुरूप अलंकार का विधान होता है, किन्तु वहीं तक जहाँ तक वह भावोद्रेक के लिए आवश्यक होता है। फिर अंग-संचालन आदि या अभिनय की सुविधा के लिए भी शास्त्रानुसार साधारण तथा हलके आभूषण ही प्रयुक्त होते हैं।[54] अस्त्र-शस्त्रादि के सम्बन्ध में भी इस सुविधा का ध्यान रखा जाता है। ये आभूषण देश-काल तथा परिस्थिति के अनुसार परिवर्तित भी होते रहते हैं।[55]

रामलीला में राम-लक्ष्मण-सीता आदि के वस्त्र पीले रंग के रखे जाते हैं।[56] वे मस्तक पर मुकुट धारण करते हैं। श्याम वर्ण राम की अंग-रचना पीतवर्ण प्रधान होती है, पर गौर वर्ण लक्ष्मण की श्वेत वर्ण प्रधान। इनके कपोलों को पत्र-भंग-रचना से सजाते हैं। बन्दरों के वस्त्र लाल तथा राक्षसों के काले रहते हैं। राक्षस बड़े-बड़े सफेद दाँत लगाते हैं।[57] आभूषण अस्त्र-शस्त्र प्राचीनतम नाट्यशास्त्र के नियमों के अनुकूल होते हैं। अतः निश्चित है कि आधुनिक रामलीला प्राचीनतम नाट्यशास्त्रीय परम्परा से ही चलती चली आ रही है।

अंग-रचना विधान के अनुसार ही होती है।[58] रामनगर तथा काशी की रामलीलाओं में पीले चन्दन से राम का खौर किया जाता है। लक्ष्मण का खौर सफेद चन्दन से होता है। कपोल पर डाक-टिकुली की सहायता से पत्र-रेखा बनायी जाती है। मस्तक पर तिलक देते हैं।

रामलीला में चेहरे का प्रयोग राम तथा रावण दोनों पक्षों में होता है। इसका प्रयोग प्रायः मनुष्येतर पात्रों के लिए होता है। जैसे हनुमान्, सुग्रीव, नल-नील, राक्षस आदि। राक्षस दल में विभीषण का स्वरूप मानवों जैसा रहता है। वे चेहरा नहीं लगाते। विस्तृत मैदान में रामलीला होने तथा कथा में आये हुए पात्रों को वास्तविक स्वरूप प्रदान करने के उद्देश्य से ही चेहरों का प्रयोग आवश्यक होता है। ऋषि, मुनि, तपस्वी आदि के लिए दाढ़ी-मूँछ की व्यवस्था उनके वय, स्थान के अनुरूप ही की जाती है।

संवाद

मनुष्य के कुछ गुण प्रतिभा, विवेक तथा बुद्धि के सहारे उत्पन्न होते हैं। वह स्वयं उनको ग्रहण करता है। उनका उचित उन्नयन होने से सद्गुण की ओर प्रवृत्ति होती है। यथोचित परिष्कार न होने से वह दुर्गुणों में फँसता है। वह सामाजिक प्राणी है। अतः समाज के संसर्ग से भी उसमें अनेक विशेषताओं का उद्भव होता है। उसे सामाजिक आचार-व्यवहार तथा मान्यताओं का ज्ञान समाज द्वारा प्राप्त होता है। उसकी शिक्षा के लिए कोई पृथक् व्यवस्था नहीं है। वह समाज में आता है, वार्त्तालाप करता है तथा उसका निरीक्षण करता है। तब कहीं उनको सीखने में समर्थ होता है। सम्भवतः समाज के साथ विचारों के आदान-प्रदान का प्रधान साधन वार्त्तालाप है। वार्त्तालाप के अन्तर्गत साधारण बातचीत से लेकर युक्तिपूर्ण विशेष कथोपकथन तक आता है। जिस प्रकार साहित्य में मानव की विशिष्ट कल्पनाएँ, भावनाएँ तथा विचार की ही गणना होती है उसी प्रकार सधे-सधाये, काट-छाँट करनेवाली विशिष्ट उक्तियों को संवाद कहा जाता है। विशिष्टता के कारण साहित्य में इसका प्रयोग अत्यन्त प्राचीन काल से किया जाता है। भारतीय साहित्य के प्राचीनतम रूप वेद में संवाद का उत्कृष्ट रूप मिलता है। केवल वेद में ही नहीं अपितु ब्राह्मण ग्रन्थ, आरण्यक, आगम, तन्त्र, पुराण आदि सभी धार्मिक ग्रन्थों में इसका अस्तित्व है। इनके आधार पर नाटक का मूल वेदों में माना जाता है। इस प्रकार वैदिक युग से लेकर आधुनिक काल के साहित्य में संवाद पाया जाता है। इसका साहित्य में बड़ा महत्त्व है। इसके प्रयोग से पात्रों की सजीवता में वृद्धि होती है। यदि कवि पात्रों के सम्बन्ध में स्वयं कहता है तो पाठक को उसके विचार

के आधार पर पात्रों के चरित्र की कल्पना करनी पड़ती है। कवि की उक्ति के कारण पात्र के बीच की दूरी बढ़ जाती है। पर उसके कथोपकथन को पढ़कर पाठक उनके चरित्र आदि के विषय में प्रत्यक्ष अनुभव करने में समर्थ होता है। दोनों के बीच दूरी नहीं रह जाती। नाटक को अन्य काव्यों की अपेक्षा अधिक सजीव मानने का कारण यही है कि उसमें सारा मन्तव्य कथोपकथन के द्वारा अभिव्यक्त होता है। कथोपकथन को नाटक की मूल भित्ति कहा जाय तो भी अत्युक्ति न होगी। कवि को मन्तव्य-प्रकाशन के लिए अधिक प्रयास करना पड़ता है। कहीं-कहीं अनावश्यक विस्तार की आवश्यकता पड़ जाती है। यही मन्तव्य यदि पात्रों द्वारा संवाद के रूप में रखा जाय तो उक्तियों के माध्यम से संक्षेप में ही काम चल जाता है। वर्णन की अपेक्षा संवाद का प्रभाव भी शीघ्र तथा तीव्र होता है। दैनिक जीवन में प्रयुक्त होनेवाली विशेष उक्तियों के कारण अनुभूति सहज एवं स्वाभाविक होती है। इसलिए कवियों ने यथावसर संवाद की योजना करके काव्य के सौन्दर्य में वृद्धि की है।

गोस्वामी तुलसीदास जी ने रामचरितमानस में संवाद का सफल प्रयोग किया है। महाकाव्य होने के कारण इसमें सभी प्रकार के वार्त्तालाप आये हैं पर साधारण बातचीत तथा संवाद का अन्तर स्पष्ट कर दिया गया है। फुलवारी के प्रसंग में राम-लक्ष्मण की वार्त्ता संवाद नहीं अपितु वह 'बतकही' या साधारण बातचीत है।[59]

गोस्वामी जी के मस्तिष्क में इस श्रव्यकाव्य को दृश्य बनाने की कल्पना ग्रन्थ-रचना के पूर्व ही आ चुकी थी। सम्भवतः इसी कारण उन्होंने सारे ग्रन्थ में संवादों की अधिकाधिक योजना की है। दृश्यकाव्य के मूल तत्त्व संवाद को श्रव्यकाव्य में इस ढंग से सजाया गया कि उनके उद्देश्य की पूर्ति पूर्णरूपेण हुई। 'मानस' का प्रारम्भ संवाद से होता है और उपसंहार में भी उसकी कुशल योजना है। 'मानस' के चार वक्ता-श्रोता शिव-पार्वती, कागभुशुण्डि-गरुड़, याज्ञवल्क्य-भरद्वाज तथा तुलसीदास-पाठक या भक्त जन। मूल कथा के वक्ता और श्रोता के संवाद शृंखलाबद्ध हैं। इनकी शैली पौराणिक है। मानस काव्य के साथ ही धर्मग्रन्थ भी है। अतः पौराणिक शैली का अनुगमन आवश्यक था। गोस्वामी जी ने प्रारम्भ में कथा के स्रोतों की ओर स्पष्ट संकेत कर दिया है। अनेक पुराणों तथा धर्मशास्त्रों से उसकी कथा ली गयी है।[60] पुराणों में संवाद का शृंखलाबद्ध रूप आता है। श्रोता और वक्ता की शृंखला अविच्छिन्न बनी रहती है। गोस्वामी जी ने राम को परात्पर ब्रह्म माना है। अतः उनके ईश्वरत्व की चर्चा बारम्बार की है। सभी श्रोताओं को राम के ईश्वरत्व के सम्बन्ध में सन्देह हुआ है। वक्ताओं ने उसे दूर किया है। इसलिए भी उसकी चर्चा बार-बार करनी पड़ी है। यद्यपि चारों वक्ताओं का उद्देश्य समान है पर उनके संवादों में सूक्ष्म भेद है। शिव-पार्वती के संवाद में ज्ञान विवेचन की प्रधानता है। याज्ञवल्क्य की उक्तियाँ कर्मपरक हैं। कागभुशुण्डि ने उपासना का प्रतिपादन किया है। इनके द्वारा गोस्वामी जी ने ज्ञान, कर्म तथा उपासना तीनों का समन्वय रखा है। गोस्वामी जी की उक्ति शीलप्रधान है।

गोस्वामी जी ने पौराणिक संवाद शैली को भी अपनी प्रतिभा से नया रूप दे दिया है। पुराणों के संवाद लम्बे और शृंखलाबद्ध होते हैं। उनमें जिज्ञासु कहीं-कहीं प्रश्नों के द्वारा अपनी जिज्ञासा की तृप्ति के लिए प्रार्थना करता है। इससे कथा के प्रवाह में व्यवधान उपस्थित हो जाता है तथा रस-परिपाक में अड़चन पड़ती है। गोस्वामी जी ने ग्रन्थ के प्रारम्भ तथा उपसंहार में संवादों की योजना की, पर मूल कथा में केवल सम्बोधन रखा है। इससे कथा-प्रवाह या रस-निष्पत्ति में किसी प्रकार की बाधा नहीं होती। अपितु कथा के विकास में इनसे बड़ी सहायता मिलती है।

रामलीला में 'मानस' के सभी संवाद ग्रहण नहीं किये जाते। उसमें केवल उन्हीं संवादों का प्रयोग होता है जिनका सम्बन्ध मूल कथा से है। अतएव रामलीला में पात्रबद्ध संवादों की बहुलता है। ये संवाद देश-काल, परिस्थिति तथा अवसर के अनुकूल होते हैं। पात्रों के व्यक्तिगत शील-स्वभाव का भी प्रभाव

इन पर पड़ता है। इसलिए इन संवादों में भिन्नता की स्पष्ट झलक मिलती है। ऐसा भी नहीं है कि समान स्थिति में एक संवाद दूसरे के अनुरूप ही हो। कहीं ये एक-दूसरे के प्रतिकूल हैं तो कहीं अनुपूरक। उद्देश्य के कारण भी संवादों में भिन्नता आ जाती है।

पात्रबद्ध संवादों के तीन रूप मिलते हैं। प्रथम रूप सभा या दरबार के अवसर पर मिलता है, द्वितीय संवाद गोष्ठी या परामर्श के अवसर पर। तृतीय रूप के संवाद नीति कथन, उपदेश, दृश्य वर्णन, विधि निषेध निरूपण आदि के अवसर पर आये हैं। नीति, उपदेश या दृश्य-वर्णन के संवाद प्रायः सर्वसाधारण से सम्बद्ध हैं। लोकप्रियता के कारण उनके स्वरूप जनसाधारण के लिए विशेष महत्त्वपूर्ण नहीं हैं। विशेषतः सभा-संवाद तथा गोष्ठी-संवाद का महत्त्व अधिक है।

सभा-संवाद का सम्बन्ध समाज से है। इसमें सामाजिक शिष्टाचार तथा मान्यताओं का पालन करना पड़ता है। सभा में अपना पक्ष उक्ति, वाक्पटुता, प्रतिपादन शैली तथा प्रभावोत्पादकता के सहारे इस प्रकार रखना होता है कि सबके ऊपर उसका प्रभाव पड़े। ये संवाद बड़े युक्तियुक्त एवं विवेकपूर्ण होते हैं। अतएव इनका लम्बा होना स्वाभाविक है। लक्ष्मण-परशुराम-संवाद, भरत-सभा-संवाद, जनक-सभा-संवाद, हनुमान्-रावण-संवाद तथा अंगद-रावण-संवाद इस प्रकार के संवादों के अच्छे उदाहरण हैं।

सर्वप्रथम परशुराम-लक्ष्मण संवाद आता है। इसमें उग्रता का वास्तविक स्वरूप परिलक्षित होता है। एक ओर लक्ष्मण का शील-स्वभाव दृग्गोचर होता है तो दूसरी ओर परशुराम के चरित्र का उद्घाट[illegible] रशुराम के दर्शन का सौभाग्य 'मानस' में फिर नहीं आता। उनका प्रथम दर्शन सिद्ध कर देता है कि वे कितने क्रोधी हैं। क्रोध के आवेश में वे सारे राज-समाज को धमकियाँ देते हैं। वे राम की सीधी-सादी बातों से भी चिढ़ जाते हैं। क्रोध में विवेक नष्ट हो जाता है। अतः वे आवेश में अनावश्यक बातें कह जाते हैं। परशुराम की ललकार सुनकर चुप रहने की कौन कहे लक्ष्मण आवेश में आ जाते हैं। उनकी कटूक्तियों का ऐसा व्यंग्यात्मक उत्तर देते हैं कि परशुराम क्रोध के मारे ओंठ काट लेते हैं। पर वश नहीं चलता। उनका व्यंग्य औचित्य की सीमा पार कर जाता है। केवल राम ही नहीं सारे सभासद उसे अनुचित कहते हैं। लक्ष्मण की उक्ति उग्र है। केवल धनुष-यज्ञ में ही नहीं अपितु जहाँ कहीं भी वे उपस्थित होते हैं, वहाँ उनकी उग्रता का परिचय मिलता है।

जनक के 'वीर विहीन मही' कहने पर उनका क्रोध भड़क उठता है। वे जनक के लिए साधारण शिष्टाचार के आदरसूचक शब्द का भी प्रयोग नहीं करते। अपने पूज्य राम के प्रति वे उपेक्षा के वचन भी नहीं सुन सकते। राम के विरोधी को वह चाहे अपना पिता ही क्यों न हो शत्रु मानते हैं। राम के वनवास की आज्ञा से लक्ष्मण तिलमिला उठते हैं तथा दशरथ के प्रति अनुचित बातें कहते हैं। सुग्रीव ने राम-काज की उपेक्षा की। लक्ष्मण उसका वध करने को प्रस्तुत हो जाते हैं। यद्यपि सुग्रीव का अभिप्राय यह नहीं है पर लक्ष्मण को उस पर राम विरोधी होने का सन्देह भर हो जाता है। लक्ष्मण की नीति 'शठे शाठ्यम्' की है। वे इसमें चूकनेवाले जीव नहीं हैं। युद्ध के अवसर पर विनम्रता देखकर वे इतने उत्तेजित हो जाते हैं कि श्रद्धेय राम को भी खरी-खोटी सुना देते हैं। सागर से विनय करने के प्रस्ताव पर वे राम से कहते हैं कि सिन्धु को बाणों से सुखा दीजिये। वे देव के भरोसे न रहकर कर्मण्यता की नीति का अवलम्बन करना चाहते हैं।[61] सभी स्थलों पर उनके संवाद के द्वारा उनका स्वभाव प्रकट हो जाता है। लक्ष्मण राम के विरोधी को या उसे, जिस पर राम-विरोध का सन्देह हो देखना भी नहीं चाहते। वे उसका सर्वनाश करने पर तुल जाते हैं।

भरत-सभा-संवाद में भरत की सौम्यता चरम सीमा पर पहुँच गयी है। ये शान्त संवाद हैं। जिस कुशलता के साथ भरत ने प्रस्ताव रखा, उसे देखकर उनकी नीतिज्ञता का अच्छा परिचय मिलता है। वसिष्ठ जी के पूछने पर सारा भार उन्हीं पर छोड़ देते हैं। वे कहते हैं कि आपका आशीर्वाद सभी दुःखों

को नष्ट करके कल्याण की व्यवस्था करनेवाला है।[62] मेरे लिये यह दुर्भाग्य है कि आप मुझसे पूछ रहे हैं।[63] इसके द्वारा भरत ने गुरु के प्रति पूर्ण श्रद्धा रखी है। इस प्रकार शील का निर्वाह किया। जिस गुरु की आज्ञा से राम के अभिषेक का निर्णय हुआ। वे ही यहाँ आकर चुप हो जाते हैं। वे सारा भार राम पर डालते हैं। उनके आज्ञा-पालन में ही वे कल्याण की घोषणा करते हैं।[64] भरत मुनि वसिष्ठ के प्रस्ताव से सहमत होकर भी रामचन्द्र पर अनुचित दबाव नहीं डालना चाहते। वे दोनों गुरुजनों को उत्तरदायित्व सौंपकर मौन हो जाते हैं। भरत के भ्रातृत्व का यह ज्वलन्त उदाहरण है। इतनी बड़ी समस्या आने पर भी वे विचलित नहीं होते। ये संवाद शान्ति तथा धैर्य का उद्घोष करते हैं। रामचन्द्र भरत का पूर्ण परितोष कर देते हैं। वे भरत के प्रस्ताव को मानने के लिए प्रस्तुत हैं। यह देखकर भरत को शान्ति मिलती है। वे कहते हैं कि आप जनहित का ध्यान रखते हुए वही करें जिससे आपको भी क्षोभ न हो।[65]

बस अभीष्ट सिद्ध हो गया। राम के परामर्श के अनुसार भरत उनकी चरण-पादुका लेकर लौट आये। जनक-सभा-संवाद भी शान्त है। भरत के वचनों को सुनकर जनक भी आश्चर्य में पड़ जाते हैं। ज्ञानी विदेह को भरत की उक्तियाँ इतनी प्रभावित करती हैं कि उनका सारा दुःख तथा विकल्प निर्मूल हो जाता है। वे भी भरत के अनुकूल कार्य करने का निर्णय देते हैं। इन संवादों में वह शक्ति है कि उनसे जनक ही नहीं उनका सारा समाज परितुष्ट होकर लौटता है।

सभा-संवाद के अन्तर्गत हनुमान् तथा रावण का संवाद है। रावण का दरबार राक्षसी है। उसमें वह कोई व्यवहार करने के लिए स्वतन्त्र है। उसके कथन पर किसी प्रकार का अंकुश नहीं है। उसमें विवेकशून्यता है पर स्मरण दिलाने पर वह राज-नियम के अनुसार दूत की हत्या का विचार छोड़ देता है। वह उसके वध के स्थान पर अंग-भंग का प्रस्ताव मान लेता है। अब हनुमान् के संवाद का रूप देखिये। वे रावण के दरबार में शील का परिचय देते हैं। रावण के प्रति बड़े शिष्ट ढंग से वार्त्तालाप करते हैं। वे जानते थे कि सीता का पता लगाना मात्र मेरा कर्त्तव्य है। अतः कार्य पूर्ण होने के पश्चात् वे किसी प्रकार राम-दल में लौट आना चाहते थे। रावण के साथ उलझने का न तो उन्हें आदेश था न वह उपयुक्त अवसर ही था। बालि के प्रति राम के सद्व्यवहार को देखकर उनको विश्वास है कि राम रावण के साथ उदारता का व्यवहार करेंगे। जहाँ तक राक्षसों का प्रश्न था उन्होंने उनको मारा। समान स्थिति के राक्षसों को मारने में कोई हानि नहीं समझी। पर रावण राजा था। उसके पद का सम्मान करना आवश्यक है। उनको सम्भावना है कि कदाचित् राम रावण पर आक्रमण न करें। उसे समझा-बुझाकर सन्मार्ग पर लायें। अतः उन्होंने रावण के साथ कोई छेड़-छाड़ नहीं की।

अंगद-रावण-संवाद

अब अंगद-रावण-संवाद का रूप देखिये। राम अंगद के दौत्य द्वारा शान्ति का अन्तिम प्रयास करते हैं। सागर पर पुल बाँधकर सारी वानर-सेना लंका में पहुँच चुकी है। अब युद्ध की पूर्ण सम्भावना है। यदि उसको रोका जा सकता था तो केवल अंगद को दूत के रूप में भेजकर। राम यही करते हैं पर रावण के हठ के कारण अंगद को निश्चय हो जाता है कि युद्ध होकर ही रहेगा। इसलिए पहले वे रावण को समझाते हैं। अन्त में उन्हें भी कठोर व्यवहार के लिए बाध्य होना पड़ता है। आवेश में आने के कारण अंगद उद्धत व्यवहार करते हैं। उनकी दृष्टि में रावण इसका पात्र है। कभी-कभी अंगद के संवाद की आलोचना करते हुए उसे अनुचित कह दिया जाता है। पर ऐसा है नहीं। परिस्थितियों पर ध्यान देने से यह बात स्पष्ट हो जाती है। अंगद पहले रावण से बड़े विनम्र शब्दों में परिचय देते हैं। पिता की मित्रता का उल्लेख कर उसके हित की कामना अभिव्यक्त करते हैं। ज्यों-ज्यों रावण कथन में कटुता तथा अशिष्टता आती है त्यों-त्यों वे भी उद्धत होते जाते हैं। दूसरा कारण था कि अंगद हनुमान् के समान अनुचर नहीं, राजकुमार हैं। दौत्य-परम्परा के अनुसार पहले वे शान्तिपूर्ण ढंग अपनाते हैं पर रावण की उद्दण्डता के कारण उनका स्वाभिमान जाग उठता है फिर तो वे समानता के स्तर पर पहुँच जाते हैं और रावण को मुँहतोड़ उत्तर देते हैं। हनुमान् जब लंका में पहुँचते हैं तब रावण लंका का राजा है। अतएव उसके साथ सम्भाषण करने में दरबारी नियमों का पालन आवश्यक है। वे वैसा ही करते हैं। तिलक कर देने के पश्चात् लंकेश विभीषण है न कि रावण। रावण की गणना अपर पक्ष की दृष्टि से विद्रोही प्रजा या राजद्रोही व्यक्तियों के रूप में की जाती है। इस अवस्था में अंगद का व्यवहार उचित ही है।

रामलीला में गोष्ठी-संवाद अनेक स्थलों पर आते हैं। इनमें कुछ तो पुरुषों की गोष्ठी है, कुछ स्त्रियों की। पुरुषों की गोष्ठी में प्रायः भक्ति-चर्चा मुख्य विषय है। जैसे ऋषि-मुनियों की गोष्ठी, वन के कोल-किरातों की गोष्ठी। स्त्रियों की गोष्ठी के संवाद में हृदय की वृत्तियों तथा स्त्रियों की स्वाभाविक मनोवृत्तियों की मार्मिक व्यंजना हुई है। उसके उदाहरण जनकपुर की स्त्रियों के संवाद, कैकेयी-मन्थरा-संवाद, वन-मार्ग की स्त्रियों के संवाद मुख्य हैं। सौन्दर्य के प्रति कौतूहल की प्रवृत्ति प्रायः स्त्रियों में अधिक पायी जाती है। राम और लक्ष्मण को देखकर जनकपुर की स्त्रियों में उनके दर्शन का कौतूहल जग उठता है। इसी प्रकार वन-मार्ग में उनके सौन्दर्य को देखकर स्त्रियाँ आपस में उनके रूप-सौन्दर्य की चर्चा करती हैं। उनके चले जाने पर दर्शन के लिए लालायित रहती हैं। स्त्रियों के स्वभाव के कारण घर का विनाश होने में देर नहीं लगती। इसका स्पष्ट स्वरूप कैकेयी-मन्थरा-संवाद में दिखलायी पड़ता है। स्त्रियों में समानुभूति की मात्रा इतनी अधिक होती है कि स्थिति से प्रभावित हो वे आलोचना-प्रत्यालोचना में संलग्न हो जाती हैं। राम-लक्ष्मण-सीता को वन में नंगे पाँव देखकर वे द्रवित हो जाती हैं। कारण जान लेने पर वे कैकेयी की भर्त्सना करती हैं तथा राजा दशरथ की बुद्धि की आलोचना किये बिना नहीं रहतीं। दुःख के समय उनमें प्रेम की प्रगाढ़ता कितनी बढ़ जाती है, इसका परिचय अयोध्या तथा जनकपुर की महारानियों के मिलन के समय मिलता है।

उक्त संवादों का प्रयोग 'मानस' की रामलीलाओं में किया जाता है। रामलीलाओं में प्रयोग की दृष्टि से केशवदास ने 'रामचन्द्रिका' में संवादों की योजना की है। उत्तर प्रदेश के पश्चिमी जिलों में कहीं-कहीं इसका प्रयोग भी रामलीलाओं में होता है। पर केशवदास के संवाद कितने सफल हैं यह प्रश्न उठ सकता है। उनके संवाद सभी स्थलों पर उच्चकोटि के नहीं उतरे हैं। जहाँ नीति या दाँव-पेच के स्थल आये हैं वहाँ उनके संवाद अवश्य अच्छे बन पड़े हैं पर गम्भीर स्थलों को वे छोड़ गये हैं। अतः 'रामचन्द्रिका' के कुछ ही संवाद रामलीला में रखे जाते हैं। केशवदास के संवाद नाटकीय ढंग के हैं। उन्होंने प्रायः संस्कृत संवाद का अनुवाद कर दिया है। अतएव उनमें पूर्ण भाव-व्यंजना नहीं हो पायी है। यदि रामकथा इतनी लोकप्रिय न होती तो उनका अर्थ समझना भी कठिन हो जाता। ऐसे संवादों को लीला में ग्रहण नहीं किया

जाता। तुलसी के संवाद मानस-कथा-प्रवाह या रसवत्ता में बाधक नहीं हैं। उनके गुम्फन की प्रणाली में गोस्वामी जी ने ऐसी मौलिकता रखी है कि काव्य-प्रवाह अबाध गति से चलता रहता है। केशव के संवाद लम्बे हैं तथा नाटकीय ढंग के होने के कारण कथा-प्रवाह तथा रस की अभिव्यक्ति में बाधा उपस्थित करते हैं। अतएव रामलीलाओं में प्रायः मानस के संवाद ही रखे जाते हैं। भावानुभूति की तीव्रता के लिए कहीं-कहीं अन्यत्र कवियों के संवाद भी ले लिये जाते हैं। जैसे धनुष-यज्ञ में परशुराम के प्रति लक्ष्मण के व्यंग्यात्मक संवाद। कुछ स्थानों पर पात्र अपनी कल्पना से भी संवादों का प्रयोग कर देते हैं। ऐसे संवादों से रसप्रवणता की अपेक्षा बाधा तथा व्यवधान ही अधिक उपस्थित होता है। सामाजिक तथा भक्त इन संवादों को अनुचित समझते हैं। अतः 'मानस' के संवाद ही 'मानस' की लीला में श्रेयस्कर माने जाते हैं।

संवाद की भाषा

भक्ति का आनन्द ही रामलीला का मुख्य उद्‌देश्य है। अतः इसके अवयवों के सम्यक् विवेचन की ओर ध्यान नहीं दिया गया है। इसके संवाद भी लिखित रूप में नहीं मिलते। रामलीला के संवाद मण्डन-शिल्प, वेश-भूषा, साज-सज्जा आदि सभी परम्परागत हैं। संवाद की व्यवस्था प्रायः मौखिक होती है। अतएव विभिन्न काल की संवाद-भाषा का ज्ञान अलभ्य है। अयोध्या के केवल बड़े स्थान की रामलीला की संवाद-पुस्तिका मिली। उसमें संस्कृत के कुछ श्लोक तथा मुख्य संवाद संक्षिप्त रूप में मिले। उत्तर भारत की सभी रामलीलाओं का आधार ग्रन्थ रामचरितमानस है। प्रायः सभी स्थानों पर व्यास स्वरूपों के पास पहुँचकर मन्द स्वर में संवाद बोलते हैं और स्वरूप उसी को उच्च स्वर में दुहरा देते हैं। रामनगर की रामलीला में पात्रों को संवाद कण्ठस्थ कराये जाते हैं। अतः यहाँ संवाद पुस्तिकाओं में लिखे गये हैं। महाराजा ईश्वरीनारायण सिंह ने रामचरितमानस की त्रिविध व्याख्या कर प्रशंसनीय कार्य किया। उसमें सर्वप्रथम रामलीला की सुव्यवस्था थी।[66] पहले कह चुके हैं कि उन्होंने संवादों को व्यवस्थित करने का कार्य काष्ठजिह्वा स्वामी, महाराज रघुराज सिंह तथा भारतेन्दु हरिश्चन्द्र को सौंपा। इन भक्त तथा साहित्यिक महानुभावों ने बड़े परिश्रम तथा मनोयोग से कार्य सम्पादित किया। सभी ने रामलीला तथा भक्ति-परम्परा का विशेष ध्यान रखा।

रामनगर की रामलीला के संवाद में व्रजी, अवधी तथा खड़ीबोली का सम्मिश्रण है। व्रजी तथा अवधी में भक्ति-साहित्य का विपुल भाण्डार है। भक्त बड़ी श्रद्धा से उसका मनन करते हैं। अतः उनकी भाषा पर व्रजी एवं अवधी का प्रभाव पड़ना स्वाभाविक है। यहाँ के संवादों का पुनर्गठन भक्तों द्वारा हुआ अतएव उनमें व्रजी तथा अवधी के पुट मिलते हैं। भारतेन्दु-काल में खड़ीबोली का आन्दोलन प्रौढ़ हो चुका था। इससे उन पर खड़ीबोली का भी प्रभाव है। दरबार की लीला तथा ब्याह के मांगलिक अवसर पर गजलें गायी जाती हैं। उनकी भाषा में उर्दू का प्राधान्य है। संवादों के पुनर्गठन में महाराज रघुराज सिंह भी थे अतः उनकी रचनाओं का समावेश संवादों में हो गया। इस प्रकार संवाद का जो रूप उस समय स्थिर हुआ वह आज तक अक्षुण्ण है। भाषा में साहित्यिकता तथा आधुनिकता लाने की दृष्टि से इन संवादों के संशोधन का भी प्रयास हुआ। इससे भक्तों में असन्तोष फैलने लगा। अन्ततोगत्वा प्राचीन संवादों को ही मान्यता प्रदान की गयी। आज भी इन्हीं के आधार पर रामलीला होती है।

रामनगर की रामलीला के कुछ संवाद भाषा के स्वरूप के उदाहरणार्थ उद्धृत किये जा रहे हैं। इस संकलन में दो दृष्टियाँ रखी गयी हैं। पहली यह कि लगभग सभी प्रमुख पात्रों के संवाद आ जायँ एवं दूसरी यह कि सभी काण्डों के संवादों का संकलन हो जाय। संवादों में निम्नलिखित संकेतों का प्रयोग हुआ है।

संकेत-चिह्न

⊙ संशोधन में निकाला गया
÷ प्रथम अंकित (संशोधन के पूर्व का) पाठ।
+ संशोधित पाठ।
V वृद्धिबोधक
अवधी भाषा लाल मसि से रेखांकित।
भाषा के पुराने रूप काली मसि से रेखांकित।
व्रजी हरी मसि से रेखांकित।
खड़ीबोली नीली मसि से रेखांकित।

धनुषयज्ञ

बालकाण्ड

राम—ए मुनी जी आप विचारि के कहिए रिसि आपकी बहुत बड़ी और हमारी चूक छोटी वह पुराना धनुष छूते ही टूटि गया मैं केहि लिए अभिमान करौं हे भृगु नाथ सांची बात सुनौ जो हम आपको ब्राह्मण कहि अपमान करत हौं औ (V तो कौन .) ऐसा जगत में (कौन है .) जोधा है कि जेहि के—'को'+ भय (V के) बस होय हम माथ 'नवावहिं' ÷ (नवावैं +) देवता दानव राजा जो सैकड़ों तरह के बलवान हैं बराबर बल का या अधिक (बलवान होय÷) (बल क्यों न होय +) पर जो हमें लड़ाई में कोई ललकारै तो खुसी से अड़ें वह काल भी क्यों न हो छत्री का तन धरि (औ ÷) (जो +) लड़ाई में डरा (तौ ⊙) उस्को कुल को कलंक और पांवर जानना चाहिए मैं (अपने ÷) (अपनी +) कुल की बड़ाई करि के नहीं कहता हौं यह सुझाव है कि रघुवंसी काल को भी नहीं (डेराते ÷) (डरते +) और विप्र वंश की तो ऐसी प्रभुताई है कि जो आपको डेराय सो अभय होय जाय है।

लखन—(अहा ÷) (अहाहा +) ऐ मुनीश आपके बड़े मानी वीरो में हौ वेर-वेर हमको फरसा देखावते हो क्या फूंक से पहाड़ उड़ाया चाहते हो इहां कोई कोहड़े की बतिया नहीं है कि तर्जनी अंगुरी देखावने से मर जाय आपके हाथ में धनुष (वान ÷) (वाण +) फरसा (को ⊙) देखि मैं कुछ अभिमान समेत कहा (औ ÷) (और +) भृगुकुल में आपका जन्म जानि (औ ÷) (और +) (V कपास की) जनेऊ देखि जो कुछ कहिए सो रिसि रोक के (सहोग ÷) (सहूंगा +) (काहे कि ÷) (क्योंकि +) कारण देवता ब्राह्मण गऊ (V और साधु) इनके ऊपर हमारे कुल में (सूरता ÷) (शूरता ÷) नहीं (V क्योंकि) मारने से पाप और हारने से (आपकी कीर्ति ÷) (अपकीर्ति +) होती है। (इससे ÷) (इससे +) हम (V को) (हारे ⊙) आप मारें भी तौ भी आप के चरन पर गिरना उचित है कोटिन बज्र के समान तौ आपकै वचनै हैं। (V तब फिर आप) धनुष वान फरसा (को ⊙) व्यर्थ वांधते हैं (जेहि को ÷) (जिनको +) (देखि ÷) (देखकर +) मैं (V जो) कुछ (जौ ÷) (मैं ने +) अनुचित कहा (उस्को ÷) (उसे +) (ए ÷) (हे +) महामुनि धीर क्षमा कीजिए।

अयोध्याकाण्ड

दशरथ—ए नाथ रामजी को युवराज पर दीजिए कृपा करि कै (जौ ÷) (+) जे + कहि तो साज साजैं हमारे रहते ऐसा उछाह होय कि (⊙) य सब लोग लोचन का लाभ लेइं आपके कृपा से श्री शिव जी सब निवाहा अव यही एक लालसा बड़ी मन में है फेर देह रहने न रहने का जिस्के पीछे पछतावा न रहै।

वशिष्ठ—हे रामचन्द्र आप ऐसा क्यों न कहो तुम सूर्य वंश के सिरोमणि हौ अब हमारी शिक्षा सुनिए महाराज अभिषेक का समान सब सजा है आपको जुवराज पद दिया चाहते हैं हे रामचन्द्र सब संजम आज करौ जो विधाता यह काज कुसल से निवाहै।

कुबरी—एकी वेर कहने से सब आस पूजि गई अब कुछ दूसरी जीभ वनाय के कहोंगी हमार अभागा कपार फोर ही लायक है कि भला कहते भी आप को दुःख लगा झूठी बात को जो सत्य बनाय के कहै वह आपको प्यारी अब मैं आपको भावती कहौंगी नहीं तो दिन राति चुप रहौंगी देव ने कुरूप करि पराये बस किया जो बोया है सो लवैगा जो दिया है पावैगा कोई राजा होय इसमें हमारी क्या हानि ए रानी लौंडि छोड़ि अव क्या होंगी हमारा सुभाव जरावने लायक है कि आपका अनभल देखा नहीं जाता तिस्से कुछ बात चलाय ए देवी हमारी बड़ी चूक को क्षमा कीजिए।

कैकेई—का रामै आपके पुत्र हैं भरत नहीं हैं भरत मोल के आने हैं या हमको वेसाहि ल्याए हौ जो सुनि आप को तीर सा लगा है तौ सम्हारि के वचन क्यों नहीं बोले रघुकुल में आप सत्य प्रतिज्ञा वाले हौ जवाब द्यो कि हम नहीं कहा रहा अब मत द्यो सत्य को छोड़ो जग मैं अपजस ल्यौ तब तो सत्य को सराहि वर देने को कहा जाना कि चवैना मांगि लेयंगी शिवि, दधीच बलि महाराजों ने जो कुछ कहा सो तन छोड़ि तेहि प्रतिज्ञा को रखा।

सीता—(सुमन्त से) आप पिता हौ (V वो) ससुर के समान (हौ ÷) (हैं +) उत्तर देने से फेर बड़ा अनुचित है। ए तात दुःख के बस सामने (भइउं ÷) (भएउं +) आप अनुचित न मानब। श्रेष्ठ जो महाराज दशरथ तिनके पुत्र के चरन कमल बिना जहां लगि नाता सो सब व्यर्थ है (V मैं ने) पिता के ऐश्वर्य की शेभा (मैं ने ⊙) देखी है कि (राजान ÷) (राजों +) के मकुट (मनि ÷) (मणि +) (V पिता जी के) पद पीठ में (मिलत) (मिलती +) है (हमको) ऐसे पिता के सुख का पात्र जो घर सो (V पति के) विहीन (V हमको) (मन में ⊙) (भूलहू ÷) (भूलि +) के नाहीं (भावत ÷) (भावता +) है (औ ÷) (और +) ससुर जो चक्रवर्ती और श्री अवध के राजा जिनका प्रभाव चौदहौ भुवन में प्रगट है (V जिनको) आगे होय (जेहिके ⊙) इन्द्र (लेत ÷) (लेते +) हैं आधा सिंहासन बैठने को देते हैं ऐसे ससुर हैं (औ ÷) (और +) अवध का (नेवास ÷) (निवास +) और प्यारे परिवार औ माता के समान सासु हैं (पर वे ÷) (परन्तु वह भी +)

पति के पद कमल की धूरि देखे बिना हमको सपने में भी कोई (सुखदायक ÷) (सुखदाई +) नहीं (लगता ÷) (लगती +) और (अमराह ÷) (अगम मार्ग +) वन भूमि पहार (हांथी ÷) (हाथी +) सिंह तालाब नदी कोल किरात (हरनी ÷) (हिरनी +) पक्षी ए सब प्रानपति के साथ हमको सुख देने हारे हैं (औ ⊙) (V इससे मेरी ओर से) सासु ससुर सों हमारी ओर से ⊙) पांव पर गिरि के विनय करव (औ ÷) (वो +) कहब की हमार शोच जनि कहु करब हम स्वाभाविक तन में सुखी हैं (औ ⊙) बीरन में अग्रगन्य धनुष तरकस धारन किए प्राननाथ और प्यारे देवर के साथ (में ⊙) राह का स्रम का भ्रम और दुःख हम को मन में नहीं है (V इससे) (तेहिते ⊙) हमारे (हेतु ÷) (लिए +) भूलि के भी सोच न कीजिए।

भरत—ए प्रभू आप पिता समान प्रिय वो पूज्य हैं और कुलगुरु श्री वसिष्ठ जी समान हमलोगों का हित न महतारी और न बाप हैं वो विश्वामित्र आदि मुनि का समाज वो ज्ञान के समुद्र आजु आप हैं। श्रेष्ठों के आज्ञा अनुगामी सिसु सेवक को जानिए। ए स्वामी हमको शिक्षा दीजिए ऐहि समाज और ऐसे थल में आपका पूछना और मैं मत न बोलने में गंवार मौन हूं छोटे मुख से बड़ी बात कहता हौं ए विधाता की वामता लखि के क्षमा करिएगा। सेवा-धर्म कठिन है यह जपा जानता है और यहं शास्त्र वेद पुराण में भी प्रसिद्ध है। स्वामी धर्म से और स्वारथ से विरोध है। जैसे विरोध को प्रेम से प्रबोध नहीं होता सो हमको पराधीन जानि श्री राम जी का रुख और धर्म व्रत राखि के जिसमें सब का हित हो प्रेम पहिचान सब लोग सम्मति विचार के करिये।

आरण्यकाण्ड

सरभंग—ए राम कृपाल शंकर मानस के हंस सुनो। ब्रह्मलोक के जाते रहे येतने में सुना कि आप वन आते हैं तब से राति दिन राहे देखत रहे सो अब तुमको देखि छाती जुड़ानी ए नाथ मैं सब साधन ते हीन हौं अपना जन गरीब जानि कृपा किया इस्का मुझे किछु निहोरा नहीं अपने प्रन को रक्खा। इस देह को छाड़ि तुम से मिलो तब से (यह ÷) (यहै +) ठहर रहिए।

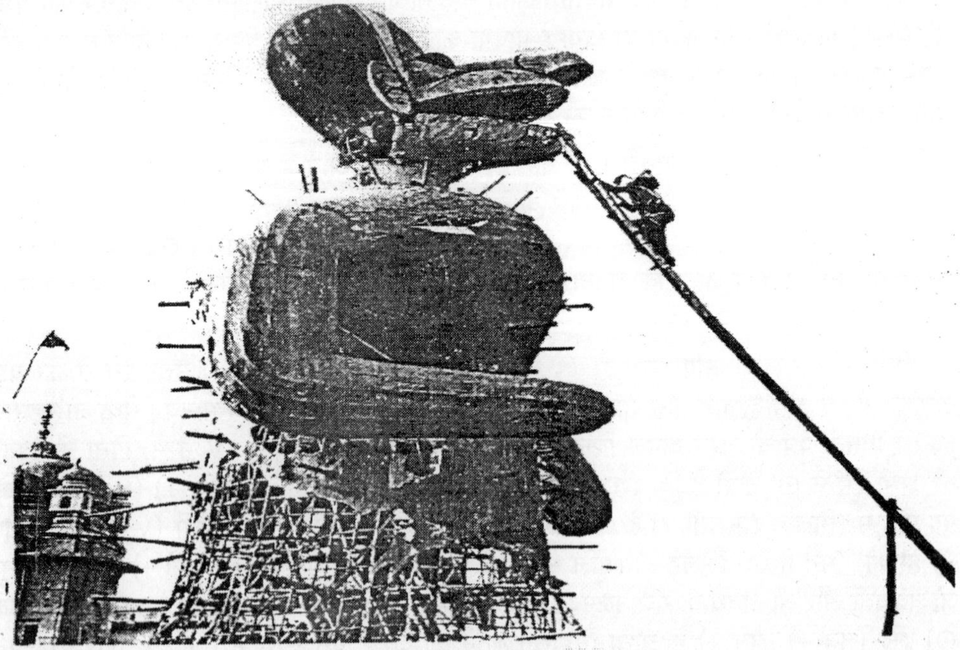

सुरसा के मुख में हनुमान् का प्रवेश

किष्किन्धाकाण्ड

हनुमान्—ए साई में अज्ञान हो के पूछा औ (V आप) मनुष्य की रीति क्यों पूछते हौ आपकी माया (V के) वस हो भूला फिरता हौं ताते आपके चरनों को पहचाना नहीं एक तौ मूर्ख मोह तीसरे बन्दर की जात उस्का हृदय अग्यान रहता है। तिस्पर आपने विसारि दिया है दीन बन्धु भगवान् यद्यपि मेरे औगुन बहुत हैं पर चाहिए स्वामी को सेवक न भूले आपके माया से जीवन मोहित है सो आपके छोह करने से छोटे हैं तिस्पर आपकी दोहाई भजन की कोई उपाय मैं नहीं जानता हौं सेवक स्वामी और माता के भरोसे निशोच रहता है और उन्हें पालना परता है।

सुन्दरकाण्ड

विभीषण—ए राक्षसेन्द्र क्षमा कीजिए रोस छोड़ ए प्रसन्न मन हो मेरी बात सुनिए दूत का मारना कहीं नहीं लिखा है राज धर्म के विरुद्ध औ शास्त्र में भी नहीं लिखा है आप ऐसे वीर को बन्दर का मारना। ए धर्मज्ञ कृतज्ञ औ ए धर्म विशारद लोक परलोक के जाननेवाले तुम-सा पंडित जो क्रोध का ग्रहण करै तौ शास्त्र के बनने का केवल श्रमै हाथ रहा तिस्से ए राक्षसेन्द्र प्रसन्न हो के निकम्मा अच्छा बूझि दूत को दंड देना दूत को मारना सन्तों ने कहीं नहीं कहा है दूत का दंड बहुत-सा देखा है कुरूप करना कोड़ा मारना मूंड़आदि मुंड़ाय देना नाक कान काट लेना एतना दूत का दंड सुना है मारना कहीं नहीं सुना है इस्की कुछ और सजाय कीजिए मारना नीति के विरुद्ध है।

विभीषण—ए महाराज सुमति कुमति सब के जी में रहती है वेद पुरान ऐसा कहता है जहां सुमति ते तहां सम्पत्ति है और जहां कुमति तहां विपति है आपके जी में कुमति बसी है इससे उलटा बूझते हो हित को अनहित और शत्रु को प्यारा मानते हौ जो सीता राक्षसों के कुल की काल राति हैं तेहि पर आपको बहुत प्रीति है ए महाराज पैर पकरि के मांगता हों मुझे छोटा भाई जानि कर मेरा दुलार रक्खो राम को सीता दीजिए जिस्में आपका बुरा न होय।

लंकाकाण्ड

कुम्भकर्ण—ए मूरुख जगत माता को चोरी से हरि ल्याया अपना भला चाहता है। आपने अच्छा न (हीं) किया अब मेरे जगाने से क्या है अब भी अभिमान को छोड़ो राम को भजो भला होगा ए दशसीस राम मनुष्य हैं जिनके हनुमान् ऐसे दूत ए भाई तैने अच्छा न किया पहिले ही मुझको क्यों (न ÷) (नहीं +) जगाया ए महाराज आपने उस देवता से बिगाड़ किया ब्रह्मा, शिव और आदि देवता जिस्के सब दास हैं नारद मुनि ने मुझसे जो ज्ञान कहा सो कहता लेकिन अब वेरा न रहा। ए भाई मुझे हाथ पसारि के अब मिलो अपनी आंखों को जाय के सुफल करो साँवरा रंग कमल-सी आंखें तीनों ताप के हरनेवाले ऐसे जो राम को जाय देखो।

अंगद—ए रावन मैं राम का दूत हौं हमारे पिता से और तुमसे मित्रता रही है तुम्हारे हित के लिए आया हौं उत्तम कुल में जन्म पुलस्ति के नाती हो शिव ब्रह्मा की बहुत भांति से पूजा किया है वर पाय तुमने सब काम किया लोकपाल देवता सब राजों को जीति लिया राज के अभिमान से यो मोह के बस होय जगत की माता सीता को हरि ल्याए हौ सो अब हमारा शुभ कहा तुम करो सब अपराध तुम्हारा राम जी क्षमा करेंगे दांत में तिनका दबाय औ गले में कुल्हाड़ी बाँधि पुरजन के संघ अपने स्त्री सहित आदर से सीता को आगे करि एहि बिधि से सब भय को छोड़ि चलो औ कहना कि ए प्रनत पाल रघुवंश मनि हमारी रक्षा करो यह आरत वचन सुनते ही राम जी तुमको बेडर कर देंइगे।

रावण—अरे नीच बन्दर वकवाद मत कर हमारे बाहों को देख जो लोकपालों के बल चन्द्रमा को पकड़िवे को राहु है औ फिर आकाश तालाब में हमारे बीसों भुजा रूप कमल पर कैलास के सहित महादेव

जी हंस की तरह शोभित भए भला कह तौ तुम्हारे कटक में कौन ऐसा वीर है जो हमारे सामने लड़े तेरा मालिक जो है सो तिरिया के विरह से बलहीन हो गया और उस्का भाई जो है सो उस्के दुख से ओ भी दुखी मलीन है और तुम सुग्रीव नदी के किनारे के वृक्ष हौ की बाढ़ आयी बहि गये औ हमारा भाई विभीषन जो है सो बड़ा कादर है और जामवन्त जो मन्त्री है सो बड़ा बूढ़ा है वह लड़ाई में क्योंकर ठाढ़ होगा औ नल नील जो हैं सो राजगीरी काम जानते हैं औ एक वानर बड़ा बलवान है जो पहिले आय लंका की सफाई करि गया।

राम-राज्याभिषेक

उत्तरकाण्ड

शिव—ए लक्ष्मी के कांत राम आपकी जै होय संसार के ताप से व्याकुल जो जन हैं ताकी रक्षा करो हे अयोध्या के स्वामी आपकी जै होय शरण में आया जो मैं हौं हमारी रक्षा करो दशसीस औ बीस भुजा को नाश करनि हारे पृथ्वी के कठिन रोग के नाशक हौ राक्षसों के समूह जो पतंग सम रहे आपके बान रूपी अग्नि के तेज में भस्म हो गये पृथ्वी मंडल को भूषित करनि हारे आपकी जै होय सुन्दर धन्वा बाण धारण किए मद मोह ममता रूपी जो महारात्रि है ताको नाश करिवेको आपका तेज सूर्य सम है मनुजादि की रात को नाश करनि हारे मृगरूपी अज्ञानी लोगों को कुभोग रूपी वान से मारि गिराया है रामचन्द्र आप अनाथ के नाथ हौ आपको नमस्कार करत हौं।

संवादों में आये हुए शब्दों के कुछ उदाहरण

अवधी—संज्ञा-रिसि, वचनै, रामै, महतारी, राहे, सासु, वीरन आदि।

सर्वनाम—ज़ौ, जेहि को, जेहि के, तेहि, ताकी आदि।

विशेषण—मुरुख, सुफल, एहि आदि।

क्रिया—नवावहिं, मानब, करब, कहब, देइंगे, भाव्रत, होय (इं) जाय (इ) भए, लड़ै आदि।

क्रियाविशेषण—इहां।

व्रजी—इसके रूप प्रायः क्रिया में मिलते हैं। जैसे हौं, रहौंगी, कहौंगी, त्यौ, द्यो नाशकरिबे को, करनिहारे आदि।

पुरानी भाषा के रूप

विचारि, वेसाहि, सराहि, जानि, राखि, बूझि, पक्कर, करि आदि।

खड़ीबोली

क्रिया—सुनो, कीजिए, दीजिए, कहो, बोया है, बोले, कहा, पूछा, लिखा है, छोड़ो, जगाया, करो, गए, पूजा किया है, चाहते हैं, दिया है, देखा नहीं जाता, आते हैं आदि।

सर्वनाम—यही, वह, आप, मैं, मुझ, मेरे, जिन, हमारा आदि।

कारकचिह्न—से, ने।

रामनगर की रामलीला के संवाद रामचरितमानस पर आधृत हैं। अतः उनमें अवधी के रूप अपेक्षाकृत मिलते हैं। जिन स्थानों पर मानस में व्रजी का प्रयोग हुआ है वहाँ संवाद में भी व्रजी के शब्द पाये जाते हैं। खड़ीबोली का रूप भी स्थान-स्थान पर मिलता है। विशेषतः संशोधन खड़ीबोली में किये गये हैं। प्रारम्भिक काण्डों की भाषा अवधी है पर ज्यों-ज्यों अगले काण्डों की ओर बढ़ते हैं त्यों-त्यों खड़ीबोली का प्रभाव बढ़ता जाता है।

संवाद की इन पुस्तिकाओं में लेखन की पुरानी वर्तनी भी पायी जाती है जैसे 'जिसमें' का 'जिस्में', 'किसका' का 'किस्का', 'इससे' का 'इस्से' आदि।

रामलीला के इन संवादों का भाषा की दृष्टि से ऐतिहासिक महत्त्व है। इनसे कई तथ्यों की उपलब्धि होती है। जिस समय सबसे प्रथम 'मानस' की रामलीला चलायी गयी होगी उस समय जनता के बीच समझ में आनेवाली सर्वसामान्य भाषा क्या रही होगी। उत्तर प्रदेश के पूर्वी अंचल में पूर्वी भाषा चलती रही होगी। पूर्वी और अर्द्धपूर्वी या मागधी अर्द्धमागधी दोनों भाषाएँ यहाँ बोधगम्य थीं। साहित्य की सर्वसामान्य भाषा उस समय पश्चिमी अर्थात् व्रजी या शौरसेनी थी। तुलसीदास ने जिस प्रकार पश्चिमी और (अर्द्ध) पूर्वी दोनों भाषाओं में रचना करके और दोनों को अत्यन्त निकट लाने के लिए प्रयोगों और शब्दों का मेल करके एक मिली-जुली भाषा बनायी और जो आगे के रीतिकालीन कवियों के लिए आदर्श हो गयी, ठीक उसी प्रकार संवादों की भाषा में भी मेल रखा गया होगा। समय के प्रवाह के साथ क्रमशः खड़ीबोली के प्रयोग भी उन संवादों में आते गये पुराने प्रयोगों को हटाकर। फलस्वरूप संवादों में व्रजी, अवधी और खड़ी तीनों का मेल हो गया। खड़ी का मेल भी परवर्ती काल में होने लगा था। इसका प्रमाण प्राचीन ग्रन्थों की उन टीकाओं में मिलता है जो परवर्ती काल में लिखी गयी हैं। सर्व सामान्य भाषा चाहे साहित्यिक रही हो या सार्वजनीन उसमें मेल होता रहा है। यही तथ्य भिखारीदास ने अपने काव्यनिर्णय में प्रकट किया है—

बृज मागधी मिले अमर, नाग जमन भाषानि।
सहज पारसीहूं मिले षटविधि कबित बखानि।[67]

षड् भाषा के पारम्परिक रूप के मेल में मुन्शी भिखारीदास ने व्रजभाषा की छह भाषाओं का जोड़ बैठाया है। मागधी पूर्वी भाषा के लिए, अमर संस्कृत के लिए, नाग अपभ्रंश के लिए और जवन खड़ीबोली के लिए है। मागधी में अर्द्ध मागधी को भी बातार्थ समझना चाहिए। इस प्रकार स्पष्ट है कि सर्वसामान्य या सार्वजनीन भाषा का मिली-जुली भाषा के रूप में विकसित होना ऐतिहासिक तथ्य है। जनता की सुविधा को ध्यान में रखकर ही संवादों की भाषा बनी। आज 'खड़ी' के प्रसार से भले ही संवादों की भाषा बेतुकी लगे, पर उसका स्वरूप और संस्कार भाषावैज्ञानिक यथार्थ है।

गीतों की योजना

दृश्यकाव्य में गीतों का महत्त्व चिरकाल से माना जाता है। भरत के नाट्यशास्त्र में भी गीतों के विधान का विचार किया गया है।[68] पद्य की प्रधानता प्रायः सभी भाषाओं के प्रारम्भिक साहित्य में रही है। संस्कृत तथा हिन्दी में भी प्रारम्भ में पद्य का महत्त्व अधिक रहा है। प्राचीन साहित्य पद्य प्रधान है। गद्य के विकास के साथ इसमें कमी आती गयी। पर भाव की सम्यक् अभिव्यंजना के लिए पद्य का प्रयोग आधुनिक साहित्य में मिलता है। नाटकों में भी पद्य की यही स्थिति है। धीरे-धीरे यह प्रवृत्ति क्षीण होती जा रही है। पर मनोरंजन, रमणीयता तथा भावव्यंजना के लिए पद्य का प्रयोग आवश्यक माना जाता है। पद्य में गीतों का विशिष्ट स्थान है। भावातिरेक में व्यक्ति जब अपनी भावनाओं को संगीत के माध्यम से व्यंजित करता है तो गीतों की सर्जना होती है। गीत प्रायः आत्मतत्त्व प्रधान होते हैं। गीतों का उद्भव प्रायः हर्षातिरेक अथवा दुःखाधिक्य में होता है। भावों के वेग को जब व्यक्ति सम्हाल नहीं पाता तो वह गुनगुना उठता है। उसकी गुनगुनाहट 'गीत' की संज्ञा धारण करती है। गीत का प्रचलन समाज के सभी वर्गों में पाया जाता है। गीत का सम्बन्ध भावुकता से है। अतः सभी गीत की रचना करते हैं।

नाटकों में गीत की योजना के अवसर अपेक्षाकृत अधिक आते हैं। नाटक में घटना-क्रम की तीव्रता होती है। अतः संक्षेप में अधिक-से-अधिक भाव व्यंजित करने का प्रयत्न होता है। गीतों के माध्यम से यह कार्य सरल हो जाता है। प्रायः भावातिरेक, उत्तेजक परिस्थिति, कल्पना की तीव्र अनुभूति या स्वानुभूति को व्यंजित करने की व्याकुलता में गीतों का आयोजन होता है। रामलीला का सम्बन्ध भक्ति से है। भक्ति के नौ लक्षणों में कीर्त्तन प्रमुख है। अतः रामलीला में भजन-गायन का महत्त्वपूर्ण स्थान है। राम के जीवन में लोक-जीवन की अनुभूति कराने के लिए रामलीला में उन स्थानों पर गीत की योजना होती है जिन पर लोक में गीतों का प्रचलन है। लोक में जन्म, विवाह, आनन्द तथा मांगलिक संस्कार के अवसर पर गीत गाये जाते हैं।

रामलीला में पाँच प्रसंगों में गीतों की योजना की जाती है—1. राम-जन्म, 2. फुलवारी, 3. ब्याह, 4. खिचड़ी तथा 5. राजदरबार का प्रसंग। इन गीतों का उद्देश्य अवसर के अनुसार भावोद्रेक में सहायता पहुँचाना है।

राम-जन्म के समय 'सोहर' गाये जाते हैं। इन सोहरों का रूप स्थान-स्थान पर भिन्न होता है। ये गीत युग-युग से जन्म के अवसर पर गाये जाते हैं। रचनाकार की कल्पना के अनुसार इनमें बाह्य विभेद अवश्य लक्षित होते हैं। पर उनके द्वारा सन्तान की उत्पत्ति की प्रसन्नता की अभिव्यक्ति तथा नवजात शिशु के प्रति शुभकामना की जाती है। इन सोहरों की मधुर ध्वनि कान में पड़ते ही ज्ञात हो जाता है कि किसी के जीवन में स्वर्ण-प्रभात आया या किसी माता की गोद भर गयी। राम-जन्म की लीला में जिस समय स्त्रियाँ गाना प्रारम्भ करती हैं—

'आजु अवध पुर मंगल बाजन बाजहिं हो,
ललन प्रगटे हैं दीन दयाल कोसल्या जी के काजहिं हो।

उस समय दर्शक शिशु-जन्म का प्रत्यक्ष अनुभव करता है। उसके अनन्तर राम के दर्शन कर भक्त कृतार्थ हो जाता है। भक्ति के आवेग में वह उनका गुण-गान करने लगता है। राम का स्वरूप उसके नेत्रों के समक्ष नाचने लगता है। ऐसे अवसर पर राम के गीत गाये जाते हैं।

अगला रमणीय प्रसंग फुलवारी का आता है। फुलवारी में कहीं-कहीं मानस के तत्स्थल के भावानुवाद गीत रूप में गाते हैं। जैसे—

कौन के राज कुँवर दोउ आये।
रूप माधुरी मोहै साधुरी तिय गन कौन गनाये।

औचकई एक बार निहारत तोरत कुसुम सोहाये।
मगन भई 'रघुराज' बिलोकत बिसरत नहिं विसराये।

महाराज ईश्वरीनारायण सिंह जी ने काष्ठजिह्वा स्वामी, भारतेन्दु हरिश्चन्द्र तथा महाराज रघुराज सिंह को संवादों के रूप निश्चित करने का कार्य सौंपा था। अतः महाराज रघुराज सिंह की रचनाएँ यहाँ के संवाद में यत्र-तत्र मिलती हैं। कुछ स्थानों पर उसी आशय के गीत बना लिये जाते हैं। आजकल गाँवों में कहीं-कहीं राधेश्याम कथावाचक की रचनाएँ भी गायी जाती हैं।

गीतों पर देश-काल तथा परिस्थिति का बड़ा प्रभाव पड़ता है। अतः उनमें परिवर्तन की सम्भावना अधिक रहती है। विवाह के अवसर पर गीतों का विशेष आयोजन होता है। सीता-राम का मनोहर युग्म देखकर मन आनन्दविभोर हो उठता है। उस समय 'ए जोड़ी राम सीता की हमारे मन को भाती है' गजल की तान सुनायी पड़ती है। इस अवसर के गीतों में गजल, ठुमरी तथा लोकगीत सभी का प्रयोग होता है।

विवाह के पश्चात् खिचड़ी के अवसर पर जो गीत गाये जाते हैं उनमें लौकिक परम्परा का स्पष्ट चित्रण रहता है। हास्य तथा व्यंग्य के उत्तम रूप देखने को मिलते हैं। खिचड़ी खाते समय गाली देने की लौकिक प्रथा के अनुसार गाली गायी जाती है। इसमें विनोद के लिए अनेक निराधार कल्पना कर ली जाती है। पर आश्चर्य यह है कि इस अवसर पर गोस्वामी जी के गीत नहीं गाये जाते। भक्त हास्य तथा व्यंग्य के प्रसंग में तुलसीदास की रचना रखकर उसका महत्त्व कम नहीं करना चाहते। वे रामचरित के सन्दर्भ में उन गीतों को वांछनीय नहीं मानते।

दरबार के अवसर पर मनोरंजन तथा ऐश्वर्य-प्रदर्शन के हेतु गीतों की योजना की जाती है। इसके तीन मुख्य स्थल हैं—सुग्रीव का दरबार, रावण का दरबार तथा राम का दरबार। सुग्रीव के दरबार के अवसर पर गाये जानेवाले गीत विशुद्ध मनोरंजक रहते हैं। उनमें किसी विशेष भाव या प्रेरणा का समावेश नहीं रहता। रावण के दरबार के गीत शृंगारपरक तथा प्रशस्ति द्योतक होते हैं। प्रशस्ति में रावण के पराक्रम तथा ऐश्वर्य का वर्णन रहता है। इन गीतों का तात्पर्य रावण की शक्ति, उसके अद्भुत कार्य तथा आतंक का द्योतन करना होता है। अन्त में राम के दरबार में गीतों की योजना बहुत विवेकपूर्वक की जाती है। इन गीतों में प्रायः राम तथा सीता का गुणानुवाद तथा सौन्दर्य-वर्णन रहता है। मुख्यतः भक्ति के भजन तथा गीत अधिक गाये जाते हैं। इनमें राम की प्रजावत्सलता, दया, लोक-रंजन, दीनवत्सलता आदि का विवेचन रखा जाता है।

रामलीला में रस

संसार में सुख तथा दुःख दोनों हैं। जीव सच्चिदानन्द भगवान् का अंश है। अतः उसे आनन्द की अनुभूति होनी चाहिए। पर ऐसा होता नहीं। माया के कारण जीव दुःख भोगता है। माया का आवरण छिन्न करने का प्रयास चिरकाल से हो रहा है। इसके लिए यज्ञ-याग, साधना, उपदेश, भक्ति तथा काव्य का आश्रय लिया जाता है। काव्य तथा भक्ति के अतिरिक्त अन्य साधन रुक्ष हैं। उनमें चित्तवृत्तियों का निरोध करके मन को हठात् भगवान् में लीन करने की चेष्टा की जाती है। अतएव मन उनकी ओर आकृष्ट नहीं होता। काव्य तथा भक्ति में मन का निरोध नहीं, अपितु मार्ग-परिवर्तन किया जाता है। फलस्वरूप वह इनकी ओर स्वयं आकृष्ट होता है। काव्य रमणीय होता है। श्रव्य की अपेक्षा दृश्यकाव्य में रमणीयता अधिक होती है। अतः मन को प्रभावित करने का यह उत्कृष्ट साधन है। भक्ति के द्वारा चित्त का परिष्कार तथा उन्नयन दोनों ही होता है। भगवान् से सम्बद्ध होने के कारण इसमें उच्चकोटि की रमणीयता का अनुभव होता है। रामलीला ने दृश्यकाव्य तथा भक्ति दोनों के सम्मिश्रण से ऐसे रमणीय आनन्द की सृष्टि की है जो अन्यत्र दुर्लभ है। यह आनन्द अपेक्षाकृत अधिक व्यापक, तीव्र तथा प्रगाढ़ है।

भक्तों के अनुसार रस के दो रूप हैं—एक भव-रस तथा दूसरा भक्ति-रस। लोक से सम्बद्ध होने के कारण भव-रस कटु है। भक्ति-रस का सम्बन्ध भगवान् से है अतः वह मधुर होता है। वह भव-रस की अपेक्षा उच्च है। लोक के शृंगार रस से तत्सम्बन्धी प्रवृत्तियों को प्रोत्साहन मिलता है। व्यक्ति के चित्त एवं आचरण पर इसका अच्छा प्रभाव नहीं पड़ता। भक्ति-रस में ऐसी कोई आशंका नहीं रहती। उपास्य सम्बद्ध शृंगारिक दृश्यों का अवलोकन कर भक्त के हृदय में उल्लास तथा आनन्द की लहरें उठने लगती हैं। भगवान् की दिव्यता के कारण वह मधुर रस माना जाता है। मधुर रस बहुत व्यापक है। भक्ति के क्षेत्र में यह अत्यन्त महत्त्वपूर्ण माना जाता है। इसके आधार पर मधुरोपासक सम्प्रदाय भी संघटित हो गया है। मधुरोपासना में भक्त स्वयं को पत्नी तथा भगवान् को पति मानता है। मीराँ ने इसी प्रकार की भक्ति अपनायी थी। कृष्ण को पति मानकर उनके संयोग तथा वियोग दोनों की उन्होंने अनुभूति की। कबीर भी 'राम की बहुरिया' होने में गौरव समझा है अतः उनमें माधुर्य-भाव भी मिलता है। उपास्य के दाम्पत्य शृंगार-वर्णन को मधुरोपासना मान लेना समीचीन नहीं है।

साहित्यिक दृष्टि से रामलीला में नवों रस मिलते हैं। राम की बालक्रीड़ा में वात्सल्य, फुलवारी-प्रसंग में शृंगार, नारद-मोह में हास्य, धनुष-यज्ञ में वीर, लंका-दहन में भयानक, लंका-युद्ध में रौद्र, युद्धक्षेत्र में वीभत्स, धनुष-भंग में अद्भुत तथा लक्ष्मण-शक्ति के समय राम-विलाप में करुणरस की पूर्ण व्यंजना होती है।

मानव के भावों के मूल बीज प्रेम तथा करुणा हैं। अतः इन दोनों प्रसंगों में रस का परिपाक उच्चकोटि का होता है। रामलीला में जहाँ ये प्रसंग आते हैं वहाँ दर्शकों की अपार भीड़ दृग्गोचर होती है।

प्रेम का क्षेत्र अत्यन्त व्यापक है। रामलीला में भाई-भाई, पिता-पुत्र, पति-पत्नी, राजा-प्रजा आदि सब के प्रेम का व्यापक निरूपण मिलता है। व्यक्ति जीवन में प्रेम की विभिन्न स्थिति का जैसा उज्ज्वल स्वरूप यहाँ मिलता है वैसा अन्यत्र कहीं नहीं। राम तथा भरत का प्रेम प्रत्येक दर्शक के हृदय में निःस्वार्थ, निष्ठा, सत्य, त्याग आदि उदात्त भावों की प्रतिष्ठा करता है।

रामलीला के कारुणिक दृश्य विशेष आकर्षक हैं। राम के वनगमन के समय सारी अयोध्या में हाहाकार मच जाता है। सीताहरण के पश्चात् राम के विलाप में वेदना तथा टीस की पराकाष्ठा के दर्शन होते हैं। वे सीता के वियोग में इतने विह्वल हो जाते हैं कि वन के लता-पत्रों तथा पशु-पक्षियों से भी उनके सम्बन्ध में पूछते हैं। उनके कारुणिक विलाप को सुनकर सारा वन रो पड़ता है।

लक्ष्मण-शक्ति के अवसर का राम-विलाप पारिवारिक सम्बन्ध के साथ ही प्रण-पालन का उत्कृष्ट रूप प्रदर्शित करता है। राम एक ओर 'मिले न जगत सहोदर भ्राता' कहकर लोकनिन्दा के परिताप से व्याकुल हैं तो दूसरी ओर विभीषण को लंकेश बनाने में सन्देह का अनुताप उन्हें व्यथित कर रहा है। वास्तव में राम का जीवन करुणामय जीवन है।[69] विवाह के अनन्तर उनका सारा जीवन विपत्ति, संघर्ष तथा संकटों में ही व्यतीत होता है।

इन लीलाओं के दिन रामलीलावलोकन के लिए जन-समुद्र उमड़ पड़ता है। रामलीला में जहाँ भी इस प्रकार की भीड़ दिखायी पड़ती है वहाँ निश्चय ही कोई कारुणिक दृश्य प्रदर्शित किया जाता है। अतः रामलीला में भक्ति रस के साथ-साथ मूल भाव प्रेम तथा करुणा में तरंगायित होने का अपूर्ण अवसर प्राप्त होता है।

सन्दर्भ-सूची

1. श्री चिन्तामणिविनायक वैद्य : 'संस्कृत वाड्मया चा त्रोटक इतिहास, पृ. 104.
2. अश्वघोष कृत 'बुद्ध चरित'—ई. एच. जान्स्टन का संस्करण, कलकत्ता, 1935.

3. ब्रह्माण्ड पुराण, अध्याय 73, मत्स्य पुराण, अध्याय 40.
   विष्णु पुराण, अध्याय 4, वायु पुराण, अध्याय 28.
   स्कन्द पुराण, अध्याय 10, 11, भागवत पुराण, अध्याय 9.
4. दशरूपकम् 3/22-23-24.
5. वही, 3/38.
6. वही, 3/38.
7. वही, 1/16.
8. वही, 1/12.
9. वही, 1/11.
10. वही, 1/13.
11. वही, 1/13.
12. वही, 1/13.
13. वही, 1/22.
14. डॉ. श्यामसुन्दरदास : 'रूपक रहस्य', पृ. 59.
15. आचार्य विश्वनाथप्रसाद मिश्र 'वाङ्मय विमर्श', पृ. 65. एवं दशरूपकम् 1/24.
16. वही, पृ. 65.
17. डॉ. श्यामसुन्दरदास : 'रूपक रहस्य', पृ. 63.
18. आचार्य विश्वनाथप्रसाद मिश्र : 'वाङ्मय विमर्श', पृ. 65.
19. दशरूपकम् 1/36.
20. डॉ. श्यामसुन्दरदास : 'रूपक रहस्य', पृ. 69.
21. दशरूपकम् 1/13.
22. डॉ. श्यामसुन्दरदास : 'रूपक रहस्य', पृ. 73.
23. आचार्य विश्वनाथप्रसाद मिश्र : 'वाङ्मय विमर्श', पृ. 65.
24. डॉ. श्यामसुन्दरदास : 'रूपक रहस्य', पृ. 73.
25. वही, पृ. 70 से 76.
26. आचार्य विश्वनाथप्रसाद मिश्र : 'वाङ्मय विमर्श', पृ. 65.
27. डॉ. श्यामसुन्दरदास : 'रूपक रहस्य' पृ. 77.
28. वही, पृ. 77.
29. आचार्य विश्वनाथप्रसाद मिश्र : 'वाङ्मय विमर्श', पृ. 69.
    एवम् नाट्याचार्य भरत, नाट्यशास्त्र 24/87 से 89 तक।
30. आचार्य विश्वनाथप्रसाद मिश्र : 'वाङ्मय विमर्श', 66-67.
31. वही, पृ. 70 तथा दशरूपकम् 2/3.
32. दशरूपकम् 2/4-5.
33. जनि जल्पना करि सुजसु नासहि नीति सुनहि करहि छमा।
    संसार महुं पूरुष त्रिबिध पाटल रसाल पनस समा।
    एक सुमन प्रद एक सुमन फल एक फलइ केवल लागहीं।
    एक कहहिं कहहिं करहिं अपर एक करहिं कहत न बागहीं।
    (रामचरितमानस काशिराज संस्करण, लंकाकाण्ड, पृ. 376, दोहा 90 का छन्द)
34. विनय पत्रिका, पद 58.
35. दशरूपकम्, 2/5-6.
36. आचार्य विश्वनाथप्रसाद मिश्र : 'वाङ्मय विमर्श', पृ. 70 तथा
    डॉ. भोलाशंकर व्यास : हिन्दी दशरूपक-भूमिका, पृ. 30.
37. वयर भाव सुमिरत मोहिं निसिचर (रामचरितमानस) उत्तरकाण्ड
    वह शत्रु भाव की उपासना करता था। यह भक्तों की मान्यता है।

38. मोहः चित्तवैकल्यम्।
39. मोहः ममत्व बुद्धित्वम्।
40. जीवः अविद्यापहितं चैतन्यं।
41. वैराग्यं-दृष्टादृष्ट विषयेषु स्पृहाविरोधिचित्त परिणाम विशेषत्वम्।
    वैराग्यं-विषयैव तृष्ण्यम्।
42. अहंकारः अभिमानात्मिकान्तःकरण वृत्तिः।
43. कामः इष्टविषयाभिलाषः।
44. नाट्यशास्त्र 8/7.
45. वही 8/9.
46. वही 8/13.
47. वही 19/14.
48. वही 19/19.
49. वही 24/3.
50. वही 24/7.
51. वही 23/2.
52. वही 23/5.
53. वही, अध्याय 23.
54. वही 23/46.
55. वही 23/63-68.
56. वही 23/92.
57. वही 23/59.
58. रामार्चन चन्द्रिका, पृ. 91-92.
59. करत बतकही अनुज सन मन सिय रूप लोभान
    रामचरितमानस (काशिराज संस्करण) बालकाण्ड, दो, 231, पृ. 93.
60. वही, पृ. 1, श्लोक 7.
61. वही, सुन्दरकाण्ड, दो. 51, चौ. 3-4, पृ. 329.
62. वही, अयोध्याकाण्ड, दोहा 254/7.
63. रामचरितमानस (काशिराज संस्करण) अयोध्याकाण्ड, दोहा 254.
64. वही, अयोध्याकाण्ड, दोहा 253.
65. वही, अयोध्याकाण्ड, दोहा 256/2.
66. पहिलो तिलक रामलीला वर। जिहिं लखि परत न तिमिर कूप नर।।23।। (मानसदीपिका की भूमिका, पृ. 2.)
67. भिखारीदास (ग्रन्थावली) द्वितीय खण्ड दोहा 15, पृ. 5 (सं. आ. विश्वनाथप्रसाद मिश्र)
68. नाट्यशास्त्र 5/39-50.
69. आश्रम सागर सांत रस पूरन पावन पाथु।
    सेन मनहुं करुणा सरित लिये जात रघुनाथु।।
    (रामचरितमानस (काशिराज संस्करण) अयोध्याकाण्ड, दोहा 274)

देश के विभिन्न भागों में रामलीला की स्थिति

संस्कृत के आदिकाव्य रामायण में रामचरित का वर्णन है। रामकथा का प्राधान्य पौराणिक कथाओं में भी पाया जाता है। परवर्ती साहित्य में राम की चर्चा विशेष रूप से मिलती है। इससे सिद्ध होता है कि रामकथा भारतीय सभ्यता तथा संस्कृति की मूल प्रेरक रूप में धर्म, साहित्य, कला, संगीत आदि की उपजीव्य रही है। भारतीय उत्सवों, पर्वों तथा जन-सम्मेलनों के अवसर पर राम सम्बन्धी लीला, नाटक, नृत्य तथा संगीत अवश्य होते हैं। देश में प्रचलित सभी नाट्य, नृत्य एवं संगीत-प्रणाली में रामकथा का महत्त्वपूर्ण स्थान है। रामलीला का प्रदर्शन इन सबके माध्यम से होता है।

रामलीला के दो पक्ष हैं–1. रामकथा, 2. रामचरित। रामकथा के रूप में रामलीला, चित्रकला, स्थापत्यकला तथा मूर्तिकला द्वारा प्रदर्शित की जाती है। इस पक्ष का विकास विशेषतः राजा-महाराजाओं के प्रोत्साहन से हुआ है। काशीनरेश महाराज ईश्वरीनारायण सिंह ने चित्र-रामायण के नाम से रामकथा की प्रमुख घटनाओं के चित्र बनवाये थे। इस कार्य में प्रचुर धनराशि व्यय हुई थी। वे चित्र इतने मनोहर तथा कलापूर्ण हैं कि आज भी वे सर्वथा नवीन ही प्रतीत होते हैं। यह रामायण की चित्रमय टीका या व्याख्या कही जाती है। जयपुर के महाराजा ने भी इस प्रकार चित्रमय महाभारत की रचना करायी थी।[1] जोधपुर में रामलीला के शताधिक चित्र हैं। इनकी लम्बाई 5 फुट है।[2] हिन्दू शासकों के अतिरिक्त मुसलमान बादशाहों ने इस प्रयत्न में सहयोग दिया है। सन् 1584 ई. में अकबर ने रामायण को फारसी लिपि में प्रस्तुत कराया था। इसमें पूर्ण पृष्ठ के आकार के 129 कलापूर्ण चित्र हैं। ये चित्र रामकथा की प्रमुख घटनाओं का प्रदर्शन कराते हैं। उस पर लगभग 20,000 पौण्ड व्यय होने का अनुमान लगाया जाता है।[3] असम, बंगाल तथा उड़ीसा में चित्रों के माध्यम से रामकथा का प्रदर्शन स्वामी शंकरदेव के पहले से ही प्रचलित है। इन चित्रों को स्थायी रूप देने तथा इच्छानुसार प्रदर्शन के हेतु मन्दिरों की दीवारों पर चित्रित कराया जाता है। कहीं-कहीं सम्पूर्ण रामकथा पत्थरों पर उत्कीर्ण की गयी है। देश में इस प्रकार के उत्कीर्णन अनेक स्थानों पर मिलते हैं। उदाहरण के लिए धारवाड़ जिले का लोकेश्वर का मन्दिर लिया जा सकता है। इसकी दीवारों पर रामकथा के दृश्य उत्कीर्ण किये गये हैं।[4] पूर्वेशिया में इस प्रकार के उत्कीर्णन अनेक स्थानों पर मिलते हैं। इनमें सबसे प्रसिद्ध प्रवजनन तथा पनारतन के मन्दिर हैं। इनकी दीवारों पर भी रामकथा के दृश्य उत्कीर्ण किये गये हैं।[5]

रामचरित के प्रदर्शन के लिए अभिनय की विविध प्रणालियाँ अपनायी गयी हैं। ये प्रदर्शन लीला, नाटक, नृत्य-नाट्य, पुत्तलिका-नृत्य, छाया-नाट्य आदि के माध्यम से होते हैं। उत्तर भारत में रामलीला की चार प्रणालियाँ विशेष रूप से प्रचलित हैं—1. धार्मिक, 2. रंगमंचीय, 3. लोक-नृत्य और 4. पुत्तलिका-नृत्य।

विभिन्न प्रदेशों की परम्परा के अनुसार रामलीला का प्रदर्शन प्रायः सभी स्थानों पर होता है। उत्तरी भारत के सुदूर पूर्व के प्रदेशों को छोड़कर शेष स्थानों में गोस्वामी जी द्वारा प्रचलित प्रणाली की ही प्रधानता है। बंगाल, असम तथा उड़ीसा में यात्रा, चित्राभिनय, रंगमंचीय रूप आदि इसके अभिनय के प्रधान रूप हैं। रामलीला के मुख्य केन्द्र वाराणसी, मथुरा, अयोध्या तथा जनकपुर हैं। इनमें तीन स्थान उत्तर प्रदेश में हैं। अतः उत्तर प्रदेश की लीला का रूप कुछ परिवर्तन के साथ सारे उत्तरी भारत में मिलता है। गोस्वामी जी की लीलाभूमि विशेषतः काशी रही है। अतः काशी की रामलीलाएँ आदर्श मानी जाती हैं। 'मानस' का स्पष्ट प्रभाव सभी स्थानों की रामलीलाओं में पाया जाता है। इस अध्याय में काशी, अयोध्या, जनकपुर तथा मथुरा की रामलीलाओं का विवेचन सर्वप्रथम हुआ है। इसके अनन्तर अन्य प्रदेश की रामलीलाओं का रूप वर्णित है। इस प्रकार उत्तरापथ की रामलीलाओं की स्थिति स्पष्ट हो जाती है। दक्षिण भारत की रामलीलाएँ उत्तरापथ की लीलाओं से भिन्न हैं। दक्षिण में रामलीला की अभिनय-प्रणाली कला तथा संगीत पर आधारित है। वहाँ प्रदर्शन के पाँच रूप मिलते हैं—1. नाट्य-नृत्य, 2. रंगमंचीय अभिनय, 3. छाया-नाट्य, 4. पुत्तलिका या चर्म-पुत्तलिका-नृत्य और 5. लोक-नाट्य। दक्षिण में रामलीला का धर्म के साथ अभिन्न सम्बन्ध है। कहीं-कहीं तो मन्दिरों के बाहर रामलीला करने का साहस तक नहीं किया जा सकता। रामलीला वहाँ की संस्कृति की प्रतिमूर्ति बन गयी है। दोनों का विच्छेद असम्भव है। भारतीय संस्कृति का प्रसार वृहत्तर भारत में दूसरी शताब्दी में हो चुका था।[6] दक्षिण की रामलीला की विभिन्न प्रणालियाँ भारतीय संस्कृति के साथ विदेशों में भी पहुँची हैं। वहाँ संस्कृत भाषा तथा कवियों का बड़ा आदर था। चम्पा में वाल्मीकि विष्णु के अवतार माने जाते थे।[7] उन देशों की रामलीला का आधार वाल्मीकीय रामायण है। अतः असन्दिग्ध रूप से कहा जा सकता है कि रामलीला की परम्परा सहस्रों वर्ष पुरानी है।

काशी की रामलीलाएँ

काशी सांस्कृतिक दृष्टि से अत्यन्त प्राचीन और महत्त्वपूर्ण नगर है। यह तीन लोक से न्यारी कही गयी है। यदि अध्ययन किया जाय तो सचमुच इसकी महत्ता का सम्यक् दिग्दर्शन हो सकता है। काशी की अनेक सांस्कृतिक एवं धार्मिक परम्पराओं में लीला का महत्त्वपूर्ण स्थान है। विभिन्न अवतारों की लीला का जितना सम्यक् रूप यहाँ मिलता है उतना सम्भवतः कहीं नहीं मिलता। इन लीलाओं में भक्त इष्टदेव का साक्षात् दर्शन पाते हैं। उनके चरित्र का अवलोकन कर वे अपना जीवन सफल मानते हैं। ये लीलाएँ हमारे पारिवारिक, सामाजिक एवं राजनीतिक जीवन को प्रभावित करती रहती हैं।

इन लीलाओं में तीन मुख्य हैं—1. नृसिंहलीला, 2. कृष्णलीला और 3. रामलीला।

नृसिंह अवतार अपेक्षाकृत सबसे प्राचीन है। पर इस अवतार की लीला की परम्परा आज तक बनी है। इससे स्पष्ट है कि राम के अवतार रूप में प्रतिष्ठित होने के पहले पूर्ववर्ती मतों में भी इष्टदेव की लीला की परम्परा थी। नृसिंहलीला काशी में दो स्थानों में होती है—पहली तो 'प्रह्लाद घाट' पर दूसरी 'नृसिंह चबूतरे' पर। यह लीला वैशाख शुक्ल एकादशी से चतुर्दशी तक होती है।

दूसरी लीला कृष्ण की है जिसका विवरण अस्सी की रामलीला के साथ दिया गया है।

तीसरी रामलीला है जिसका प्रचार काशी में सर्वाधिक है। केवल काशी नगर में ही पचीसों रामलीलाएँ होती हैं। आश्विन मास में सारी काशी राममय हो जाती है।

अनुमान किया जाता है कि यहाँ के कम-से-कम दो स्थानों की लीलाओं के संस्थापक तो स्वयं गोस्वामी जी रहे होंगे। उनका प्रारम्भिक निवास काशी के हनुमान् फाटक में है। यहाँ उनकी स्थापित की हुई हनुमान् जी की मूर्ति है। इसकी विशेषता है कि इसमें वे बैठे हुए दिखलाये गये हैं। नगर के इस भाग से सम्बन्धित लाटभैरव की रामलीला है। इसे आदिरामलीला कहते हैं। इसके उपलब्ध कागज-पत्रों में भी आदिरामलीला नाम है। इससे यह अनुमान किया जा सकता है कि गोस्वामी जी ने सर्वप्रथम इसी रामलीला का प्रारम्भ किया होगा। यह भी हो सकता है कि आदिकाव्य रामायण के आधार पर रामलीला होती रही हो और रामलीला के साथ आदि शब्द जुट गया हो। इसमें मुकुट-पूजा से लेकर राजगद्दी तक की लीला होती है। अन्त में कोट विदाई होती है। प्रत्येक लीला के लिए स्थान नियत हैं। विश्वेश्वरगंज के मोहनलाल के कमरे में अयोध्या है। वनगमन के समय राम तथा लक्ष्मण के स्वरूप पीलीकोठी के पास धनेसरा नामक पोखरे पर आते हैं। वहाँ तालाब में ही सुरसरि पार करते हैं और लाटभैरव पर पहुँचते हैं। यहीं पंचवटी है। इसके अनन्तर गंगा-वरुणा संगम पर वरुणा के उस पार लंका में लीला होती है। यहीं रावण-वध होता है। फिर धनेसरा मठ में राजगद्दी और कोट विदाई की लीलाएँ होती हैं। इस लीला के सर्वाधिकारी उक्त मठ के महन्त होते आये हैं।

अस्सी की रामलीला

श्री आनन्द बहादुर सिंह का अनुमान है कि गोस्वामी जी द्वारा स्थापित अस्सी की रामलीला का श्रीगणेश संवत् 1640 के लगभग हुआ होगा।[8] रामचरितमानस की रचना एवं तत्कालीन प्रणाली के अनुसार उसकी स्वीकृति में 7 वर्ष का समय लग जाना कोई कठिन नहीं है। गोस्वामी जी की यह रामलीला जन्मोत्सव से प्रारम्भ नहीं होती अपितु 'आदौ राम तपोवनादि गमनं' से होती है। प्रथम लीला आश्विन कृष्ण नवमी को होती है। अन्य लीलाओं की तिथियाँ निर्धारित हैं।

लीला-पद्धति

सबसे पहले मुकुट-पूजा होती है। मुकुट का आवाहन-पूजन वैदिक रीति से होता है। जो पात्र राम, भरत, लक्ष्मण, सीता आदि का अभिनय करते हैं उनमें देव-भावना की कल्पना की जाती है और उन्हें तिलक लगाया जाता है। लीला-काल तक उन्हें बड़े संयम से रखा जाता है। पुराने पण्डित ही लीला-व्यवस्था करते हैं। इन्हें 'व्यास' कहते हैं। एक ओर स्थित रामायणी झाँझ, ढोल आदि पर मानस का सस्वर पाठ करते हैं। वे व्यास के संकेत पर रुक जाते हैं। लीला के अभिनेता 'स्वरूप' कहे जाते हैं। वे व्यास के निर्देश से यथावसर संवाद कहते हैं। अन्त में आरती हुआ करती है।

लीला के निर्धारित स्थान

गोस्वामी जी ने लीला के स्थान भी रामायण-काल की स्थिति के अनुकूल चुने हैं। अस्सी से सोनारपुरा तक की भूमि अयोध्या मानी जाती है। आज भी अवध मुहल्ला प्रसिद्ध है। आज से 60 वर्ष पहले भरत-मिलाप सोनारपुरा की चौमुहानी पर ही होता था। साम्प्रदायिक उपद्रवों के कारण अब भदैनी पर होता है।

वन मार्ग—दुर्गा कुण्ड का तालाब गंगा पार करने के लिए उपयुक्त है। पुनः यह वन मार्ग दुर्गा कुण्ड से संकटमोचन के पीछे से जाकर पंचवटी (विश्वविद्यालय का मुख्य द्वार) तक पहुँचता है। यहाँ पर पाँच

रास्ते थे। यह मार्ग दण्डकारण्य का दृश्य उपस्थित करता है। संकटमोचन से जानेवाला मार्ग घने वृक्षों से आच्छादित है। इस मार्ग के झोंपड़ी-निवासी बड़ी श्रद्धा से राम की आवभगत करते हैं। इस प्रकार राम-वन-गमन का दृश्य उपस्थित हो जाता है। तीसरा महत्त्वपूर्ण स्थान लंका है। यह त्रिकूट पर्वत स्थित लंका की भाँति ही त्रिभुजाकार है। यह मुहल्ला लंका के नाम से प्रसिद्ध है। यहाँ राम और रावण के सिंहासन, जानकी मन्दिर, विभीषण कूप आदि प्रसिद्ध हैं।

रामलीला के चमत्कार

किसी समय काशिराज उदितनारायण सिंह के एकमात्र पुत्र युवराज ईश्वरीनारायण सिंह अत्यधिक अस्वस्थ थे। महाराज नियमपूर्वक अस्सी की रामलीला देखने आते थे। उस दिन वे अन्यमनस्क थे। राम के स्वरूप ने उन्हें 'तुलसी' की कुछ पत्तियाँ देकर निश्चिन्त रहने को निर्देश किया और राजकुमार को पत्तियाँ खिलाने के लिए कहा। कुमार के स्वास्थ्य में अप्रत्याशित सुधार से प्रभावित हो महाराज ने अपने यहाँ रामलीला कराने का संकल्प किया।[9]

श्रीकृष्णलीला

रामलीला के साथ-साथ गोस्वामी जी ने कृष्णलीला भी प्रारम्भ की। इसमें कृष्ण के जन्मोत्सव से लेकर कुब्जागृह-शयन तक की लीला श्रीमद्भागवत के दशम स्कन्ध के आधार पर होती है। यहाँ की नागनथैया की लीला अपने ढंग की अपूर्व है। इसकी अनुकृति में काशिराज, विजयनगर के नरेश एवं काशी के धनी व्यक्ति सर्वथा असफल रहे।

कृष्ण की नागनथैया में नाव के सहारे कालिय नाग बनाया जाता है। कृष्ण जी कदम्ब के वृक्ष से गंगा में कूद पड़ते हैं और नाग के फन पर खड़े होकर वंशी बजाते हुए पानी के बाहर आते हैं। इसे देखने के लिए काशी की जनता उमड़ पड़ती है। महाराज काशीनरेश भी इसमें सम्मिलित होते हैं। कृष्ण की लीला नगर में कभी-कभी रासधारी मण्डली द्वारा होती है पर उसे रासलीला कहते हैं। रामलीला के जोड़ में केवल यहीं कृष्णलीला होती है। 18वीं शती में व्रज के प्रसिद्ध भक्त व्रजवासीदास ने तुलसी की रामलीला देखी। उन्होंने रामायण की भाँति 'व्रज-विलास' को झाँझ, मृदंग पर गाने की व्यवस्था करके कृष्णलीला की नवीन पद्धति चलायी। इसी पद्धति का अवलम्बन अब तक किया जाता है।

तीसरी प्रमुख लीला चित्रकूट की है। इसके स्थान भी निश्चित हैं। बड़े गणेश के मन्दिर के पास अयोध्या की लीला होती है। चौकाघाट पर विजयादशमी की लीला होती है। इसके अनन्तर नाटी इमली में भरत-मिलाप होता है।

इसके व्यास पं. छन्नूदत्त जी थे। ये दीर्घायु होकर अभी स्वर्गवासी हुए हैं। इनके कथनानुसार यह लीला अत्यन्त प्राचीन काल से होती आ रही है। यह लीला वाल्मीकि रामायण के आधार पर होती थी। इसके पास ही नृसिंहलीला भी होती है। ऐसा अनुमान किया जाता है कि नृसिंह मत की प्रबलता के समय नृसिंहलीला होती रही होगी। रामावत सम्प्रदाय के समय रामलीला का पुनरुद्धार वाल्मीकि के ग्रन्थ के आधार पर हुआ। श्री रामदास गौड़ ने भी इस लीला का उल्लेख करते हुए लिखा है कि इस लीला में पहले वाल्मीकि-रामायण के आधार पर संवाद होते थे पर गोस्वामी जी की रामायण-रचना के पश्चात् उसके अनुसार लीला होने लगी।[10]

नाटी इमली का भरत-मिलाप

श्रीराम-कृष्ण-लीलानुकरण सिद्धान्त में श्री सरयूदास जी ने लिखा है कि काशीनिवासी मेघा भगत गोस्वामी तुलसीदास के परम भक्त थे। गोस्वामी जी ने मृत्यु के दिन प्रातःकाल ही अपनी मानवी लीला समाप्त करने की चर्चा की। इसे सुन वे अधीर हो गये। गोस्वामी जी ने उन्हें ढाढ़स बँधाया और संकटमोचन ले गये। वहाँ उन्होंने मेघा भगत से कहा कि भगवत्स्वरूप का ध्यान करो। उनकी प्रेरणा के अनुसार काम करने में कल्याण है। गोस्वामी जी के स्वर्गवास के अनन्तर मेघा की दशा चिन्तनीय हो गयी। एक दिन संकटमोचन के द्वार पर बैठकर वे रो रहे थे। रात्रि के सन्नाटे में अचानक मन्दिर के द्वार खुल गये। आकाशवाणी हुई कि तुम श्री अवध जाओ। यह आज्ञा पाकर वे अवध गये। वहाँ सरयू में स्नान कर उन्होंने ध्यान लगाया। दूसरे दिन प्रातःकाल ही दो सुन्दर बालक आये। एक ने मेघा से कहा कि यह धनुष रखे रहो। वे दिन-भर लौटकर नहीं आये। रात्रि में जब थकावट के कारण मेघा को झपकी लगी तो स्वप्न में श्रीराम ने कहा 'प्रातःकाल कुमार के वेश में मैंने ही तुम्हें दर्शन दिया था। इस कलि में साक्षात् दर्शन नहीं हो सकता तुम इस धनुष को लेकर काशी लौट जाओ। वहाँ कुलीन ब्राह्मणों का शृंगार कर हमारी लीला करो। भरत-मिलाप के दिन उसी लीला-मूर्ति में तुम्हें मेरा साक्षात् दर्शन

मिलेगा।' उन्होंने नाटी इमली (काशी) में आकर लीला का आयोजन किया। राम की प्रेरणा से सब लोग सहयोग देने लगे। लीला प्रारम्भ हुई। अन्त में भरत-मिलाप का शुभ दिन आया। राम-भरत मिलन के समय भक्तराज मेघा ने उनके गले में गजरा डाला। उसी समय सत्य-सिन्धु भगवान् ने उन्हें साक्षात् दर्शन दिये। पर वे उस शोभा को देखकर अपने को सम्हाल न सके। वे सदेह परम धाम चले गये। तब से प्रतिवर्ष आश्विन में नाटी इमली की लीला होने लगी। अन्य नगरों और ग्रामों में भी उसका अनुकरण होने लगा। मेघा भगत के तिरोधान के साथ ही भगवान् द्वारा प्राप्त धनुष भी लुप्त हो गया। उसके स्थान पर नया धनुष बनाया गया जिसकी पूजा अब तक होती है।[11] वर्तमान व्यवस्थापकों का कथन है कि मेघा भगत को प्राप्त धनुष अब तक है। प्रत्येक वर्ष रामलीला के पहले इसकी पूजा होती है। मेघा भगत की खड़ाऊँ आदि भी वहाँ रखी है। काशी की यह लीला बड़ी महत्त्वपूर्ण है। इसमें नगर के प्रायः धनी वर्ग का सहयोग रहता है। इसकी सबसे प्रसिद्ध लीला 'भरत-मिलाप' है। इस 'भरत-मिलाप' में काशीनरेश भी आते हैं। गोपाल मन्दिर के महाराज भी पहले भरत-मिलाप में आते थे। अब केवल कोट-विदाई की लीला में आते हैं। काशी का जन-समूह इनके दर्शन के निमित्त उमड़ पड़ता है। केवल रोगी अथवा असमर्थ व्यक्ति ही घर में रह जाते हैं। इसका आकर्षण इतना अधिक होता है कि आस्तिक धर्मालुओं को कौन कहे केवल मनोरंजन का ध्येय रखनेवाले भी वहाँ पहुँचते हैं। 'भरत-मिलाप' ठीक 5-10 मिनट पर होता है। तदनन्तर जुलूस निकलता है। इसमें प्रायः राम के सहायक विभीषण, वानरराज सुग्रीव तथा उनके गण रहते हैं। जुलूस में सबसे आगे घुड़सवार फिर काशीनरेश हाथी पर रहते हैं। उसके पश्चात् उनके दरबारीगण हाथियों पर सवार होकर आते हैं। उसके अनन्तर विभीषण, अंगद, सुग्रीव आदि रहते हैं। अन्त में फूल-माला से सुसज्जित 'पुष्पक' रथ पर राम, लक्ष्मण, भरत, शत्रुघ्न तथा सीता विराजमान रहती हैं। पुष्पक विमान को सर्वप्रथम काशी के प्रतिष्ठित धनी-मानी व्यक्ति उठाते हैं। प्राचीन ढंग की लट्टूदार पगड़ी प्राचीन काल का दृश्य उपस्थित कर देती है। इसके अनन्तर काशी के गोप रथ को वहन करते हैं। वे निःस्वार्थ भाव से अपनी अमूल्य सेवाएँ अर्पित करते हैं। धार्मिक प्रवृत्तिजन्य ऐसी सेवा अन्यत्र दुर्लभ है। मार्ग में पड़नेवाले सभी मकानों की छत पर भीड़ जमी रहती है। चबूतरे, पटरियाँ तथा अन्य रिक्त स्थान भी दर्शकों से आच्छादित रहते हैं। जुलूस में इतनी अधिक भीड़ होती है कि तिल रखने मात्र को स्थान नहीं मिलता है। जुलूस समाप्त होने के बाद भी आवागमन के लिए घण्टों तक रुकना पड़ता है।

चित्रकूट की रामलीला के प्रति जनता की अगाध श्रद्धा है। वहाँ लीला की मूर्ति या स्वरूप को साक्षात् भगवान् मानते हैं। जनश्रुति है कि एक समय किसी अँगरेज अधिकारी ने इस रामलीला के हनुमान् से उपहास किया और कहा कि हनुमान् ने तो इतना विस्तृत सागर पार किया था आप यदि वरुणा नदी को ही पार कर दें तो मैं समझूँ की लीला के स्वरूपों में अलौकिक शक्ति है। यह वचन सुनते ही हनुमान् जी आवेश में आ गये। उन्होंने सबको वरुणा-तट पर चलने के लिए कहा। अँगरेज अधिकारी के साथ सभी वहाँ पहुँचे। हनुमान् सबके देखते-देखते एक छलाँग में उस पार पहुँच गये। यद्यपि इस अलौकिक प्रदर्शन के श्रम से उनकी इहलीला समाप्त हो गयी पर रामलीला की अलौकिकता का लोहा विधर्मियों ने भी मान लिया। कहते हैं कि उन हनुमान् का चेहरा अब तक सुरक्षित है और प्रत्येक वर्ष उसकी पूजा की जाती है।

दूसरी कथा है कि मेघा भगत को अयोध्या-यात्रा के समय रामचन्द्र ने रामलीला में दर्शन देने का वचन दिया था। उनको भगवान् के साक्षात् दर्शन चित्रकूट के भरत-मिलाप की लीला में मिले। चित्रकूट लीला का धन कोई व्यक्ति नहीं लेता। यहाँ तक कि मुसलमान बाजेवाले भी कोई पुरस्कार नहीं लेते।

किंवदन्ती है कि भरत-मिलाप के पुष्पक विमान में यदि कोई पापी या दुरात्मा हाथ लगा देता है तो राम को इसका पता चल जाता है। रथ तब तक आगे नहीं बढ़ता जब तक वह व्यक्ति अलग नहीं किया जाता। कहा नहीं जा सकता कि इनमें क्या रहस्य है पर इतना तो अवश्य है कि इस लीला में भगवान् के साक्षात्कार की कल्पना अत्यन्त प्राचीन है।

चेतगंज की नककटैया में लाग

चेतगंज की नककटैया

नककटैया वाराणसी की रामलीला-प्रणाली में अद्वितीय स्थान रखती है। यह लीला इस रूप में अन्य स्थानों में नहीं होती। अतः यह वाराणसी की अपनी विशेषता है। इससे प्रकट होता है कि गोस्वामी

तुलसीदास ने ही इसकी परम्परा चलायी होगी। शूर्पणखा की नाक काटने के दूसरे दिन खर-दूषण अपनी राक्षसी सेना लेकर राम से लड़ने जाते हैं। उस सेना-अभियान को शोभा-यात्रा या जुलूस का रूप दिया जाता है। जुलूस में विभिन्न कलाओं का प्रदर्शन तथा अस्त्र-शस्त्र संचालन की कुशलता का दिग्दर्शन मुख्य ध्येय रहता है। साथ ही काली, दुर्गा आदि मातृ शक्ति की ओर विशेष रूप से ध्यान आकृष्ट करने का सम्भार आयोजित होता है।

वाराणसी की सभी रामलीलाओं में नककटैया का जुलूस बड़े उत्साह के साथ निकाला जाता है। इनमें सर्वाधिक प्रसिद्ध तथा लोकप्रिय नककटैया चेतगंज की है। चेतगंज महाराजा चेतसिंह के नाम पर बसा हुआ काशी का एक प्रसिद्ध मुहल्ला है। चेतसिंह के विरुद्ध ब्रिटिश-अभियान के समय यहाँ के निवासियों ने अँगरेजी सेना का अवरोध बड़ी कुशलता से किया था। सम्भवतः उसी समय से यह राजनीतिक चेतना का केन्द्र रहा है। अतः यहाँ के निवासी विशेष जागरूक माने जाते हैं। उन्होंने गोस्वामी जी के भक्ति-आन्दोलन को भी बड़े उत्साह से आगे बढ़ाया। चेतगंज की नककैटया कार्तिक कृष्ण चतुर्थी (करवा चौथ) को होती है। इसका कार्यक्रम प्रायः रात्रि-भर चलता है। इसमें धार्मिक, राजनीतिक तथा सामाजिक दृश्य उपस्थित किये जाते हैं। इनके अतिरिक्त विभिन्न कलाओं का भी प्रदर्शन होता है। कलाओं में हस्तकौशल, शस्त्रास्त्र संचालन, अनुकृति, रूप-परिवर्तन तथा अभिनय मुख्य हैं। धार्मिक दृश्यों में रामचरित सम्बन्धी दृश्यों के अतिरिक्त अन्य पौराणिक दृश्य उपस्थित किये जाते हैं। श्रीकृष्ण के जीबन की झाँकी भी मिल जाती है।

राजनीतिक दृश्यों में शासन के दमन, सरकारी नीति, राजनीतिक घटना-चक्र, विश्व की राजनीति सम्बन्धी व्यंग्य-दृश्य आदि उपस्थित किये जाते हैं। ब्रिटिश शासन में नककटैया के जुलूस राजनीतिक प्रचार के प्रधान साधन थे। यदि उनमें प्रदर्शित समस्त दृश्यों का संकलन हो सके तो उससे स्वतन्त्रता-आन्दोलन के प्रति जन-भावना का सच्चा स्वरूप बहुत सरलता से प्रकट हो जायगा। इनमें पहले ब्रिटिश शासन की कटु आलोचना के द्वारा सुधार की भावना निहित रहती थी अब वर्तमान नीति की भी आलोचना रहती है। साधारण जनता को राजनीतिक गतिविधियों से परिचित कराने का यह उत्तम ढंग है। सामाजिक दृश्यों में समाज में विद्यमान कुरीतियों के दुष्परिणाम का प्रदर्शन विशेष रूप से होता है। पारिवारिक कलह, बहुपत्नी-विवाह तथा अनाचार के विविध रूप एवं उसका नग्न दृश्य उपस्थित करने से उन व्यक्तियों का ध्यान भी उनकी ओर जाता है जो उनमें स्वयं लिप्त रहते हैं। ऐसे व्यक्ति जहाँ अपनी करनी पर पश्चात्ताप करते हैं वहाँ सुधारने का संकल्प भी लेते हैं। मद्यपान के कुफल का चित्रण मन में मद्य-निषेध की ऐसी योजना उत्पन्न करता है जो अनेक सरकारी योजनाओं से भी होता दिखायी नहीं देता।

हस्तकौशल के दृश्यों में लागों का विशिष्ट स्थान है। इनकी गणना चौंसठ कलाओं में होती है।[12] इसकी उद्भावना में बुद्धि-चातुर्य तथा कला की विशेष आवश्यकता पड़ती है। वैसे तो वाराणसी की नककटैया ने इसको प्रश्रय देकर प्राचीन कला के प्रति अनुराग का परिचय दिया है किन्तु चेतगंज में इसकी सर्वाधिक प्रमुखता रहती है। ये लागें इतनी कलापूर्ण होती हैं कि दर्शक उनके निर्माण-कौशल को देख अवाक् रह जाते हैं। जैसे शिव जी की लाग में उनकी जटा से गंग-धार का प्रवाह या विष्णु की नाभि से निकले कमल पर ब्रह्मा का आसन। धार्मिक दृश्यों के अतिरिक्त लाग द्वारा लौकिक घटनाएँ भी सफलतापूर्वक प्रदर्शित की जाती हैं। उदाहरण के लिए शस्त्र से चालन की लाग ले सकते हैं। इसमें कटार, भाले आदि इस कौशल से शरीर में प्रविष्ट दिखलाये जाते हैं कि उनकी वास्तविकता में किसी प्रकार का भ्रम नहीं होता।

शस्त्र संचालन की मुख्यतः दो प्रणाली नककटैया में मिलती है। पहली प्रणाली के अन्तर्गत देवी का अभिनय करनेवाला व्यक्ति उनका रूप बनाकर शस्त्र-कौशल का प्रदर्शन करता है। यह बड़े सुन्दर तथा भव्य चेहरा धारण करके बड़े पैंतरे के साथ तलवार, कृपाण या खड्ग चलाता है। इस रूप के द्वारा जनता

के समक्ष राक्षसों का संहार करनेवाली दुर्गा तथा काली का रूप मूर्त हो उठता है। मातृ-शक्ति के अद्भुत कौशल से जन-शक्ति को प्रभूत प्रेरणा प्राप्त होती है।

दूसरी प्रणाली के अन्तर्गत नगर के प्रसिद्ध गुरुओं के अखाड़ों द्वारा शस्त्र संचालन का कार्य होता है। अखाड़ों के चुने हुए सदस्य लाठी, तलवार, पटा, बनेठी एवं बाना चलाने का चातुर्य दिखलाते हैं। नककटैया केवल हिन्दू जनता को ही आकृष्ट नहीं करती, मुसलमानों को भी आकृष्ट करती है। मुसलमानों के अखाड़े भी नककटैया में सम्मिलित होते हैं। नककटैया में अनेक विमान सजाये जाते हैं। उन पर विविध व्यक्ति देवता से लेकर राक्षस तक के रूप अत्यन्त सफलता के साथ धारण करके निकलते हैं। जिस प्रकार बहुरूपिये अनेक रूप बना-बनाकर मनोरंजन करते हैं और उसी प्रकार सम्भ्रान्त व्यक्ति भी इस अवसर पर दूसरे के रूप का प्रदर्शन करते हैं। इनके अतिरिक्त बहुत-से व्यक्ति पशुओं एवं पक्षियों का भी रूप बनाते हैं। वे रूप-परिवर्तन के साथ-साथ सहज अभिनय भी करते रहते हैं। उक्त विशेषताओं के साथ यह नककटैया प्रत्येक वर्ष नागरिकों को नया उत्साह तथा प्रेरणा प्रदान करती है।

वाराणसी की प्रमुख तीन रामलीलाओं के कार्यक्रम

कार्यक्रम

	लाटभैरव		अस्सी		चित्रकूट	
लीला का नाम	तिथि	स्थान	तिथि	स्थान	तिथि	स्थान
मुकुट-पूजा	आ.कृ.9	रामागंज (विश्वेश्वरगंज)	आ.कृ.9	श्री तुलसी मन्दिर	आ.कृ.	बड़ागणेश मन्दिर
धनुष-यज्ञ परशुराम संवाद	-	-	आ.कृ. 12	रामलीला-मैदान	-	-
राज्याभिषेक की तैयारी	आ.कृ. 10	-	आ.कृ. 13	लोलार्क-कुण्ड	आ.कृ.10	बड़ागणेश मन्दिर
कोप-भवन	आ.कृ. 11	-	आ.कृ. 14	लोलार्क-कुण्ड	आ.कृ. 11	बड़ागणेश मन्दिर
वनगमन, निषाद मिलन	आ.कृ. 12	रामागंज धनेसरा	आ.कृ. 30	आनन्द-बाग	आ.कृ. 12	बड़ागणेश मन्दिर से याज्ञेश्वर महादेव
राम-घण्डइल-चित्रकूट पयान भारद्वाज-मिलन वाल्मीकि समागम	आ.कृ. 13	धनेसरा से तेलियाना लाटभैरव फर्श, रामबाग	आ.शु.1	दुर्गाकुण्ड	आ.कृ. 13	ईश्वरगंगी से चित्रकूट
भरत-घण्डइल	आ.कृ. 14	रामागंज से तेलियाना	-		आ.कृ. 14	बड़ागणेश से ईश्वरगंगी
भरत-मनावन	आ.कृ. 30	तेलियाना से रामबाग	आ.शु. 2	दुर्गाकुण्ड	आ.कृ. 30	ईश्वरगंगी (नयी बस्ती) से चित्रकूट
भरत-सभा-जनता-सभा	आ.शु. 1	रामबाग	आ.शु. 2	दुर्गाकुण्ड	आ.शु. 1 चित्रकूट	आ.शु. 2 चित्रकूट
भरतकूप, भरत-विदाई, नन्दी-ग्राम-झाँकी	आ.शु. 2	लाटभैरव का फर्श रामबाग	-	-	आ.शु. 3	चित्रकूट से बड़ागणेश

जयन्त नेत्र-भंग अत्रि, अनुसूया आदि धुरिया राक्षस वध	आ.शु. 3 लाटभैरव फर्श पंचवटी इमामबाड़ा	आ.शु. 3 दुर्गाकुण्ड	आ.शु. 4 चित्रकूट से पिशाचमोचन
सुतीक्ष्ण-मिलन अगस्त्य-समागम पंचवटी-निवास	आ.शु. 3 लाटभैरव फर्श पंचवटी इमामबाड़ा	आ.शु. 4 नगवा	आ.शु. 4 चित्रकूट से पिशाचमोचन
शूर्पणखा-विरूप-करण	आ.शु. 4 रामागंज से पंचवटी इमामबाड़ा	आ.शु. 5 पंचवटी	आ.शु. 5 पिशाचमोचन
खरादि-वध जानकीहरण	आ.शु. 5 रामागंज से पंचवटी इमामबाड़ा	आ.शु. 5 पंचवटी	आ.शु. 5 पिशाचमोचन
गृद्ध-क्रिया शबरी-मिलन	आ.शु. 5 पंचवटी इमामबाड़ा वैतरणी तालाब, लोनियां	आ.शु. 6 पंचवटी से संकटमोचन	आ.शु. 6 पिशाच-मोचन से चौकाघाट
सुग्रीव-मित्रता बालिवध	आ.शु. 7 कोनियां सट्टी	आ.शु. 6 पंचवटी से संकटमोचन	आ.शु. 6 चौकाघाट
लंकादहन	आ.शु. 8 योगीवीर मुहाना इस पार एवं उस पार लंका	आ.शु. 7 लंका	आ.शु. 7 चौकाघाट
सेतु-बन्ध सुवेलगिरि-झाँकी	आ.शु. 8 आदिकेशव मन्दिर लंका (मुहाना-उस पार)	आ.शु. 8 लंका	आ.शु. 8 चौकाघाट
अंगद-संवाद	आ.शु. 9 लंका (मुहाना-उस पार)	आ.शु. 8 लंका	आ.शु. 8 चौकाघाट
चारोंफाटक युद्ध लक्ष्मण-शक्ति	आ.शु. 9 लंका (मुहाना-उस पार)	आ.शु. 9 लंका	आ.शु. 8 चौकाघाट
कुम्भकर्ण-वध	आ.शु. 9 लंका (मुहाना-पार)	आ.शु. 9 लंका	आ.शु. 9 चौकाघाट
मेघनाद-वध, रावण-वध, अवध-प्रयाण	आ.शु. 10 लंका (मुहानापार) आ.शु. 10 लंका से धनेसरा	आ.शु. 10 लंका	आ.शु. 10 चौकाघाट चौकाघाट से चित्रकूट
भरत-मिलाप	आ.शु. 11 धनेसरा से राजघाट तथा राजघाट से विश्वेश्वरगंज	आ.शु. 12 सन्त तुलसी पुरी	आ.शु. 11 चित्रकूट से बड़ागणेश
राम-राज्याभिषेक	आ.शु. 13 रामागंज (विश्वेश्वरगंज)	आ.शु. 13 तुलसी-मन्दिर	आ.शु. 13 बड़ा गणेश (रात्रि में)
धनुष-बाण-झाँकी	आ.शु. 13 रामागंज (विश्वेश्वरगंज)	आ.शु. 13 तुलसी-मन्दिर	आ.शु. 12 आत्मा वीरेश्वर

विश्राम की झाँकी	-	-	-	-	आ.शु. 13	मुन्नी कृष्ण (दिन में) भवन (सोराकुआ)
बन्दर-विदाई	आ.शु. 5	धनेसरा मठ	-	-	-	-
सनक-सनन्दन कोट-विदाई	आ.शु. 6	धरेसरा मठ	आ.शु. 15	संकटमोचन	आ.शु. 15	बड़ागणेश
दशावतार-झाँकी	-	-	-	-	आ.शु. 1	चित्रकूट

रामनगर की लीला

चौथी मुख्य रामलीला रामनगर की है। इस लीला को महाराज काशीनरेश का संरक्षण प्राप्त है। यह लीला कब से चल रही है, इसका निश्चित पता लगाना कठिन है। इसके प्रारम्भ के विषय में अनेक मत हैं। इनका आधार जनश्रुति ही है। कुछ लोग महाराज उदितनारायण सिंह को लीला का संस्थापक मानते हैं।[13] इनका राज्य-काल सन् 1795 से 1835 ई. तक था। कहा जाता है कि महाराजा अस्सी की रामलीला में नियमित रूप से जाया करते थे। लीला के दिनों में युवराज अस्वस्थ हुए। उनके बचने की आशा न थी। महाराज ने राम के स्वरूप से कुमार के स्वास्थ्य का आशीर्वाद माँगा। राम ने अपने गले की माला राजा को देकर राजकुमार को पहनाने का निर्देश किया। इससे राजकुमार सचमुच अच्छे हो गये। महाराज की श्रद्धा अपेक्षाकृत प्रगाढ़ हो गयी। उन्होंने अपने यहाँ भी लीला प्रारम्भ करायी। एक स्थान पर यह माना गया है कि महाराज उदितनारायण सिंह ने श्रद्धा और भक्ति के कारण अपने यहाँ रामलीला का श्रीगणेश कराया।[14]

'राम-कृष्ण लीलानुकरण सिद्धान्त' में लिखा है कि एक समय महाराज काशीनरेश निःसन्तान होने के कारण बड़े चिन्तित थे। एक दिन दुर्गा जी के दर्शन के पश्चात् महाराज महारानी के साथ संकटमोचन के दर्शन के लिए आये। वहाँ उनको एक प्रतिभावान् सन्त मिले। राजा ने बड़ी श्रद्धा से उन्हें अपने यहाँ आमन्त्रित किया। वे प्रसिद्ध रामायणी परमहंस रामप्रसाद दास जी थे। रात्रि में राजा ने अपना दुःख सुनाया। महात्मा बड़े प्रभावित हुए। उन्होंने राजा को एक वर्ष का अनुष्ठान करने का परामर्श दिया, साथ ही, भक्तों का चरणोदक पीने को कहा। उसके अतिरिक्त इतर जल पीने की मनाही की। राजा ने चरणोदक एकत्र करने का उपाय पूछा। परमहंस ने आश्विन में रामलीला कराने का परामर्श दिया और कहा कि उसमें आये हुए सन्तों का आदर-सत्कार करो। इस प्रकार उनका चरणोदक एकत्र करो। उसमें से दस बूँद पेय जल में मिलाकर रानी सहित तुम पान करो। राजा ने बड़ी धूम-धाम से लीला की तैयारी प्रारम्भ कर दी। समाचार पाकर भक्त-महात्मा आने लगे। लीला के अन्त में भण्डारा हुआ। राजा ने स्वयं उनका चरणामृत संचित किया। भगवान् की कृपा से राजा ईश्वरीनारायण सिंह का जन्म हुआ। उसी समय से प्रत्येक वर्ष लीला होती है।[15]

श्री उदयशंकर शास्त्री ने जनश्रुतियों के आधार पर रामनगर की रामलीला का प्रारम्भ काशी-राज्य की स्थापना के साथ ही माना है। काष्ठजिह्वा (देव) काशिराज के गुरु थे। उनके ग्रन्थ 1867 ई. के आस-पास महाराज ईश्वरीनारायण सिंह की आज्ञा से छपे थे। उनकी प्रेरणा से मानस की प्रसिद्ध तीन टीकाएँ 1. मानस परिचर्या, 2. मानस परिचर्या परिशिष्ट, 3. मानस परिचर्या परिशिष्ट प्रकाश लिखी गयीं। इसी समय वान्धवेश महाराज रघुराज सिंह जी भी प्रायः देवस्वामी के सत्संग निमित्त काशी आते थे। इन तीनों भक्तों के प्रेम की झाँकी इस लीला में मिलती है। महाराज रघुराज सिंह के कुछ कवित्त फुलवारी की लीला में प्रयुक्त होते हैं।[16]

भारतेन्दु जी लीला के बड़े भक्त थे। काशीनरेश ने काष्ठजिह्वा स्वामी तथा भारतेन्दु के परामर्श से रामलीला का पुनर्गठन किया। इसमें नाट्य-योजना भारतेन्दु जी ने की। इसी समय लीला के विभिन्न स्थान भी निर्धारित किये गये।

महाराज ईश्वरीनारायण सिंह के जन्म के बहुत पहले से ही रामनगर की रामलीला होती थी। रामनगर के वयोवृद्ध मनीषी स्वर्गीय चौधरी छुन्नी सिंह का मत है कि यह लीला छोटे मिर्जापुर में होती थी। राजा बलवन्त सिंह ने संवत् 1786 में रामनगर की नींव डाली। उसी समय से यह रामलीला रामनगर में लायी गयी। श्री भैरवप्रसाद मिश्र ने लिखा है[17] कि भोनू और विट्ठल साहु नामक दो भाई जनता की सहायता से यह लीला छोटे मिर्जापुर में करवाते थे। काशीनरेश भी उसमें सहयोग देते थे। वे विशेष लीला के दिन दर्शनार्थ जाते भी थे। एक वर्ष धनुष-यज्ञ की लीला में महाराज न पहुँच सके। देर होने के कारण महाराज की प्रतीक्षा न करके धनुष तोड़ दिया गया। इस समाचार से असन्तुष्ट हो महाराज रामनगर लौट आये। रानी ने उन्हें उदास देखकर कारण पूछा। सारी घटना सुनने के बाद रानी ने कहा कि बनिया होकर वे लीला कराते हैं और आप राजा होकर लीला नहीं करा सकते। रानी ने निवेदन किया कि आप रामनगर में ही लीला कराइये। इससे हमें भी कभी-कभी दर्शन का सौभाग्य प्राप्त होगा। दूसरे वर्ष से महाराज ने लीला प्रारम्भ करा दी। पता चलने पर भोनू और विट्ठल दोनों भाइयों ने क्षमा-याचना की और दण्डस्वरूप वे प्रचुर धन राशि देने को प्रस्तुत हुए पर महाराज ने उस पर ध्यान न दिया।

'अगले वर्ष जगन्नाथ यात्रा के समय मार्ग में ही भगवान् ने स्वप्न में कहा कि यात्रा स्थगित करके रामनगर में रामलीला कराओ। वहीं मैं दर्शन दूँगा। महाराज लौट आये और धूम-धाम से लीला होने लगी। इससे मिर्जापुर की लीला टूट गयी। चौधरी छुन्नी सिंह तथा श्री भैरवप्रसाद मिश्र के मत में साम्य है। दोनों ही व्यक्ति कहते हैं कि यह लीला मिर्जापुर में होती थी। कालान्तर में रामनगर में होने लगी। अतः यह लीला 225 वर्षों से अधिक पुरानी है।

रामनगर की लीला के चमत्कार

ऐसी जनश्रुति है कि एक बार उच्चकोटि के भक्त चित्रकूट गये थे। वहाँ भगवान् ने स्वप्न में कहा मैं आश्विन भर रामनगर में रहता हूँ। वे महात्मा लौटकर रामनगर आये और उन्हें दर्शन हुआ। इसकी लीला सम्बन्धी प्रसिद्धि सुनकर श्री अवध के महात्मा जानकीदास रामनगर आये।[18] वे सीधे पम्पा सरोवर चले गये। प्रतिदिन भगवान् राम के लिए मेवे चुनकर रखते थे। उन्हें विश्वास था कि भगवान् स्वयं वहाँ आयेंगे अथवा उन्हें बुला भेजेंगे। इस प्रकार वे निरन्तर प्रतीक्षा करते रहे। यहाँ तक कि पम्पासर की लीला में भी नहीं गये। सारी लीला समाप्त हो गयी। स्वरूपों की विदाई के दिन अन्तिम झाँकी के समय राम के विग्रह (स्वरूप) ने एक सवार द्वारा महात्मा को बुलवाया। महात्मा ने गद्गद होकर अपने मेवों का भोग लगाया। राम के विग्रह ने उनके गले में वह हार डाल दिया जो पूजनोपरान्त महाराज के गले में डाला जाता था। इससे बड़ी खलबली मची। पर उसी समय वैसा ही गजरा लेकर एक माली पहुँचा। राम ने वह माला महाराज को प्रसाद रूप में दी और कोई अव्यवस्था नहीं हुई।[19]

श्रीरामलीला, रामनगर, काशी का कार्यक्रम

1. भाद्र शुक्ल 14 : रावण का जन्म, दिग्विजय, क्षीरसागर की झाँकी, देवस्तुति, आकाशवाणी।
2. भाद्र शुक्ल 15 : श्रीअवध में शृंगीऋषिकृत यज्ञ, अद्भुत झाँकी, श्रीराम जी आदि का जन्म, विराट्-दर्शन, बाललीला, यज्ञोपवीत, मृगया।
3. आश्विन कृष्ण 1 : विश्वामित्रागमन, ताड़का-सुबाहु-वध, मारीच-निरसन, अहल्या तरण, गंगा-दर्शन, मिथिला-प्रवेश, श्री जनकमिलन।
4. आश्विन कृष्ण 2 : श्रीजनकपुर-प्रदर्शन, अष्ट-सखी-संवाद, फुलवारी।

5. आश्विन कृष्ण 3 : धनुष-यज्ञ, परशुराम-संवाद।
6. आश्विन कृष्ण 4 : श्रीअवध से बरात का प्रस्थान, जनकपुर में विवाह।
7. आश्विन कृष्ण 5 : जनकपुर से बरात की विदाई, अवध में परिछन तथा शयन की झाँकी।
8. आश्विन कृष्ण 6 : राज्याभिषेक-समारम्भ, कोप-भवन।
9. आश्विन कृष्ण 7 : वन-गमन, निषाद-मिलन, श्रीलक्ष्मणकृत गीता-उपदेश।
10. आश्विन कृष्ण 8 : गंगावतरण, भरद्वाज-समागम, यमुनावतरण, ग्रामवासी-मिलन, वाल्मीकि-समागम, चित्रकूट-निवास, सुमन्त्र का अयोध्यागमन, श्रीदशरथ।
11. आश्विन कृष्ण 9 : श्रीअवध में भरतागमन, सभा, श्री भरत का चित्रकूट-प्रयाण, निषाद-मिलन, गंगावतरण, भरद्वाज-आश्रम-निवास।
12. आश्विन कृष्ण 10 : भरत का यमुनावतरण, ग्रामवासी-मिलन, श्रीरामचन्द्र-दर्शन।
13. आश्विन कृष्ण 11 : वसिष्ठ-सभा, श्रीचित्रकूट में जनकागमन तथा सभा।
14. आश्विन कृष्ण 12 : भरत जी का चित्रकूट से विदा होकर अयोध्यागमन, नन्दीग्राम में निवास।
15. आश्विन कृष्ण 13 : जयन्त नेत्र भंग, अत्रि मुनि-मिलन, विराध-वध, इन्द्र दर्शन, शरभंग-सुतीक्ष्ण अगस्त्य-गृध्रराज-समागम, पंचवटी में निवास, गीता उपदेश।
16. आश्विन कृष्ण 14 : शूर्पणखा-नासिका-छेदन, खरदूषण-वध, श्रीजानकीहरण, रावण-गृध्रराज-युद्ध।
17. आश्विन कृष्ण 30 : श्रीजानकी-वियोग में श्रीरामकृत विलाप, जटायु की अन्त्येष्टि, शबरी-फल-भोजन, वन-वर्णन, पम्पासर-पर्यटन, नारद-हनुमान्-सुग्रीव-मिलन।
18. आश्विन शुक्ल 1 : बालि-वध, वर्षा-वर्णन, हनुमान् का लंका-प्रस्थान, सम्पाती-मिलन।
19. आश्विन शुक्ल 2 : हनुमान् का सिन्धुपार गमन, श्री जानकी-दर्शन, लंका-दहन, पुनः श्रीपदाम्बुज-समागम, समाचार-निवेदन।
20. आश्विन शुक्ल 3 : श्रीरघुवीर का सेना-सहित सिन्धु-तट-प्रयाण, विभीषण-मिलन, सेतु-निर्माण, शिव-स्थापन।
21. आश्विन शुक्ल 4 : श्रीराम जी का सेना सहित सिन्धु पार होना, सेना-वर्णन, सुबेल गिरि-विश्राम, अंगद-विस्तार।
22. आश्विन शुक्ल 5 : चारों फाटक की लड़ाई, लक्ष्मण पर शक्ति-प्रयोग तथा प्रतिकार।
23. आश्विन शुक्ल 6 : कुम्भकर्ण-युद्ध और वध, मेघनाद युद्ध, नागपाश तथा यज्ञ और वध।
24. आश्विन शुक्ल 7 : रावण-युद्ध।
25. आश्विन शुक्ल 8 : रावण-युद्ध और रणभूमि-अवलोकन।
26. आश्विन शुक्ल 9/10 : रावण का रण-क्षेत्र में मृत्यु-शय्या पर शयन, श्रीराम-विजय।
27. आश्विन शुक्ल 10 : विभीषण को राजतिलक, श्रीजानकी-मिलन, देवस्तुति।
28. आश्विन शुक्ल 11 : श्रीराम का अवध-प्रयाण, निषादाश्रम में निवास।
29. आश्विन शुक्ल 12 : श्रीराम-भरत-मिलाप।
30. आश्विन शुक्ल 13 : श्रीराम-राज्याभिषेक।
31. आश्विन शुक्ल 15 : श्रीराम-उपवन-विहार, सनकादिक-मिलन, पुरजनोपदेश।

सूचना—लीला का समय प्रतिदिन 5 बजे सायं से 9 बजे रात्रि तक है, केवल भरत-मिलाप 9 बजे रात्रि से 12 बजे रात्रि के भीतर होता है और श्रीरामराज्य की झाँकी सन्ध्या 5 बजे से प्रातःकाल तक रहती है।

अयोध्या

अयोध्या में रामलीला छह स्थानों पर होती है। इसमें प्रमुख राजद्वार की रामलीला मानी जाती है। काशी की ही भाँति अधिकांश लीलाएँ आश्विन मास में होती हैं। पर कुछ स्थानों में राम-विवाह की लीला मार्गशीर्ष मास में की जाती है। बड़े स्थान की रामलीला के अतिरिक्त अन्य सबका प्रारम्भ तुलसीदास के समय या उसके कुछ काल पश्चात् हुआ है। गोस्वामी जी प्रायः अयोध्या जाते थे। वे जिस स्थान पर रहा करते थे उसका नाम 'तुलसी चौरा' है। आजकल वहाँ एक ऊँचा चबूतरा है। उस पर तुलसीदास का मन्दिर है। इसमें उनकी संगमरमर की मूर्ति स्थापित है। अयोध्या निवासकाल में वे इस स्थान पर रामलीला का आयोजन करते थे। धीरे-धीरे प्रत्येक वर्ष यह लीला होने लगी। गोस्वामी जी द्वारा प्रारम्भ होने के कारण इस लीला का महत्त्व सर्वाधिक है। इसमें काशी की रामलीलाओं की प्रणाली अपनायी जाती रही है। रामायणी रामचरितमानस का सस्वर पाठ करते हैं। ढोल, झाँझ आदि वाद्य बजाये जाते हैं। घटनाओं के क्रिया-कलाप-अभिनय के समय रामायणी मौन हो जाते हैं। कहीं-कहीं व्यास घटना सम्बन्धी चौपाइयों का उच्च स्वर में लय के साथ पाठ करते हैं उसका अर्थ भी बतलाते हैं। उनकी शैली कथावाचक जैसी होती है। उसके पश्चात् नारद जी लीला की सूचना देते हैं। लीला करनेवाले राम, लक्ष्मण, सीता आदि स्वरूप अभिनय करते हैं। वे कथोपकथन को उच्च स्वर में बोलते हैं। इसे संवाद कहते हैं। इसकी भाषा अवधी है जिसमें कहीं-कहीं खड़ीबोली तथा व्रजी का पुट मिलता है। अयोध्या की लीलाएँ प्रायः इसी प्रणाली के अनुसार होती हैं।

1. राजद्वार की लीला

गोस्वामी जी द्वारा स्थापित 'तुलसी चौरा' की रामलीला की चर्चा पहले हो चुकी है। यही लीला अब राजद्वार की लीला कहलाती है। महाराज प्रतापनारायण सिंह जब अयोध्या की राजगद्दी पर बैठे तो उन्होंने राज्य की उन्नति के लिए अनेक कार्य किये। वे प्रजा में बड़े लोकप्रिय हो गये। वे भौतिक उन्नति के साथ ही अयोध्या की उन्नति पारलौकिक दृष्टि से भी करना चाहते थे। अतः उन्होंने गोस्वामी जी की रामलीला का संरक्षण अपने हाथ में लिया। उन्होंने इस लीला के प्रमुख घटना स्थलों का निर्धारण राज-सदन अथवा राजद्वार में किया। वन तथा आश्रम का दृश्य 'तुलसी चौरा' में ही होता रहा। लीलाओं की सूची तथा स्थान निम्नलिखित हैं—

	लीला	तिथि	स्थान
1.	वनवास की आज्ञा	आश्विन कृष्ण 9	राजद्वार
2.	गंगापार जाना (निषाद-मिलन)	आश्विन कृष्ण 11	दन्तधावन कुण्ड
3.	चित्रकूट	आश्विन कृष्ण 12	राज-सदन तुलसी चौरा
4.	जयन्त-वध	आश्विन कृष्ण 13	राजद्वार
5.	नककटैया	आश्विन कृष्ण 14	राजद्वार
6.	जानकी-पावक-प्रवेश	आश्विन कृष्ण 30	राजद्वार
7.	सीता-हरण	आश्विन शुक्ल 1	राजद्वार
8.	सुग्रीव-मिताई	आश्विन शुक्ल 1	राजद्वार
9.	बालि-वध	आश्विन शुक्ल 2	राजद्वार
10.	लंका-दहन	आश्विन शुक्ल 3	राजद्वार
11.	सेतुबन्ध	आश्विन शुक्ल 4	राज-सदन
12.	लक्ष्मण-शक्ति	आश्विन शुक्ल 5	राजद्वार

13.	कुम्भकर्ण-वध	आश्विन शुक्ल 6	राजद्वार
14.	मेघनाद-वध तथा सुलोचना सती	आश्विन शुक्ल 7	राजद्वार
15.	अहिरावण-वध	आश्विन शुक्ल 8	राजद्वार
16.	राम-रावण-युद्ध	आश्विन शुक्ल 9	राजद्वार
17.	रावण-वध	आश्विन शुक्ल 10	राजद्वार
18.	भरत-मिलापा	आश्विन शुक्ल 11	राजद्वार
19.	राजगद्दी	आश्विन शुक्ल 12	राज-सदन

विशेषताएँ

क. लक्ष्मण शक्ति की लीला के दिन पहले हनुमान् का अभिनय करनेवाला व्यक्ति पहाड़ लाता था। पहाड़ ईंट, पत्थर, झाँवाँ आदि से बनाया जाता था। लगभग 40-45 वर्ष पहले एक बार वह पहाड़ गिर पड़ा और जोखनदास नामक भक्त घायल हो गये। तब से यह प्रणाली बन्द कर दी गयी। अब कागज का पहाड़ बनाया जाता है। हनुमान् भी बाँस की खपच्चियों तथा कागज के बनाये जाते हैं। इनकी लम्बाई प्रायः 9-10 फुट होती है। तार के द्वारा पहाड़ ऊपर चढ़ा दिया जाता है। हनुमान् को भी उसी तार द्वारा पर्वत के पास पहुँचा दिया जाता है। फिर वे पहाड़ लेकर तार के सहारे धीरे-धीरे उतरते हैं। तार इतनी कुशलता से प्रयुक्त होता है कि दर्शक यह दृश्य देखकर चकित हो जाते हैं।

ख. लंकादहन—इस दिन भी उच्चकोटि की कला का प्रदर्शन होता है। पहले एक तार बाँध दिया जाता है। तदनन्तर एक चर्खी लगायी जाती है। चर्खी ज्यों-ज्यों चलायी जाती है, हनुमान् तार पर चढ़ते जाते हैं और उलटी घुमाने पर नीचे उतरते हैं। नवागन्तुक व्यक्ति के लिए यह दृश्य इन्द्रजाल प्रतीत होता है।

ग. राजगद्दी की लीला—सन् 1937 से इस दिन बहुत बड़ा जुलूस राजद्वार से निकलता है। पुष्पक विमान पर राम, सीता, लक्ष्मण, भरत, शत्रुघ्न तथा हनुमान् विराजमान रहते हैं। सजावट उच्चकोटि की होती है। अन्य विमानों पर देवता, अंगद, सुग्रीव आदि भी आसीन रहते हैं। यह जुलूस सरयू तक जाता है। वहाँ से लौटकर राजद्वार पर समाप्त हो जाता है।

2. बड़े स्थान की रामलीला

पहले यहाँ सम्पूर्ण रामलीला की जाती थी। वह वाल्मीकीय रामायण के आधार पर होती थी। बालकाण्ड का संवाद संस्कृत में होता था। मनुस्मृति के श्लोक भी संवाद में प्रयुक्त होते थे।[20] इससे सिद्ध होता है कि यह रामलीला गोस्वामी जी के पहले से ही परम्परागत चली आ रही थी। जब से 'तुलसी चौरा' की रामलीला का संरक्षण अयोध्यानरेश ने अपने हाथ में लिया तब से उसका महत्त्व दिन-प्रतिदिन बढ़ता गया। इसका प्रभाव अन्य लीलाओं पर पड़ा। पारस्परिक फूट के कारण भी इस लीला का ह्रास हुआ। अब यहाँ अगहन मास में राम-विवाह की लीला के रूप में परम्परा का पालन होता है। इस लीला में राम की वर-यात्रा (बरात) बड़ी धूम-धाम से निकलती है। इसमें हाथी, घोड़े, ऊँट, विमान, वाद्य आदि रहते हैं। सजावट भारतीय ढंग पर की जाती है। मुसलिम प्रभाव कहीं परिलक्षित नहीं होता। बरात आस-पास के स्थानों में भ्रमण करती हुई बड़े स्थान पर आती है। वहाँ उसका स्वागत-सत्कार होता है। तदनन्तर विवाह की लीला शास्त्रोक्त मन्त्रों के द्वारा होती है। इसमें अनेक लौकिक परम्पराओं का भी पालन किया जाता है। विवाह के पश्चात् दूल्हा और दुलहिन जुआ खेलते हैं। बड़हार, खिचड़ी, गौना आदि की लीलाएँ भी होती हैं। विवाह के अवसर पर गाली के गीत गाये जाते हैं। उपयुक्त मांगलिक गीत भी होते हैं। श्री अभिरामदास जी के पास संवाद की एक पुरानी पुस्तिका है। इस समय इसी के अनुसार संवाद होता है।

उदाहरण—

'सपने होइ भिखारि नृप रंक नाकपति होइ।
जागे लाभ न हानि कछु.... ।'

संवाद—हे भाई! ऐसा विचारि करि कै। किसी को दोष न देना चाहिए मोह रूपी रात्री में सोनेवाले अनेकों प्रकार के स्वप्न देखते हैं। इस संसार रूपी रात्री में योगी लोग जागते हैं जो परमारथी इस संसार से न्यारे हैं। हे भाई! इस जीवन को जागे हुए तभी जानना चाहिए जब सब विषयों को छोड़कर विवेक प्राप्त होय। तब भ्रम भागि जाता है। तभी श्री सीताराम जी के चरणों में प्रेम होता है। हे सखा! परमार्थ तो यही है कि मन, वचन, कर्म से श्रीराम जी में प्रीति करे। हे भाई! श्रीराम जी तो परब्रह्म परमार्थ के रूप में हैं जिसको वेद-पुराण नेति-नेति कर गान करते हैं और सकल विकार से रहित हैं।

3. पत्थरवाले मन्दिर की रामलीला

पं. दामोदर जी अयोध्या के सुप्रसिद्ध व्यास थे। वे रामलीला देखने के लिए काशी आया करते थे। कुछ वर्षों के बाद उन्होंने इसी मन्दिर में रामलीला प्रारम्भ की। उन्होंने दस-पाँच आदमियों को एकत्र करके लीला प्रारम्भ कर दी। उस समय पुष्पों का मुकुट तथा साधारण पोशाक पहनाकर लीला हुई। धीरे-धीरे उनकी मण्डली का संघटन दृढ़ हुआ। एक बार उनकी मण्डली तीर्थ-यात्रा को निकली। जिन स्थानों पर रामचन्द्र गये थे उन स्थानों पर वह मण्डली भी गयी। तत्सम्बन्धी चरित की लीला वहीं हुई। इस प्रकार रामचरित सम्बन्धी सब स्थानों पर लीला करते हुए ये लोग रामेश्वर पहुँचे। वहाँ मूर्तियों की स्थापना की और अयोध्या लौट आये। उनके इस अभूतपूर्व प्रयास से लीला का प्रभाव बढ़ा। उनके परामर्श से यहाँ की रामलीला प्रत्येक वर्ष धूम-धाम से होने लगी। यहाँ की प्रणाली काशी के आदर्श पर निर्धारित है। लीला राम-वन-गमन से प्रारम्भ होकर रावण-वध तक होती है। एकादशी को भरत-मिलाप होता है। राजगद्दी की लीला के पश्चात् उसी दिन पूर्णाहुति होती है।

4. हनुमत् निवास की रामलीला

पहले श्री मुरारदास जी नामक भक्त के यहाँ केवल विवाह की लीला होती थी। श्री वैष्णवदास ठाकुरदास इस लीला को हनुमत् निवास में ले आये। अब इसमें राम-वन-गमन से प्रारम्भ होकर रावण-वध, भरत-मिलाप तथा राजगद्दी की लीलाएँ होती हैं। इस लीला में प्रायः साधु और वैरागियों का अधिक सहयोग रहता है। रामचरितमानस के पाठ की प्रणाली रामनगर (काशी) की भाँति है। संवाद भी उसी प्रकार होते हैं। रामलीला के पूर्व तथा पश्चात् नाम संकीर्त्तन की धूम रहती है।

5. लक्ष्मण किला की रामलीला

यह लीला लगभग 250 वर्ष पहले से होती आ रही है। पहले स्थानीय पण्डे सरयू के किनारे यह लीला करते थे। सन् 1900 के आस-पास श्री राजाराम नामक भक्त इस लीला को लक्ष्मण किला में ले आये। इस समय स्थानीय महन्त जी के संरक्षण में यह लीला बड़े धूम-धाम से होती है। इस लीला में अन्य लीलाओं की प्रणाली अपनायी जाती है। रामचरितमानस का पाठ मण्डली द्वारा होता है। कार्य-कलाप या संवाद के समय रामायणी मौन हो जाते हैं। संवाद का ढंग तथा भाषा आदि अन्य लीलाओं के समान है।

6. कनक भवन की रामलीला

यहाँ राम-विवाह, कलेवा, गौना आदि की लीलाएँ होती हैं। राम-विवाह की लीला अगहन सुदी 5 को होती है। अगहन सुदी 6 तथा 7 को क्रमशः कलेवा और खिचड़ी की लीलाएँ होती हैं। अगहन मास की पूर्णिमा को गौना की लीला होती है। प्रत्येक मास की शुक्ल पंचमी को विवाह-लीला की जाती है।

अगहन सुदी 5 की लीला के दिन विवाहोत्सव बड़े धूम-धाम से होता है। उस दिन फैजाबाद के साहबगंज मुहल्ले से वृहद् जुलूस निकलता है। यह अयोध्या कनक भवन तक आता है। जुलूस में हाथी, घोड़े, ऊँट, वाद्य तथा अनेक विमान होते हैं। रामचन्द्र वर रूप में रहते हैं। यह स्थान राम की मधुर उपासना का मुख्य स्थल है। इसलिए यहाँ की रामलीला रासलीला प्रणाली द्वारा होती है। कृष्ण के समान राम का शृंगारपरक रूप रखा जाता है। नृत्य, संगीत तथा वाद्यों की प्रधानता रहती है। विवाह की लीला शास्त्रोक्त मन्त्रों द्वारा होती है। कलेवा तथा खिचड़ी में लौकिक परम्पराओं का अनुकरण होता है। विवाह के समय अवधी के मांगलिक गीत गाये जाते हैं। प्रथानुसार गालियाँ भी गायी जाती हैं। वृहद् कोसल खण्ड के अनुसार राम की रासलीलाओं का अभिनय भी यदा-कदा हो जाता है। इसके अतिरिक्त दिव्य-कला-कुंज, जानकी-वर-विहार-कुंज, रामवल्लभ-कुंज आदि माधुर्य-भाव उपासना केन्द्र में कभी-कभी लीलाएँ होती हैं। पर वे सब शृंगारपरक भावनाओं से ओत-प्रोत रहती हैं।

अयोध्या के वयोवृद्ध भक्त पं. भगवद्दास मिश्र ने रामलीला के सम्बन्ध में अपना अनुमान यह बतलाया कि राम के अयोध्या लौटने पर अभूतपूर्व सजावट, उत्सव, संगीत आदि हुए। उसी अवसर पर राम के चरित्र के महत्त्वपूर्ण अंग अभिनीत हुए होंगे। वाल्मीकीय रामायण के अनुसार उस समय अयोध्या में नाट्य-कला की बहुत उन्नति थी। अभिनेताओं के संघ बन चुके थे।[21] अतः राम के चरित्र का अभिनय अवश्य हुआ होगा। जातीय गौरव को स्मरण रखने तथा उत्साहवर्द्धन के लिए प्रत्येक वर्ष यह अभिनय होता रहा। कालान्तर में राम ने जब अवतार का रूप धारण कर लिया तो वही अभिनय भगवान् की लीला के रूप में ग्रहण की गयी। यही परम्परा आज तक अक्षुण्ण है।

फैजाबाद

अयोध्या से लगभग 5 मील दूर फैजाबाद उसी का उपनगर है। मुसलिम शासन में इस नगर की विशेष उन्नति हुई। आज भी यह नगर प्राचीन वैभव का साक्षी है। यहाँ मुसलिम संस्कृति का प्रभाव विशेष दिखलायी पड़ता है। पर भारतीय संस्कृति की जड़ इतनी सुदृढ़ है कि वह अक्षुण्ण बनी रहती है। यहाँ पर रामचरित का प्रभाव अयोध्या से किसी प्रकार कम नहीं दिखलायी पड़ता। एक प्रकार से अयोध्या की शृंखला की यह बिखरी हुई कड़ी है। यहाँ पर भी रामलीला का उपक्रम बड़े उत्साह तथा धूम-धाम से होता है। यहाँ की तीन रामलीलाएँ सुप्रसिद्ध हैं—1. फतहगंज की रामलीला, 2. बजाजा की रामलीला, 3. साहबगंज की रामलीला।

इन लीलाओं का समय भी अयोध्या की भाँति क्वार की अमावस्या से शुक्ल पक्ष की द्वादशी तक है। काशी तथा अयोध्या की परम्परा के अनुसार यहाँ रामायण-मण्डली होती है। रामायणी झाँझ-ढोलक पर रामायण गाते हैं। अभिनय योग्य स्थान तक पाठ करने के पश्चात् वे चुप हो जाते हैं। इसके अनन्तर अभिनेता, कार्य-कलाप का अभिनय करते हैं। वे यथावसर कथोपकथन करते हैं, जिसे संवाद कहते हैं। आश्विन कृष्ण 14 को गणेश-पूजन तथा रामनगर काशी की भाँति रावण-जन्म की आकाशवाणी होती है। इसके पश्चात् दूसरे दिन से राम-वन-गमन की लीला प्रारम्भ होती है। विजयादशमी का उत्सव क्वार शुक्ल 10 को रावण-वध के पश्चात् होता है। यहाँ की लीलाओं का कार्यक्रम निम्नलिखित रहता है—

क्वार कृष्ण 14 : गणेश-पूजन तथा आकाशवाणी।

क्वार कृष्ण 15 : राम-वन-यात्रा।

क्वार शुक्ल 1 : भरत शोक तथा भरत मनावन।

क्वार शुक्ल 2 : इन्द्रपुत्र-मान भंग।

क्वार शुक्ल 3 : सीताहरण।
क्वार शुक्ल 4 : बालि-वध।
क्वार शुक्ल 5 : लंका-दहन।
क्वार शुक्ल 6 : सेतु-बन्ध तथा अंगद-रावण-संवाद।
क्वार शुक्ल 7 : लक्ष्मण-शक्ति तथा पहाड़ उतारना।
क्वार शुक्ल 8 : कुम्भकरण-वध।
क्वार शुक्ल 9 : मेघनाद-वध तथा सती सुलोचना।
क्वार शुक्ल 10 : रावण-वध, विजयादशमी तथा बरात निकलना।
क्वार शुक्ल 11 : भरत-मिलाप तथा चौक बरात का स्वागत।
क्वार शुक्ल 12 : राम तिलकोत्सव, राजगद्दी, बाजार की सजावट।

विजयादशमी के दो दिन पूर्व से ही जुलूसों का क्रम प्रारम्भ होता है। क्वार शुक्ल 8 को फतहगंज का जुलूस निकलता है। दूसरे दिन बजाजा का जुलूस निकलता है। तीसरे दिन विजया दशमी को साहबगंज का जुलूस निकलता है। बजाजा का जुलूस बड़ा सुसज्जित होता है। विजया दशमी को तीनों रामलीलाओं का जुलूस एक-साथ मिल जाता है। इस दिन की सजावट, प्रकाश तथा शोभा अपूर्व होती है। इन जुलूसों में आगे विमान रखे जाते हैं। इनके पीछे भजनीकों की गाड़ियाँ रहती हैं। जिस प्रकार आर्यसमाज के नगर-कीर्त्तन में भजनीक गाड़ियों पर भजन गाते तथा उपदेश देते चलते हैं उसी प्रकार उक्त जुलूसों में भी। यह फैजाबाद की रामलीला की अपनी विशेषता है। इस प्रकार की भजनीक मण्डली कहीं भी रामलीला के जुलूस में नहीं दिखलायी पड़ती। इनके अनन्तर रामलीला के स्वरूप (मूर्तियाँ) मोटर बग्घी आदि सवारियों पर रहते हैं।

एकादशी को घण्टाघर के पास भरत-मिलाप होता है। द्वादशी के दिन राजगद्दी की लीला होती है। इस दिन साहबगंज से जुलूस निकलता है। यहाँ की रामलीलाओं के पुनरुद्धार में आर्यसमाज के नेता श्री केदारनाथ आर्य का प्रमुख हाथ था। सम्भवतः इन्हीं के कारण जुलूस पर आर्यसमाज के नगर कीर्त्तन का प्रभाव पड़ा। दशहरे के पश्चात् प्रायः आठ दिन तक धार्मिक नाटक खेले जाते हैं।

चित्रकूट

चित्रकूट राम की लीला-भूमि रही है। भक्त यहाँ पहुँचकर भगवान् के सामीप्य का अनुभव करते हैं। जनश्रुति है कि गोस्वामी तुलसीदास को यहाँ भगवान् के साक्षात् दर्शन मिले थे। गोस्वामी जी इस तीर्थ की यात्रा प्रायः किया करते थे। उन्होंने यहाँ भी रामलीला का सम्यक् आयोजन किया। यहाँ के सुप्रसिद्ध महात्मा गूदरदास के स्थान पर पहले रामलीला बड़े धूम-धाम से एक मास तक होती थी। कालान्तर में गद्दी की आर्थिक अवस्था गिरने के कारण लीला-अवधि कम कर दी गयी। आजकल यहाँ आश्विन शुक्ल प्रतिपदा से द्वादशी तक लीला होती है। रामायण-मण्डली काशी की रामलीलाओं की भाँति रामचरितमानस का गान करती है। उपयुक्त अवसर पर मानस गान बन्द हो जाता है तथा 'स्वरूप' अभिनय करते हैं।

यहाँ अभिनय की विशिष्ट प्रणाली प्रयुक्त होती है। लीला के स्वरूप कायिक अभिनय तो करते हैं पर वाचिक बिलकुल नहीं। यह मूक अभिनय कलापूर्ण तथा दर्शनीय होता है। विशेष प्रणाली की इस लीला को भी भक्त बड़ी श्रद्धा तथा भक्ति से अवलोकन करते हैं। स्वरूपों के शृंगार में सादगी रहती है। लीला का कार्यक्रम दिन में 5 से 6 बजे तक चलता है। विजयादशमी के दिन लीला का आयोजन गद्दी के बाहर होता है। उस दिन रावण का पुतला जलाया जाता है। दूसरे दिन भरत-मिलाप होता है। तत्पश्चात् शोभा-यात्रा निकलती है। द्वादशी को राम-राज्याभिषेक की लीला सम्पन्न होती है। उक्त

विवरण से स्पष्ट है कि काशी की रामलीला प्रणाली को चित्रकूट ने बड़े उत्साह से ग्रहण किया। काशी के बाहर केवल इसी स्थान पर एक मास तक लीला होने का पता चलता है। यहाँ रामचरितमानस का गान भी काशी की प्रणाली के अनुरूप होता है, पर मूक अभिनय के रूप में चित्रकूट की विशेषता अक्षुण्ण बनी हुई है।

प्रयाग

प्रयाग जाते समय भरद्वाज ऋषि का आश्रम पड़ता है। इस आश्रम पर अत्यन्त प्राचीनकाल से रामलीला का प्रदर्शन होता रहा है। पर गोस्वामी तुलसीदास जी ने जिस प्रकार राम से सम्बन्धित तीर्थ स्थानों को रामलीला आन्दोलन के क्षेत्र के रूप में चुना उसी प्रकार उत्तरी भारत के प्रमुख क्षेत्रों को भी। उनके प्रभाव से तीर्थराज प्रयाग के भरद्वाज-आश्रम की लीला[22] में वाल्मीकि रामायण के स्थान पर रामचरितमानस को लीला का आधार ग्रन्थ चुना गया। वहाँ की लीला काशी की प्रणाली द्वारा होने लगी। आज भी इसी ढंग तथा साज-सज्जा से यहाँ की रामलीला आदर्श पिपासु भक्तजनों का चितरंजन करती है।

इसके अतिरिक्त प्रयाग नगर में छह स्थानों में रामलीला होती है। इन लीलाओं में प्रधान हैं—पजावा, पथरचट्टी तथा कटरा की रामलीलाएँ।

पजावा की रामलीला

शताधिक वर्ष पूर्व प्रयाग में सुप्रसिद्ध महात्मा हाथीराम हो गये हैं। वे विजयादशमी को शाहगंज के हनुमान् मन्दिर से राम और लक्ष्मण के स्वरूप को कन्धे पर बैठाकर पजावा के मैदान में ले जाते थे। वे वहाँ केवल रावण-वध की रामलीला का प्रदर्शन कराते थे। रावण-वध के अनन्तर कुछ घास-फूस इकट्ठा करके कागज के बने रावण को जलवा देते थे। इसके अनन्तर वे पुनः राम-लक्ष्मण को अपने कन्धों पर बैठाकर उक्त मन्दिर तक ले आते थे। उनके परलोक-गमन के पश्चात् कोई ऐसा शक्तिशाली व्यक्ति न मिल सका जो इस कार्य को बाबा जी के समान कर सकता। इस कारण बड़ी कठिनाई उपस्थित हो गयी पर कुछ श्रद्धालुओं के मानस में सद्भावना का उदय हुआ। उन्होंने उस परम्परा का पालन करने का दृढ़ संकल्प किया। शक्तिशाली व्यक्ति के अभाव में उन्होंने राम-लक्ष्मण को चौकी पर बैठाकर ले जाना प्रारम्भ किया। रावण-वध तथा उसके दाह-संस्कार के पश्चात् वे उसी प्रकार उन्हें चौकी पर बैठाकर वापस लाने लगे। यह क्रम लगभग पचास या साठ वर्षों तक चलता रहा। कालान्तर में कतिपय भक्त जनों के मन में सम्पूर्ण रामलीला के प्रदर्शन की भावना उद्भूत हुई। समय की प्रगति के साथ-साथ उत्साह में वृद्धि होने लगी। शनैः-शनैः आश्विन सुदी प्रतिपदा से विजयादशमी तक रामचरित की मुख्य-मुख्य घटनाओं का प्रदर्शन होने लगा। विजयादशमी को नगर में दीपावली होने लगी। झाड़-फानूस से मार्ग को सजाया जाने लगा। इस कार्य में अपेक्षाकृत अधिक समय की आवश्यकता पड़ने लगी। अतः प्रयाग के सुप्रसिद्ध रईस बच्चा बाबू के यहाँ स्वरूपों के स्वागत की व्यवस्था की गयी जिससे प्रकाश-व्यवस्था के लिए अधिक समय मिल सके। उनके अनुगमन पर अन्य प्रतिष्ठित व्यक्तियों ने लीला के स्वरूपों का स्वागत करने में अपना गौरव समझा। यह लीला आजकल भी बड़े उत्साह से होती है। इस लीला में खत्री जाति के व्यक्तियों का योगदान विशेष रूप में प्राप्त होता है।

पथरचट्टी की रामलीला

इसका प्रारम्भ भी पजावा की रामलीला के प्रारम्भ होने के आस-पास माना जाता है। पहले यहाँ भी केवल रावण-वध की रामलीला होती थी। इससे अनुमान किया जाता है कि पजावा की रामलीला से ही यहाँ की रामलीला को प्रेरणा मिली। वहाँ की भाँति रामलीला के स्वरूपों को चौकी पर बैठाकर निकाला

जाता था। पजावा की रामलीला की प्रतिस्पर्द्धा की भावना से इस स्थान की लीला में सजावट तथा प्रकाश की दृष्टि से उत्तरोत्तर उन्नति होती गयी। यह स्पर्द्धा केवल साज-सज्जा तक ही परिमित न रही अपितु लीला का क्षेत्र-विस्तार भी हुआ। अतः पूर्व कथित लीला की भाँति यहाँ भी आश्विन की प्रतिपदा से विजयादशमी तक रामचरित की प्रमुख घटनाओं का प्रदर्शन होने लगा। इनके अतिरिक्त दारागंज तथा सिविल लाइन्स की रामलीलाओं का भी महत्त्वपूर्ण स्थान है।

रामदल

प्रयाग में निकलनेवाले 'रामदल' के जुलूस अपनी अलग विशेषता रखते हैं। ये 'रामदल' प्रत्येक मुख्य रामलीला के निकलते हैं। इनके लिए दिन निश्चित कर दिये गये हैं। इस व्यवस्था के अन्तर्गत नयी रामलीला के 'रामदल' की तिथि पहले रखी जाती है। क्रम इस प्रकार हैं—

	रामलीला का नाम	**तिथि**
1.	सिविल लाइन्स की लीला	आश्विन शुक्ल षष्ठी
2.	दारागंज की लीला	आश्विन शुक्ल सप्तमी
3.	कटरा की लीला	आश्विन शुक्ल अष्टमी
4.	पजावा की लीला	आश्विन शुक्ल नवमी
5.	पजावा तथा पथरचट्टी की रामलीलाएँ	आश्विन शुक्ल दशमी

प्रयाग के हिन्दू-मुसलिम दंगे के कारण एक वर्ष पथरचट्टी का 'रामदल' नहीं निकाला जा सका। अतः पजावा का 'रामदल' दो दिन निकलने लगा जिससे विजयादशमी तक के क्रम में व्यवधान उपस्थित न हो।

'रामदल' की रूपरेखा

जिस प्रकार काशी की रामलीलाओं में 'नककटैया' का जुलूस निकलता है उसी प्रकार प्रयाग में उक्त दिवसों को लीला के पश्चात् 'रामदल' का जुलूस निकाला जाता है। काशी की नककटैया के जुलूसों में खर-दूषण, शूर्पणखा तथा अन्य राक्षस रहते हैं। बड़े-बड़े विमान होते हैं जिन पर 'लाग' निकाले जाते हैं। पर प्रयाग के रामदल में जो विमान होते हैं उनको 'चौकियाँ' कहते हैं। उन चौकियों पर रामायण तथा महाभारत की घटनाओं का प्रदर्शन पात्रों द्वारा किया जाता है। पात्र किसी प्रकार का अभिनय नहीं करते। कृष्ण के जीवन सम्बन्धी घटनाओं तथा देवताओं के जीवन को साकार रूप दिया जाता है। घटना का केवल दृश्य उपस्थित किया जाता है। चौकियों पर ध्रुव, प्रह्लाद, मोरध्वज, भर्तृहरि आदि के जीवन दृश्य उपस्थित किये जाते हैं। जन-मानस की चेतना के इन प्रतीकों में राजनीतिक तथा सामाजिक, पारिवारिक दृश्य भी उपस्थित किये जाते हैं जो जन-मानस को आन्दोलित कर उसे सुमार्ग पर अग्रसर होने की प्रेरणा देते हैं। स्थान-स्थान पर बड़े ऊँचे फाटक बनाये जाते हैं। मार्ग को यथासम्भव अधिक सजाने की चेष्टा की जाती है। प्रकाश पुंज तो मार्ग को दिवस के समान आलोकित कर देता है। विभिन्न रामलीलाओं के व्यवस्थापक एक-दूसरे के रामदल, सजावट तथा प्रकाश से बढ़कर प्रबन्ध करने में एड़ी-चोटी का पसीना लगा देते हैं। इन जुलूसों में राम-लक्ष्मण हाथी पर रहते हैं। उनके पीछे सीता जी विमान पर रहती हैं। रावण-वध के पश्चात् विजयादशमी के रामदल में वे भी हाथी पर बिठा दी जाती हैं।

यहाँ की रामलीलाएँ प्रायः एक निश्चित स्थान पर होती हैं। काशी की भाँति दृश्य-परिवर्तन के साथ स्थान-परिवर्तन नहीं होता। प्रायः रंगमंच या चौकी के आस-पास कभी किसी घटना का प्रदर्शन कर दिया जाता है। जैसे—सम के नदी पार करने के समय सिंहासन से उठकर राम, लक्ष्मण और सीता मैदान में आ जाते हैं। उन्हें कपड़े से घेर देते हैं और उसी को नाव कल्पित कर लेते हैं। डण्डे से नाव खेने का अभिनय करते हैं।

लखनऊ

लखनऊ उत्तर प्रदेश की राजधानी है। यहाँ आश्विन में रामलीला की धूम रहती है। सारा नगर राममय हो जाता है। लखनऊ नगर में पचीसों स्थान पर रामलीलाएँ होती हैं। इनमें हजारा चौक, रानीगंज, सदर बाजार तथा हजरतगंज की रामलीलाएँ प्रमुख हैं। यहाँ की लीलाओं के तीन रूप मिलते हैं। पहला रंगमंचीय रूप, दूसरा धार्मिक रूप तथा तीसरा नौटंकी का रूप। इनमें प्रधान है रंगमंचीय रूप। इसके लिए बड़े भव्य रंगमंच बनाये जाते हैं। आकर्षक परदों की व्यवस्था होती है। रामचरितमानस के आधार पर इस लीला का आयोजन होता है। पर कथोपकथन की भाषा तथा शैली धार्मिक लीलाओं से भिन्न रहती है। भाषा पर उर्दू का प्रभाव है। संवाद की शैली में 'दरबारी' रंगत दिखलायी पड़ती है। आधुनिक शैली के गीत गाये जाते हैं। इनमें गजल, ठुमरी, दादरा, शेर आदि सभी रहते हैं। अभिनय को अधिकाधिक सफल बनाने का प्रयत्न किया जाता है। कहीं-कहीं विजयादशमी से लीला आरम्भ की जाती है। दीपावली को भरत-मिलाप तथा राजगद्दी की लीलाएँ की जाती हैं। राम-विवाह तथा भरत-मिलाप के दिन सभी क्षेत्रों में शोभा-यात्राएँ निकलती हैं जिनमें चौकियाँ तथा विमान सजाये जाते हैं। स्पर्द्धा की भावना से उन्हें अधिक-से-अधिक मनोहर रूप देने का प्रयत्न होता है। राजगद्दी तथा अन्य दरबारी लीला में नृत्य के लिए उच्चकोटि के कलाकारों को आमन्त्रित किया जाता है। रंगमंचीय लीलाओं, संगीत, नृत्य, अभिनय आदि कलात्मक तथा परिष्कृत होते हैं।

रामलीला का दूसरा रूप विशुद्ध धार्मिक है। इसमें तड़क-भड़क या साज-सज्जा को विशेष महत्त्व नहीं दिया जाता। यह लीला बड़े सादे ढंग से होती है। यह चौकियों के रंगमंच पर होती है। स्थान की सुविधा रहने पर स्थान-परिवर्तन भी कर लिया जाता है। इसमें काशी की रामलीलाओं की भाँति 'मानस' का पाठ करके उसके आधार पर अभिनय तथा तत्सम्बन्धी संवाद प्रस्तुत किये जाते हैं। यह क्रम बराबर चलता रहता है। संवाद में 'मानस' की चौपाइयों के सारांश के साथ यथावसर भजन तथा लोकगीतों की भी व्यवस्था रहती है।

रामलीला का तीसरा स्वरूप नौटंकी है। यह किसी निर्धारित समय या पर्व पर नहीं होता अपितु जनता इच्छानुसार इसके प्रदर्शन की व्यवस्था करती है। इसमें लौकिकता अत्यधिक रहती है। पद्यबद्ध संवाद के द्वारा कथानक का रूप उपस्थित किया जाता है। आधुनिक ढंग के गानों की भरमार रहती है। इसका उद्देश्य विशुद्ध मनोरंजन की भावना है। अतः इसमें शृंगारिकता का भी समावेश कर दिया जाता है। धर्मालु व्यक्ति लीला के इस रूप को उपक्षा की दृष्टि से ही नहीं देखते अपितु इसको निन्दनीय भी मानते हैं।

आगरा, अलीगढ़ तथा हाथरस

इन स्थानों में रामलीला आश्विन के महीने में होती है। वहाँ व्यास दो होते हैं। पहला रामचरितमानस का सस्वर पाठ करता है। निश्चित स्थान पर वह मौन हो जाता है। दूसरा व्यास उतने अंश का अर्थ कहता है। अभिनेय अंश जहाँ आता है वहाँ लीला के स्वरूप अभिनय करते हैं अन्यथा वे चुपचाप बैठे रहते हैं। नगर-क्षेत्र में ध्वनि-विस्तारक यन्त्र का प्रयोग करते हैं। ग्रामीण क्षेत्र या कस्बों में पण्डितों तथा स्वरूपों को अपनी वाणी तथा स्वर का ही भरोसा रहता है। राम-विवाह के दिन वर-यात्रा निकलती है। धनी-मानी व्यक्ति बरात आमन्त्रित करते हैं तथा जनक की भाँति स्वागत करते हैं। इस कार्य में सहस्रों रुपये व्यय होते हैं। स्थान-स्थान पर जनता द्वारा बरात का स्वागत होता है। उत्सव में सम्मिलित होनेवाले व्यक्तियों का सम्मान तो होता ही है, दर्शकों का स्वागत जलपान आदि द्वारा किया जाता है। वर की शोभा-यात्रा का कार्यक्रम बहुत लम्बा होता है। दिन के तीन बजे से लेकर रात्रि में तीन-चार बजे तक सारे नगर में धूम मच जाती है।

मथुरा तथा आस-पास

मथुरा तथा निकटवर्ती स्थान (दाउ जी के आस-पास) रामलीला ज्येष्ठ मास में होती है। व्यास रामायण का पाठ करते रहते हैं। दूसरी ओर सम्बद्ध स्वरूप अभिनय करते रहते हैं। लीला बड़े अहाते या घेरे के अन्दर होती है। व्यास स्थिर नहीं रहते। वे घूम-घूमकर उच्च स्वर से रामचरितमानस का पाठ करते हैं। रामचरितमानस के पाठ तथा स्वरूपों के अभिनय में एकरूपता स्थापित करने की चेष्टा की जाती है। एक अन्य पण्डित जो रंगमंच के पास रहते हैं मुख्य घटनाओं के अभिनीत होने की सूचना वैसे देते हैं जैसे रासलीला में दी जाती है। सभी लीलाएँ चौकी द्वारा बने रंगमंच पर की जाती हैं। शहर में ध्वनि-विस्तारक यन्त्र लगाते हैं पर ग्रामों में यथाशक्ति जोर से बोलने की चेष्टा की जाती है। संवाद बहुत कम होते हैं। संवाद की भाषा पर व्रज का प्रभाव है। राम की बरात के दिन कुछ विशेष धूम-धाम होती है। शोभा-यात्रा का संक्षिप्त रूप देखने को मिल जाता है। कृष्णोपासना का प्रचार अधिक होने के कारण यहाँ रामलीला का न विकास हो सका है और न सुव्यवस्था पर ध्यान ही दिया जाता है।

मथुरा में रामनवमी के अवसर पर हनुमान् के मन्दिरों में हनुमान् की लीला होती है।[23] इसमें उनके अद्भुत कार्य तथा रामभक्ति का प्रदर्शन होता है। राम के जीवन से सम्बद्ध घटनाओं का अभिनय रामलीला का अंग माना जाता है। मथुरा में विष्णु के अन्य अवतारों की लीला भी होती है। उदाहरण के लिए नृसिंहलीला को ले सकते हैं। यह लीला वैशाख शुक्ल चतुर्दशी को की जाती है।[24] इसमें नृसिंह का बहुत बड़ा चेहरा धारण करते हैं। अभिनय में नृत्य की प्रधानता रहती है।

कूर्मांचल

कुमाऊँ की पहाड़ियों पर या हिमाचल के अंचलों में खेली जानेवाली रामलीला अपने ढंग की निराली, मनोहर और आकर्षक प्रणाली पर आधृत है।[25] वहाँ की प्रचलित रामलीला को सर्व लक्षण सम्पन्न रामलीला नाटक कहना चाहिए। उन्नीसवीं शताब्दी से पूर्व भी रामलीला नाटक प्रणाली पर ही आधृत थी। उस समय तक उसका स्थिर या निर्धारित व्यवस्थित रूप न था। 19वीं शताब्दी के आरम्भ में इसे स्थिर, व्यवस्थित और रंगमंच के अनुकूल अभिनयात्मक रूप देने का श्रेय अलमोड़ा के तत्कालीन डिप्टी क्लक्टर स्वर्गीय श्री देवीदत्त जोशी को है।

इस लीला के लिए प्रति वर्ष नाटक मण्डलियाँ तैयार की जाती हैं। लीला एक ही स्थान पर रंगमंच पर होती है। क्वार की प्रतिपदा से रामजन्म की लीला प्रारम्भ होती है। विजयादशमी को रावण-वध तथा एकादशी को भरत-मिलाप होता है।

इसकी अनेक विशेषताएँ हैं। प्रथम तो नाटक का निर्माण ही स्थान और रंगमंच की दृष्टि से किया गया है। संगीत और साधारण वार्त्तालाप के माध्यम से कथोपकथन आदि रखे गये हैं। इस लीला को नाटक रूप देने के लिए वाल्मीकि या तुलसीकृत रामायण ही नहीं प्रत्युत तिब्बती रामायण नेपाली रामायण आदि के कथांशों और शैलियों का भी प्रयोग किया गया है। इसमें दोहा-चौपाई के साथ विभिन्न राग-रागिनियों का प्रयोग होता है। इनमें प्रभाती भैरवी, झिंझोटी, खम्माच, श्याम कल्याण, जैजैवन्ती, कहरवा, गजल आदि हैं। इनमें अन्य लीलाओं के समान अंक या गर्भांक का क्रम नहीं रहता अपितु प्रति दिवसीय क्रम से अंक और विश्राम निश्चित होते हैं। इस प्रकार की रामलीला अलमोड़ा, नैनीताल, रानीखेत और हल्द्वानी के अतिरिक्त कुमाऊँ के प्रत्येक कस्बे और गाँव में होती है।

मेरठ

दिल्ली तथा मेरठ में रामलीलाएँ एक ही ढंग पर होती हैं। यहाँ कि लीलाओं में से कुछ रात्रि में होती हैं। इनका लक्ष्य प्रायः मनोरंजन रहता है। ये नाटक के रूप में लिखी जशवन्त सिंह कृत रामायण जैसे

होती है। इनका रूप विशुद्ध नाटकीय रहता है। बड़े मैदान में रंगमंच तैयार किया जाता है। नाटकों की भाँति परदे लगाये जाते हैं। साज-सज्जा भी नाटकों की भाँति होती है। भाषा में गद्य तथा पद्य दोनों का प्रयोग होता है। उर्दू का बाहुल्य रहता है। धार्मिक प्रवृत्ति के व्यक्ति दिन में रामलीला की व्यवस्था करते हैं। इसका आधार तुलसीकृत रामचरितमानस है। रामायण के व्यास प्रसंगवाली चौपाई का सस्वर पाठ करते हैं वाद्य बजाते जाते हैं फिर वह घूम-घूमकर उस चौपाई का अर्थ तथा प्रसंग समझाते हैं। अब लाउडस्पीकर की सुविधा मिल जाने से प्रायः एक ही स्थान से चौपाई का पाठ तथा अर्थादि सुना दिया जाता है। केवल कथानक सम्बन्धी चौपाइयों का ही पाठ होता है।

प्रथम दिन—आश्विन कृष्ण दशमी को रामलीला ध्वजोत्तोलन होता है। दस-बीस भक्त घण्टा-घड़ियाल तथा शंख की ध्वनि करते हुए नगर के मुख्य भाग में घूमते हैं और रामलीला होने की सूचना जनता को देते हैं।

दूसरा दिन—आश्विन कृष्ण 14 को शिव जी की बरात निकलती है। इसमें शिव जी का पूर्ण रूप दिखाया जाता है। रामचरितमानस के वर्णन के अनुसार बरात को सजाया जाता है। रुहेला राजपूत जाति के युवक तथा वृद्ध डमरू बजाते हुए चलते हैं। वे वीरगाथा काल के छप्पय गाते हैं।

तीसरा दिन—आश्विन अमावस्या को रावण-जन्म, शिव-वरदान-प्राप्ति, मन्दोदरी विवाह, घननाद-जन्म आदि दिखाये जाते हैं।

चौथा दिन—आश्विन शुक्ल प्रतिपदा को दशरथ-यज्ञ, पुत्र-प्राप्ति तथा रात्रि में सीता-जन्म की लीला होती है।

पाँचवाँ दिन—आश्विन शुक्ल द्वितीया—राम-विवाह की लीला बड़े धूम-धाम से होती है। दिन में दो बजे से लेकर रात्रि को बारह बजे तक बरात घूमती है। इसमें अनेक प्रकार के वाद्य, हाथी, घोड़े, ऊँट तथा विविध सवारियाँ रहती हैं। इनमें तलवार, पटा एवं अन्य शस्त्रों के संचालन का प्रदर्शन होता है। अनेक प्रकार की लागें भी इस बरात के साथ रहती हैं। किसी भक्त के यहाँ छोटा-सा प्रीति-भोज हो जाता है। आश्विन शुक्ल तृतीया से रात्रि तथा दिन में उक्त दोनों ढंग से रामलीला होने लगती है। वनवास के पूर्व तक वनवासी तापस का रूप धारण करते हैं। वनवास के प्रारम्भ से लीला नगर के बाहर रामलीला मैदान में होती है।

नहर के ऊपर बाँस-बल्लियों का बाँध बनाकर गंगा या समुद्र पार किया जाता है। कागज की लंका बनाकर जलायी जाती है। कृत्रिम युद्ध दिखलाया जाता है। दिन-प्रतिदिन उसकी भीषणता अधिक दिखलाने की चेष्टा की जाती है। केला की कृत्रिम अशोक-वाटिकाएँ सीता झूला झूला करती हैं। कुम्भकर्ण, घननाद आदि के पुतले रावण के युद्ध के अनन्तर जला दिये जाते हैं।

रामदल के लोग लाल तथा रावणदल के लोग काली पोशाक पहनते हैं। हनुमान् का कार्य करने के लिए बहुत ही अभ्यस्त व्यक्ति पहले से ढूँढ़ा जाता है। जनता को आकर्षित करने के लिए कागज के पुतले भड़कीले बनाये जाते हैं। हनुमान् की वीरता का प्रदर्शन प्रधान रूप से होता है। आश्विन शुक्ल 10 को रावण-वध होता है। उस दिन रात्रि में लीला नहीं होती।

आश्विन शुक्ल एकादशी को राम पुनरागमन पर भरत-मिलन बड़ा ही मार्मिक होता है। उसी दिन राज्याभिषेक की आनन्ददायिनी लीला होती है।

कहीं-कहीं द्वादशी को श्रवणकुमार, नृसिंहावतार आदि धार्मिक नाटक बड़े उत्साह से खेले जाते हैं।

दिल्ली

दिल्ली की रामलीलाओं में सर्वाधिक महत्त्वशाली बड़ी रामलीला वहाँ के सुप्रसिद्ध रामलीला मैदान में होती है। इसमें राष्ट्रपति तथा प्रधानमन्त्री भी आते हैं। विश्व के प्रमुख देशों के राजदूत इस लीला को

देखते हैं। वे इसके चित्र खींचकर अपने देशों में भेजते हैं अतः यह विश्व विख्यात हो गयी है। इसके जुलूस दशहरा तथा भरत-मिलाप के दिन बड़ी सज-धज से निकलते हैं। मार्ग में प्रकाश की व्यवस्था इतनी अधिक होती है कि रात में दिन का भ्रम होने लगता है। राजधानी के पुलिस अधिकारी बड़ी तत्परता से व्यवस्था में व्यस्त रहते हैं।

दिल्ली की अधिकांश रामलीलाएँ रंगमंच पर होती हैं। उनका आधार 'मानस' ही रहता है। पर उनमें संवाद तथा गीत की कुछ स्वतन्त्र व्यवस्था भी की जाती है। संवाद की भाषा विशुद्ध खड़ीबोली होती है। गीतों में भजन के अतिरिक्त अन्य रचनाएँ रखी जाती हैं। गायन तथा वादन में भारतीय कला का उत्कृष्ट रूप मिलता है। अभिनय-कला के भी परिमार्जित तथा उन्नत रूप के दर्शन होते हैं। उपयुक्त स्थलों पर राजसी ठाठ-बाट के दृश्य उपस्थित किये जाते हैं।

इसी प्रकार छोटी रामलीला भी होती है। पर उसमें जुलूस नहीं निकलते। कुछ वर्षों से यहाँ रामलीला के क्षेत्र में नया प्रयोग किया जा रहा है। इसमें सारा प्रदर्शन संगीत तथा नाट्य के माध्यम से होता है। परदे के पीछे संगीत होता रहता है और प्रत्यक्ष उसी के अनुसार नृत्यमय अभिनय चलता रहता है। इससे अंग्रेजी के बैले नाटक का भ्रम होता है। किन्तु दक्षिण भारत में लोकप्रिय कथाकली नृत्य के रूप में इस प्रणाली का अवलम्बन अत्यन्त प्राचीन काल से चला आ रहा है।

कुल्लू घाटी का दशहरा

कुल्लू की घाटी के प्रमुख देवता रघुनाथ जी हैं। वे सभी देवी-देवताओं के सम्राट् हैं। विजयादशमी के दिन सभी गाँववाले अपने-अपने ग्राम-देवता को सजाकर बड़ी धूम-धाम के साथ धौलपुर के मैदान में लाते हैं। उनके साथ नरसिंघे, शंख तथा अन्य वाद्य बजाये जाते हैं। प्रत्येक देवता के साथ पुजारी, गायक, वादक आदि सभी रहते हैं। गाँववाले अपने-अपने देवता के लिए डेरे डाल देते हैं। रात्रि में ये देवता आपस में मिलते रहते हैं। रघुनाथ जी के लिए एक विशाल रथ रहता है। उसको नाना प्रकार से सजाते हैं। सजावट में प्रायः प्राकृतिक साधनों का उपयोग करते हैं। सर्वोत्कृष्ट पुष्प तथा मनोहारी पत्तियों के द्वारा रथ की शोभा अपूर्व हो जाती है। रथ की सजावट हो जाने पर रघुनाथ जी की मूर्ति उस रथ में स्थापित की जाती है। उनके चारों ओर गाँवों के देवताओं को सजाते हैं। माना जाता है कि रघुनाथ जी के दरबार में प्रत्येक देवता का आना अनिवार्य है। किसी देवता के अनुपस्थित रहने पर सम्राट् रघुनाथ जी उसे दण्ड देते हैं या 'जरी माना' (जुर्माना) करते हैं। यह अर्थदण्ड उस गाँव से वसूल किया जाता है जहाँ के देवता दरबार में उपस्थित नहीं होते। इसके अनन्तर वहाँ का सबसे बड़ा पुजारी आता है और विधि-विधान से श्री रघुनाथ जी की पूजा करता है। इसके पश्चात् कुल्लू के प्रतिष्ठित व्यक्ति उनकी परिक्रमा करते हैं। अनेक वाद्यों तथा शंख की ध्वनि से आकाश गूँज उठता है।

यह सब होने के पश्चात् पुजारी और यात्री रथ को खींचकर निर्दिष्ट स्थान पर ले जाते हैं। शेष पाँच दिनों तक वह रथ वहीं रहता है। दशहरे के पाँच दिन यहाँ बड़ी रौनक रहती है। इन दिनों प्रत्येक सायंकाल देवी-देवताओं की पूजा होती है। श्री रघुनाथ जी की पूजा तथा शृंगार की विशेष व्यवस्था रहती है। इस अवसर पर कुल्लू निवासियों का हाथों में तलवार लिये 'नटी' नृत्य देखने योग्य होता है। रघुनाथ जी के विषय में यहाँ के निवासियों की धारणा है कि भगवान् रामचन्द्र ने कुल्लू निवासी किसी ब्राह्मण को स्वप्न दिया कि अब घोर कलियुग आ गया है। अतः मैं अयोध्या में न रहूँगा। मुझे यहाँ ले आओ। इसी के आधार पर वह ब्राह्मण इन्हें अयोध्या से कुल्लू घाटी लाया। तब से रघुनाथ जी यही हैं।

यह उत्सव यात्रा-लीला के अनुरूप है। रघुनाथ जी को रथ में बिठाकर दूसरे स्थान पर ले जाना इसका प्रमाण है। सम्भवतः सभ्यता तथा संस्कृति में प्रगतिशील न होने के कारण वहाँ के निवासी यात्रा को पूर्ण रूप से ग्रहण न कर सके और उसी उत्सव को अपने ढंग से मनाते हैं।[26]

कश्मीर एवं पंजाब

उक्त प्रदेशों में रामलीला आश्विन के महीने में होती है। इसका समय आश्विन शुक्ल प्रतिपदा से आश्विन शुक्ल एकादशी तक होता है। जनता में रामलीला के लिए बड़ा उत्साह रहता है। इसके लिए चन्दा एकत्र किया जाता है। रामलीला का ढंग नाटक का होता है। सभी लीलाएँ रंगमंच पर होती हैं। यहाँ तक कि वन-गमन तथा लंका-दहन की लीलाएँ भी परदे के सहारे रंगमंच पर अभिनीत होती हैं।

इन स्थानों की रामलीला का आधार उर्दू के कवि आफताब का संकलन है। इस संकलन में गोस्वामी जी की आवश्यक चौपाइयाँ तथा दोहे हैं। आफताब की कुछ अपनी रचनाएँ तथा अन्य कवियों की उपयुक्त रचनाएँ भी सम्मिलित कर दी गयी हैं। संवाद गद्य तथा पद्य दोनों में होता है। गद्य पर स्थानीय भाषा का प्रभाव स्पष्ट परिलक्षित होता है। कभी-कभी संवाद के रूप में संगीत का आयोजन रहता है।

पात्र प्रायः ब्राह्मण रखे जाते हैं। यहाँ स्वरूपों की व्यवस्था अपने ढंग की निराली है। धनुष-यज्ञ की लीला तक तो राम-लक्ष्मणादि के स्वरूप 10 या 12 वर्ष तक के बालक बनाये जाते हैं। उसके अनन्तर स्वरूपों में परिवर्तन कर देते हैं और 20 या 25 वर्ष के व्यक्तियों को राम-लक्ष्मण-भरत तथा शत्रुघ्न का स्वरूप बनाते हैं। स्त्रियों का अभिनय पुरुष करते हैं। अतः अल्प वयस्क बालक ही सीता का स्वरूप धारण करता है। पात्रों का वेश-विन्यास तथा मण्डन काशी की रामलीला के समान होता है। लीला का कार्यक्रम इस प्रकार है—

क्वार शुक्ल 1 : श्रवणकुमार लीला, राज-जन्म, विश्वामित्र-आगमन, राम का विश्वामित्र के साथ जाना तथा राक्षसों का वध करना।

क्वार शुक्ल 2 : स्वयंवर, धनुष-भंग, परशुराम-संवाद तथा दशरथ के पास समाचार भेजना।

क्वार शुक्ल 3 : राम की बरात-यात्रा।

क्वार शुक्ल 4 : कोप-भवन, राम-वन-गमनादि।

क्वार शुक्ल 5 : केवट-संवाद।

क्वार शुक्ल 6 : ऋषियों का मिलन।

क्वार शुक्ल 7 : सीताहरण, जटायु-युद्ध।

क्वार शुक्ल 8 : सुग्रीव-मित्रता, बालि-वध।

क्वार शुक्ल 9 : अशोकवाटिका, लंका-दहन।

क्वार शुक्ल 10 : अंगद-विस्तार, विभीषण-निष्कासन, युद्ध, रावण-वध, लक्ष्मण जी की राजनीति शिक्षा, रावण-दाह

क्वार शुक्ल 11 : भरत-मिलाप।

शोभा-यात्रा के रूप में राम की वर-यात्रा निकाली जाती है। कश्मीर में वहाँ के नरेश की ओर से बरात को सजाने की व्यवस्था की जाती है। हाथी, घोड़े तथा सैनिकों की व्यवस्था कश्मीर के महाराज की ओर से होती है। धनी-मानी व्यक्ति अपनी शक्ति एवं साधन के अनुसार सहायता करते हैं। पंजाब में यह शोभा-यात्रा जनता की ओर से निकलती है। राजकीय उपकरणों के अतिरिक्त पंजाब की शोभा-यात्रा कश्मीर की यात्रा के समान ही निकलती है।

लाहौर, श्रीनगर तथा जम्मू की मन्दिर दीवाना की रामलीला अधिक प्रसिद्ध है।[27]

लाहौर

लाहौर में रामलीला के लिए 'श्रीराम नाटक मण्डली' का वर्णन मिलता है। दशहरे पर दस दिनों तक रामलीला होती थी।[28] लाहौर में विजयादशमी उत्सव की परम्परा उत्तर प्रदेश के अनुरूप थी। वहाँ पर विजयादशमी के दिन नगर के बाहर मैदान में लंका बनायी जाती थी। विभिन्न मुहल्लों से रावण, कुम्भकर्ण आदि राक्षसों की बड़ी विशाल मूर्तियाँ बनाकर उस मैदान में एकत्र की जाती थीं। राम तथा लक्ष्मण धनुष-बाण लेकर वहाँ पहुँचते थे। सायंकाल होते ही राम-लक्ष्मण उन राक्षसों पर बाण चलाने लगते थे। उनके साथ ही दर्शक भी बाण-वर्षा करते थे। सभी राक्षस तथा लंकापुरी ध्वस्त कर दी जाती थी। राक्षसों के शरीर में विस्फोटक पदार्थ रखे रहते थे जो राक्षसों के जलने पर घनघोर गर्जन करते थे। इस प्रकार लंका तथा राक्षसों का विनाश कर दर्शक भगवान् राम की जय बोलते हुए हर्षोल्लासपूर्वक घर लौटते थे। पर पाकिस्तान निर्माण के पश्चात् यह उत्सव बन्द हो गया है।

सीमान्त प्रदेश (स्वतन्त्रता-प्राप्ति के पूर्व)

इस प्रदेश में रामलीला आश्विन शुक्ल चतुर्थी से प्रारम्भ होती थी। इस रामलीला का इतिहास अत्यन्त प्राचीन है। विश्वास किया जाता है कि लगभग 300 वर्ष पूर्व से वहाँ रामलीला होती थी। प्रथम दिन पंज तीर्थ के मैदान में राम, सीता तथा लक्ष्मण वन-मार्ग पर चलते थे। ऋषि-मुनियों तथा ग्रामवासियों से भेंट होती थी। जंगल में पहुँचने के पश्चात् स्वर्ण-मृग के वध तथा सीताहरण की लीला होती थी। पहले वन में कागज का बना स्वर्ण-मृग आता था। एक व्यक्ति मृग को लेकर दौड़ता था तथा उसके छलाँग मारने का अभिनय करता था। जब मृग राम-जानकी के सामने आता तो जानकी उसे मारने को कहती थीं। राम धनुष पर बाण सन्धान करके दौड़ते थे। वे मृग के साथ कुछ दूर निकल जाते। राम उस पर बाण चलाते। बाण लगते ही वह 'हा लक्ष्मण' कहकर चिल्लाता था। ये शब्द सुनकर सीता लक्ष्मण को भेजती थीं। पहले तो लक्ष्मण जाना स्वीकार नहीं करते पर सीता के बल देने पर उनके चारों तरफ घेरा बनाकर चले जाते थे। रावण भिक्षा के लिए आता था। रावण उन्हें घेरे से बाहर आकर भिक्षा देने को कहता था। बाहर आने पर वह सीता को हर ले जाता था। इसके दूसरे दिन विश्राम रहता था। यहाँ की रामलीला की यह विशेषता थी कि बीच-बीच में एक दिन का अवकाश रखते थे।

आश्विन शुक्ल षष्ठी को जटायु-रावण-युद्ध होता था। जटायु भी कागज तथा बाँस की खपच्चियों का बनाया जाता था। इसके अनन्तर राम-लक्ष्मण आते थे। जटायु रावण की चोरी का समाचार देता था। वह सीता के वस्त्र तथा आभूषण दिखलाता था। राम उसका क्रिया-कर्म करते और लीला समाप्त हो जाती थी।

आश्विन शुक्ल अष्टमी को राम-रावण-युद्ध का दृश्य अभिनीत होता था। इस दिन मेघनाद, कुम्भकर्ण आदि प्रमुख राक्षसों के कागज के बड़े-बड़े पुतले बनाये जाते थे। उन पुतलों में गोले, पटाखे तथा मुर्रे आदि आतिशबाजी के सामान भर देते थे। राम की वानरी तथा रावण की राक्षसी सेना मैदान में डट जाती थी। वानरी सेना की पोशाक लाल रंग की होती थी। राक्षस काले कपड़े पहनते थे। चेहरे दोनों दल के लोग पहनते थे। वानरी तथा राक्षसी सेना में युद्ध होता था। अन्त में मेघनाद तथा कुम्भकर्ण का वध दिखलाया जाता था। कागज के बड़े पुतलों में आग लगा दी जाती थी। आतिशबाजी के मसाले छूटते थे। इससे आकर्षण बढ़ जाता था। विशेषतः बालक इससे बहुत आनन्दित होते।

अन्तिम रामलीला आश्विन शुक्ल दशमी को होती थी। इस दिन रामलीला का आयोजन रेस कोर्स के मैदान में होता था। वहाँ कागज की बहुत उच्च एवं विस्तृत लंका बनायी जाती थी। लंका के भीतर हथगोले, पटाखे तथा आतिशबाजी के अन्य मसाले भरे रहते थे। इसके द्वार पर सीता बैठी रहती थीं। लंका के पास ही रावण का बड़ा भारी कागज का पुतला रखा रहता था। इस पुतले की ऊँचाई लगभग

चालीस या पचास फुट होती थी। इसके पास ही कुम्भकर्ण तथा मेघनाद आदि राक्षसों के पुतले इस दिन फिर रखे जाते थे। इन पुतलों के भीतर आतिशबाजी के मसाले भरे रहते थे। गोधूलि से लगभग दो घण्टे पूर्व राम की सवारी आती थी। इसमें सबसे आगे वाद्य रहता था। उसके पीछे सरकारी घुड़सवार सैनिक रहते थे। उसके अनन्तर नगर की जनता रहती थी। फिर नगर के प्रतिष्ठित व्यक्ति चलते थे। अन्त में राम, लक्ष्मण, हनुमान्, अंगद आदि ठेलेनुमा रथों पर बैठकर आते थे। यह शोभा-यात्रा सन्ध्या से कुछ पूर्व उक्त मैदान में पहुँच जाती थी। वहाँ पहुँचने पर राम, लक्ष्मण, हनुमान्, अंगद, सुग्रीव आदि रावण तथा अन्य पुतलों की सात बार परिक्रमा करते थे। ठीक सन्ध्या वेला में राम जी रावण पर पहला बाण चलाते फिर राम-लक्ष्मण निरन्तर बाण चलाते रहते थे। हनुमान् जी चक्कर काटते हुए गदा से इन पुतलों पर प्रहार का अभिनय करते थे। सूर्यास्त के पश्चात् सभी पुतलों में आग लगा दी जाती थी। गोलों तथा पटाखों का घोर रव आकाश मण्डल में गूँज उठता था। इसके पश्चात् लंका पर चढ़ाई होती थी। राम वहाँ से सीता को लाते थे। तदनन्तर लंका फूँक दी जाती थी। अब राम की विजय के उपलक्ष्य में जुलूस सज-धजकर शहर की ओर लौटता था। इस दशमी को देखने के लिए बड़ी दूर के व्यक्ति आते थे। काबुल तथा कन्धार तक के लोग रामलीला के दर्शन के लिए पहुँचते थे।

रामलीला के संवाद हिन्दी में होते थे। पूर्वकालीन व्यासों ने रामचरितमानस के आधार पर उक्त लीलाओं के विविध प्रसंगों के संवाद लिख रखे थे। यहाँ के संवाद प्रायः स्वाभाविक स्वर में होते थे। अल्पदर्शक समाज के कारण उच्च स्वर में बोलने की भी आवश्यकता नहीं पड़ती थी।

रामलीला का दूसरा रूप होली की शोभा-यात्रा में दिखायी पड़ता था। इसमें प्रायः कृष्ण के जीवन की घटनाएँ लेकर विमान सजाये जाते थे। इनमें मुख्यतः कृष्ण के होली खेलने के दृश्य अधिक रहते थे। इस शोभा-यात्रा में कभी-कभी राम के जीवन की घटनाओं को लेकर विमान सजाये जाते थे। सरयू के किनारे राम सखाओं के साथ होली खेलते दिखाये जाते थे। ये जुलूस रात में निकाले जाते थे।[29] कभी-कभी तो रात-भर जुलूस घूमता रहता था। प्रत्येक मुहल्ले के जुलूस एक स्थान पर एकत्र होते थे। उनकी सजावट तथा कला की दृष्टि से प्रतियोगिता होती थी। 'सूर्यों की गद्दी' के महन्त सर्वोत्तम विमान के लिए पुरस्कार देते थे।

इस शोभा-यात्रा में आगे बाजे तथा मशालें रहती थीं। इसके अनन्तर छोटे-छोटे रंगीन डण्डे बजाकर गाते तथा नृत्य करते थे। यह गुजरात या मथुरा की कृष्णलीला के नृत्य का रूप था। इस अवसर पर दीपावली की जाती थी। सारा नगर प्रकाश से जगमगा उठता था।

सिन्ध

यहाँ पर रामलीला की टोलियाँ स्थापित थीं। कभी-कभी लीला-मण्डलियाँ अन्य प्रदेशों से आ जाती थीं। उनके द्वारा रामलीला का अभिनय होता था। उसका रूप रंगमंचीय था। नाटक की भाँति परदे का भी प्रयोग होता था। गोस्वामी तुलसीदास जी के रामचरितमानस का सस्वर पाठ होता था। पाठ के अनन्तर उतने अंश का अभिनय होता था। कथोपकथन सिन्धी भाषा में होता था। सारी लीला रंगमंच पर ही की जाती थी। देश के विभाजन के पश्चात् वहाँ हिन्दू नहीं रह गये। अतः वहाँ अब रामलीला नहीं होती।[30]

राजस्थान

राजस्थान में रामलीला के कई रूप मिलते हैं। सर्वप्रथम रूप रंगमंचीय है। इसमें नाटक की भाँति रंगमंच पर लीला होती है। दृश्य-परिवर्तन के लिए परदे का प्रयोग किया जाता है। पात्रों में पूज्यभावना रखी जाती है। इन लीलाओं का आधार ग्रन्थ तो रामचरितमानस है पर उसके दोहे और चौपाइयों का प्रयोग संवाद में बहुत कम होता हैं। नृत्य तथा संगीत राजस्थानी परम्पराओं से ओत-प्रोत हैं। पर रामलीला में उनका प्रमुख स्थान है। दूसरा ढंग कठपुतली-नृत्य है। कठपुतली-नृत्य का प्रचार राजस्थान में बहुत है।

कठपुतलियों के द्वारा राम के चरित्र का अभिनय गाँव-गाँव में प्रचलित है। नाटकीय रामलीला की भाँति इसका समय निर्धारित नहीं है। कठपुतली-नृत्य का व्यवस्थापक जब गाँव में पहुँच जाता है तभी सुविधानुसार इसके प्रदर्शन की व्यवस्था होती है। इसमें कथानक तो रामचरितमानस से लिया जाता है। पर पुत्तलिका-नृत्य की परम्पराओं तथा कलाओं को विशेष महत्त्व दिया जाता है। संवाद या कथोपकथन का प्रश्न की नहीं उठता। बीच-बीच में रामचरित सम्बन्धी राजस्थानी लोकगीतों का गायन अवश्य होता है। ये गान बड़े ही मार्मिक तथा मधुर होते हैं। इसमें मनोरंजक घटनाओं का विधान किया जाता है जिसका रामचरितमानस के कथानक से कोई सम्बन्ध नहीं रहता।

राजस्थान में रामलीला का तीसरा रूप भी पाया जाता है। यह रूप सम्भवतः अन्य स्थानों पर देखने को नहीं मिलता। यह रूप है 'कलगी और तुर्रा' नृत्य का। यह राजस्थान का अपना विशेष नृत्य है। कल्पना है कि इसका प्रचलन मुसलमानों द्वारा हुआ था पर हिन्दू सभ्यता तथा संस्कृति के बीज इसमें निहित हैं। अतः उक्त कल्पना निराधार है। भारतीय लोक-नाट्य परम्परा अत्यन्त प्राचीन है। राजस्थान के वे मुसलमान जो कभी हिन्दू थे, धर्म-परिवर्तन के पश्चात् भी इसे न भूल सके। इसी प्रकार बालीद्वीप समूह के मुसलमान भी रामलीला का अभिनय नृत्य-नाटकों में करते हैं। इसमें पहले गणेश-वन्दना तथा सरस्वती का आह्वान होता है। मंच के दोनों ओर दो महल बाँस के बनाये जाते हैं, बायीं ओर के महल से स्त्री-पात्र तथा दाहिनी ओर से पुरुष-पात्र आते हैं। पहले पात्र उच्च स्वर में गीत गाते हैं। तत्पश्चात् नाचते हुए रंगमंच के एक छोर से दूसरे छोर तक चले जाते हैं। नृत्य की मुद्रा सरल होती है। गीतों के स्वर अत्यन्त तीव्र और पेचीदा होते हैं। नाट्य के एक ही प्रसंग को विविध प्रकार के गीतों से व्यक्त करते हैं। यह नाट्य शैली गीत प्रधान है। इसमें रामचरितमानस की घटनाओं में से मुख्य घटना का प्रदर्शन करते हैं। इस प्रकार कुछ घटनाएँ चुन लेते हैं। सारे रामचरित का अभिनय नहीं होता। रामचरित के अतिरिक्त कृष्णचरित, अन्य धार्मिक कथाएँ भी अभिनीत होती हैं। नौटंकी की भाँति ऐतिहासिक लोकप्रिय प्रेम-कथाओं के अंश का भी अभिनय करते हैं।

राजस्थान का दशहरा

राजस्थान के प्रायः सभी राज्यों में विजयादशमी का उत्सव बड़े समारोह के साथ होता है। रामलीला की रंगमंचीय प्रणाली के कारण विजयादशमी की लीला मंच पर संक्षिप्त कर दी जाती है या कहीं-कहीं नहीं होती। उस लीला को नगर के बाहर मैदान में करते हैं। नगर के बाहर दक्षिण दिशा में एक कृत्रिम लंका बनायी जाती है। पत्थर, काष्ठ तथा कण्डों की सहायता से रावण, कुम्भकर्ण, मेघनाद आदि राक्षसों की विशाल मूर्तियाँ बनायी जाती हैं। रावण के पेट में लाल रंग से भरा हुआ घड़ा रख देते हैं।

सायंकाल राजा सारी सेना के साथ सीमोल्लंघन के लिए अभियान करते हैं। मार्ग में शमी-पूजन करते हैं।[31] शमी तथा पीपल की पूजा अत्यन्त प्राचीन काल से होती है। सिन्धु घाटी की सभ्यता में भी ये वृक्ष पवित्र एवं पूज्य माने गये हैं।[32] इससे विजयादशमी के उत्सव की प्राचीनता सिद्ध होती है।

सेना तथा दर्शकों के बड़े जुलूस के साथ राजा लंकापुरी में प्रवेश करते हैं। वे रावण के पेट में बाण मारते हैं। इसके अनन्तर लौट आते हैं। इसका कारण यह है कि एक राजा दूसरे राजा की मृत्यु देखना अशुभ मानते हैं। इसी प्रकार रामनगर के काशीनरेश भी रावण-वघ की लीला नहीं देखते। राजा के लौट जाने पर हाथियों के द्वारा समस्त राक्षसों सहित लंकापुरी को नष्ट कर देते हैं। रावण-वध के समय तोपों की प्रलयंकारी गर्जना होती है। सारा आकाश गूँज उठता है। दूसरे या तीसरे दिन राजा के सभी वाहनों तथा अस्त्र-शस्त्रों की प्रदर्शनी होती है। राजा स्वयं उसे देखने के लिए जाते हैं।[33]

मध्य प्रदेश

मध्य प्रदेश में रामलीला के तीन रूप पाये जाते हैं। पहला रूप वहाँ के मूल निवासियों द्वारा आयोजित होता है। क्वार के महाने में विजयादशमी के आस-पास 'रामदल' नाम से शोभा-यात्राओं की व्यवस्था होती है। इसमें विमान या चौकियाँ निकाली जाती हैं। उन विमान अथवा चौकियों पर राम, लक्ष्मण, भरत,

शत्रुघ्न, सीता, हनुमान्, सुग्रीव आदि के स्वरूप बैठाये जाते हैं। कभी-कभी अन्य देवताओं के रूप देखने को मिल जाते हैं।

इन शोभा-यात्राओं में अस्त्र-संचालन तथा शरीर संवर्द्धन के महत्त्वपूर्ण प्रदर्शन होते हैं। विशेषतः लाठी तथा तलवार संचालन की कला बड़े आकर्षक ढंग से दिखलायी जाती है। कुछ लोग बन्दर, भालू तथा शेर के चेहरे लगाकर अनेक प्रकार के वन्य नृत्य का प्रदर्शन करते हैं। शेर के चेहरे लगाकर नृत्य करना यहाँ की विशेषता है। इस प्रकार के नृत्य चीन तथा जापान के नाटकों के प्रमुख अंग हैं। भारतीय धर्म, सभ्यता तथा संस्कृति के साथ साधारण नृत्यादि तथा कलाएँ भी विदेश में पहुँची हैं। भारतीय नाट्यकला के प्रभाव का अन्वेषण करने से सरलतापूर्वक समझा जा सकता है कि इसका प्रभाव सम्पूर्ण एशिया पर पड़ा है। अभारतीय जनता ने इसे बड़े आदर से ग्रहण किया है।

रामलीला का दूसरा रूप उन बड़े नगरों में मिलता है जहाँ उत्तर प्रदेश के लोग भारी संख्या में रहते हैं। यह रामलीला विजयादशमी के अवसर पर होती है। जबलपुर में नवरात्रों में रामलीला का आयोजन होता है।[34] उन स्थानों की रामलीला गोस्वामी जी के रामचरितमानस के आधार पर लगभग 10 दिन तक होती है। रामायण का गान तथा संवाद आदि की व्यवस्था में उत्तर प्रदेशीय रूप मिलता है। कहीं विजयादशमी को शोभा-यात्रा निकाली जाती है तथा कहीं भरत-मिलाप के अवसर पर। रामलीला के विकास की यह महत्त्वपूर्ण शृंखला है जो उत्तरोत्तर गतिशील होती हुई सारे भारत पर छा सकती है। रामलीला का तीसरा रूप लीला-मण्डलियों का है। ये मण्डलियाँ विभिन्न स्थानों पर परिभ्रमण करती हुई इस प्रदेश में पहुँचती हैं और रामलीला का आयोजन कर जनमानस को प्रोत्साहित करती हैं।

बिहार

बिहार तथा उत्तर प्रदेश राम के जीवन से विशेष सम्बद्ध हैं। अतएव उत्तर प्रदेश की भाँति बिहार में रामलीला धूम-धाम से होती है। पार्श्ववर्ती राज्यों से सांस्कृतिक सम्पर्क होने तथा भक्ति के विविध रूपों के कारण यहाँ रामलीला के भी विभिन्न ढंग मिलते हैं। पहला प्रकार उत्तर प्रदेश के पूर्वी जिलों के समान है। दूसरी प्रणाली मधुरोपासना की है। तीसरी बंगाल की यात्रा प्रणाली तथा चौथी रंगमंचीय प्रणाली है।

बिहार का पश्चिमी भाग उत्तर प्रदेश का पार्श्ववर्ती है। अतः वहाँ की रामलीला काशी की रामलीला से प्रभावित है। रामायण-मण्डली 'मानस' का पाठ करती है। पाठ बन्द होने पर अभिनय तथा संवाद होते हैं। उनमें भाव तथा भाषा 'मानस' के अनुसार रखने का प्रयत्न रहता है जो स्थानीय प्रभाव के कारण पूरा नहीं हो पाता। लोकाभिरुचि का ध्यान रखते हुए संवाद में भी हेर-फेर कर दिया जाता है। बड़े-बड़े नगरों में सुविधा तथा साधन प्राप्त होने पर पूरी लीला होती है। किन्तु कस्बों या गाँवों में शारदीय नवरात्र में लीला होती है। एकादशी को भरत-मिलाप तथा राम की राजगद्दी की लीला होती है। राम-विवाह तथा भरत-मिलाप में प्रायः बरात तथा शोभा-यात्रा का आयोजन किया जाता है।

रामलीला की दूसरी प्रणाली में मधुर रूप का प्रदर्शन होता है। इस प्रकार की लीला का प्रेरणा-स्रोत अयोध्या का कनक भवन है। यहाँ के भक्त मधुरभाव के उपासक हैं अतः वे रामकथा के केवल मधुर प्रसंगों में ही रमे रहना चाहते हैं।

जनकपुर में राम-जन्म से लेकर राम के विवाह, खिचड़ी, गौने तक की लीला होती है। कहीं-कहीं विवाह के पश्चात् राम के दाम्पत्य जीवन में नौका विहार, उद्यान-विहार अथवा झूले की लीला भी की जाती है। जिस प्रकार रामनवमी के अवसर पर अनेक स्थानों पर रामलीला होती है उसी प्रकार सीतापंचमी के अवसर पर मार्गशीर्ष में जनकपुर में रामलीला होती है। इसमें जन्म के अवसर के सोहर, विवाह के मांगलिक गीत, हास्य-विनोद की गालियाँ आदि गायी जाती हैं। संवाद में मैथिल भाषा का भी प्रयोग होता है। भक्त तथा अन्य कवियों के सरस पद गाये जाते हैं। ऐसी पुस्तकों में मोदलता पदावली का विशेष प्रचार है।

तीसरा रूप बंगाल की यात्रा के ढर्रे का है। बिहार का पूर्वी भाग सांस्कृतिक दृष्टि से बंगाल से सम्बद्ध है। अतः बंगाल की धार्मिक, सामाजिक तथा वैयक्तिक स्थिति का प्रभाव बिहार पर पड़ना आवश्यक है। फलस्वरूप उस क्षेत्र में रामलीला 'यात्रा' के अनुरूप की जाती है। इसमें कीर्त्तन तथा भजन-गायन की प्रधानता है।

रामलीला का चौथा रूप नगरों की रंगमंचीय रामलीला है। मानस की रामलीला के आधार पर ये लोग संवाद आदि का आयोजन करते हैं। प्रायः स्थानीय भाषा के भजन या गीत गाये जाते हैं। विवाह, विजयोत्सव भरत-मिलाप आदि के अवसर पर जिस दिन शोभा-यात्राओं की व्यवस्था की जाती है उस दिन रंगमंचीय कार्यक्रम नहीं होता।

उड़ीसा

यहाँ लीला की तीन प्रणालियाँ हैं—1. यात्रा 2. चित्राभिनय 3. रंगमंचीय प्रणाली। रथयात्रा के अवसर पर जगन्नाथ जी की शोभा-यात्रा की व्यवस्था होती है। इसमें बीच-बीच में विभिन्न देव-चरित्रों के साथ रामचरित भी अभिनीत होता है। उड़िया लोकगीत और भजन भी गाये जाते हैं।

दूसरा रूप चित्राभिनय द्वारा लीला प्रदर्शन है। 'पटुवे' वर्ग के लोग वंश-परम्परा से यह कार्य करते चले आ रहे हैं। ये कागज अथवा कपड़े के चित्रपटों पर देवताओं की जीवन घटनाओं को चित्रित किये रहते हैं। यदि उनमें से कोई कुशल चित्रकार न हुआ तो वे अन्य चित्रकारों से ऐसे परदे बनवा लेते हैं। चौकी का साधारण मंच बनाकर कपड़े का परदा टाँग दिया जाता है। इस परदे पर वे चित्रों को क्रमशः फैलाकर उनमें उरेही घटनाओं की व्याख्या करते चलते हैं। स्मरणीय है कि बंगाल और असम में भी यह प्रणाली पायी जाती है। व्याख्या के बीच में भजन-गायन का आयोजन किया जाता है। इनकी कथाएँ प्रायः पुराण, महाभारत तथा रामायण की होती हैं।

लीला-प्रदर्शन का तीसरा रूप रंगमंचीय है जिसका प्रारम्भ पन्द्रहवीं शती से माना जाता है। इस ढंग से प्रदर्शित प्राचीनतम कृति 'परशुराम विजय' है। इससे अनुमान किया जाता है कि रामकथा का अभिनय प्रारम्भ काल से ही होता आ रहा है। भाषा की दृष्टि से इनमें सरल संस्कृत का व्यवहार होता है। इनके बीच में उड़िया लोक-गीत तथा भजन रखे जाते हैं। कलाकार का ध्यान अभिनय की सफलता पर विशेष रूप से होता है।[35]

बंगाल

बंगाल और उड़ीसा में यात्रा की परम्परा अत्यन्त प्राचीन है।[36] यह बंगाल का बड़ा ही महत्त्वपूर्ण सांस्कृतिक आयोजन है। वैष्णव धर्म ग्रन्थों में उपास्य को रथारूढ़ कराकर शोभा-यात्रा का विधान किया गया है।[37] गौतम बुद्ध के दाँत को रथ में रखकर जुलूस निकालने की चर्चा चीनी यात्री फाह्यान ने की है। जगन्नाथपुरी की रथ-यात्रा का उत्सव बड़े उत्साह के साथ होता है। इन तथ्यों के सन्दर्भ में यात्रा की परम्परा बहुत प्राचीन सिद्ध होती है। यात्रा के आधुनिक रूप का श्रेय चैतन्य महाप्रभु को दिया जाता है।[38] जयदेव के गीत-गोविन्द का उपयोग यात्राओं में किया जाता है। महाप्रभु कृष्ण के अनन्य भक्त थे। अतः यात्राओं में मुख्य रूप से कृष्ण-जीवन की घटनाओं का अभिनय होता है। अब कृष्ण के साथ रामकथा की घटनाएँ भी अभिनीत होने लगी हैं। रामलीला का यह रूप बंगाल की विशेषता है। बंगाल की राजधानी कलकत्ता में या बड़े-बड़े पुतली घरों (मिलों) में जहाँ उत्तर प्रदेश के व्यक्ति अधिक रहते हैं, रामलीला का आयोजन होता है। यह आयोजन एक या दो दिन किया जाता है। विजयादशमी के दिन राम रावण के पुतले का वध करते हैं। पुतले को जलाकर विजयादशमी मनायी जाती है। कहीं-कहीं दूसरे दिन राम की राजगद्दी का उत्सव भी किया जाता है।

असम

असम में लीला की तीन प्रणालियाँ हैं—1. अंकिया नाट, 2. चिह्न-यात्रा तथा 3. नृत्य-प्रणाली। अंकिया नाट एकांकी अभिनय है। यह खुले रंगमंच या चौकी पर अभिनीत होता है। व्यास जिसे सूत्रधार कहते

हैं मंच पर उपस्थित रहता है। वही मंगलाचरण या स्तुति करता है। मंगलाचरण के पश्चात् लीला आरम्भ होती है। व्यास पूर्वापर प्रसंगों की सूचना देकर कथा-प्रवाह बनाये रखता है। बीच में भजन गाये जाते हैं। इसमें संवाद का अवसर कम रहता है। संवाद असमी भाषा में होते हैं। लीला का कथानक पौराणिक होता है। इसमें राम तथा कृष्ण की कथाएँ भी सम्मिलित की जाती हैं। इसमें विशेष साज-सज्जा नहीं रहती। इसका आयोजन वैष्णव धर्म के प्रचार की दृष्टि से होता है। इसलिए इसमें भक्ति की प्रधानता रहती है।

असम के प्रसिद्ध भक्त श्री शंकरदेव ने लगभग 500 वर्ष पूर्व इसका प्रचार किया।[39] वे बड़े उत्साह तथा मनोयोग से इनके अभिनय की व्यवस्था करते थे। तुलसीदास की भाँति वे भी रचनात्मक कार्य करने के पक्षपाती थे। अतः उन्होंने स्वयं चित्रों को तैयार किया तथा वे भक्ति के इस प्रचार-साधन में सदैव संलग्न रहे।

बंगाल तथा उड़ीसा के चित्राभिनय करनेवाले पटुवों की शैली पर उन्होंने 'चिह्न-यात्रा' द्वारा भी अभिनय की व्यवस्था की। उन्होंने पहले चित्र-कला की शिक्षा एक संन्यासी से ली। फिर कागज तथा कपड़े के बड़े-बड़े पटों पर स्वर्ग के कई चित्र बनाये। ये पट सोलह या अट्ठारह फुट लम्बे तथा दो या तीन फुट चौड़े होते थे। ये बड़े चित्र जनता को आकर्षित करने के उपयुक्त साधन थे। उन्होंने प्रदर्शन की व्यवस्था करके इन चित्रों की व्याख्या स्वयं की। इस प्रथा को उनके शिष्यों ने निरन्तर प्रचलित रखा। आज असम में इस प्रणाली के द्वारा धार्मिक अभिनय किये जाते हैं। अभिनय की यह प्रणाली प्राचीन काल से ही चली आ रही है। पतंजलि ने जिन तीन प्रकार के जन-नाटकों का उल्लेख किया है, उनमें यह प्रणाली चित्राभिनय के नाम से प्रसिद्ध थी।[40]

रामलीला का तीसरा रूप मणिपुरी नृत्यों में मिलता है। इसमें नृत्य-संगीत के माध्यम से देवताओं की लीला का अभिनय उपस्थित किया जाता है। मणिपुरी नृत्यों में अधिकांशतः शिवचरित्र अभिनीत होता है। पर अन्य देवताओं तथा अवतारों की लीला का भी प्रदर्शन किया जाता है। रामलीला के प्रदर्शन का आयोजन अपेक्षाकृत कम होता है। जनता वैष्णव धर्म की उदारता के कारण प्रायः सभी इष्टदेवों के प्रति समान श्रद्धा रखती है।

दक्षिण भारत

तमिल प्रदेश में अभिनय का धर्म से अभिन्न सम्बन्ध है। सभी मन्दिरों में धार्मिक अभिनय के लिए विशाल कक्ष रहता है जिसमें उपास्यदेव का चरित्र उपासना के प्रधान अंग के रूप में अभिनीत होता है। प्रायः उत्सवों तथा पर्वों पर इनका आयोजन किया जाता है। इसके लिए रचनाओं की एक माला-सी बन गयी है। इनमें अरुणाचल कवि रायर रचित 'रामवाडगम' सर्वाधिक लोकप्रिय है। इस पद्यप्रधान रचना में रामकथा के अनेक रोचक तथा सजीव दृश्यों का चित्रण है।[41] इसका अभिनय प्रायः रामनवमी या विजयादशमी के अवसर पर किया जाता है। नाम से तो यह कृति नाटक प्रतीत होती है, किन्तु इसका अभिनय विशुद्ध लीला प्रणाली से होता है।

आन्ध्र प्रदेश

यहाँ भागवतों की मण्डलियाँ हैं। इन मण्डलियों द्वारा 'यक्ष-गान' का आयोजन होता है। इसमें श्रीमद्भागवत के किसी आख्यान का अभिनय संगीत तथा नृत्य के माध्यम से किया जाता है। रामायण तथा महाभारत के दृश्य भी उपस्थित किये जाते हैं। अभी तक सबसे प्राचीन यक्ष-गान 'सुग्रीव-विजयम्' मिलता है।[42] यह प्रथम ज्ञात रचना रामकथा से सम्बद्ध है अतः अनुमान किया जा सकता है कि रामकथा सम्बन्धी अन्य प्रसंगों का भी अभिनय होता रहा होगा।

'वी थी भागवतु' तेलुगु की लोकप्रिय लीला-प्रणाली है। इसके नाम से ही इस प्रणाली की रूपरेखा स्पष्ट हो जाती है। इसका रूप बंगाल की 'यात्राओं' सा है। बंगाल की 'यात्राएँ' विशेष अवसर तथा पर्वों पर आयोजित होती हैं पर 'वी थी भागवतु' का आयोजन किसी भी समय किया जाता है। इनकी मण्डलियाँ यात्रा करती हुई एक स्थान से दूसरे स्थान पर जाती हैं। मार्ग में उपयुक्त स्थानों पर प्रदर्शन का कार्यक्रम

रखा जाता है। पिछली शताब्दी में इनका सम्यक् प्रचार था। शासन द्वारा प्रोत्साहन मिलने के कारण इनका अभूतपूर्व विकास हुआ है।[43]

इसके कलाकार 'कूचि यूड़ि' कहलाते हैं। प्रायः मन्दिरों के खुले स्थान में प्रदर्शन की व्यवस्था होती है। कहीं-कहीं चौकी द्वारा रंगमंच बना लिया जाता है। साधारण कपड़े का परदा काम में लाया जाता है। इसके अभिनय की विशेषता सामूहिक गायन-वादन है। कथानक प्रायः राम तथा कृष्ण के जीवन-घटनाओं से लिया जाता है।

'तोलु बोम्लाट'-लीला प्रदर्शन की इस अद्भुत प्रणाली में चमड़े की बनी पुत्तलिकाओं का प्रयोग किया जाता है। सूत्रधार इनको रंगमंच पर सजा देता है। सूत्र के सहारे इन पुत्तलिकाओं द्वारा अभिनय कराया जाता है। सूत्रधार स्वयं संवाद कहता तथा कथाक्रम पर प्रकाश डालता है। लीला की यह प्रणाली भारतीय सभ्यता तथा संस्कृति के साथ इण्डोनेशिया में भी पहुँची है। वहाँ जावा द्वीप में इसका प्रबल प्रचार है। इसमें प्रायः रामायण तथा महाभारत की घटनाएँ अभिनीत होती हैं और उसके साथ कभी-कभी लौकिक मनोरंजक कथाओं का भी अभिनय जुट जाता है।

केरल

मलयालम में लीला-प्रणाली को 'चनिकयार कुत्तु' कहते हैं। इसमें नृत्य के माध्यम से पौराणिक कथाओं का प्रदर्शन किया जाता है। धार्मिक परम्परा के कारण 'कुत्तु' का प्रदर्शन मन्दिरों के बाहर करने का साहस नहीं किया जाता। सम्पूर्ण रामायण का अभिनय पानव कुतु के माध्यम से इकतालीस दिनों तक किया जाता है।[44]

मैसूर

मैसूर राज्य में रामलीला का रूप दक्षिण भारत के नृत्य-नाट्य के आधार पर होता है। इसका समय प्रायः विजयादशमी के आस-पास होता है। राम के जीवन की मुख्य घटनाओं का भाव-नृत्य किया जाता है। इस नाट्य-नृत्य का स्वरूप विशुद्ध धार्मिक है। प्रारम्भ में गणेश-वन्दना की जाती है। इसके अनन्तर नृत्य प्रारम्भ होता है। इस नृत्य में संगीत का सम्यक् योग दृश्य की रसात्मकता की अभिवृद्धि करता है। रामकथा अत्यन्त लोकप्रिय होने के कारण पूरे चरित्र का प्रदर्शन आवश्यक नहीं समझा जाता। मुख्य-मुख्य घटनाओं का प्रदर्शन आकर्षक ढंग से होता है। केवल उन्हीं घटनाओं का चयन किया जाता है जो हृदय पर स्थायी प्रभाव डालने में समर्थ होती हैं। उदाहरण के लिए धनुष-यज्ञ, सीताहरण, रावण-अंगद-संवाद आदि को ले सकते हैं।

पात्रों की वेश-भूषा में अलंकरण का विशेष ध्यान रखा जाता है। उत्तर भारत की रामलीला में प्रायः सादगी रहती है। तड़क-भड़क या अन्य मण्डन-शिल्प पर विशेष ध्यान नहीं रखा जाता। परम्परागत शृंगार-प्रसाधन ही यथेष्ट माना जाता है पर मैसूर की नाट्य-प्रणाली में इसको प्रधानता दी जाती है। इसका कारण मुख्यतः यह है कि रामकथा के कुछ चुने हुए स्थल को सर्वाधिक भव्य रूप में उपस्थित किया जाय। जहाँ पूरी रामकथा का अभिनय होता है वहाँ मण्डन तथा अलंकरण की अपेक्षा मुख्यतः कथा पर ध्यान देना आवश्यक हो जाता है। दक्षिण में शैव मत का प्रभाव अधिक है। आज भी शिव के विशाल मन्दिर वहाँ मिलते हैं। अतः रामलीला के साथ शिवचरित की घटनाएँ भी प्रदर्शित की जाती हैं। उत्तर की रामलीलाओं में भी शिवचरित का समावेश किसी-न-किसी रूप में आता है पर उसका ध्येय रामचरित का विकास या महत्त्व रहता है। पर वहाँ शिवचरित का अभिनय स्वतन्त्र रूप से होता है। वह रामचरित से सम्बद्ध या उसके विकासार्थ नहीं होता।

उत्तर भारत की लीला-मण्डलियाँ कभी-कभी वहाँ पहुँच जाती हैं। उस समय रामलीला या रासलीला का आयोजन होता है। ये मण्डलियाँ अपनी विशेषताओं तथा कला के द्वारा रामभक्ति की मधुर धारा जनमानस में प्रवाहित करने में अद्भुत सफलता प्राप्त करती हैं। विजयादशमी का पर्व बड़े धूम-धाम से मनाया जाता है। राजस्थान की भाँति यहाँ भी राजा की सवारी सेना के साथ निकलती है। राजा सीमोल्लंघन के लिए दक्षिण दिशा में अभियान करते हैं। नगर के बाहर बड़े मैदान में रावण का पुतला बनाया जाता

है। रावण-वध बड़े उत्साह से किया जाता है।

महाराष्ट्र

महाराष्ट्र में लीला की दो प्रणालियाँ प्रचलित हैं—1. अभिनय प्रणाली तथा 2. कथात्मक प्रणाली। लीला प्रदर्शन की पहली प्रणाली को 'ललित' कहते हैं। यह प्रणाली अत्यन्त प्राचीन काल से प्रचलित है। सत्रहवीं शताब्दी में सन्त तुकाराम के अभंगों में इसकी चर्चा आयी है।[45] इसमें दश अवतार की कथाएँ मुख्य रूप से अभिनीत होती हैं। अतः इसे 'दशावतारी' भी कहते हैं। 'ललित' का अभिनय विशेष अवसरों पर किया जाता है। नवरात्र तथा पर्वों पर ये लीलाएँ महाराष्ट्र के प्रायः सभी भागों में होती हैं। इसकी विशेषता यह है कि इसमें गद्य का प्रयोग भी किया जाता है। प्राचीन 'दशावतारी' गद्य हिन्दी से मिलते-जुलते हैं। अभिनय का यह ढंग हिन्दी प्रान्त की लीलाओं के सर्वाधिक समीप है। कथोपकथन के साथ गीत तथा भजन भी रखे जाते हैं। ये लोकगीत प्रायः मराठी भाषा के होते हैं। इनके गायन पर विशेष बल दिया है। साज-सज्जा तथा अभिनय-प्रणाली पर बंगाल की यात्राओं का स्पष्ट प्रभाव परिलक्षित होता है।[46]

दशावतारों में राम का महत्त्वपूर्ण स्थान है। अतः इसमें उनकी जीवन-झाँकियों का प्रदर्शन होता है।[47] महाराष्ट्र में समर्थ गुरु रामदास ने भक्ति-आन्दोलन को सारे प्रदेश में व्यापक बनाया था। उन्होंने गाँव-गाँव में मारुति-मन्दिर की स्थापना करके रामचरित की व्याख्या की। भारत के प्रत्येक भाग में यह प्रणाली किसी-न-किसी रूप में प्रचलित है। आधुनिक काल में इसे अभिनय नहीं माना जाता पर प्राचीन साहित्य में इसकी गणना जन-नाटकों में की जाती थी।[48] इसमें 'ग्रन्थिका' ग्रन्थों का सस्वर पाठ करते थे।

डॉ. रिजवे ने पूना से प्राप्त विवरण के आधार पर रामलीला का वर्णन अपने प्रसिद्ध ग्रन्थ में किया है। यह लीला रामनवमी के अवसर पर नवरात्र भर होती है। नगर के अतिरिक्त गाँवों में भी रामलीला का आयोजन होता है। प्रत्येक रात्रि को रामकथा की घटनाओं का प्रदर्शन होता है। अन्तिम दिन रावण-वध की लीला करके पूर्णाहुति होती है।[49]

मालवा

यहाँ का मांच लोकप्रिय रंगमंच है। मांच मंच का ही तद्भव रूप है। इसमें विशेष रूप से लौकिक मनोरंजक कथाओं का अभिनय होता है। किन्तु मनोविनोद के लिए कभी-कभी पौराणिक तथा अवतारी कथाओं का भी अभिनय किया जाता है। पर इन कथाओं का रूप भी श्रृंगारपरक ही अधिक होता है, भक्तिपरक कम। यही स्थिति रामकथा के सम्बन्ध में भी है। इसका अभिनय जनता की अभिरुचि का विशेष ध्यान रखकर भक्तों के आग्रह पर होता है।

मालाबार

मालाबार में लीलाभिनय की दो प्रणाली है—प्रथम 'यवाकुथुं' तथा दूसरी 'कथाकली नृत्य'। इस प्रदेश में 'यवाकुथुं' अपने ढंग की अद्भुत एवं अद्वितीय प्रणाली है। 'यवाकुथुं' को छायानाटक कहा जा सकता है। 'छायानाटक' का प्रचलन भारत में अत्यन्त प्राचीन काल से है। प्रसिद्ध 'दूतांगद' छायानाटक तेरहवीं शती की रचना है। भारत में इसका प्रचार इससे भी सहस्रों वर्षों पूर्व था। बौद्धधर्म के प्रचार के साथ नाटक का यह रूप पूर्वेशिया के देशों में पहुँचा। पूर्वी द्वीप समूह, चीन तथा जापान में छायानाटकों का प्रचलन आज भी है। छायानाटकों में दीपक के सहारे परदे पर अभिनेताओं की छाया डाली जाती है। अभिनेता परदे के पीछे रहता है। दर्शक छाया के माध्यम से अभिनय देखते हैं। 'यवाकुथुं' का अभिनय मन्दिरों में होता है। इनके अभिनेताओं को मन्दिरों से आर्थिक सहायता मिलती है। इसमें रामचरित के विशेष अंशों का प्रदर्शन होता है जैसे—ताड़का-वध, सेतुबन्ध, लंका-दहन, राम-रावण-युद्ध आदि।

'कथाकली' नृत्य लीला प्रदर्शन का दूसरा रूप है। यह दक्षिण भारत का बहुत ही लोकप्रिय नाट्य-नृत्य है। केरल के शासकों ने सैकड़ों कथाकली-नाट्य-नृत्यों की रचना की है। राजा 'कथाकली' की मण्डलियों को आश्रय प्रदान करते थे। धनी नम्बूदरी भूपतियों ने भी आश्रय देकर इनको प्रोत्साहित किया।

'कथाकली' के द्वारा रामायण, महाभारत तथा अन्य पौराणिक कथाओं का प्रदर्शन होता है।[50] जनता को प्रदर्शन की सूचना सायंकाल ढोल तथा झाँझ की विशेष ध्वनि से दी जाती है। रंगमंच साधारणतः चौकी का बनाया जाता है। दो व्यक्ति एक परदा लेकर खड़े हो जाते हैं। पात्र परदे के पीछे रहते हैं और वहीं से देव-वन्दना के श्लोक पढ़े जाते हैं तथा भजन होता है। तत्पश्चात् परदा हटा देते हैं और नृत्य प्रारम्भ होता है। नृत्य में हाव-भाव, अंग-परिचालन तथा विभिन्न आकृतियों एवं मुद्राओं से घटनावली की अभिव्यक्ति की जाती है। इसीलिए इसको 'कथाकली' कहते हैं।

बम्बई

यहाँ रामलीला बम्बई में बसे अन्य प्रदेश के निवासियों द्वारा की जाती है। रामलीला का निश्चित आयोजन विजयादशमी के अवसर पर होता है। अन्य प्रान्त के, विशेषतः उत्तर प्रदेश के व्यक्ति जिस स्थान पर रहते हैं, वहां रामलीला की जाती है। बम्बई के निवासियों का जीवन बहुत व्यस्त है। अतः सामाजिक या धार्मिक कार्यों के लिए यथेष्ट समय नहीं मिल पाता। फलस्वरूप रामलीला का आयोजन क्वार के नवरात्र में किया जाता है। नौ दिन तक रामचरित की मुख्य घटनाओं का अभिनय होता है। विजयादशमी के दिन रावण-वध की लीला के साथ समाप्ति हो जाती है। कभी-कभी एकादशी को भरत-मिलाप तथा राजगद्दी की लालाएँ की जाती हैं। मथुरा की मण्डलियाँ भी यहाँ पहुँचकर रामलीला तथा कृष्णलीला का प्रदर्शन विभिन्न स्थानों पर करती हैं।

गुजरात

गुजरात में रासधारी मण्डलियों द्वारा लीला का प्रदर्शन होता है। मथुरा के आस-पास की ये मण्डलियाँ यहाँ कृष्णलीला का अभिनय मुख्य रूप से प्रस्तुत करती हैं। वे रामलीला का आयोजन जनता के आग्रह पर ही करती हैं। इनके प्रदर्शनों में राम तथा कृष्ण के पूरे जीवन की झाँकी नहीं मिलती। केवल मुख्य घटनाओं के ही दर्शन होते हैं। जनता की रुचि तथा अवसर की उपयुक्तता के अनुसार लीला की व्यवस्था होती है। इनमें संगीत की प्रधानता रहती है। प्रायः ब्रजभाषा का प्रयोग होता है। रामलीला के प्रसंग में अवधी के भजन या गीत भी प्रयुक्त किये जाते हैं।

ट्रावंकोर

ट्रावंकोर के कोट्टारकार (Kottarakara) के राजा ने पन्द्रहवीं शती में 'रामनाट्टम्' नामक एक पद्य नाटक लिखा। इसका अभिनय नृत्य-नाट्य द्वारा किया जाता था। इसमें कथोपकथन नहीं रखा गया। भाव-भंगिमा मुखाकृति, हाव-भाव तथा नृत्य के द्वारा अभिनय सम्पन्न होता था। कहानी संगीत के रूप में परदे के पीछे से गायी जाती थी। इस प्रकार के नाट्य-नृत्य ट्रावंकोर में आज भी प्रचलित हैं। यद्यपि इसका प्रारम्भ रामलीला से हुआ था पर अन्य धार्मिक कथाओं को भी इसमें स्थान दिया जाने लगा है।[51] कथावली नृत्य से इसका रूप अत्यधिक मिलता है।

विदेशों में रामलीला

ऐसा विश्वास किया जाता है कि विश्व के प्रांगण में सर्वप्रथम ज्ञान, सभ्यता तथा संस्कृति का उद्भव इसी भारतभूमि में हुआ था। रामायण तथा महाभारत के अध्ययन से पता चलता है कि भारत का सम्बन्ध विश्व के अनेक देशों से रहा है।[52] वृहत्तर भारत का इतिहास सिद्ध करता है कि पूर्वीय द्वीप समूह तथा एशिया के दक्षिणी-पूर्वी भूखण्ड तक भारतीय सीमा का विस्तार था।[53] भारत के राजनीतिक अभियान के साथ-साथ सांस्कृतिक अभियान भी सफल हुए।[54] कई सहस्र वर्ष पूर्व प्रस्थान करके भारतीय जन अमेरिका पहुँचे। श्री चमनलाल ने अपनी प्रसिद्ध पुस्तक 'हिन्दू अमेरिका' में वहाँ की सभ्यता, संस्कृति, उपासना-पद्धति एवं मन्दिरों का विस्तृत विवरण उपस्थित किया है। उक्त देशों में भारतीय सभ्यता तथा संस्कृति के अनेक चिह्न मिलते हैं। उनकी सामाजिक परम्परा, सांस्कृतिक कार्य-प्रणाली एवं पर्व-पद्धति में भारतीयता की स्पष्ट छाप है। इस प्रकार के सांस्कृतिक प्रदर्शनों में रामलीला का प्रमुख स्थान है।[55]

विदेशों में भी लीला के दो रूप मिलते हैं—1. रामकथा का अभिनय, 2. रामचरित का अभिनय। पहले रूप में चित्रों द्वारा की व्याख्या की जाती है।

दूसरे रूप में अभिनय द्वारा रामचरित का दिग्दर्शन कराया जाता है। इन अभिनयों की भी तीन प्रणालियाँ हैं—1. पात्रों द्वारा अभिनय, 2. पुत्तलिका नृत्याभिनय तथा 3. नाट्य-नृत्य।

पूर्वी द्वीप समूह के प्रदर्शन प्रायः दक्षिण भारत की प्रदर्शन-प्रणालियों के अनुरूप है। अतः दक्षिण भारत से ही यह प्रणाली वहाँ पहुँची होगी।[56] पूर्वेशिया की लीला-प्रणाली पर बंगाल तथा आसाम का भी प्रभाव लक्षित होता है। इससे अनुमान होता है कि इस भाग में रामलीला असम तथा बंगाल से होती हुई पहुँची है। विभिन्न देशों की लीला-प्रणाली के अवलोकन से यह स्पष्ट हो जाता है।

ब्रह्मदेश (बर्मा)

यहाँ नाट्य का मूल रूप पुत्तलिका-नृत्य माना जाता है। इसलिए यहाँ के निवासी उसे उच्चकोटि की कला मानते हैं। बर्मा के नाटक प्रगतिशील हैं। उनमें संगीत, वाद्य तथा नृत्य की प्रधानता है।[57] अतः उन्हें नाट्य-नृत्य ही कहना चाहिए। उनमें प्रायः रामायण की कथा का अभिनय होता है। बौद्धधर्म का प्रभाव बढ़ने पर उनमें जातकों की कथाएँ भी घुस गयी हैं। जनक जातक एवं दशरथ जातक के अभिनय का उल्लेख अनेक स्थानों पर मिलता है। कभी-कभी गौतम बुद्ध से सम्बद्ध अभिनय भी होते हैं। उक्त जातकों में राम की चर्चा आयी है। इससे स्पष्ट है कि बौद्ध धर्म की प्रबलता के समय भी रामलीला होती थी पर कथानक बौद्धधर्म की रामकथा के अनुसार रखे जाते थे। ब्रह्मदेशीय रामलीला की वेश-भूषा, अभिनय-प्रणाली, भाव-भंगिमा एवं अंग-संचालन आदि कम्बोज की रामलीला के अनुरूप होते हैं। अतः निश्चय है कि ब्रह्मदेश के निवासियों ने रामलीला कम्बोज से ग्रहण की है। यहाँ बारहवीं शती में कुछ युद्ध बन्दी स्याम से लाये गये थे जिन्होंने रामलीला का अभिनय किया था।[58]

नाट्य-नृत्य के अतिरिक्त ब्रह्मदेश में पुत्तलिका-नृत्य द्वारा भी रामलीला का प्रदर्शन होता है। भारत का पुत्तलिका-नृत्य पूर्वेशिया के सभी देशों में लोकप्रिय है।

मलय प्रायद्वीप

यहाँ रामलीला की दो प्रणालियाँ हैं—पहली छायानाटक की प्रणाली, दूसरी नाट्य-नृत्य की। सारे प्रायद्वीप में रामलीलाएँ इन्हीं माध्यम से अभिनीत होती हैं। छायानाटक के द्वारा राम के जीवन की मुख्य घटनाएँ किसी भी स्थान या समय पर प्रदर्शित की जाती है। नाट्य-नृत्य के माध्यम से मन्दिरों या नाट्यशालाओं में रामकथा का अभिनय होता है। इस अभिनय में संगीत, वाद्य तथा नृत्य की प्रधानता रहती है। कथोपकथन या तो होता ही नहीं और यदि होता है तो बहुत कम। कुछ प्रदर्शनों में हनुमान् का चरित्र अभिनीत किया जाता है।[59]

कम्बोज

लगभग 2000 वर्ष पूर्व भारतीय सभ्यता तथा संस्कृति कम्बोज में पहुँच चुकी थी। भारत के कौण्डिन्य ब्राह्मणों ने सर्वप्रथम इस भूमि में वैदिक सन्देश सुनाया। इस देश की चर्चा पुराणों में अनेक स्थानों पर मिलती है। भारतीय संस्कृति का दूसरा अभियान उन्हीं कौण्डिन्यों के द्वारा हुआ। वे तत्कालीन सभ्यता एवं संस्कृति में सुधार करने के लिए पुनः पहुँचे। इस तथ्य के पुष्ट प्रमाण वहाँ के शिलालेखों में सुरक्षित हैं।[60]

वहाँ भारतीय संस्कृति के साथ भगवान् राम की जीवन-गाथा तथा रामलीला की परम्परा का भी समावेश हो गया। वहाँ की प्राचीन भाषा संस्कृत है। अतः अनुमान किया जाता है कि यहाँ की रामकथा का प्रचार वाल्मीकीय रामायण द्वारा हुआ। इस देश की राजकीय रंगशाला का नाम 'रंग राम' है। इसका व्यवस्थापक सामूहिक गान करनेवाले व्यक्तियों से कुछ दूरी पर बैठता है। उसके सामने छोटी-सी चौकी पर ग्रन्थ रखा जाता है। वह यथावसर ग्रन्थ का पाठ करता है। वही पात्रों के अभ्यास तथा साज-सज्जा की भी व्यवस्था करता है। प्रदर्शन में संगीत, अभिनय, भाव-भंगिमा तथा मुख-मुद्रा की प्रधानता रहती है। पात्र न तो

कथोपकथन करते हैं और न गाते हैं। कथानक को संगीतज्ञ बड़े मधुर स्वर से गाते हैं तथा दो छोटी लकड़ी से ताल भी देते हैं। अभिनेता मन्थर गति से मंच पर आता है। वह अपनी मुख-मुद्रा, भाव-भंगिमा, अंग-संचालन आदि के द्वारा गाये हुए या पठित अंश का अभिनय करता है। उसकी वेश-भूषा, साज-सज्जा तथा कला अत्यन्त मनोहर होती है। रामलीला में सभी अभिनेता पुरुष रहते हैं। अन्य अभिनयों में स्त्रियाँ भी सम्मिलित होती हैं।

रामलीला का आधार 'रामा के' नामक ग्रन्थ है जो सम्भवतः वाल्मीकीय रामायण का अनुवाद है। राम, लक्ष्मण, रावण, हनुमान् तथा अंगद सभी कम्बोज की वेश-भूषा धारण करते हैं। डॉ. रिजवे का मत है कि रामलीला की परम्परा कम्बोज ने बाली या जावा से ली है।[61] पर ऐतिहासिक तथ्यों के आधार पर अनुमान होता है कि उसने यह परम्परा सीधे भारत से या यों कहें कि दक्षिणी भारत से ग्रहण की है।

स्याम

यहाँ रामलीला के दो रूप हैं—1. नाट्य-नृत्य तथा 2. पुत्तलिका-नृत्य। रामलीला का आधार 'रामकीन' नामक रामायण है। इसका कथानक भारतीय 'रामायण' से कुछ भिन्न है। ऐसा प्रतीत होता है कि अत्यन्त प्राचीन काल से प्रचलित होने के कारण जिस प्रकार जैन तथा बौद्ध रामकथा में परिवर्तन हो गये हैं, उसी प्रकार स्याम की रामकथा में भी। पुत्तलिका-नृत्य द्वारा रामलीला-प्रदर्शन अधिक लोकप्रिय है। यहाँ रामलीला को 'याम प्ले' कहते हैं। यहाँ राम-सम्बन्धी नाटकों का व्यापक प्रचार है। 'याम प्ले' के चेहरे बहुमूल्य तथा अत्यन्त कलापूर्ण होते हैं।

ब्रह्मदेश ने जब स्याम पर आक्रमण किया तब स्याम के बहुत-से युद्ध बन्दी ब्रह्मदेश में लाये गये। उन लोगों ने वहाँ रामलीला का प्रदर्शन किया।[62]

जावा

इस द्वीप में भारतीय ईसा से कतिपय शताब्दी पूर्व पहुँच चुके थे।[63] उस समय भारत तथा चीन के बीच व्यापारिक सम्बन्ध था। मलक्का, सुमात्रा, जावा तथा बोर्नियो सभी देशों में इसके प्रमाण मिलते हैं।[64] मौर्य तथा गुप्तकाल में इन देशों से भारत का सम्बन्ध और भी दृढ़ हो गया था।[65] समुद्रगुप्त के शासनकाल में सांस्कृतिक दृष्टि से ये पूर्वीय देश भारत से पूर्णतः सम्बद्ध थे।[66] इन सभी देशों में भारतीय धर्म तथा संस्कृति आज भी विद्यमान है। वहाँ के शिव मन्दिरों, शिलालेखों, धर्म-कर्म, नृत्य-संगीत तथा प्रचलित रीति-रिवाजों को देखने से इस तथ्य की पुष्टि होती है।

जावा के अधिकांश निवासी मुसलमान हैं पर उनका नाट्य-नृत्य रामायण तथा महाभारत की कथाओं पर आधृत हैं।

यहाँ के नाट्य-नृत्य में अंग-संचालन तथा नृत्य के आदर्श विशेष महत्त्वपूर्ण माने जाते हैं। अभिनय की सजीवता एवं स्वाभाविकता गौण मानी जाती है। उसका उद्देश्य केवल कथानक को स्पष्ट करना रहता है।

जावा के नाट्य-नृत्य दो प्रकार के होते हैं।[67] पहले का नाम 'तो-पंग' है। इसमें मानव पात्र चेहरे लगाकर अभिनय करते हैं। दूसरे को 'वेयांग' कहते हैं। इसमें छाया द्वारा अभिनय होता है। इसमें चर्म-पुत्तलिकाओं द्वारा भी अभिनय सम्पन्न होता है। ऐसे अभिनय 'वेयांग क्लिटिक' कहे जाते हैं। इन पुत्तलिकाओं की लम्बाई अट्ठारह इंच से लेकर दो फुट तक की होती है। 'वेयांग' के दो भेद और हैं। उनके नाम 'वेयांग गेडाग' तथा 'वेयांग पूर्व' हैं। इनका नामकरण इतिहास के विभिन्न युगों के नाम पर किया गया है। वेयांग पूर्व में चिर-प्राचीन काल से लेकर राजा परीक्षित तक की कथा का अभिनय होता है। इसके कथानक प्रायः रामायण-महाभारत से लिये जाते हैं। इसका सूत्रधार दालंग वहाँ की कवि भाषा में काव्य-पाठ करता है। इसके अनन्तर वह साधारण जन के लिए सरल जावाई भाषा में अनुवाद करता है।

'वेयांग गेडाग' में राजा परीक्षित के उत्तरकालीन इतिहास का कथानक लिखा जाता है।

'वेयांग पूर्व' में जावा की रामायण 'सरेत राम' से कथानक ग्रहण करते हैं। यह वाल्मीकीय रामायण से प्रभावित है।[68]

'वेयांग पूर्व'

इसमें रंगमंच पर परदे की व्यवस्था नहीं होती। भारतीय रामलीला की भाँति दर्शक मंच के चारों ओर बैठ जाते हैं। अभिनेता दूर से नृत्य करते हुए मंच तक पहुँचते हैं। सूत्रधार को 'दालंग' कहते हैं। वही अभिनय को सुव्यवस्थित रखता है। वह गाता तथा आवश्यकतानुसार कथा-प्रवाह की दृष्टि से व्याख्या भी करता चलता है। इसमें केवल पुरुष पात्र अभिनय करते हैं। प्रदर्शन में न्याय तथा अन्याय दो पक्ष रखे जाते हैं। भारतीय आदर्श के अनुसार न्याय की विजय तथा अभिनय करते हैं। अन्याय की पराजय प्रदर्शित की जाती है। नृत्य-गति से पात्र के स्वभाव तथा गुण का परिचय मिल जाता है। राम की गति में शान्ति तथा पौरुष का भाव रहता है और रावण की गति में उग्रता तथा तीव्रता। इसी के अनुरूप राम तथा रावण दोनों पक्षों के अन्य व्यक्तियों की भी नृत्य-गतियाँ होती हैं।[69]

भारतीय रामलीलाओं में पात्र नकली तलवार-ढाल आदि का उपयोग करते हैं पर वहाँ कागज या दफ्ती की छोटी छुरियों का व्यवहार करते हैं। उनके धनुष-बाण भी एक हाथ से बड़े नहीं होते।

राम, लक्ष्मण, भरत, शत्रुघ्न आदि भड़कीले मुकुट धारण करते हैं। लक्ष्मण के मुकुट में सींग जैसे पदार्थ लगाये जाते हैं। रावण के मुकुट में इसी प्रकार की सीगें रहती हैं। लक्ष्मण के मुकुट की सींगें ऊपर की ओर तथा रावण के मुकुट की नीचे की ओर कुंचित रहती हैं।[70]

उत्तम मानव पात्रों को छोड़कर शेष सभी पात्र चेहरे लगाते हैं। शूर्पणखा चेहरा नहीं लगाती। कुछ प्राचीन सुन्दर चेहरों के देखने से अनुमान होता है कि पहले राम तथा लक्ष्मण भी चेहरे पहनते थे। बन्दरों तथा राक्षसों के चेहरे भयावह तथा भद्दे होते हैं।

सीता पुष्पाच्छादित मुकुट धारण करती हैं। उनकी वेश-भूषा 'लिगांग' नर्तकों के ढंग की होती है। उनके सिर पर लम्बे बाल रहते हैं जिनमें पुष्प गूँथे जाते हैं। राक्षसों की वेश-भूषा बड़ी भयावनी तथा आश्चर्य-जनक होती है। रावण के सिर पर भारत में गदहे का सिर रहता है पर वहाँ गरुड़ पक्षी।

यहाँ नाट्य-नृत्य की वेश-भूषा एवं साज-सज्जा ऐच्छिक नहीं है। ये धार्मिक दृष्टि से अनिवार्य माने जाते हैं। जावा के सुल्तान के महलों में रामलीला का आयोजन रात-रात-भर चलता रहता है। इसकी तैयारी में विपुल धन-राशि व्यय होती है तथा उसका अभ्यास महीनों पहले से आरम्भ होता है।[71]

'वेयांग क्लिटिक' द्वारा भी रामलीला का आयोजन होता है। इसमें भारतीय कठपुतलियों के समान अभिनय की व्यवस्था होती है। बारहवीं शती में चित्र कागज या कपड़े पर बनाकर लकड़ियों पर लपेट लिये जाते थे। व्यवस्थापक चित्र दिखलाकर उसकी व्याख्या करता था। कालान्तर में चित्रों का स्थान चर्म-पुत्तलिकाओं ने ले लिया। यह प्रदर्शन आज भी धूम-धाम से होता है।

बाली

स्थानीय भाषाओं के अध्ययन के आधार पर डॉ. डब्ल्यू.एफ. स्टुटेरहेम का मत है कि पूर्वी द्वीपों में विदेशी जातियाँ ईसा से कुछ शताब्दी पूर्व पहुँच चुकी थीं।[72] भारत-चीन के व्यापारिक मार्ग में पड़ने के कारण भारतीय उन द्वीपों में पहुँचे। वहाँ भारतीय सभ्यता एवं संस्कृति के प्रचार के दो युग माने गये हैं। प्रथम युग में यह प्रत्यक्ष भारत से पहुँची। द्वितीय युग में जावा निवासियों द्वारा सन् 1000 में इसका प्रचार हुआ।[73] बाली के प्रथम उल्लिखित प्रमाण के अनुसार इस द्वीप में हिन्दुओं का प्रथम आगमन लगभग 700 ई. में हुआ।[74]

बाली में हिन्दू संस्कृति के साथ-साथ रामकथा तथा रामलीला का प्रचार हुआ। रामलीला का महत्त्व धार्मिक दृष्टि से इतना अधिक है कि वहाँ अभिनय की सभी प्रणालियों द्वारा इसका प्रदर्शन बड़े उत्साह से किया जाता है। पात्रों की वेश-भूषा तथा साज-सज्जा में किसी प्रकार का परिवर्तन अवांछनीय माना जाता है। रामलीला में केवल पुरुष-पात्र ही अभिनय करते हैं। बाली ने भारतीय कला तथा संगीत को

यहाँ की नाट्य-प्रणाली में वेजंग वांग, वेजांग कौलिट तथा केट जाक मुख्य हैं। इन तीनों प्रणालियों में रामलीला का अभिनय होता है।

रंगमंच—रामलीला का आयोजन प्रायः मन्दिर, मन्दिर के आँगन, भवनों के आँगन तथा मैदान में होता है। कभी-कभी पेड़ों के झुरमुट के नीचे या घने वृक्ष के नीचे भी प्रदर्शन का आयोजन किया जाता है। कहीं-कहीं ताड़-पत्रों के छाजन के नीचे भी अभिनय होता है। जनता मंच के चारों ओर बैठती है। केवल पात्रों के आवागमन के लिए मार्ग छोड़ दिया जाता है। नर्तक केवल उसी अवस्था में मंच से उतरते हैं जब उन्हें चेहरा धारण करना होता है। अभिनय के अतिरिक्त अन्य समय में वे गेमलन (वाद्य) के पास बैठे रहते हैं। दृश्य-परिवर्तन की सूचना कथोपकथन द्वारा मिल जाती है।

छाया नाटकों में कपड़े के परदे पर पुत्तलिकाओं की छाया डाली जाती है। इसके लिए नारियल-तेल के दीपक से काम लिया जाता है।

समय—रामलीला के अभिनय का समय वर्ष में 'कोनिंगन' नामक पितृपक्ष होता है। बाली निवासियों का विश्वास है कि उक्त काल में पूर्वज आकर घरों तथा मन्दिरों में निवास करते हैं। प्रायः एक सप्ताह तक रामलीला का उत्सव धूम-धाम से होता है।

'वेजंग' का अर्थ छाया तथा 'वांग' का अर्थ मनुष्य है। 'वेजंग वांग' उस अभिनय को कहते हैं जिसमें मानव-पात्र अभिनय करते हैं।

रामलीला का प्रारम्भ राम के वन-गमन से प्रारम्भ होता है। मारीच-वध, सीता-हरण, सुग्रीव-मिताई तथा लंका पर चढ़ाई की मुख्यलीलाएँ प्रदर्शित की जाती हैं। अन्त में रावण-वध करके समापन होता है।

इस अभिनय में कई विचित्रताएँ हैं। राम का साथ देनेवाले सुग्रीव तथा विभीषण प्रारम्भ से ही उनके साथ दिखलाये जाते हैं। रामलीला में 'ड्रोइया' नामक सर्प तथा 'अस्ति' नामक हाथी भी भाग लेता है। सम्पाती शेर के रूप में दिखलाया जाता है।

पात्रों की वेश-भूषा जावा की रामलीलाओं के समान होती है। मनुष्य चेहरे नहीं लगाते। रावण के सिर पर गधे के सिर के स्थान पर गरुड़ रहता है। आश्चर्य की बात है कि यही गरुड़ सीता के सिर के पिछले भाग पर रखा जाता है। वह रावण के सिरवाले गरुड़ की अपेक्षा छोटा होता है। सीता के कन्धे के पास परी जैसे पंख लगाये जाते हैं। सभी पात्र नृत्याभिनय करते हैं। उत्तम चरित्रवाले पात्रों के नृत्य कोमल, सौम्य तथा मनोरंजक होते हैं। राक्षसों के नृत्य में बर्बरता, रौद्रता तथा तीव्र गतिशीलता पायी जाती है। पशुओं का नृत्य भयंकर होता है। वे अत्यधिक उछल-कूद करते हैं।[75] 'केतजाक' नृत्य भी रामकथा पर आधृत है। रामायण के विभिन्न दृश्य इसके माध्यम से अभिनीत होते हैं। कथानक का परिचय काव्य के सस्वर पाठ द्वारा दिया जाता है। इसमें भी मानव पात्रों द्वारा अभिनय होता है। 'वेजंग वांग' की अपेक्षा इसमें नृत्य की अधिकता रहती है। वेश-भूषा, साज-सज्जा तथा अभिनय-प्रणाली वेजंग वांग से बहुत साम्य रखती है।[76]

'वेजांग कौलिट'

वजांग कौलिट का शब्दार्थ चमड़े की प्रतिच्छाया है। पहले बाली द्वीप में कपड़े या कागज पर चित्र बनाकर लकड़ी पर लपेट लेते थे। उन चित्रों का प्रदर्शन सूत्रधार जिसे 'वेयंग वेवर' कहते हैं, करता था। वह उनकी व्याख्या भी करता जाता था। कालान्तर में उन चित्रों के स्थान पर चर्म-पुत्तलिकाओं का प्रयोग होने लगा। आगे चलकर उन चर्म-पुत्तलिकाओं की छाया परदे पर डाली जाने लगी। इस प्रकार आजकल छाया नाट्यों का प्रदर्शन होता है। इसे 'वेजांग कौलिट' कहते हैं। इसमें पात्रों के अलंकरण, वेश-भूषा तथा उपकरण वेजंग वांग के समान ही रहते हैं। कथानक भी उसी प्रकार के रखे जाते हैं। दोनों में अन्तर इतना ही है कि उसमें जहाँ मानव अभिनेता होते हैं, इसमें वहाँ चर्म-पुत्तलिकाएँ।

बाली तथा जावा की रामलीलाओं में बहुत साम्य है। जावा में रामलीला को राजाश्रय प्राप्त होने के कारण बड़े ही उच्च स्तर पर धूम-धाम से अभिनय होता है जिसमें प्रचुर धन-राशि तथा समय लगाया जाता है। पर बाली की रामलीलाएँ जन आश्रय के कारण उतनी धूम-धाम से नहीं होतीं।[77]

अमेरिका

भारतीय संस्कृति विश्व की सभी संस्कृतियों से प्राचीन है।[78] यह अमेरिका में अत्यन्त प्राचीन काल में पहुँच चुकी थी। केवल एशिया ही नहीं अपितु सारे पश्चिमी संसार के देशों ने भारत से ही ज्ञान तथा धर्म की शिक्षा ग्रहण की।[79] भारतीय व्यापारियों के द्वारा सारे विश्व में संस्कृति का प्रचार हुआ।[80] उत्तरी-दक्षिणी तथा मध्य अमेरिका में हिन्दू उत्सव, रीति, पर्व आदि पाये जाते हैं। यहाँ के भारतीयों के नृत्य भी भारतीय नृत्यों से मिलते-जुलते हैं।[81] इन्द्रध्वज-महोत्सव के समान ही उत्सव पेरू, मैक्सिको तथा अन्य अनेक स्थानों में होता है। इसे चरक-पूजा कहते हैं। यह उत्सव दक्षिण भारत में आज भी विद्यमान है।[82]

राम-विजय की स्मृति में अमेरिका के भारतीय दशहरा का उत्सव करते हैं। आज भी रामकथा से सम्बद्ध पात्रों की विशाल तथा भड़कीली मूर्तियाँ तथा पुतले बनाये जाते हैं। ये भारत के दशहरा पर होनेवाली रामलीलाओं के पुतलों के समान होते हैं। पेरू के निवासी 'राम-सीता-उत्सव' के नाम से दशहरा मनाते हैं। मैक्सिको में भी दशहरा बड़े उत्साह से मनाया जाता है। मैक्सिको के निवासी इस अवसर पर राम-रावण-युद्ध के प्रदर्शन की व्यवस्था आज भी करते हैं।[83]

मैक्सिको की यात्रा में अटलाण्टिक महासागर से प्रशान्त महासागर जाते समय मार्ग में एक दिन श्री चमनलाल ने एक व्यक्ति को हनुमान् का चेहरा लगाये हुए देखा। दो दिन पश्चात् वहाँ हिन्दू नृत्य तथा राम-रावण-युद्ध की लीला का प्रदर्शन हुआ। इस घटना से सिद्ध होता है कि वहाँ दशहरे पर रामलीला का आयोजन भारतीय प्रणाली पर होता है। वे भारतीय संस्कृति के इस विस्तार को देखकर गर्व से फूले न समाये।[84]

उन्होंने अपनी यात्रा के अनुभव तथा अनेक देशों के धार्मिक पर्वों, कृत्यों तथा संस्कारों का अध्ययन कर यह निष्कर्ष निकाला है कि राम की उपासना किसी समय संसार के सभी देशों में होती थी।[85] उन्होंने इसके अनेक प्रमाण भी दिये हैं। यदि राम की उपासना विश्वव्यापिनी थी तो रामलीला भी विश्वव्यापिनी अवश्य रही होगी। इसके अवशेष ही अमेरिका में मिलते हैं। भातीय नाट्य-प्रणाली पश्चिमी एशिया, मिस्र तथा उत्तरी अफ्रीका तक पहुँची थी।[86] प्राचीन काल से ही रामकथा नाट्य-प्रणाली के विकास से सम्बद्ध है। अतः बहुत सम्भावना है कि रामलीला का प्रचार सार्वभौमिक रहा हो।

रूस

रूस के केन्द्रीय कठपुतली नाट्यशाला में रामायण पर आधृत बँगला नाट्यशाला की पुत्तलिकाओं का संग्रह है। इन्दिरा गाँधी जब वहाँ पहुँचीं तब उनके सम्मान में रूस के जन-कलाकार एस.ओ. ब्राजतसोव द्वारा निर्देशित पुत्तलिका-नाट्य हुआ।[87] रूसी भाषा में रामचरितमानस का अनुवाद हुआ है। इसके साथ ही वहाँ रामलीला का भी आयोजन होता है।

अण्डमान निकोबार, फीजी द्वीप समूह, मॉरिशस तथा मार्शलीज टापू के भारतीय आधुनिक प्रणाली से रामलीला करते हैं। अण्डमान निकोबार के अतिरिक्त अन्य द्वीपों के भारतीय श्रमिक अपने साथ रामलीला की परम्परा ले गये। इन स्थानों में उत्तर प्रदेश की रामलीला का रूप परिलक्षित होता है।[88]

चित्राभिनय में रामलीला (रामकथा का अभिनय)

भारत में चित्राभिनय प्रणाली की चर्चा पहले हो चुकी है। यह प्राचीन परम्परा विदेशों में भी पल्लवित हुई। जिस प्रकार भारत में धारवाड़ जिले का लोकेश्वर मन्दिर रामकथा के चित्रों से अभिभूषित है[89] उसी प्रकार पूर्वेशिया के अनेक देशों में रामकथा के दृश्य मन्दिरों की भित्तियों पर अनुचित्रित या उत्कीर्ण हैं। रामलीला के इस स्थायी तथा चिरदर्शनीय प्रणाली को वहाँ के निवासियों ने बड़े उत्साह से अपनाया।

जावा में विष्णु के अनेक अवतारों की मूर्तियाँ उपलब्ध होती हैं। उनमें मत्स्य, वाराह, नृसिंह, राम तथा कृष्ण की मूर्तियाँ विशेष उल्लेखनीय हैं।[90] यहाँ प्रम्बनन तथा पनारतन के मन्दिरों की भित्तियों पर रामकथा के दृश्य उत्कीर्ण हैं।[91] गजा नामक स्थान के मन्दिरों में रामकथा के भित्तिचित्र मिलते हैं। जकार्ता से 22 मील दूर 'चण्डी लारा जंग रंग' यह 'कोमल देवी' के मन्दिर समूह हैं। शिव मन्दिर के 24 फलकों

में रामकथा उनके जन्म से प्रारम्भ होकर सेतु बन्धन तक अंकित हैं। इनमें सीता-स्वयंवर के चित्र विशेष आकर्षक हैं। इसके बाद की कथा ब्रह्म के मन्दिर के फलकों पर पूरी की गयी है।

कम्बोज या चम्पा

अंगकोरवाट तथा हेम शृंग के मन्दिरों में रामकथा से सम्बद्ध घटनाओं का अंकन किया गया है।[92] इन प्रतिच्छायाओं में उल्लेखनीय दृश्य निम्नलिखित हैं—1. विराध की मृत्यु, 2. स्वर्णमृग-वध, 3. राम-सुग्रीव-मैत्री, 4. सुग्रीव-बाली-द्वन्द्व, 5. हनुमान् द्वारा सीता-खोज, 6. लंका-युद्ध-क्षेत्र, 7. भयानक संग्राम, 8. पुष्पक विमान पर अयोध्या में प्रत्यावर्तन आदि।

स्याम में अंगकोर के एक मन्दिर में रामायण के चित्र अंकित हैं।[93] बाली के मन्दिरों में भी रामकथा के दृश्यों के उत्कीर्णन मिलते हैं।[94]

रामलीला का समाज पर प्रभाव

रामलीला भक्ति-आन्दोलन के प्रारम्भिक काल में ही जन्म ले चुकी थी। आरम्भ में यह भक्ति-प्रचार का प्रमुख तथा आकर्षक साधन थी। कालान्तर में यह जन-जीवन से दूर जा पड़ी। गोस्वामी जी के पूर्व रामलीला का अभिनय वाल्मीकीय रामायण के आधार पर होता था किन्तु वह भाषा की दुरूहता के कारण जनसाधारण के लिए पूर्ण रूप से बोधगम्य नहीं रह गयी थी। गोस्वामी जी ने मानस की रामलीला द्वारा दुरूहता दूर कर दी। इससे जनता का अपूर्व उपकार हुआ। अतः गोस्वामी जी रामलीला के वर्तमान रूप के उद्घाटक एवं प्रचारक माने जाते हैं।[95] रामलीला का प्रभाव जीवन के सभी क्षेत्रों पर पड़ा है, धार्मिक, आध्यात्मिक, सांस्कृतिक, सामाजिक, राजनीतिक आदि क्षेत्रों पर तो सबसे अधिक।

धर्म के सिद्धान्त पक्ष का ज्ञान तो कथा-उपदेश या ग्रन्थावलोकन से हो जाता है किन्तु उसके व्यावहारिक रूप का बोध लीला द्वारा ही सम्भव है। भक्ति की निर्गुण तथा सगुण दो धाराओं में से सगुण भक्ति अधिक लोकग्राह्य हुई। इसमें भगवदाराधन के विभिन्न विधान हैं—ध्यान, कीर्त्तन, पूजन, अर्चनादि।[96] क्या ही अच्छा होता कि उक्त विविध विधानों में लीला भी गिनी जाती जिसके रस में भक्त की सभी इन्द्रियाँ पूर्णतः लीन हो जाती हैं। आराधना की सर्वाधिक सरल तथा सुगम प्रणाली लीला ही है। मोक्ष पानेवाला भक्त साकेतवासी भगवान् राम की लीलाओं में अनन्त काल तक लीन रहता है। रामलीला के माध्यम से विश्व के मध्य रहता हुआ भी वह अलौकिक रस से रमने का अवसर प्राप्त करता रहता है। धर्मग्रन्थों के अध्ययन से उसे भगवान् के धर्म-रक्षक तथा धर्म-संस्थापक रूप पर विश्वास तो हो जाता है किन्तु उस रूप के दर्शन की लालसा उसके मन में बनी रहती है। इसकी पूर्ति लीला-दर्शन से ही सम्भव है। रामलीला में भगवान् को लौकिक मानव की भाँति अपूर्व एवं हृदयग्राही कार्य करते देख भक्त का हृदय गहरी आत्मतुष्टि का अनुभव करता है।

भक्त भी त्रिगुणात्मक सृष्टि का जीव है। अतः वह उन गुणों के प्रभाव से पूर्णतः मुक्त नहीं हो पाता। राजसी एवं तामसी प्रवृत्तियाँ उसे सदैव पराभूत करने का प्रयत्न करती रहती हैं। किन्तु रामलीला द्वारा भगवान् के सात्त्विक रूप के दर्शन से उसके चित्त की राजसी, तामसी वृत्तियाँ दूर हो जाती हैं। उसके हृदय में सात्त्विक वृत्तियों का भाण्डार नित्य प्रति बढ़ता जाता है। अतः लीला-दर्शन की लालसा उसके मन में निरन्तर बनी रहती है। इसीलिए पर्वों पर तथा वर्ष में कम-से-कम एक बार रामलीला की व्यवस्था आवश्यक होती है। रामलीला द्वारा कर्म, ज्ञान तथा उपासना तीनों का मनोहर समन्वय प्रत्यक्ष दृष्टिगोचर होता है। राम जीवन में उत्साहपूर्वक कर्म करते हैं। वे ज्ञान का आश्रय लेकर कर्त्तव्य-निर्धारण करते हैं तथा सफलता की प्राप्ति के लिए उपासना आवश्यक समझते हैं। अतः रामलीला के माध्यम से समाज के सम्मुख अतिवाद का निराकरण होता है और सामंजस्य की भावना उपस्थित की जाती है। इससे जनता के मन में तीनों की उपयोगिता की भावना दृढ़ हो जाती है।

राम के कार्य-कलाप मानव में नव चेतना तथा स्फूर्ति भरते हैं। वह उन्हीं के समान निरन्तर अध्यवसायी तथा कर्मठ बनने का संकल्प करता है। रामलीला द्वारा एक ही स्थान पर रामत्व तथा रावणत्व

के दर्शन कराने से दोनों का अन्तर समझना सुगम हो जाता है। वह राम के सत्कर्म देख श्रद्धावनत हो सत्कर्म की ओर प्रवृत्त होता है। उसके हृदय में प्रसुप्त सद्वृत्तियाँ उद्बुद्ध हो जाती हैं। वह तदनुसार कर्म करता हुआ जीवन को उन्नत करने में समर्थ होता है। रावणत्व को देखकर उसके मन में असत् के प्रति घृणा, क्रोध आदि की भावना उत्पन्न होती है जो सद्वृत्तियों के विकास तथा उन्नयन में सहायक होती है। रामलीला के द्वारा कार्यों के औचित्य का सम्यक् ज्ञान होता है। इससे कर्त्तव्य निर्धारण का कार्य अत्यन्त सरल तथा बोधगम्य हो जाता है। रामलीला के द्वारा मानव के हृदयपक्ष तथा बुद्धिपक्ष दोनों का परिष्कार होता है। राम के सद्गुण हृदय को प्रभावित करते हैं तथा उनके कर्म-बुद्धि को क्रियाशील बनाते हैं। इससे जीवन की दुःखात्मक तथा सुखात्मक स्थितियों में धैर्यपूर्वक कार्य करने की क्षमता उत्पन्न होती है। रामलीला के द्वारा प्राचीन भारतीय संस्कृति का उज्ज्वल रूप उपस्थित किया जाता है। ग्रन्थों के अवलोकन से उस प्रकार की रसात्मक अनुभूति नहीं हो सकती, जिस प्रकार की अनुभूति रामलीला में होती है। आज भारत का सांस्कृतिक जीवन विच्छिन्न है। पाश्चात्य शिक्षा तथा विज्ञान के प्रभाव से भारतीय संस्कृति में अवांछनीय परिवर्तन आ गये हैं। जीवन की मान्यताएँ तथा मानदण्ड बदल गये हैं। आध्यात्मिकता के स्थान पर भौतिकता की प्रधानता हो रही है। ऐहिक सुख के लिए भगीरथ-प्रयत्न हो रहे हैं, पर उनका परिणाम विपरीत ही दिखायी दे रहा है। समाज ज्यों-ज्यों भौतिकता की ओर जा रहा है त्यों-त्यों पतन बढ़ता जा रहा है। सर्वत्र अशान्ति फैल रही है। इस भीषण परिस्थिति में रामलीला प्राचीन संस्कृति उपस्थित कर जीवन की वास्तविक मान्यताओं तथा परम्पराओं की ओर अग्रसर होने की प्रेरणा देती है। जीवन के सुख तथा आदर्श के लिए राम के सांस्कृतिक स्वरूप को अपनाना होगा।

रामलीला में प्राचीन भारत की सांस्कृतिक झाँकी का उत्कृष्ट रूप सर्वसाधारण के लिए सुलभ रहता है। इसमें सामाजिक संघटन का अपूर्व सम्भार छिपा है। प्रत्येक श्रेणी तथा वर्ग के व्यक्ति एक स्थान पर मिलते हैं। वहाँ ऊँच-नीच, बड़े-छोटे, सज्जन-दुर्जन आदि का भेद-भाव नहीं रहता। रामलीला में हिन्दुओं के अतिरिक्त अन्य धर्मावलम्बी भी उपस्थित होकर रामचरित का आस्वादन करते हैं। जन-सम्मेलन के इस आयोजन में ऐसे व्यक्ति भी उपस्थित होते हैं जो आपस में स्यात् ही कभी मिलते हों। समाज के सर्वाङ्गीण अध्ययन का यह अच्छा सुयोग प्रदान करती है। अतः प्रत्येक वर्ग की स्थिति, रहन-सहन तथा दशा का ज्ञान एक ही स्थान पर प्राप्त होता है। आदिकाल से ही जन-संघटन की दृष्टि से मेलों तथा तीर्थों की व्यवस्था की गयी है। किन्तु स्थान की दूरी के कारण तीर्थ और मेले उतने सर्वसुलभ नहीं जितनी रामलीला है। रामलीला की व्यवस्था प्रायः प्रत्येक गाँव या शहर में होती है। अतः जनता को मेलों तथा तीर्थों की यात्रा का लाभ रामलीला में अल्प व्यय से ही सुगमता से प्राप्त हो जाता है। सबके लिए समाज के वर्तमान रूप का पर्यवेक्षण दो कारणों से कठिन है—1. उसमें स्वतः लीन रहने के कारण तथा 2. अपेक्षित सूक्ष्मदर्शिता के अभाव के कारण। रामलीला में प्राचीन समाज का स्वरूप देखकर वर्तमान के साथ उसकी तुलना करने की प्रवृत्ति हृदय में स्वतः जागरित होती है। इससे वर्तमान दोषों के परिमार्जन की भावना उत्पन्न होती है। रामलीला में सामाजिक आचार तथा व्यवहार की उपयोगिता के प्रत्यक्ष दर्शन होते हैं। बालि-वध, मारीच-वध तथा सीता-हरण की लीलाओं से दर्शक को विश्वास हो जाता है कि कपट, छल, चोरी आदि सामाजिक अपराधों का कुफल अनिवार्य है। परस्त्री-हरण जैसे जघन्य अपराध से मनुष्य की रक्षा नहीं हो सकती। जब रावण जैसे शक्तिशाली तथा प्रतापी राजा का सर्वनाश हो गया तो साधारण जन का क्या कहना? सामाजिक उत्थान के लिए शील तथा मर्यादा दृढ़ आधार है। राम के सौन्दर्य तथा शक्ति का गौरव उनके शील के कारण है। उनका शील सामाजिकता का पोषक है। समाज के छोटे-बड़े, ऊँच-नीच, प्रजा-परिजन, स्वजन-परिजन आदि सबके साथ शीलयुक्त व्यवहार ही उनके आदर्श जीवन का रहस्य है। राम का शील तथा भरत की भक्ति देखकर समाज का हृदय गद्गद हो जाता है। समाज का स्वरूप आज चाहे जैसा हो पर लीला के समय 'भगवान् राम की जय' या 'भक्तराज भरत की जय' असंख्य कण्ठों से अनायास प्रस्फुटित हो जाती है। इसका कारण उक्त भावों में निमग्न होना ही है।

रामलीला में मर्यादा का उदात्त स्वरूप पाया जाता है। राम मानो मर्यादा की प्रतिमूर्ति हैं। मर्यादा को सामाजिक संघटन का आधार कहा जाय तो अत्युक्ति न होगी। समाज में विभिन्न स्तर तथा योग्यता के व्यक्ति हैं। योग्यता तथा गुण में श्रेष्ठ व्यक्ति आदर तथा श्रद्धा के पात्र हैं। उनका सम्मान करने से सद्गुणों को प्रोत्साहन मिलता है। इससे अप्रत्यक्ष रूप से सद्गुणों को प्रोत्साहन मिलता है। इससे अप्रत्यक्ष रूप से सद्गुणों की वृद्धि तथा प्रचार का कार्य सम्पन्न होता है। यदि समाज के सज्जन, विद्वान् अथवा सच्चरित्र व्यक्तियों का सम्मान न हो तो अन्य व्यक्ति उसकी ओर न आकृष्ट होंगे और न उनकी विशेषताओं का सम्यक् ज्ञान प्राप्त कर सकेंगे। जब सद्गुणों का ज्ञान ही न रहेगा तो उनके ग्रहण करने का प्रश्न ही नहीं उठता। परशुराम के उद्धत व्यवहार पर भी राम उनके प्रति श्रद्धा तथा आदर का प्रदर्शन करते हैं। इसका एकमात्र कारण यही है कि वृद्ध, ज्ञानी, तपस्वी एवं ब्राह्मण होने के कारण वे परशुराम का वैसा ही सम्मान करते हैं जैसा सामाजिक दृष्टि से अपेक्षित है। रामलीला के कतिपय स्थलों में सामाजिक मर्यादा के निर्वाह का जैसा उत्कृष्ट रूप दिखायी देता है वैसा अन्यत्र दुर्लभ है। फुलवारी की लीला में शृंगार रस प्रधान है पर मर्यादित होने के कारण समाज पर उसका सुप्रभाव ही पड़ता है।

रामलीला की विशेषता है कि यह जीवन के सभी क्षेत्रों तथा परिस्थितियों का दिग्दर्शन कराती है। देश जब पराधीन था तब रामलीला रामराज्य की स्थापना की प्रेरणा देती थी और जब स्वाधीन हो गया है तब उसके कार्यान्वयन की ओर उन्मुख कर रही है। रामलीला गोस्वामी जी के समय से ही राजनीतिक चेतना जागरित करने का प्रमुख साधन रही है। ब्रिटिशशासन के उन्मूलन में भी रामलीला का बहुत बड़ा हाथ रहा है।

जनता रामलीला में ऐसे अवसर भी निकाल लेती रही है जिनमें तत्कालीन शासन तथा समाज की कुनीतियों एवं कुरीतियों की कटु आलोचना का भी समावेश हो जाता रहा है। ऐसे अवसरों के सन्निवेश में नककटैया के जुलूस मुख्य हैं।

रामलीला में गार्हस्थ्य जीवन की आदर्श झाँकी मिलती है। इसमें पिता-पुत्र, भाई-भाई, पति-पत्नी, इष्ट-मित्र, नौकर-चाकर, स्वजन-परजन, सबके सम्बन्धों का 'सम्यक् विवेचन' उपलब्ध होता है। माता-पिता की आज्ञाकारिता, भाई के लिए त्याग, निःस्वार्थ सेवा, इष्ट मित्र के साथ विनम्रता का व्यवहार, दासों के प्रति स्नेह और अन्य जन के साथ आत्मीयता की भावना आदि समस्त व्यवहारों के दर्शन रामलीला में एक ही स्थान पर होते हैं। विपत्तियों में विकसित होनेवाला राम-सीता का प्रेम सभी को आदर्श दाम्पत्य की प्रेरणा देता है। जीवन की विभिन्न परिस्थितियों में राम का गाम्भीर्य, धैर्य तथा प्रत्युत्पन्नमतित्व प्रत्येक क्षण दर्शकों का पथ-प्रदर्शन करने में समर्थ रहता है। वास्तव में रामलीला का प्रभाव जीवन के सभी क्षेत्रों पर छाया हुआ है चाहे वह राजनीतिक, सामाजिक या वैयक्तिक ही क्यों न हो रामलीला से प्रभावित होकर न जाने कितने हृदयों के कलुष नष्ट हो चुके हैं और होते रहते हैं। इससे न जाने कितनों को सुख-शान्ति मिल चुकी है और मिलती रहेगी।

सन्दर्भ-सूची

1. इण्डियन ऐण्टिक्वेरी, सन् 1910, पृ. 183.
2. श्री चन्द्रशेखर मिश्र तथा श्री रामादास से प्राप्त सूचना के आधार पर।
3. इण्डियन ऐण्टिक्वेरी, दिसम्बर 1910, पृ. 183, कर्नल हना चित्रावली संग्रह।
4. इण्डियन ऐण्टिक्वेरी, वाल्यूम 10, 1881, पृ. 167.
5. द रामायन ऐज स्कल्पचर्ड इन रिलीफ्स ऑफ जावेनीज टेम्पुल्स बाई जे. केट्स, पृ. 20.
6. श्री शिशिरकुमार मिश्र : 'विजन ऑफ इण्डिया', पृ. 195.
7. श्री कामिल बुल्के : रामकथा, पृ. 240.
8. रामलीला पर 'सन्मार्ग' माघ शुक्ल 8 गुरुवार, 2010 में प्रकाशित श्री आनन्द बहादुर सिंह का लेख।
9. महाराजा भिनगा के सम्बन्ध में भी रामलीला के तुलसी-पत्र द्वारा स्वास्थ्य लाभ करने की बात कही जाती है। एक बार व्यास ने असावधानी से लक्ष्मण द्वारा रावण-वध करा दिया। इस पर राम के स्वरूप अत्यन्त उत्तेजित होकर बोले, 'रावण अभी नहीं मरा।' दर्शकों ने राम के स्वरूप को शान्त करने की

चेष्टा की। पर वे सफल न हुए। एक वृद्ध ने उनका मुकुट उतारने के लिए कहा। मुकुट उतारे जाने पर वे मूर्च्छित हो गये। इस प्रकार के अनेक चमत्कार जनश्रुति से ज्ञात होते हैं।

10. रामदास गौड़ : रामचरितमानस की भूमिका, पृ. 33.
11. श्रीरामकृष्ण लीलानुकरण सिद्धान्त, पृ. 2-7 तथा 'भारत' 26 अक्टूबर, 1955 में वी. एन. उपाध्याय का लेख 'नाटी इमली का भरत-मिलाप'।
12. हिन्दी-शब्द-सागर (नागरी प्रचारिणी सभा) संख्या 6, पृ. 495 तथा संख्या 31, पृष्ठ 3030 एवं बृहत् हिन्दी कोश 1133, तथा भाषा शब्दकोश, पृ. 424 डॉ. रामशंकर शुक्ल रसाल, एम. ए., डी.लिट्.।
13. 'जब रामनगर राममय हो जाता है'—श्रीकृष्ण शंकर व्यास 'साप्ताहिक भारत', पृ. 13.
14. रामनगर की प्रसिद्ध रामलीला : श्री रामनाथ वर्मा 'आज' दिनांक 14/10/55, पृ. 8.
15. रामकृष्णलीला अनुकरण सिद्धान्त, पृ. 10-12.
16. 'आज' रविवाद दिनांक 14 अक्टूबर, सन् 1956 में 'रामनगर की रामलीला' शीर्षक, श्री उदयशंकर शास्त्री का लेख।
17. 'आज' नगर विशेषांक 8 सितम्बर, 1957, 'रामनगर की रामलीला' लेखक भैरवप्रसाद मिश्र।
18. श्री रामनाथ वर्मा का रामनगर की प्रसिद्ध रामलीला शीर्षक 14 अक्टूबर, 1955 का 'आज' का लेख।
19. श्री रामकृष्णलीलानुकरण सिद्धान्त, पृ. 13-14.
20. अभिरामदास की कापी, पृ. 10.
21. वधू नाटक संधैश्च संयुक्त सर्वतः पुरीम्। (वाल्मीकि-रामायण, बालकाण्ड, सर्ग 14, श्लोक 5)
22. दी इण्डियन ऐण्टिक्वेरी, जनवरी 1900, पृ. 24.
23. डॉक्टर रिजवे : ड्रामा ऐण्ड ड्रामेटिक डान्सेज ऑफ नान-यूरोपियन रेसेज, पृ. 172.
24. ड्रामा ऐण्ड ड्रामेटिक डान्सेज ऑफ नान-यूरोपियन रेसेज, पृ. 181.
25. श्री लीलाधर शर्मा पाण्डेय का 'कूर्मांचल और काशी की रामलीलाएँ' शीर्षक 'आज' में लेख—'आज' रविवार 14 अक्टूबर, सन् 1956, पृ. 5.
26. साप्ताहिक हिन्दुस्तान 11 अक्टूबर, 1959, पृ. 7 श्री हर्ष नारायण का 'कुल्लू में दशहरा' नामक लेख।
27. मेजन मदनलाल, कमाण्डेण्ट, एम.सी.सी. आर., वाराणसी द्वारा प्राप्त विवरण के आधार पर।
28. डॉ. रिजवे : ड्रॉमा एण्ड ड्रामेटिक डान्सेज ऑफ नान-यूरोपियन रेसेज, पृ. 190.
29. लाला सन्तराम पेशावरिया से प्राप्त विवरण के आधार पर।
30. आदम टण्डा (सिन्ध) के निवासी श्री लीलाराम से प्राप्त विवरण के आधार पर।
31. वैष्णव पर्वपद्धति—विजयादशमी कृत्य के अनुसार।
32. साप्ताहिक हिन्दुस्तान 18 अप्रैल, सन् 1954, पृ. 17 पर सिन्धु सभ्यता तथा क्रीट द्वीप के प्राचीन सांस्कृतिक सम्बन्ध नामक श्री केदारनाथ शास्त्री का लेख।
33. साप्ताहिक हिन्दुस्तान 10 अक्टूबर, 1954, पृ. 5 पर 'विजयादशमी के विभिन्न रूप' नामक सुश्री लक्ष्मी देवी का लेख।
34. सेठ गोविन्ददास अभिनन्दन ग्रन्थ—सेठ गोविन्ददास नाट्यकला और कृतियाँ, पृ. 10, लेखक रामचन्द्र महेन्द्र।
35. श्री कालिन्दीचरण पाणिग्रही 'उड़िया नाटक तथा रंगमंच', पृ. 897 सेठ गोविन्ददास अभिनन्दन ग्रन्थ।
36. डब्ल्यू. हण्टर, इम्पीरियल गजेटियर वाल्यूम 6, पृ. 223.
37. रामार्चन चन्द्रिका, पृ. 160.
38. डॉ. श्री कुमार बैनर्जी 'बँगला नाटक' सेठ गोविन्ददास अभिनन्दन ग्रन्थ, पृ. 858.
39. डॉ. प्रफुल्ल गोस्वामी—'असमिया नाटक' सेठ गोविन्ददास अभिनन्दन ग्रन्थ, पृ. 884.
40. कीथ—संस्कृत ड्रामा, पृ. 31.
41. डॉ. एच. वादरायन 'तमिल नाटकों का विकास', पृ. 823 सेठ गोविन्नदास अभिनन्दन ग्रन्थ।
42. डॉ. जी.वी. सीतापति 'तेलुगु नाटक और रंगमंच, पृ. 833 सेठ गोविन्ददास अभिनन्दन ग्रन्थ।
43. भारतीय लोक साहित्य (श्याम परमार), पृ. 175.
44. डॉ. के. एम. जार्ज—'मलयालम नाटक', पृ. 850, सेठ गोविन्ददास अभिनन्दन ग्रन्थ।
45. श्याम परमार 'भारतीय लोक साहित्य', पृ. 177.

46. श्री भामा साहब वरेरकर 'मराठी साहित्य' सेठ गोविन्ददास अभिनन्दन ग्रन्थ, पृ. 916.
47. ए. जे. अगरकर एम.ए., पी-एच.डी., 'फोक डान्सेज ऑफ महाराष्ट्र', पृ. 56.
48. श्री कुलकर्णी 'संस्कृत ड्रामा एण्ड ड्रामाटिस्ट' पृ. 7.
49. डॉ. रिजवे, ड्रामा एण्ड ड्रामेटिक डान्सेज ऑफ नान-यूरोपियन रेसेज, पृ. 184 में पूना के श्री नारायण महादेव नामक सज्जन से प्राप्त सूचना के आधार पर लिखित।
50. सुश्री रागिनी देवी–डान्सेज ऑफ इण्डिया, पृ. 3.
51. वही–डान्सेज ऑफ इण्डिया, पृ. 61.
52. डॉ. काशीप्रसाद जायसवाल–अन्धकारयुगीन भारत, पृ. 338.
53. मत्स्यपुराण, अध्याय 13, श्लोक 1-14.
54. डॉ. काशीप्रसाद जायसवाल–अन्धकारयुगीन भारत, पृ. 338.
55. श्री चमनलाल–हिन्दू अमेरिका, पृ. 187.
56. डॉ. काशीप्रसाद जायसवाल, अन्धकारयुगीन भारत, पृ. 372.
57. Dr. Ridgeway : Drama and Dramatic Dances of Non-European Races, P. 256-262.
58. श्री कामिल बुल्के–रामकथा, पृ. 241.
59. Dr. Ridgeway : Drama and Dramatic Dances of Non-European Races, P. 263 एवं 'भारत' विजयांक 3 अक्टूबर, 1957, पृ. 6.
60. डॉ. काशीप्रसाद जायसवाल–अन्धकारयुगीन भारत, पृ. 372.
61. डॉ. रिजवे, ड्रामा एण्ड ड्रामेटिक डान्सेज ऑफ नान-यूरोपियन रेसेज, पृ. 264-65.
62. श्री कामिल बुल्के–रामकथा, पृ. 241.
63. Dr. W.F. Stutterhim Pictorial History of Civilization in Java-Preface p. 3 (Translated by A.C. Winterkeen)
64. Ibid.
65. डॉ. काशीप्रसाद जायसवाल, अन्धकारयुगीन भारत के पृ. 346 पर उद्धृत अर्ली हिस्ट्री ऑफ इण्डिया, पृ. 297.
66. महाभारत सभापर्व, 14, 9-12 तथा 37-20.
67. डॉ. रिजवे, ड्रामा एण्ड ड्रामेटिक डान्सेज ऑफ नान-यूरोपियन रेसेज, पृ. 216.
68. 'भारत' विजयांक पृ. 7 श्री चिरंजीलाल पाराशर का लेख (3 अक्टूबर, सन् 1955 ई.)
69. Dance and Drama in Bali, P. 155.
70. Dance and Drama in Bali by Beryli de Zoete and Walter Spies, P. 154.
71. Drama and Dances in Bali by Beryli de Zoete and Walter Spies, P. 160.
72. Dr. W.F. Stutterhim Pictorial History of Civilization in Java, Preface, P. 3-4.
73. Dr. R. Grovis : The Island of Bali—The Religion and Ceremonies, P. 1-2.
74. Helen Eva Yates : Bali Enchanted Isle, P. 161.
75. Shri Beryl de Zoete and Walter Spies : Dance and Drama in Bali, P. 152-54.
76. Ibid, P. 83.
77. Ibid, P. 155-63.
78. Vans Kamiedy Asiat Jauru, p. 184.
79. Professor Heeren's Historical researches Vol, II, p. 45.
80. Hindu America, p. 41.
81. Ibid, p. 75.
82. Dravadian Gods in Modern India, p. 31-33.
83. Hindu America, p. 103.
84. चमनलाल : हिन्दू अमेरिका, पृ. 187.

85. वही, पृ. 53, 105, 141, 142.
86. डॉ. रिजवे : ड्रामा ऐण्ड ड्रामेटिक डान्सेज ऑफ नान-यूरोपियन रेसेज, पृ. 224.
87. सोवियत संघ के विचार और समाचार, शनिवार 2 जुलाई, सन् 1955.
88. श्री रामाराव, मॉरिशस निवासी से प्राप्त विवरण।
89. इण्डियन ऐण्टिक्वेरी, वाल्यूम 10, 1881 ए. डी., पृ. 167.
90. पं. बलदेव उपाध्याय : भागवत सम्प्रदाय, पृ. 22.
91. क. Sri Helen Eva Yates : The Ramayan as Scultpured in Reliefs in Javenese Temples, p. 20.
    ख. कामिल बुल्के : रामकथा, पृ. 232-233.
92. पं. बलदेव उपाध्याय : भागवत सम्प्रदाय, पृ. 26 तथा स्वामी साधनानन्द : कम्बोज, भूमिका, पृ. 2.
93. भारत विजयांक 3 अक्टूबर, 1955, पृ. 7.
94. Strange Dances of Bali, p. 137, and Bali Enchanted Isle by Helen Eva Yates, p. 68.
95. आचार्य विश्वनाथप्रसाद मिश्र : हिन्दी साहित्य का अतीत, पृ. 250.
96. श्रवणं कीर्तनं विष्णोः स्मरणं पादसेवनम्।
    अर्चनं वन्दनं दास्यं सत्यमात्मनिवेदनम्।। (श्रीमद्भागवत 7/5/23.)

उपसंहार

भारतीय नाट्य-परम्परा के प्रारम्भ से ही इन्द्रध्वज महोत्सव में देवचरित का अभिनय होता रहा है। इस अभिनय का सम्बन्ध देवासुर-संग्राम से है। इन्द्रध्वज महोत्सव आश्विन मास में होता है।[1] ऐसा प्रतीत होता है कि राम के अवतार-रूप धारण करने पर रामलीला भी इन्द्रध्वज महोत्सव से सम्बद्ध हो गयी। कालान्तर में राम का प्रभाव बढ़ने पर रामलीला का प्रदर्शन मुख्य रूप से सारे देश में व्याप्त हो गया। रामलीला में भी सद् एवं असद् पक्षों का संघर्ष है जो देवासुर-संग्राम के अनुरूप पड़ता है। अतः रामलीला की प्रधानता स्थापित होने में अनायास ही सुगमता प्राप्त हो गयी होगी। विदेशों की रामलीलाएँ भी आश्विन मास में होती हैं। बाली में प्रदर्शन के पूर्व 'जर्जर' के रूप में वृक्षारोपण होता है। वहाँ की रामलीलाएँ पितृपक्ष में होती हैं। भारत में भी पितृपक्ष आश्विन मास में ही पड़ता है।

उक्त तथ्यों के आधार पर रामलीला की प्राचीनता स्वयं सिद्ध हो जाती है। भारतीय संस्कृति की भाँति यह भी विश्वव्यापिनी रही है।

रामलीला के आद्याचार्य वाल्मीकि ऋषि थे। उन्होंने ही इसे जन-जीवन में प्रविष्ट किया था। कालान्तर से समाज के विभिन्न रूपों के साथ-साथ इसके भी अनेक रूप हो गये। जिस प्रकार उत्तर से दक्षिण तक सारा देश राम की क्रीड़ा-भूमि रहा है उसी प्रकार रामलीला भी देश के कोने-कोने में हिमालय से लेकर कुमारी अन्तरीप तक व्याप्त है। दक्षिण में इसका गठबन्धन आराधना-मन्दिरों से हो गया। इस कारण कहीं-कहीं तो उनके बाहर इसके प्रदर्शन का साहस भी नहीं हुआ। रामलीला के भक्तिपरक धार्मिक रूप में गोस्वामी तुलसीदास ने अन्य तत्त्वों का भी समावेश किया। उन्होंने रामलीला के माध्यम से रामराज्य की कल्पना साकार की। इससे जनता में राजनीतिक चेतना जगी। उन्होंने संकटपूर्ण मुसलमानी शासन में राजनीतिक प्रचार का ऐसा विचित्र मार्ग ढूँढ़ निकाला जिसका अवरोध शासन की शक्ति के परे था। रामलीला ने व्याज से शासन की क्रूरता तथा स्वेच्छाचारिता के प्रति घृणा उत्पन्न की। उसने दुर्बल राष्ट्र को राम की अद्भुत शक्ति का परिचय दिया। उसने हनुमान् द्वारा लंका-दहन का रूप दिखलाकर अत्याचार तथा अनाचार की लंका को ढहाने की क्रियात्मक प्रेरणा दी।

मराठों के उत्कर्ष में गोस्वामी जी की रामलीला से अवश्य सहायता मिली। तुलसीदास की हनुमत्पूजा दक्षिण में समर्थ रामदास के मारुति-मन्दिरों में पहुँच गयी। मारुति-मन्दिरों ने गोस्वामी जी की कथा-वार्त्ता-अखाड़े आदि की सभी योजनाएँ ग्रहण कर लीं। कहना न होगा कि गोस्वामी जी के आदर्शों पर चलनेवाले वे ही मारुति-मन्दिर महाराज छत्रपति शिवाजी के प्रेरणामय आधार-स्तम्भ थे। इस प्रकार गोस्वामी तुलसीदास ने राष्ट्र के नवोत्थान में अपूर्व योग दिया।

उत्तरी भारत में केवल बंगाल, असम तथा उड़ीसा को छोड़कर शेष सभी स्थानों में रामचरितमानस के आधार पर रामलीलाओं का प्रदर्शन होता है। उनके संवाद भी मूलतः रामचरितमानस पर ही आधृत होते हैं। उनमें यदा-कदा अन्य कवियों द्वारा रचित संवाद भी घुस पड़ते हैं, किन्तु उनका विशेष महत्त्व नहीं है। रामलीला के माध्यम से 'मानस' का प्रचार अहिन्दी भाषा-भाषी प्रान्तों में भी हुआ। इससे हिन्दी के प्रसार को बल मिला। हिन्दी के राष्ट्रभाषा बनने में मानस का यह अप्रत्यक्ष सहयोग सदा वन्दनीय रहेगा।

गोस्वामी जी वर्णाश्रम-धर्म का मूल आधार गुण, धर्म तथा स्वभाव मानते थे। उत्तम कुल में उत्पन्न होकर रावण अपने गुण, कर्म एवं स्वभाव के कारण ही राक्षस हो गया। वैसे ही निषाद हीन कुल में जन्म लेकर भी सद्‌गुणों तथा सत्कर्मों के कारण भगवान् के निकट पहुँच गया।

तत्कालीन समस्याओं के लिए उन्होंने कथा-वार्त्ता, कीर्त्तन-भजन, सत्संग, रामलीला आदि द्वारा समाज का संघटन प्रारम्भ कर दिया। इनमें रामलीला सर्वेश्रेष्ठ निकली। रामलीला की लोकप्रियता इतनी बढ़ी कि अन्य सम्प्रदाय के महन्त उसे देखने के लिए आने लगे। काशी में गोपाल मन्दिर के वल्लभ सम्प्रदाय के महाराज आज भी चित्रकूट-रामलीला में आते हैं। अतः रामलीला ने सभी सम्प्रदायों के संघटन को दृढ़ बनाया।

महाराष्ट्र को छोड़कर सारे दक्षिणी भारत में रामलीला धार्मिक तथा सांस्कृतिक रूप में प्रायः नाट्य-नृत्य के माध्यम से होती है। वहाँ से यह विदेशों में भी पहुँच गयी। वृहत्तर भारत के सभी देशों ने रामलीला की वे सभी प्रणालियाँ ग्रहण कर लीं जो दक्षिणी भारत में प्रचलित थीं। उन्होंने नाट्य-नृत्य के साथ चर्म-पुत्तलिका नृत्य तथा छाया-नाट्य भी ग्रहण किये। उन स्थानों में भी रामलीला भारतीय संस्कृति में दूध-पानी की भाँति मिल गयी है। वह संस्कृति का अभिन्न अंग बन गयी है। बाली द्वीप के निवासी मुसलमान या ईसाई हो जाने पर भी रामलीला के दर्शन एवं प्रदर्शन दोनों में गौरव का अनुभव करते हैं। पूर्वेशिया के अन्य देशों में सामूहिक धर्म-परिवर्तन हो जाने के पश्चात् भी रामलीला के प्रति अगाध श्रद्धा तथा भक्ति की भावना आज भी विद्यमान है। स्याम की राजधानी बैंकाक में इस समय भी ऐसी नाट्यशालाएँ विद्यमान हैं जिनमें रामलीला वर्ष-भर निरन्तर होती रहती हैं। साथ ही उनमें दर्शकों की यथेष्ट भीड़ होती है।

सहस्रों वर्षों से अमेरिका में बसे भारतीयों को रामलीला का अभिनय आज भी आध्यात्मिक शान्ति प्रदान करता है। देश-काल तथा परिस्थिति के कारण उनके जीवन में अनेक परिवर्तन हुए किन्तु वे रामलीला की परम्परा अक्षुण्ण बनाये हुए हैं।

रामलीला के इतने लोकप्रिय होने का कारण रामचरित की विशेषता तथा उज्ज्वलता ही है। मनोरंजन के अन्य साधनों की अपेक्षा रामलीला में अनेक विशेषताएँ हैं। आधुनिक चलचित्रों की अभद्र प्रवृत्तियों, नग्न शृंगारिकता तथा कुरीतियों के विरोधियों को सिनेमा से घृणा है। उन्हें थियेटरों में व्याप्त विदेशी परम्परा तथा शैली से भी अरुचि है। नाटकों की लौकिकता उन्हें सन्तुष्ट नहीं कर पाती। अतः ऐसे सम्भ्रान्त पुरुषों के लिए रामलीला ही मनोरंजन का एकमात्र साधन है, जहाँ उन्हें पूर्ण आत्म-सन्तुष्टि का अनुभव होता है।

अन्य प्रदर्शन जहाँ भौतिकवादी हैं, रामलीला वहाँ आदर्शवादी। अतः आत्मतुष्टि का जैसा संयोग रामलीला में होता है वैसा अन्यत्र नहीं। रामलीला भक्ति तथा मनोरंजन से ओत-प्रोत है। इस कारण साहित्यिक अभिरुचि के आधुनिक व्यक्ति इसमें विशेष आनन्द का अनुभव नहीं करते। यदि सर्वसाधारण के बौद्धिक स्तर का विचार न करके रामलीला में साहित्यिकता का समावेश कर दिया जाय तो भक्तों के बीच यह विशेष लोकप्रिय न रह जायगी। रामनगर की रामलीला के संवादों में कुछ व्यक्तियों ने साहित्यिकता लाने की दृष्टि से कुछ परिवर्तन किये। उसकी भाषा को विशुद्ध खड़ीबोली का रूप दिया गया। संवाद छपवा भी लिये गये। पर धर्म-प्राण जनता ने इस प्रवृत्ति का विरोध किया। उस समय की

काशीनरेश ने संवादों का प्राचीन स्वरूप स्थिर रखकर भक्तों का संकट दूर किया। इससे स्पष्ट है कि भक्ति की दृष्टि से रामलीला में किसी प्रकार का परिवर्तन उचित नहीं माना जाता। रामनगर के भक्त जन रामलीला को 'रामचरितमानस' की टीका या व्याख्या मानते हैं। 'मानस दीपिका' की भूमिका में इसका स्पष्ट उल्लेख है। रामलीला के द्वारा 'मानस' के कठिन स्थलों की सरल व्याख्या हो जाती है। 'मानस' जैसे साहित्यिक तथा गूढ़ ग्रन्थ के प्रति जनसाधारण के हृदय में औत्सुक्य उत्पन्न करने का प्रमुख श्रेय रामलीला को ही प्राप्त है।

रामलीला में भारतीय संस्कृति की समग्रता, उदात्तता, मौलिकता, श्रेष्ठता तथा महत्ता के सम्यक् दर्शन होते हैं। यह समाज को नैतिकता, न्याय, औचित्य, सत्य तथा मर्यादा-पालन की प्रेरणा देती है। अतः प्रत्येक भारतीय का ही नहीं अपितु मानवमात्र का कर्त्तव्य है कि वह तन-मन-धन से इस सांस्कृतिक एवं धार्मिक आयोजन में सहयोग प्रदान करके जन-मानस के कल्याण का मार्ग प्रशस्त करें।

सन्दर्भ-सूची

1. Dr. P.V. Kane : History of Dharma Shastra, Volume II, Part II, P. 825-827, and Journal of Royal Asiatic Society, V, 1909.

सहायक ग्रन्थ-सूची

संस्कृत

ऋग्वेद
अगस्त्य संहिता
अग्निपुराण
अणुभाष्य (ब्रह्म सूत्र)
अथर्ववेद
अनन्य तरंगिणी
अध्यात्म रामायण
अभिज्ञान शाकुन्तल
अभिनव-दर्पण
अष्टाध्यायी
उत्तर रामचरित
ऐतरेय ब्राह्मण
कणाद वैशेषिक
कपिल सांख्य
कात्यायन-श्रौत-सूत्र
कैवल्योपनिषद्
कौटिल्य-अर्थशास्त्र
गोपथ ब्राह्मण
छान्दोग्य उपनिषद्
तैत्तरीय उपनिषद्
तैत्तरीय आरण्यक
दूतांगद
दशरूपक
नागानन्द
नाट्यशास्त्र
नारद-भक्ति-सूत्र
पद्मपुराण
पारमेश्वर तन्त्र
पांचरात्रौ महोपनिषदादि उत्सव संग्रह
प्रसन्न राघव
ब्रह्म पुराण
ब्रह्माण्ड पुराण
बुद्ध चरित (अश्वघोष कृत)
बृहद् ब्रह्म संहिता
बृहद् संहिता
भाव प्रकाश
मत्स्य पुराण
मनुस्मृति
महाभारत
महाभाष्य
महावीर-चरित
माण्डूक्योपनिषद्
मैत्रनीय उपनिषद्
मैत्रेय व्याकरण
यजुर्वेद मन्त्र प्रकाश
यजुर्वेद
रत्नावली
राघवेन्द्र-रहस्य-रत्नाकर
रामतत्त्व प्रकाश
रामार्चन-चन्द्रिका
राम-रहस्य उपनिषद्
वाचस्पति कोश
वात्स्यायन-काम-सूत्र
वायु पुराण
वाल्मीकीय रामायण
विष्णु धर्मोत्तर
विष्णु पुराण
विष्णु सिद्धान्त
विष्णु-संहिता
शतपथ ब्राह्मण
शाण्डिल्य-भक्ति-सूत्र
शिव संहिता
श्रीमद्भागवत
श्रीमद्भगवद्गीता
श्वेताश्वतर उपनिषद्
सम्मोहन तन्त्र
सत्य सिन्धुचन्द्रिका
स्कन्द पुराण
सामवेद
हरिभक्ति-विलास
हरिवंश पुराण
हलायुध कोश

पालि

अवदान शतक
उम्मादन्ती जातक
कण्डाहिन्नार जातक
कृश जातक
छदन्त जातक
धम्मपद अत्थ कथा
भिक्खुनी संयुत
मज्झिम निकाय
मनोरथ पूरणी
महाजनक जातक
मार संयुत्त
मिलिन्द पञ्ह
राद्यप सेणीय सुत्त
विनय पिटक

अपभ्रंश

सन्देश रासक

अन्य

संस्कृत वाङ्मया चा त्रोटक इतिहास
(चिन्तामणि विनायक वैद्य)

हिन्दी

अभिनव नाट्यशास्त्र - प्रथम खण्ड - सीताराम चतुर्वेदी
अन्धकारयुगीन भारत - डॉ. काशीप्रसाद जायसवाल
कवितावली - गोस्वामी तुलसीदास
गोस्वामी तुलसीदास - आचार्य रामचन्द्र शुक्ल
दोहावली - गोस्वामी तुलसीदास
धर्म-इतिहास-रहस्य
बृहद् हिन्दी कोश (ज्ञानमण्डल)
बृहद् कोसल खण्ड
भक्ति का विकास - डॉ. मुन्शीराम शर्मा
भक्तमाल - नाभादास
भागवत सम्प्रदाय - बलदेव उपाध्याय
भारतीय साधना और सूर साहित्य - डॉ. मुन्शीराम शर्मा
भारतीय लोकसाहित्य - श्याम परमार
भाषा शब्दकोश - डॉ. रामशंकर शुक्ल (रसाल)
भिखारीदास ग्रन्थावली - द्वितीय खण्ड (ना. प्र. सभा)
मानस-दीपिका (काशिराज संस्करण)
रामचरितमानस (काशिराज संस्करण) - गोस्वामी तुलसीदास
रामचरितमानस की भूमिका - रामदास गौड़
श्री रामभक्ति में रसिक सम्प्रदाय - डॉ. भगवतीप्रसाद सिंह
रामकथा - कामिल बुल्के
रामचन्द्रिका - केशवदास
श्री रामकृष्ण लीलानुकरण सिद्धान्त - सरयूदास
रूपक रहस्य - डॉ. श्यामसुन्दरदास
वाङ्मय विमर्श - आचार्य विश्वनाथप्रसाद मिश्र
विनयपत्रिका - गोस्वामी तुलसीदास

वैष्णव धर्म - परशुराम चतुर्वेदी
वैष्णव पर्व पद्धति
श्री तुलसी-जीवनी - हरिहर विट्ठल दुगवेकर
सत्यार्थ प्रकाश - महर्षि दयानन्द सरस्वती
साहित्य विवेचन के सिद्धान्त
सेठ गोविन्ददास अभिनन्दन ग्रन्थ
हमारे प्राचीन लोकोत्सव - मन्मथ राय
हिन्दी नाटक उद्भव तथा विकास - डॉ. दशरथ ओझा
हिन्दी साहित्य का अतीत - आचार्य विश्वनाप्रसाद मिश्र
हिन्दी साहित्य का इतिहास - आचार्य रामचन्द्र शुक्ल
हिन्दी शब्दसागर (ना. प्र. सभा, काशी)
हिन्दी दशरूपक - डॉ. भोलाशंकर व्यास

पत्र-पत्रिकाएँ

'आज' 14 अक्टूबर 1955
'आज' 14 अक्टूबर 1656
'आज' 8 सितम्बर 1957
कल्याण - कल्पतरु
कल्याण-कृष्णांक
कल्याण-रामायणांक
नागरीप्रचारिणी पत्रिका, वर्ष 5, अंक 1-2
नागरीप्रचारिणी पत्रिका, सं. 2010, अंक 1-2
नागरीप्रचारिणी पत्रिका, वर्ष 60, सं. 2012
भारत 14 अक्टूबर 1955
भारत 26 अक्टूबर 1955
भारत 3 अक्टूबर 1957
भारत 11 अक्टूबर 1959
सन्मार्ग माघ शुक्ल 8 सं. 2010
साप्ताहिक हिन्दुस्तान 8 नवम्बर 1953
साप्ताहिक हिन्दुस्तान 18 अप्रैल 1955
साप्ताहिक हिन्दुस्तान 3 अक्टूबर 1957
सोवियत संघ के विचार और समाचार 2 जुलाई 1955।

अंग्रेजी

Badauni ki Tarikh - Translated by Raking
Bali-Enchanted Isle - Helen Eva Yates
Dance and Drama of Non-European Races - Dr. Ridgeway
Dance and Drama in Bali - Eryl de Zoete and Walter Spies
Dances of India - Ragini Devi
Description of Catalogue of Sanskrit Manuscripts - Harprasad Shastri
Dravidian Gods in Modern India
Encyclopaedia of Religion and Ethics-James Hastings
Early History of Vaishnavism - H.C. Roy Ghaudhury
Folk Dances of Maharastra - Dr. A.. Agarkar

History of India - Elliot
History of Sanskrit Literature by Morris Winternitz
History of Mediaeval India - Dr. Ishwari Prasad
History of Dharma Shastra - Dr. P. V. Kane
Hindu America - Chamanlal
Jahangir's India - Moreland
Kamboj - Swami Sadhanand
Literary History of Sanskrit Buddhism - G.K. Nariman
Moghal Administration - Sir Yadunath Sarkar
Pictorial History of Civilization in Java - Dr. W.F. Stutterhim Translated by A.C. Winterkeen
Ramayan - G. Goresio
Sanskrit Drama - A.B. Keith
Sanskrit Drama and Dramatists - Kulkarni
Strange Dances of Bali - Helen Eva Yates
The Island of Bali - Relgion and Ceremonies - Helen Eva Yates R. Goris
The Development of Dramatic Art - Donarld Clive
The Concept of Vedic Sociology - Dr. Fateh Singh
The Theatre in the East - Faubion Bowers
The Bhakti Cult in Ancient India - B.K. Goswami
The Ramayan as Scultptured in Reliefs of Javenese Temples - J.Kats.
Tujaka Jahangiri Edited by Rosers and Braveriedge
Vedic Age - R.C. Majumdar
Vedic Darshan - Dr. Fateh Singh
Vaishnavism, Shavism and Minor Relgious Systems - R.G. Bhandarkar.
Vision of India - Shishir Kumar Mitra
Whims of the Alvars - J. S. Hooper

अन्य

Die Sagenst offdes Rigveda - Max Muller
Dus Ramayan - H. Yakobi
Vans Kemiedy Asiat Jauru

अंग्रेजी पत्र-पत्रिकाएँ

Imperial Gazetteer Volume 6,
Indian Antiquary March 1894, Part III, Part 23
Indian Antiquary March 1910 Dec. 1910, Volume X
Indian Antiquary March 1918 Part 47.
Journal, Sri Venkateshwar Oriental Institute, Tirupati 1942, Part III.
Journal of Royal Asiatic Society V, 1909.
Historical Researches by Professor Heeren
The Archaeology of Gujrat.
German Oriental Journal, Part III.